233网校
www.233.com

2022年证券从业系列辅导资料



# 黄金考点1本通

# 金融市场基础知识

FINANCIAL MARKET

主编◎王佳荣

中国金融出版社

责任编辑：王雪珂
责任校对：刘　明
责任印制：张也男

**图书在版编目（CIP）数据**

金融市场基础知识/王佳荣主编. —北京：中国金融出版社，2022. 2
ISBN 978－7－5220－1528－6

Ⅰ. ①金…　Ⅱ. ①王…　Ⅲ. ①金融市场—资格考试—自学参考资料
Ⅳ. ①F830. 9

中国版本图书馆 CIP 数据核字（2022）第 033131 号

金融市场基础知识
JINRONG SHICHANG JICHU ZHISHI
出版
发行　中国金融出版社
社址　北京市丰台区益泽路 2 号
市场开发部　(010)66024766，63805472，63439533（传真）
网 上 书 店　www. cfph. cn
　　　　　　(010)66024766，63372837（传真）
读者服务部　(010)66070833，62568380
邮编　100071
经销　新华书店
印刷　河北松源印刷有限公司
尺寸　185 毫米×260 毫米
印张　30
字数　618 千
版次　2022 年 3 月第 1 版
印次　2022 年 3 月第 1 次印刷
定价　59. 00 元
ISBN 978－7－5220－1528－6

# 前　言

金融市场基础知识是证券行业从业人员必考科目之一，高中或同等学历以上人员均可参加该项考试。

本教材是严格按照证券业协会发布的《证券业从业人员一般从业资格考试大纲（2021）》编写，具有以下特点：

1. 结构化：将零散的知识点以表格的形式展现，结构更清晰，逻辑更清楚；

2. 类比化：将同类易混淆知识点进行类比，理解更直观；

3. 目标化：根据历年真题挑选内容，紧扣真题，通过效率更高更省时。

本教材具体的编写体系安排：

1. 考情早知道：通过历年考题，总结章节考试分值占比；

2. 章节知识概览：罗列大纲对应的考点，呈现大纲要求，明确考试重点考点；

3. 考点详解：详细剖析考点，知识点后续跟有代表性真题，让学员明确出题角度；

4. 同步真题练习：收录近年考试真题，全方位呈现考题，让学员通过真题复习回顾考点。

# 目　录

欢迎广大学员对本书提出问题或建议，请您反馈到邮箱：**1511488734@qq. com**。我们会第一时间根据您的反馈进行完善。本书勘误内容，您可以通过扫描下方二维码获取。

# 第一章　金融市场体系

## 考情早知道

本章着重介绍金融市场的基本概念、功能、分类及国际金融市场的历史发展与现状，整体难度较小，通过文字字面即可理解相应考点，考点主要集中在第一节，尤其是直接融资与间接融资的相关定义及区别，整个章节的分值约占5%。

## 本章知识概览

| 小节 | 考点 | 备考指数 |
|---|---|---|
| 第一节　金融市场概述 | 金融市场的概念与功能 | ☆☆☆ |
| | 直接融资与间接融资 | ☆☆☆ |
| | 金融市场的重要性 | ☆ |
| | 金融市场的分类 | ☆☆ |
| 第二节　全球金融市场 | 全球金融市场与金融体系 | ☆ |
| | 国际金融监管体系 | ☆ |
| | 英国、美国及中国香港的金融市场 | ☆ |

注：本书中“☆”表示知识点的重要程度，其中☆代表了解；☆☆代表理解；☆☆☆代表掌握。

## 考点详解

## 第一节　金融市场概述

### 考点一：金融市场的概念与功能（☆☆☆）

**一、金融市场的概念**

1. 金融市场是要素市场

2. 金融市场是创造和交易金融资产的市场

3. 金融市场是以金融资产为交易对象而形成的供求关系和交易机制的总和

4. 金融市场参与者的交易途径

（1）有形的固定场所。

（2）无形的金融市场网络（通过各种通信手段联系）。

注：现代金融市场往往是无形的市场。

## 二、金融市场的功能

（一）资金融通

金融市场的首要功能是资金融通，通过金融资产交易实现货币资金在供给者和需求者之间的转移，促进有形资本形成。

（二）价格发现

Step1：供求双方的相互作用决定了交易资产的价格。

Step2：价格反过来为潜在的市场参与者提供了信号，引导资金在不同的金融资产之间进行配置，达到供需平衡。

（三）提供流动性

金融市场提供流动性是指它为投资者提供金融市场变现或赎回的渠道。

（四）风险管理

1. 通过保险、对冲交易等方式对实体经济或金融行为中蕴含的风险进行防范、管理和化解

2. 将有形资产产生的风险在资金供求双方之间重新配置

3. 举例

（1）持有未到期外汇应收（应付）账款的出口商（进口商）通过外汇远期、外汇掉期、货币互换、外汇期货、外汇期权等金融衍生品锁定以本币计量的销售收入（进口成本）；

（2）担心火灾或其他财产灭失风险的厂商通过保险合约提供灾害救济；

（3）金融资产本身存在的价格风险通过期货、期权等金融衍生品交易实现套期保值；

（4）担心金融产品违约风险的交易主体通过购买信用衍生品进行风险管理。

注意：风险管理的具体考题须结合第七章的知识来解答，如“持有未到期外汇应收账款的出口商可以通过什么类型的套期保值锁定销售收入?”，此处应当为担心应收账款贬值，通过卖出套期保值来锁定销售收入。

（五）降低搜寻成本和信息成本

1. 搜寻成本

（1）显性成本：花钱做广告寻求金融资产的买方与卖方。

（2）隐性成本：花费一定的时间来定位交易对手。

2. 信息成本

信息成本是那些与评估金融资产投资特点有关的成本，评估就是寻找到与期望产生

现金流数量相匹配的可能性金融资产。

注意：在一个有效市场当中，价格反映了所有市场参与者所能搜集到的信息总和。

【例题 1】关于金融市场功能，下列说法错误的有（　　）。

Ⅰ. 在一个有效市场当中，价格反映了所有市场参与者所能搜集到的信息总和

Ⅱ. 金融资产本身存在的价格风险可以通过期货、期权等金融衍生品交易实现套利

Ⅲ. 金融市场的首要功能是价格发现

Ⅳ. 金融市场通过金融资产交易实现货币资金在供给者和需求者之间的转移、套利，促进有形资本形成

A. Ⅱ、Ⅲ、Ⅳ　　B. Ⅰ、Ⅳ　　C. Ⅰ、Ⅱ　　D. Ⅰ、Ⅲ、Ⅳ

【答案】A

【解析】选项Ⅰ表述正确，在一个有效的市场当中，价格反映了所有市场参与者所能搜集到的信息总和。

选项Ⅱ表述错误，金融资产本身存在的价格风险可以通过期货、期权等金融衍生品交易实现套期保值。

选项Ⅲ表述错误，金融市场的首要功能是资金融通。

选项Ⅳ表述错误，金融市场通过金融资产交易实现货币资金在供给者和需求者之间的转移，促进有形资本形成。

【例题 2】金融市场功能包括（　　）。

Ⅰ. 提供流动性

Ⅱ. 货币创造

Ⅲ. 价格发现

Ⅳ. 降低搜寻成本

A. Ⅰ、Ⅲ、Ⅳ　　B. Ⅱ、Ⅳ　　C. Ⅰ、Ⅱ、Ⅲ　　D. Ⅰ、Ⅱ、Ⅲ、Ⅳ

【答案】A

【解析】金融市场有以下五大功能：资金融通、价格发现、提供流动性、风险管理、降低搜寻成本和信息成本。

## 考点二：直接融资与间接融资（☆☆☆）

### 一、直接融资与间接融资的定义

| 直接融资 | 间接融资 |
| --- | --- |
| 1. 资金盈余单位直接与资金需求单位签订协议<br>2. 资金盈余单位购买资金需求单位所发行的股票、债券等有价证券 | 第一步：资金盈余者存款或购买银行、信托和保险等金融机构发行的有价证券，将闲置资金提供给金融机构。<br>第二步：金融机构以贷款、贴现或购买有价证券的方式把资金提供给短缺者。 |

## 二、直接融资与间接融资的特点

| 特征项/融资方式 | 直接融资 | 间接融资 |
|---|---|---|
| 资金融通 | 直接性<br>（资金盈余单位和资金需求单位建立直接债权债务关系） | 间接性<br>（资金需求者与资金初始供应者只与金融机构发生债权债务关系） |
| 融资活动 | 分散性<br>1. 无数个企业相互之间<br>2. 政府与企业和个人之间<br>3. 个人与个人之间<br>4. 企业与个人之间 | 相对集中性<br>通过金融机构（主要是商业银行） |
| 融资的信誉差异性 | 较大<br>（债权人难以全面、深入了解债务人的信誉状况） | 较小<br>1. 金融机构管理较为严格<br>2. 银行自身经营多采取稳健方针<br>3. 一些国家实行了存款保险制度 |
| 是否可逆 | 部分不可逆（如股票） | 全部可逆（即可返还性） |
| 融资决策 | 有相对较强的自主性 | 主动权主要掌握在金融中介机构手中 |

## 三、直接融资与间接融资的方式

| 直接融资 | 间接融资 |
|---|---|
| 1. 股票市场融资<br>（1）让渡一定的企业经营控制权、收益分配权和剩余索取权而获得企业经营资金<br>（2）无须退还本金，但如果企业盈利，股票持有人享受企业盈余的分配权<br>2. 债券市场融资<br>3. 风险投资融资<br>（1）企业以让渡企业的部分股权换取企业经营资金<br>（2）多数为高新技术领域的中小企业<br>（3）企业无法提供有效的担保和抵押<br>4. 商业信用融资<br>（1）企业与企业之间互相提供的、和商品交易直接相联系的资金融通形式<br>（2）企业在商品交易过程中货物与资金交付在时间、空间上分离而产生的<br>（3）企业界普遍采用的短期融资手段<br>A. 商品赊销<br>B. 预付定金<br>C. 预付货款<br>5. 民间借贷 | 1. 银行信用融资<br>2. 消费信用融资<br>（1）分期付款<br>（2）申请助学贷款<br>3. 租赁融资<br>企业利用设备提供商或金融机构提供的资金垫付，以支付租金的方式取得贵重机器设备的使用权，以减少设备购置资金占用的一种资金融通方式。 |

## 四、直接融资和间接融资的区别

（一）起源

直接融资和间接融资的概念最早起源于 1955 年一篇发表在《美国经济评论》上的题为《从金融角度看经济增长》的论文。

（二）主要区别

融资过程中资金的需求者与资金的供给者是否直接形成债权债务关系。

（三）判断依据

1. 在有金融中介机构参与的情况下，该中介机构在这次融资行为中是否与资金的需求者和资金的供给者分别形成各自独立的债权债务关系。

2. 习惯上认为凡是债权债务关系中的一方是金融机构的融资就是间接融资，而不考虑这种融资工具最初的债权人、债务人的性质。

（四）其他

1. 直接融资是间接融资的基础

2. 在现代市场经济中，直接融资与间接融资并行发展，相互促进

3. 直接融资和间接融资的比例关系，既反映一国的金融结构，也反映一国中两种金融组织方式对实体经济的支持和贡献程度

**【例题 3】**下列属于消费信用的是（　　）。

Ⅰ. 助学贷款

Ⅱ. 以商品交易为目的的预付定金

Ⅲ. 国际金融租赁

Ⅳ. 企业以分期付款的形式向消费者个人提供房屋

A. Ⅰ、Ⅳ　　B. Ⅰ、Ⅱ、Ⅲ　　C. Ⅰ、Ⅲ　　D. Ⅰ、Ⅱ、Ⅲ、Ⅳ

**【答案】**A

**【解析】**消费信用融资是个人利用企业或金融机构提供的资金垫付，以少量资金提前获得以高额消费为目的而进行的资金融通。例如，消费者以分期付款的方式购买房屋、汽车、申请助学贷款等。

**【例题 4】**下列属于直接融资的有（　　）。

Ⅰ. 民间借贷

Ⅱ. 租赁融资

Ⅲ. 风险投资融资

Ⅳ. 债券市场融资

A. Ⅱ、Ⅳ　　B. Ⅰ、Ⅲ、Ⅳ　　C. Ⅰ、Ⅱ、Ⅲ　　D. Ⅰ、Ⅲ

**【答案】**B

**【解析】**常见的直接融资方式有股票市场融资、债券市场融资、风险投资融资、商

业信用融资、民间借贷等。

【例题5】下列关于直接融资的说法，错误的是（　　）。

A. 通过市场主体充分博弈直接进行交易，更有利于合理引导资源配置，发挥市场筛选作用

B. 直接融资和间接融资比例反映了一国金融体系配置的效率是否与实体经济相匹配

C. 我国正处于转变经济发展方式、调整产业结构的经济转型期，在这个过程中稳定直接融资比重，有利于促进实体经济健康稳定发展

D. 直接融资和间接融资的比例反映了一国金融体系风险和分布情况

【答案】C

【解析】直接融资对金融市场的影响：

第一，直接融资和间接融资比例反映了一国金融体系风险和分布情况。提高直接融资比重平衡金融体系结构，可以起到分散过度集中于银行的金融风险作用，有利于金融和经济的平稳运行。D 项正确。

第二，直接融资和间接融资比例反映了一国金融体系配置的效率是否与实体经济相匹配。B 项正确。

我国正处于转变经济发展方式、调整产业结构的经济转型期，在这个过程中提高直接融资比重，特别是发展多种股权融资方式能够弥补间接融资的不足，也有利于促进实体经济的健康稳定发展。C 项错误。

第三，通过市场主体充分博弈直接进行交易，更有利于合理引导资源配置，发挥市场筛选作用。A 项正确。

【例题6】下列关于间接融资的说法，正确的有（　　）。

Ⅰ. 间接融资中资金需求者与资金初始供应者之间不发生直接信贷关系，二者只与金融机构发生债权债务关系

Ⅱ. 间接融资在多数情况下（除委托贷款外）并不是对某一资金供应者与某一资金需求者之间一对一的对应性中介，而是一方面面对资金供应者群体，另一方面面对资金需求者群体的综合性中介

Ⅲ. 相对于直接融资而言，间接融资的信誉程度高，风险也较小

Ⅳ. 通过金融中介的融资均属于借贷融资，到期必须归还并支付利息

A. Ⅰ、Ⅱ、Ⅲ、Ⅳ　　B. Ⅰ、Ⅱ　　C. Ⅱ、Ⅲ　　D. Ⅲ、Ⅳ

【答案】A

【解析】间接融资的特点：

（1）资金获得的间接性，即资金需求者与资金初始供应者之间不发生直接信贷关系。

（2）融资的相对集中性，即间接融资通过金融机构（主要是商业银行）进行。

（3）融资信誉的差异性相对较小，间接融资相对集中于银行或非银行金融机构，由于国家对金融机构的管理一般都较为严格，银行自身的经营也多采取稳健方针，加上一些国家实行了存款保险制度，相对于直接融资来说，间接融资的信誉程度高，风险也较小。

（4）全部具有可逆性（即可返还性）。通过金融中介的融资均属于借贷融资，到期必须归还并支付利息。

（5）融资的主动权主要掌握在金融中介机构手中。由于间接融资的资金集中于商业银行等金融机构，资金贷给谁不贷给谁，并非由资金的初始供应者决定，而是由商业银行等金融中介机构决定。

### 考点三：金融市场的重要性（☆）

**一、促进储蓄—投资相互转化**

1. 收入－消费＝储蓄

2. 储蓄和投资都是实物形态

**二、优化资源配置**

金融市场通过竞争性的价格决定（利率），将货币资金配置到生产效率最高的经济主体或部门。

**三、反映经济状态**

金融市场是经济运行状态的“晴雨表”，为测度经济运行的景气状态提供了非常方便而且直观的途径或手段。

**四、宏观调控**

政府对金融市场直接或间接干预，影响金融市场变量，调控社会信贷可得性，进而影响公众的储蓄、消费、投资行为，调整本国与外国的经济来往，影响商业周期，最终实现对产出、就业、物价以及国际收支的有效控制，并对社会财富分配、社会公平和社会福利施加影响。

**【例题7】**金融市场的重要性表现在（　　）。

Ⅰ. 促进储蓄—投资相互转化

Ⅱ. 优化资源配置

Ⅲ. 反映经济状态

Ⅳ. 宏观调控

A. Ⅰ、Ⅱ、Ⅲ、Ⅳ　　B. Ⅱ、Ⅲ、Ⅳ　　C. Ⅰ、Ⅱ、Ⅳ　　D. Ⅰ、Ⅱ、Ⅲ

**【答案】**A

**【解析】**金融市场的重要性表现在促进储蓄—投资相互转化；优化资源配置；反映经济状态；宏观调控。

## 考点四：金融市场的分类（☆☆）

### 一、按金融资产到期期限

1. 货币市场——所交易的金融资产到期期限在一年以内的金融市场

（1）银行间同业拆借市场。

（2）商业票据市场。

（3）短期国库券市场。

（4）大额可转让存单市场。

2. 资本市场——所交易的金融资产到期期限在一年以上或者没有到期期限的金融市场

（1）股票市场。

（2）中长期国债市场。

（3）中长期银行贷款市场。

### 二、按交易工具

1. 交易债务工具的债权市场

2. 交易权益工具的权益市场（即股票市场）

注意：债权市场 + 优先股市场 = 固定收益市场；股票市场 − 优先股市场 = 普通股市场。

### 三、按照发行流通性质

1. 一级市场（发行市场）的功能

主要功能是筹资。

2. 二级市场（流通市场）的功能

（1）为已发行的金融资产提供流动性。

（2）通过二级市场发现资产价格，从而给一级市场销售金融资产提供价格参照。

### 四、按组织方式

1. 交易所市场

（1）证券交易所、期货交易所、期权交易所等金融市场被称为交易所市场。

（2）交易所为买卖双方提供竞价、撮合及结算服务，市场参与者以交易所为交易对手进行交易，交易所确保交易双方履约，最大限度地减少了交易后的违约风险或交易对手风险。

（3）分类

①会员制交易所。最高权力机构是会员大会。

②公司制交易所。最高权力机构为股东大会。

2. 场外交易市场

（1）分类

①银行信贷市场。

②拆借市场。

③外汇市场。

④黄金市场等。

（2）特点

①比较松散，通常没有固定的交易场所。

②不一定有统一的交易时间。

③市场参与者通过电话、电报、网络等手段进行沟通和交易。

（3）我国主要场外市场

①中国外汇交易中心暨全国银行间同业拆借中心（CFETS）。

②金融机构柜台交易。

（4）发展状况

①交易量远大于交易所市场。

②交易结构和交易方式较为丰富。

③组织化程度不断提高，监管要求及市场透明度显著增强。

④与交易所市场间的界限越来越模糊。

**五、按交割方式**

（一）现货市场

现货市场是指即期交易的市场，买卖双方成交后须在当天或市场规定的最后交割期限内办理交割手续的交易行为。

（二）衍生品市场

（1）一般表现为一些合约，以相应现货资产作为标的物，其价格由其基础资产价格决定。

（2）成交时不需要立即交割，而可在未来时点交割。

（3）常见的衍生工具包括远期、期货、期权、互换等。

（4）根据标的资产的不同，衍生品可以划分为商品衍生品和金融衍生品。

## 六、按金融资产的种类

### （一）证券市场

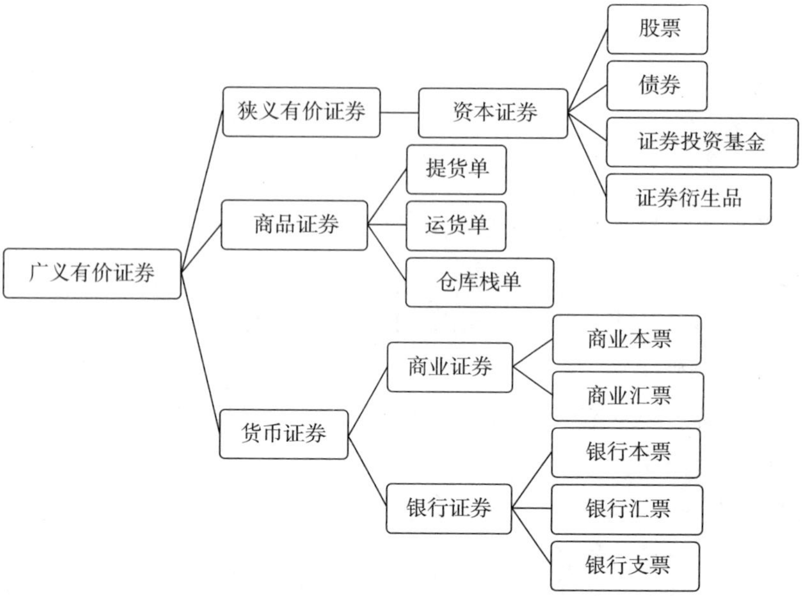


### （二）非证券金融市场

1. 股权投资市场
2. 信托市场
3. 融资租赁市场
4. 外汇市场
5. 黄金市场
6. 保险市场
7. 银行理财产品市场
8. 长期贷款市场等

## 七、按辐射地域

1. 国际金融市场

（1）全球性金融市场。

（2）区域性金融市场。

2. 国内金融市场

（1）全国性金融市场。

（2）地区性金融市场。

**【例题 8】** 下列哪些属于非证券金融市场（　　）。

Ⅰ. 信托市场

Ⅱ. 保险市场

Ⅲ. 融资租赁市场

Ⅳ. 股权投资市场

A. Ⅰ、Ⅱ、Ⅲ　　B. Ⅱ、Ⅲ、Ⅳ　　C. Ⅰ、Ⅱ、Ⅲ、Ⅳ　D. Ⅰ、Ⅲ、Ⅳ

**【答案】** C

**【解析】** 非证券金融市场，是指以有价证券以外的金融资产为对象的发行和交易关系的总和，包括股权投资市场、信托市场、融资租赁市场、外汇市场、黄金市场、保险市场、银行理财产品市场、长期贷款市场等。

**【例题 9】** 下列不属于衍生品市场的是（　　）。

A. 期货市场　　B. 期权市场　　C. 互换市场　　D. 货币市场

**【答案】** D

**【解析】** 常见的衍生工具包括远期、期货、期权、互换等。

**【例题 10】** 根据我国《证券交易所管理办法》的规定，（　　）是会员制证券交易所的最高权力机构。

A. 会员大会　　B. 理事会　　C. 董事会　　D. 总经理

**【答案】** A

**【解析】** 会员制证券交易所的最高权力机构是会员大会。

**【例题 11】** 狭义的有价证券指的是（　　）。

A. 商品证券　　B. 货币证券　　C. 金融证券　　D. 资本证券

**【答案】** D

**【解析】** 有价证券有广义与狭义之分。广义的有价证券包括商品证券、货币证券和资本证券。狭义的有价证券即指资本证券。

**【本节学习提示】** 考查重点：

①金融市场的功能是资金融通、价格发现、提供流动性、风险管理、降低搜寻成本和信息成本。

②直接融资和间接融资的特点比对表。

③货币市场与资本市场的相关比对。

## 第二节　全球金融市场

### 考点一：全球金融市场与金融体系（☆）

#### 一、金融市场的形成及发展趋势

1. 金融市场的形成

（1）有形的、有组织的金融市场首先形成于 17 世纪的欧洲大陆。

（2）15 世纪意大利商业城市中的证券交易主要是商业票据的买卖。

（3）16 世纪的里昂、安特卫普被认为是出现证券交易活动最早的地区，当时交易的是国债。

（4）1602 年，荷兰东印度公司在阿姆斯特丹创建了世界上最早的证券交易所——阿姆斯特丹证券交易所。

2. 金融市场的发展

第一阶段：从 17 世纪英国崛起到第一次世界大战

（1）1694 年，英国成立了世界上第一家股份制商业银行——英格兰银行。

（2）1773 年成立的伦敦交易所取代阿姆斯特丹交易所，成为当时世界上最大的交易所。

（3）1816 年，英国首先实行金本位制，英镑成为使用最广泛的货币。

（4）19 世纪的英国形成了国际性的金融市场，伦敦成为国际金融中心。

（5）美国金融市场是从买卖政府债券开始的。

（6）1790 年成立了美国第一个证券交易所——费城证券交易所。

第二阶段：从第一次世界大战开始到第二次世界大战结束

（1）英国在工业生产和国际贸易的霸主地位逐渐被美国取代。

（2）1929—1933 年经济大萧条发生后，西方世界陷入全面大萧条。

（3）1944 年布雷顿森林会议宣布成立国际复兴开发银行（世界银行前身）和国际货币基金组织两大机构，确立了以美元为中心的国际货币体系，纽约成为世界金融中心。

第三阶段：从第二次世界大战结束到 1971 年布雷顿森林体系瓦解

（1）欧洲货币市场兴起，日本东京也开始在全球金融市场中发挥日益重要的作用。

（2）1957 年签署的《罗马条约》建立了欧洲经济共同体。

第四阶段：从 1971 年布雷顿森林体系瓦解到 2007 年国际金融危机前夕

（1）发展中国家为了摆脱贫困状况，纷纷进行金融改革，通过金融自由化政策扶持本国金融市场。

（2）新兴金融市场对国际金融市场产生越来越大的影响。

第五阶段：2007 年国际金融危机爆发以来

（1）2007—2009 年，一场始于美国的次贷危机逐步演变成为国际金融危机。

（2）全球金融监管趋严。

## 二、全球金融体系

### （一）全球金融体系的主要参与者

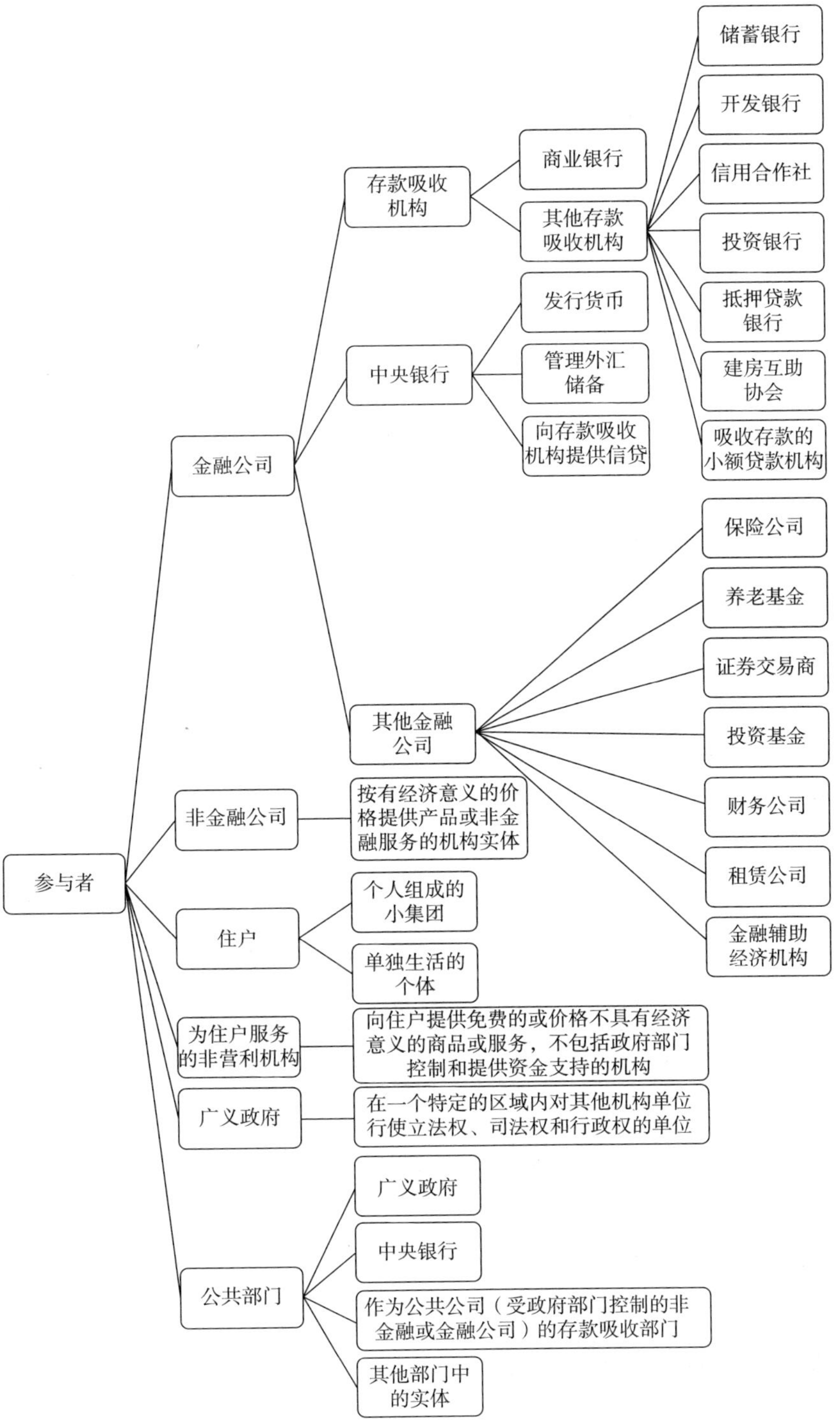

（二）国际资金流动方式

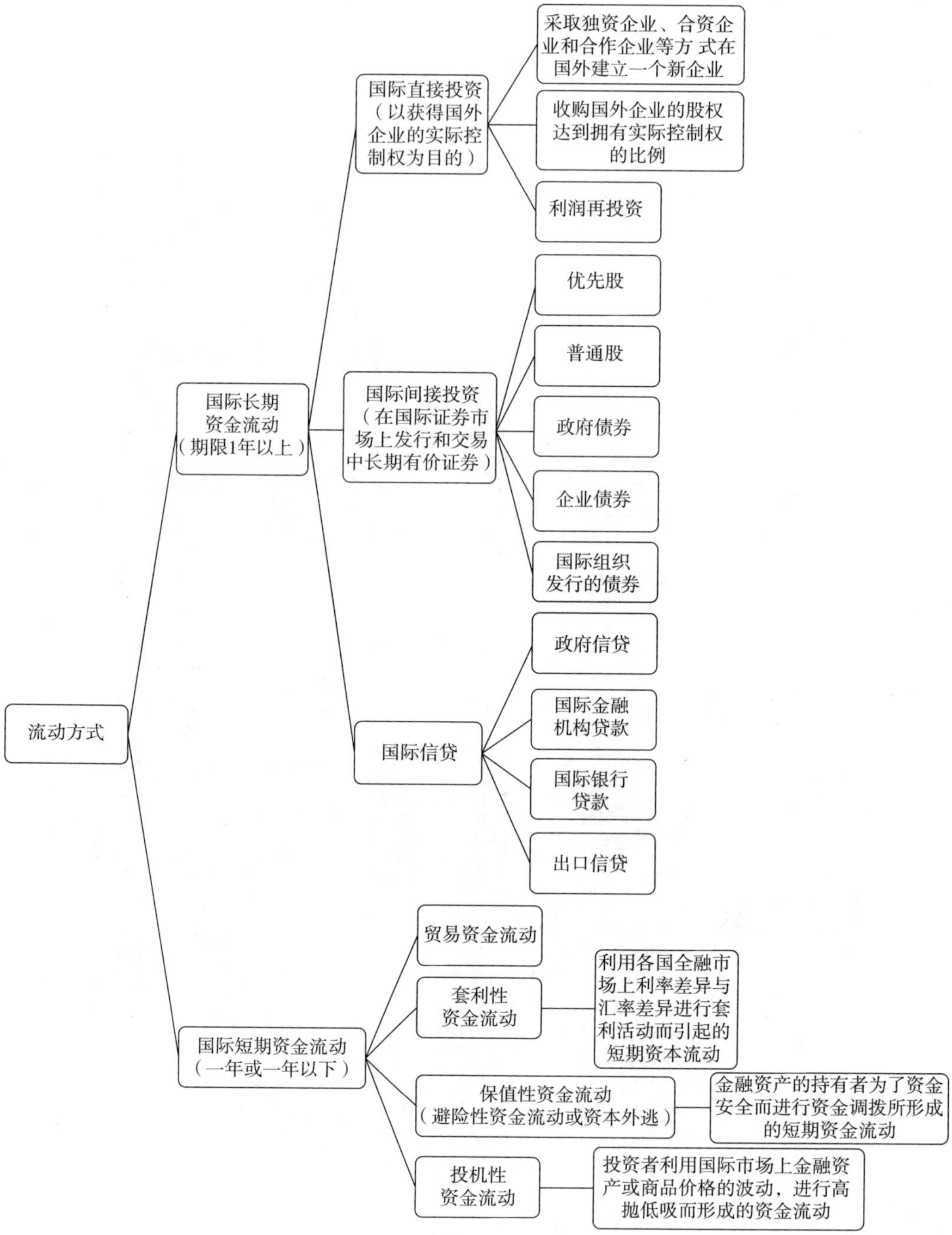


**【例题 12】**国际短期资金流动是指期限为一年或一年以下的资金的跨国流动。它主要包括（　　）。

Ⅰ. 投机性资金的流动

Ⅱ. 贸易资金的流动

Ⅲ. 套利性资金的流动

Ⅳ. 保值性资金的流动

A. Ⅰ、Ⅱ、Ⅲ、Ⅳ　　B. Ⅰ、Ⅱ、Ⅳ　　C. Ⅱ、Ⅲ、Ⅳ　　D. Ⅱ、Ⅲ

**【答案】** A

**【解析】** 国际短期资金流动，是指期限为一年或一年以下的资金的跨国流动。国际短期资金流动主要包括贸易资金的流动、套利性资金的流动、保值性资金的流动以及投机性资金的流动四种类型。

**【例题 13】** 下列关于国际资金流动方式的说法，正确的是（　　）。

A. 保值性资金的流动属于国际长期资金流动

B. 国际信贷属于国际短期资金流动

C. 国际间接投资属于国际短期资金流动

D. 套利性资金的流动属于国际短期资金流动

**【答案】** D

**【解析】** 国际短期资金流动主要包括贸易资金的流动、套利性资金的流动、保值性资金的流动以及投机性资金的流动四种。国际长期资金流动包括国际直接投资、国际间接投资和国际信贷三种形式。

**【例题 14】** 在全球金融体系的主要参与者中，不属于存款吸收机构的是（　　）。

A. 证券交易商　　B. 信用合作社　　C. 储蓄银行　　D. 抵押贷款银行

**【答案】** A

**【解析】** 存款吸收机构，是指通过自己的账户，以中介的方式将资金从贷款人转向借款人的单位。存款吸收机构包括商业银行和其他存款吸收机构。商业银行通常吸收存款，在支付系统中处于核心地位。其他存款吸收机构包括储蓄银行、开发银行、信用合作社、投资银行、抵押贷款银行以及建房互助协会、吸收存款的小额贷款机构。

**【例题 15】** 世界上第一个证券交易所位于（　　）。

A. 安特卫普　　B. 伦敦　　C. 费城　　D. 阿姆斯特丹

**【答案】** D

**【解析】** 1602 年，荷兰东印度公司在阿姆斯特丹创建了世界上最早的证券交易所——阿姆斯特丹证券交易所。

**【例题 16】** 金融资产的持有者为了保证资金安全而进行资金调拨所形成的国际资金流动被称为（　　）。

A. 投机性资金流动　　B. 保值性资金流动

C. 盈利性资金流动　　D. 国际间接投资

**【答案】** B

**【解析】** 保值性资金流动又被称为避险性资金流动或资本外逃，是指金融资产的持有者为了保证资金安全而进行资金调拨所形成的短期资金流动。

## 考点二：国际金融监管体系（☆）

### 一、巴塞尔银行监管委员会

1. 设立

（1）由美国、英国、法国、德国、意大利、日本、荷兰、加拿大、比利时、瑞典10国中央银行于1974年底共同成立。

（2）作为国际清算银行的一个正式机构，以各国中央银行官员和银行监管部门为代表。

（3）总部设在瑞士巴塞尔。

2. 宗旨

（1）交换各国监管安排方面的信息。

（2）增强国际银行业务监管技术的有效性。

（3）建立资本充足率的最低标准及研究在其他领域确立标准的有效性。

3. 制定的协议、监管标准与指导原则

（1）《关于统一国际银行资本衡量和资本标准的协议》——《巴塞尔协议》（1988年7月制定，2003年和2010年进行了两次修订）。

（2）《巴塞尔Ⅲ：后危机改革的最终方案》（2017年12月8日公布）。

①对2010年版"巴塞尔Ⅲ"进行了补充修订，以提高风险加权资产计量的可信度、提升银行间资本比率的可比性。

②"巴塞尔Ⅲ"2010年版和2017年版确定了宏观和微观相结合的审慎监管体系，其系统性风险管理和系统重要性银行监管是对传统监管理念的新突破。

### 二、国际证监会组织（IOSCO）

1. 简介

（1）成立于1983年。

（2）由各国、各地区证券期货监管机构组成的专业组织，是主要的金融监管国际标准制定机构之一。

（3）截至2021年5月底，共有229个会员。

① 129个正式会员（中国证监会于1995年成为IOSCO的正式成员）。

② 33个联席会员。

③ 67个附属会员（包括上海证券交易所、深圳证券交易所、中国金融期货交易所、中国证券登记结算有限责任公司、中国证券投资者保护基金有限责任公司、中国证券业协会、中国证券投资基金业协会）。

2. 设立的意义

（1）保护投资者，维护证券市场的公平、高效、透明，应对系统性风险。

（2）通过加强在执法、市场及中介监管方面的信息交流和合作，加大投资者保护力度，增强投资者对证券市场诚信的信心。

（3）为成员在全球和地区层面进行经验交流提供平台，以促进市场发展，推动市场基础设施建设，实施适度监管。

3. 纲领性文件——《证券监管目标与原则》

（1）于1998年首次发布，最近一次于2017年修订。

（2）确立了证券监管的三个目标：

①保护投资者利益。

②确保证券市场的公平、高效和透明。

③减少系统性风险。

（3）不具备强制效力，IOSCO成员可以根据这些目标和原则，结合各自市场的特点和发展水平自主实施相应监管。

**三、国际保险监督官协会（IAIS）**

1. 1994年在瑞士成立

2. 宗旨是制定保险监管原则与标准，提高成员国监管水平

3. IAIS主要在三个方面发挥重要作用

（1）制定国际保险监管规则。

（2）发布国际保险最新动态。

（3）提供国际保险界交流平台。

**【例题17】**下列关于国际金融监管体系的说法，正确的有（　　）。

Ⅰ. 巴塞尔银行监管委员会成立于1974年，是国际清算银行的一个正式机构

Ⅱ. 国际证监会组织成立于1983年

Ⅲ. 国际保险监督官协会于1934年在美国成立

Ⅳ. 作为IAIS的纲领性文件，《证券监管目标与原则》于1998年首次发布

A. Ⅰ、Ⅲ、Ⅳ　　B. Ⅰ、Ⅳ　　C. Ⅱ、Ⅲ　　D. Ⅰ、Ⅱ

**【答案】**D

**【解析】**巴塞尔银行监管委员会简称“巴塞尔委员会”，是由美国、英国、法国、德国、意大利、日本、荷兰、加拿大、比利时、瑞典10国的中央银行于1974年底共同成立的，作为国际清算银行的一个正式机构，以各国中央银行官员和银行监管部门为代表，总部设在瑞士的巴塞尔。

国际证监会组织成立于1983年。《证券监管目标与原则》是国际证监会组织IOSCO的纲领性文件，于1998年首次发布，最近一次于2017年修订。

国际保险监督官协会（IAIS）是全球性保险监管组织，于1994年在瑞士成立，其宗旨是制定保险监管原则与标准，提高成员国监管水平。

## 考点三：英国、美国及中国香港的金融市场（☆）

### 一、英国金融市场

#### （一）英国金融市场分类

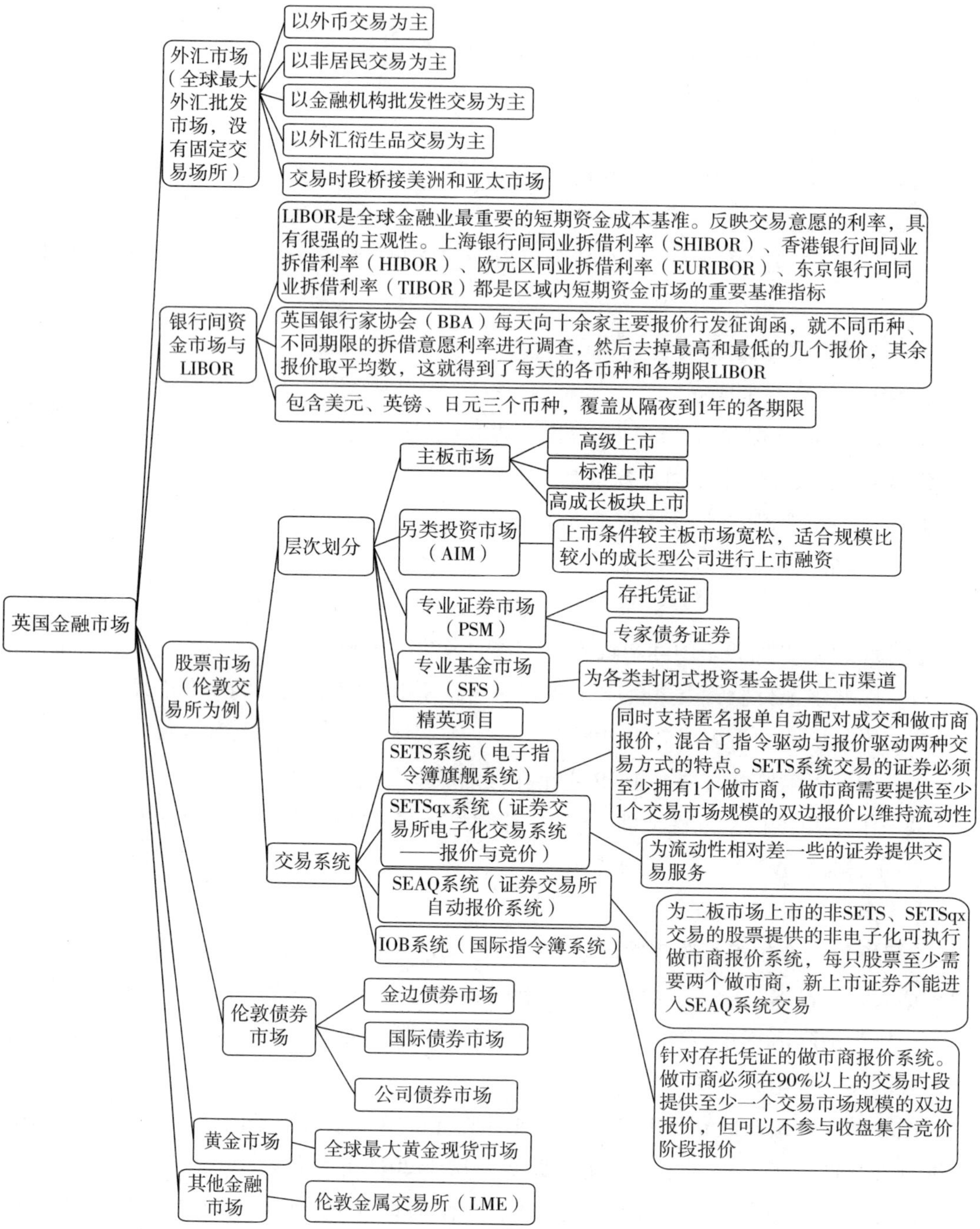

（二）英国的金融市场监管

1. 以自律为基础的分业监管时期

1979年《银行法》颁布，正式赋予英格兰银行金融监管权。同年，《存款人保护法》颁布，金融监管逐步走上正轨，建立起以自律监管为基础的分业监管格局。

2. FSA统一监管时期

2000年《金融服务法》实施，2001年统一监管机构——金融服务局（FSA）正式成立，负责对银行、证券、保险业金融机构实施审慎监管，统一监管体制得以确立。

3. 宏观审慎与微观审慎监管并行的监管模式

（1）在英格兰银行下设金融政策委员会（FPC），负责宏观审慎管理；

（2）撤销FSA，在英格兰银行下设审慎监管局（PRA），与单独设立的金融行为监管局（FCA）共同负责微观审慎监管；

（3）明确英格兰银行为银行处置机构，并赋予广泛的处置权力；

（4）建立多层次监管协调机制，明确英格兰银行和财政部在危机应对中的职责分工。

注意：2013年4月1日，新《金融服务法》生效，新的金融监管框架正式运行。2016年5月，英国通过《2016年英格兰银行和金融服务法》，规定英格兰银行设立审慎监管委员会（PRC）作为内设机构，承担原审慎监管局对金融机构的微观审慎监管职权。

## 二、美国的金融市场

（一）美国金融市场分类

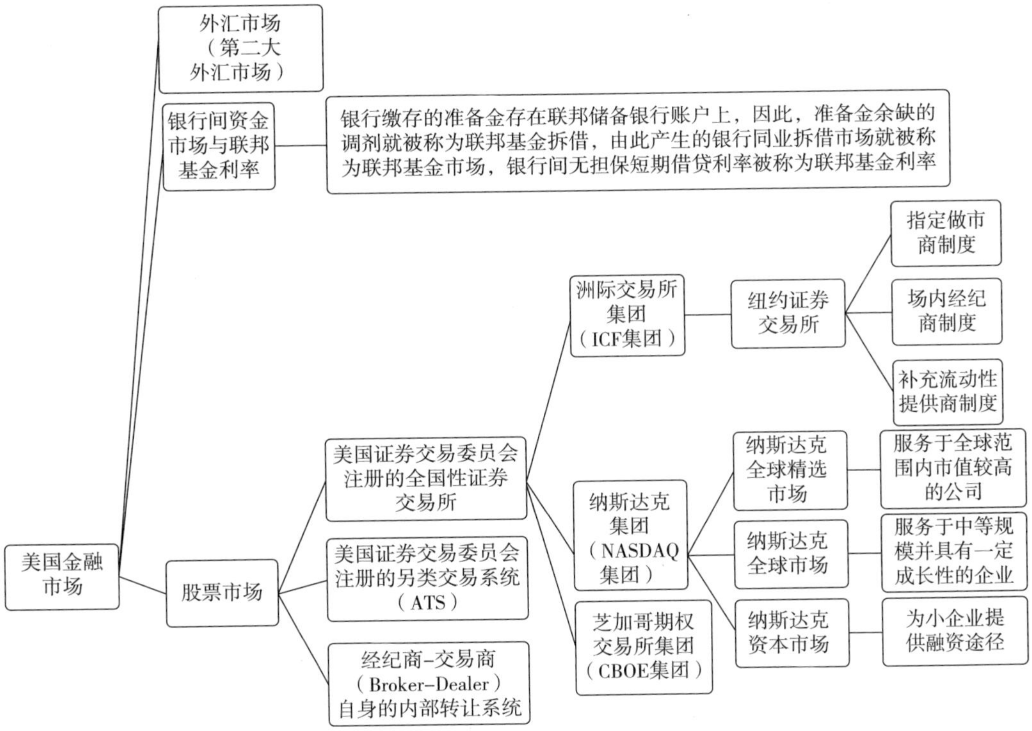

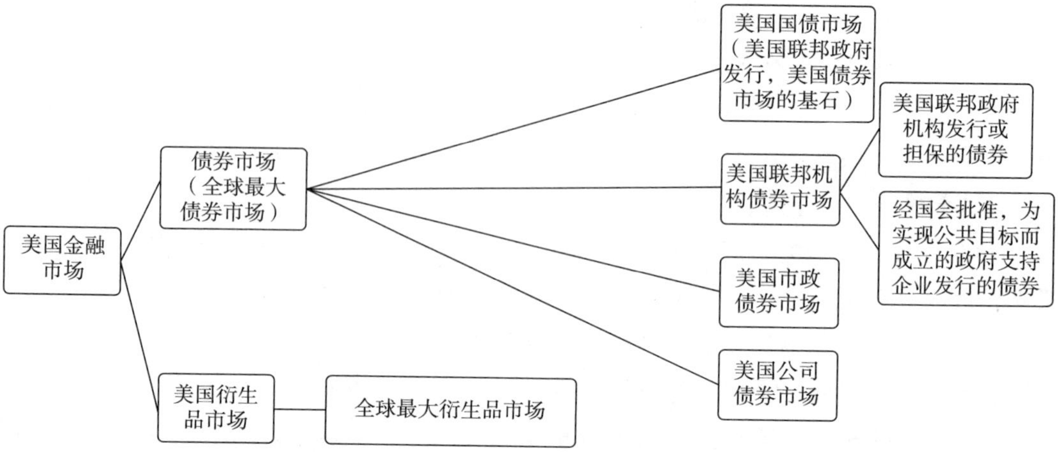


（二）美国的金融市场监管（“双层多头”金融监管体制）

1929—1933 年大危机以来，美国实行的是“双层多头”金融监管体制。所谓的“双层”，是指在联邦和州两个层级都有金融监管部门；“多头”，是指设立了多家监管机构，分别行使不同的监管职责。

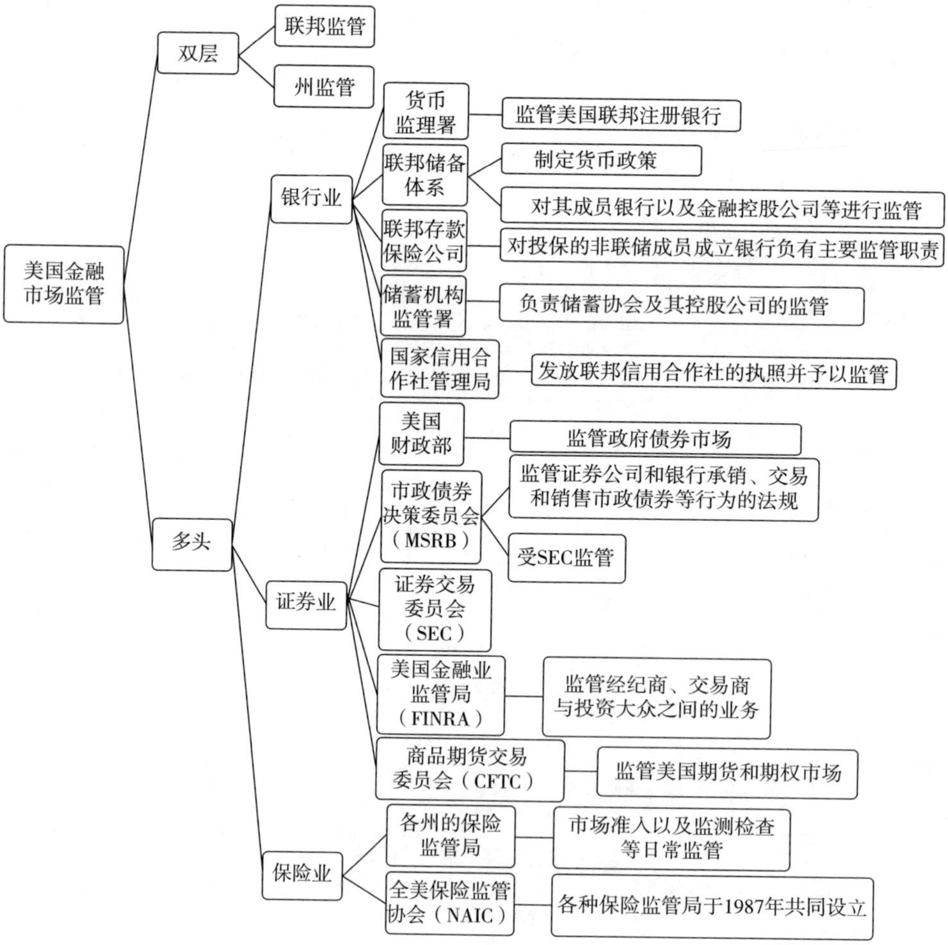

## 三、中国香港金融市场

### （一）联系汇率制

中国香港特别行政区没有中央银行，自 1983 年起，实行与美元挂钩的联系汇率制，这是一种货币发行局制度。根据中国香港法律规定，港元大部分由三家发钞银行即汇丰银行、渣打银行、中国银行（香港）发行。发钞银行发钞时，需按 7.80 港元兑 1 美元的汇率向金管局提交等值美元，并记入外汇基金的账目，以购买负债证明书，作为其发钞纸币的支持。

### （二）中国香港外汇市场

与其他外汇市场不同的是，中国香港凭借“一国两制”的制度优势，自 2003 年开放人民币业务以来，中国香港外汇市场逐步成为全球人民币离岸市场中心。

### （三）中国香港股票市场

（1）1891 年，香港股票经纪会成立，这是香港首家股票交易所，1914 年更名为香港证券交易所；

（2）20 世纪 50 年代以后，香港又分别成立了远东交易所（1969 年）、金银证券交易所（1971 年）、九龙证券交易所（1972 年）；

（3）1986 年，四家证券交易所合并为香港联合交易所。

### （四）中国香港债券市场

中国香港债券市场起步晚，发展快，但总体规模并不算大。港元债券发债主体包括中国香港外汇基金，授权机构（银行及存款类公司），中国香港政府持有公司、法定组织以及私营企业等。

### （五）中国香港的金融市场监管

1. 银行业——香港金融管理局（金管局）
2. 证券业、期货业——证券及期货事务监察委员会（证监会）
3. 保险业——保险业监理处（保监处）

**【例题 18】**下列关于全球金融市场监管的说法，错误的有（　　）。

Ⅰ. 当前英国金融市场的主要监管机构包括英格兰银行、金融服务局和财政部

Ⅱ. 在美国，商品期货交易委员会负责监管期货和期权市场

Ⅲ. 美国国会于 1986 年通过的《政府债券法案》赋予财政部监管整个政府债券市场的职责

Ⅳ. 目前，中国香港的金融监管机构主要包括香港金融管理局、银行业监理处、证券及期货事务监察委员会和保险业监理处

A. Ⅰ、Ⅱ、Ⅳ　　B. Ⅰ、Ⅳ　　C. Ⅱ、Ⅲ、Ⅳ　　D. Ⅰ、Ⅲ

**【答案】**B

**【解析】**Ⅰ项错误，2001 年统一监管机构——金融服务局（FSA）正式成立，负责

对英国银行、证券、保险业金融机构实施审慎监管，统一监管体制得以确立。

Ⅱ项正确，商品期货交易委员会设立于1974年，负责监管美国期货和期权市场。

Ⅲ项正确，美国国会于1986年通过了《政府债券法案》，赋予财政部监管整个政府债券市场的职责，具体监管政府债券经纪商和交易商的交易行为，以保护投资者利益，建立公平、公正和富有流动性的市场。

Ⅳ项错误，目前，中国香港的金融监管机构主要包括香港金融管理局（金管局）、证券及期货事务监察委员会（证监会）和保险业监理处（保监处），分别负责监管银行业、证券和期货业以及保险业。

【本节学习提示】考查重点：

①巴塞尔银行监管委员会相关知识点。

②国际证监会组织相关知识点。

③各类机构的缩写。

## 同步真题练习

1. 国际证监会组织（IOSCO）的纲领性文件《证券监管目标与原则》中，确立了证券监管的目标，包括（　　）。

Ⅰ. 保护投资者

Ⅱ. 确保市场的公平、高效和透明

Ⅲ. 具有较强的专业性和指导性，并具备强制效力

Ⅳ. 减少系统性风险

A. Ⅰ、Ⅱ、Ⅲ　　B. Ⅰ、Ⅱ、Ⅳ　　C. Ⅰ、Ⅲ、Ⅳ　　D. Ⅱ、Ⅲ、Ⅳ

2. 目前保险领域最具影响力的国际性组织是（　　）。

A. 中国银行保险监督管理委员会　　B. 巴塞尔银行监管委员会

C. 国际证监会组织　　D. 国际保险监督官协会

3. 巴塞尔银行监管委员会简称“巴塞尔委员会”，是由美国、英国、法国、德国、意大利、日本、荷兰、加拿大、比利时、瑞典10国的中央银行于（　　）年共同成立的。

A. 1971　　B. 1972　　C. 1973　　D. 1974

4. 下列选项中，属于非证券金融市场的是（　　）。

Ⅰ. 股票市场

Ⅱ. 融资租赁市场

Ⅲ. 信托市场

Ⅳ. 股权投资市场

A. Ⅰ、Ⅲ、Ⅳ　B. Ⅰ、Ⅱ、Ⅲ、Ⅳ　C. Ⅰ、Ⅱ、Ⅲ　D. Ⅱ、Ⅲ、Ⅳ

5. 证券市场以证券发行与交易的方式实现了（　　）的对接，有效地解决了资本的供求矛盾和资本结构调整的难题。

A. 筹资与投资　B. 一级市场与二级市场

C. 发行与回购　D. 投资与并购

6. 下列关于金融市场功能的说法，正确的是（　　）。

A. 金融市场的一个重要功能就是减少流动性，即金融资产交易变现或赎回的渠道和机制

B. 金融市场具有将有形资产产生的风险在资金供求双方之间重新配置的功能

C. 花费一定的时间来定位交易对手一般视为显性成本

D. 金融市场通过金融资产交易实现货币资金在供给者和需求者之间的转移，促进虚拟资本形成

7. 为政府、金融机构和企业提供筹集资金的渠道是（　　）的基本功能。

A. 同业拆借市场　B. 回购协议市场　C. 证券流通市场　D. 证券发行市场

8. 下列选项中，属于消费信用的是（　　）。

Ⅰ. 银行对在校大学生提供助学贷款

Ⅱ. 以商品交易为目的的预付定金

Ⅲ. 企业间的商品赊销

Ⅳ. 企业以分期付款的形式向消费者个人提供房屋

A. Ⅰ、Ⅳ　B. Ⅰ、Ⅱ、Ⅲ、Ⅳ

C. Ⅰ、Ⅱ　D. Ⅱ、Ⅲ、Ⅳ

9. 下列关于直接融资和间接融资的说法，正确的有（　　）。

Ⅰ. 直接融资通过市场主体充分博弈直接进行交易，更有利于合理引导资源配置

Ⅱ. 提高直接融资比重，有利于分散过度集中于银行的金融风险作用

Ⅲ. 发展多种股权融资方式有利于促进实体经济的健康稳定发展

Ⅳ. 相对于直接融资来说，间接融资的信誉程度低，风险也较大

A. Ⅰ、Ⅱ、Ⅲ、Ⅳ　B. Ⅰ、Ⅲ

C. Ⅰ、Ⅱ、Ⅲ　D. Ⅱ、Ⅳ

10. 货币市场的主要功能是（　　）。

A. 短期资金融通　B. 长期资金融通　C. 套期保值　D. 投机

11. 金融市场的重要性体现在（　　）。

Ⅰ. 财富初次分配

Ⅱ. 宏观调控

Ⅲ. 反映经济状态

Ⅳ. 促进储蓄—投资转化

A. Ⅱ、Ⅳ　　B. Ⅱ、Ⅲ　　C. Ⅰ、Ⅲ　　D. Ⅱ、Ⅲ、Ⅳ

12. 下列企业融资方式中，属于间接融资的有（　　）。

Ⅰ. 发行股票

Ⅱ. 银行贷款

Ⅲ. 发行债券

Ⅳ. 从国际金融机构借款

A. Ⅱ、Ⅳ　　B. Ⅰ、Ⅲ、Ⅳ　　C. Ⅰ、Ⅱ、Ⅲ　　D. Ⅱ、Ⅲ

13. 下列关于金融市场分类错误的是（　　）。

A. 按照发行流通性质可以分为发行市场和流通市场

B. 按照组织方式可以分为交易所市场和场外交易市场

C. 按照交易工具分为债权市场和权益市场

D. 按金融资产到期期限可以分为现货市场和衍生品市场

14. 通过证券交易所进行的融资属于（　　）。

A. 股权融资　　B. 间接融资　　C. 债券融资　　D. 直接融资

15. 下列关于国际金融监管体系的说法，正确的是（　　）。

Ⅰ. 2017 年 12 月，巴塞尔委员会公布了《巴塞尔Ⅲ：后危机改革的最终方案》

Ⅱ. 提供国际保险界交流平台是 IAIS 发挥重要作用的重要方面

Ⅲ. 《证券监管目标与原则》确立了证券监管的三项目标，即保护投资者的利益，确保市场的公平、高效和透明，减少风险。

Ⅳ. 中国证券业协会是 IOSCO 的正式会员

A. Ⅰ、Ⅳ　　B. Ⅱ、Ⅲ　　C. Ⅰ、Ⅲ、Ⅳ　　D. Ⅰ、Ⅱ

16. 全球金融体系的主要参与者包括（　　）。

Ⅰ. 金融公司

Ⅱ. 公共部门

Ⅲ. 非金融公司

Ⅳ. 为住户服务的非营利性机构

A. Ⅰ、Ⅱ、Ⅲ、Ⅳ　　B. Ⅰ、Ⅲ、Ⅳ

C. Ⅰ、Ⅱ、Ⅲ　　D. Ⅱ、Ⅳ

17. 下列关于国际资金流动的说法，错误的是（　　）。

A. 国际间接投资属于国际长期资金流动

B. 套利性资金流动指的是利用各国金融市场上的利率差异与汇率差异进行套利活动

而引起的短期资本流动

C. 贸易资金流动一般属于国际短期资金流动

D. 资本外逃被认为是投机性的资金流动

## 答案与解析

1.【答案】B

【解析】《证券监管目标与原则》是IOSCO的纲领性文件，于1998年首次发布，最近一次于2017年修订。文件确立了证券监管的三项目标，即保护投资者利益，确保市场的公平、高效和透明，减少系统性风险。《证券监管目标与原则》具有较强的专业性和指导性，但并不具备强制效力，IOSCO成员可以根据这些目标和原则，结合各自市场的特点和发展水平自主实施相应监管，开展跨境监管与执法合作。

2.【答案】D

【解析】国际保险监督官协会（IAIS）是全球性保险监管组织，于1994年在瑞士成立，其宗旨是制定保险监管原则与标准，提高成员国监管水平。IAIS有来自近140个国家和地区的200多个成员，负责制定全球保险监管的指导原则和标准，是保险领域最具影响力的国际性组织。

3.【答案】D

【解析】巴塞尔银行监管委员会简称“巴塞尔委员会”，是由美国、英国、法国、德国、意大利、日本、荷兰、加拿大、比利时、瑞典10国的中央银行于1974年底共同成立的，作为国际清算银行的一个正式机构，以各国中央银行官员和银行监管部门为代表，总部设在瑞士的巴塞尔。

4.【答案】D

【解析】非证券金融市场，是指以有价证券以外的金融资产为对象的发行和交易关系的总和，包括股权投资市场、信托市场、融资租赁市场、外汇市场、黄金市场、保险市场、银行理财产品市场、长期贷款市场等。

5.【答案】A

【解析】证券市场以证券发行与交易的方式实现了筹资与投资的对接，有效地解决了资本的供求矛盾和资本结构调整的难题。

6.【答案】B

【解析】金融市场的一个重要功能就是提供流动性，即金融资产交易变现或赎回的渠道和机制。金融市场具有将有形资产产生的风险在资金供求双方之间重新配置的功能。花费一定的时间来定位交易对手为隐性成本。金融市场通过金融资产交易实现货币资金在供给者和需求者之间的转移，促进有形资本形成。

7.【答案】D

【解析】一级市场是新金融资产的发行市场，例如股票和债券的发行市场。一级市场的主要功能是筹资，发行人通过新证券的公开或定向发行获得资金，购买方则获得相应的金融资产（股票或债券）。

8.【答案】A

【解析】消费信用融资是个人利用企业或金融机构提供的资金垫付，以少量资金提前获得高额消费为目的而进行的资金融通。例如，消费者以分期付款的方式购买房屋、汽车、申请助学贷款等。

Ⅱ、Ⅲ项属于商业信用融资。商业信用融资，是企业与企业之间互相提供的、和商品交易直接相联系的资金融通形式。常见的商业信用融资如企业间的商品赊销、预付定金、预付货款等。

9.【答案】C

【解析】直接融资通过市场主体充分博弈直接进行交易，更有利于合理引导资源配置，发挥市场筛选作用。Ⅰ项正确。提高直接融资比重平衡金融体系结构，可以起到分散过度集中于银行的金融风险作用，有利于金融和经济的平稳运行。Ⅱ项正确。我国正处于转变经济发展方式、调整产业结构的经济转型期，在这个过程中提高直接融资比重，特别是发展多种股权融资方式能够弥补间接融资的不足，也有利于促进实体经济的健康稳定发展。Ⅲ项正确。间接融资相对集中于银行或非银行金融机构，由于国家对金融机构的管理一般都较为严格，银行自身的经营也多采取稳健方针，加上一些国家实行了存款保险制度，相对于直接融资，间接融资的信誉程度高，风险也较小，融资的稳定性较强。Ⅳ项错误。

10.【答案】A

【解析】货币市场，是指所交易金融资产到期期限在一年以内的金融市场，例如银行间同业拆借市场、商业票据市场、短期国库券市场、大额可转让存单市场等。这些金融资产具有比较强的“货币性”，主要解决市场参与者短期性的资金周转和余额调剂问题，因此，这些市场被称为货币市场。

11.【答案】D

【解析】金融市场的重要性体现在：促进储蓄—投资转化、优化资源配置、反映经济状态、宏观调控。

12.【答案】A

【解析】间接融资是指资金盈余者通过存款等形式，或者购买银行、信托和保险等金融机构发行的有价证券，将其暂时闲置资金先行提供给金融机构，再由这些金融机构以贷款、贴现或购买有价证券的方式把资金提供给短缺者，从而实现资金融通的过程。本题中，Ⅱ、Ⅳ项符合题意，Ⅰ、Ⅲ项属于直接融资。

13. 【答案】D

【解析】按照金融资产到期期限，金融市场可划分为货币市场和资本市场。按交割方式分为现货市场和衍生品市场。

14. 【答案】D

【解析】直接融资是指资金盈余单位通过直接与资金需求单位协议，或在金融市场上购买资金需求单位所发行的股票、债券等有价证券，将货币资金提供给需求单位使用。在证券交易所进行融资属于直接融资。

15. 【答案】D

【解析】Ⅰ项正确，2017 年 12 月 8 日巴塞尔委员会公布了《巴塞尔Ⅲ：后危机改革的最终方案》。Ⅱ项正确，当前 IAIS 主要在三个方面发挥着重要作用：一是制定国际保险监管规则；二是发布国际保险最新动态；三是提供国际保险界交流平台。Ⅲ项错误，《证券监管目标与原则》是 IOSCO 的纲领性文件，于 1998 年首次发布，最近一次于 2017 年修订。文件确立了证券监管的三项目标，即保护投资者利益，确保市场的公平、高效和透明，减少系统性风险。Ⅳ项错误，上海证券交易所、深圳证券交易所、中国金融期货交易所、中国证券登记结算有限责任公司、中国证券投资者保护基金有限责任公司、中国证券业协会、中国证券投资基金业协会是 IOSCO 的附属会员。

16. 【答案】A

【解析】根据国际货币基金组织的《金融稳健指标编制指南》，全球金融体系的主要参与者包括金融公司、非金融公司、住户、为住户服务的非营利机构、广义政府、公共部门。

17. 【答案】D

【解析】国际长期资金流动，是指期限在 1 年以上的资金的跨国流动，包括国际直接投资、国际间接投资和国际信贷三种形式。（A 项正确）国际短期资金流动主要包括贸易资金的流动、套利性资金的流动、保值性资金的流动以及投机性资金的流动四种类型。（C 项正确）套利性资金的流动是利用各国金融市场上利率差异与汇率差异进行套利活动而引起的短期资本流动。（B 项正确）随着金融国际化进程的深入、金融工具的不断创新，这类短期资金的流动有不断增加的趋势。保值性资金的流动又被称为避险性资金流动或资本外逃。（D 项错误）

## 本章总结

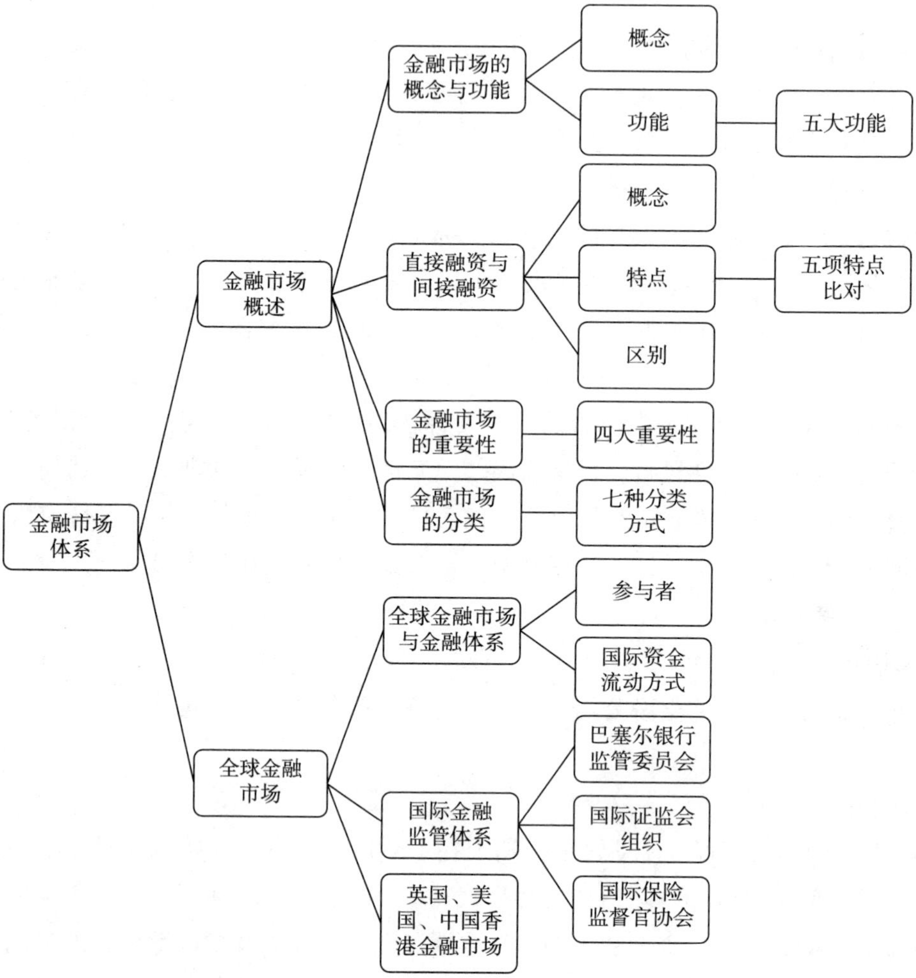
金融市场体系
金融市场概述
全球金融市场
金融市场的概念与功能
直接融资与间接融资
金融市场的重要性
金融市场的分类
全球金融市场与金融体系
国际金融监管体系
英国、美国、中国香港金融市场
概念
功能
五大功能
概念
特点
五项特点比对
区别
四大重要性
七种分类方式
参与者
国际资金流动方式
巴塞尔银行监管委员会
国际证监会组织
国际保险监督官协会

# 第二章　中国的金融体系与多层次资本市场

## 考情早知道

本章着重介绍中国金融市场的发展历程、中介机构体系、对外开放趋势以及多层次资本市场结构，考点主要集中在第一节中的金融中介机构的业务、中央银行与货币政策以及第二节中多层次资本市场结构的主要内容，涉及部分货币银行学知识，可配合相关视频课程帮助理解，整个章节的分值约占5%。

## 本章知识概览

| 小节 | 考点 | 备考指数 |
| --- | --- | --- |
| 第一节　中国的金融体系 | 中国金融市场的历史 | ☆ |
| | 中国金融市场的现状 | ☆☆ |
| | 中国金融市场的影响因素 | ☆ |
| | 金融中介机构体系的构成 | ☆ |
| | 主要金融中介机构的业务 | ☆☆☆ |
| | 我国金融业主要行业的基本情况 | ☆ |
| | 我国金融市场的监管体制 | ☆☆ |
| | 金融服务实体经济高质量发展的要求 | ☆ |
| | 中央银行主要职能和业务 | ☆ |
| | 存款准备金制度与货币乘数 | ☆☆ |
| | 货币政策的概念及目标 | ☆☆☆ |
| | 货币政策工具 | ☆☆☆ |
| | 货币政策的传导机制 | ☆☆ |
| | 我国金融业对外开放的新趋势 | ☆ |
| 第二节　中国的多层次资本市场 | 多层次资本市场概述 | ☆☆☆ |
| | 我国多层次资本市场结构 | ☆☆☆ |
| | 我国多层次资本市场的内容 | ☆☆ |

续表

| 小节 | 考点 | 备考指数 |
|---|---|---|
| 第二节　中国的多层次资本市场 | 我国多层次资本市场的意义 | ☆ |
| | 设立科创板并试点注册制的政策背景 | ☆ |
| | 科创板重点服务的企业类型和行业领域 | ☆☆ |
| | 科创板的制度规则体系 | ☆☆ |
| | 科创板的上市条件及上市指标 | ☆☆ |
| | 科创板制度设计的创新点 | ☆☆☆ |
| | 创业板改革并试点注册制 | ☆ |

注：本书中“☆”表示知识点的重要程度，其中☆代表了解；☆☆代表理解；☆☆☆代表掌握。

## 考点详解

## 第一节　中国的金融体系

### 考点一：中国金融市场的历史（☆）

**一、1949—1978 年：计划经济时期“大一统”的金融体系**

1. 为平抑物价，稳定经济和金融秩序，人民政府采取的措施

（1）迅速建立中国人民银行的各级分支机构，组建由中国人民银行统一领导的高度集中的金融管理体制。

（2）没收、接管官僚资本银行，整顿、改造私人银行和钱庄，建立农村信用合作社。

（3）建立统一的人民币制度，建立“统存统贷”的信贷管理体制。

2. 建立新中国金融体系的两个首要任务

（1）建立统一的人民币制度。

1948 年 12 月 1 日，中国人民银行成立，第一套人民币同时发行。

（2）成立新中国的金融机构体系。

1952 年 12 月，全国统一的公私合营银行成立，后并入中国人民银行体系，1953—1979 年，我国实行中国人民银行统揽一切金融活动的“大一统”的金融体系：

①“大”——中国人民银行分支机构覆盖全国。

②“一”——中国人民银行是该时期唯一的银行，它集中央银行和商业银行双重职能于一身，集现金中心、结算中心和信贷中心于一体。

③“统”——全国实行“统存统贷”的信贷资金管理体制。

**二、1979—1983 年：多元混合型金融体系**

1. 1979 年，恢复设立中国农业银行

2. 中国银行从中国人民银行分离出来

3. 中国建设银行从财政部分离出来

4. 中国信托投资公司和中国人民保险公司等非银行金融机构先后成立

**三、1984—1993 年：以中央银行为中心，国家专业银行为主体，多种金融机构分工协作的金融体系逐步形成**

1983 年 9 月，《国务院关于中国人民银行专门行使中央银行职能的决定》发布，中国人民银行开始专门行使中央银行职能，其原有商业银行业务由新成立的中国工商银行办理。

**四、1994—2003 年：逐步改革和完善的市场化金融体系**

（1）相继成立了国家开发银行、中国进出口银行、中国农业发展银行三家政策性银行，专门承担政策性金融业务，实现了政策性金融和商业性金融相分离。

（2）对国有专业银行实行商业化改造。

（3）中国人民银行分支机构的改革。

（4）成立资产管理公司。为解决国有商业银行不良资产的问题，1999 年先后成立了信达、华融、长城、东方四家资产管理公司，负责收购、经营、管理从国有商业银行剥离出来的部分不良债权。

（5）银行业与信托业、证券业分离。

**五、2004—2011 年：多种所有制和多种经营形式、结构合理、功能完善、高效安全的现代金融体系**

2003 年 4 月，中国银行业监督管理委员会成立，标志着我国“分业经营、分业监管”的金融体系得以确立。

**六、2012 年至今：基本金融制度逐步健全、对外开放程度不断提高的现代金融体系**

2012 年党的十八大报告提出，“深化金融体制改革，健全促进宏观经济稳定、支持实体经济发展的现代金融体系”。

**【例题 1】**下列关于新中国成立以来金融市场发展一些事件的表述中，错误的有（　　）。

Ⅰ. 我国历史上曾建立的“大一统”金融体系中的“统”指的是全国实行“存贷挂钩、统存统贷”的信贷资金管理体制

Ⅱ. 2003 年 4 月，中国银行业监督管理委员会成立

Ⅲ. 中国人民银行从 1985 年 1 月 1 日起专门行使中央银行职能

Ⅳ. “深化金融体制改革、健全促进宏观经济稳定、支持实体经济发展的现代金融体系”是在 2013 年党的十八届三中全会（决定）提出的

A. Ⅱ、Ⅲ　　B. Ⅰ、Ⅳ　　C. Ⅰ、Ⅲ、Ⅳ　　D. Ⅰ、Ⅲ

**【答案】**C

【解析】Ⅰ选项错误，我国实行中国人民银行统揽一切金融活动的“大一统”的金融体系。“大”是指中国人民银行分支机构覆盖全国；“一”是指中国人民银行是该时期唯一的银行，它集中央银行和商业银行双重职能于一身，集现金中心、结算中心和信贷中心于一体；“统”是指全国实行“统存统贷”的信贷资金管理体制。Ⅱ选项正确，2003年4月，中国银行业监督管理委员会成立。Ⅲ选项错误，1983年，中国人民银行开始专门行使中央银行职能。Ⅳ选项错误，2012年党的十八大报告提出，“深化金融体制改革，健全促进宏观经济稳定、支持实体经济发展的现代金融体系”。

### 考点二：中国金融市场的现状（☆☆）

#### 一、货币市场

1. 我国货币市场的建设

我国货币市场建设始于1984年银行间同业拆借市场的建立。

2. 我国货币市场的格局

（1）银行间同业拆借市场。

（2）短期债券市场。

（3）债券回购市场。

（4）票据贴现市场。

注意：中国人民银行于2007年开始试运行上海银行间同业拆借利率（SHIBOR）。目前，SHIBOR已经成为认可度高、应用广泛的货币市场基准利率之一。

#### 二、债券市场

（一）分类

| 分类 | 场所 | 参与者限定 | 托管 |
|---|---|---|---|
| 场外 | 银行间市场 | 机构（批发） | 中央国债登记结算公司 |
| | 银行柜台市场 | 个人（零售） | 中央国债登记结算公司一级托管，商业银行二级托管 |
| 场内 | 上海证券交易所 | 机构与个人 | 中国证券登记结算公司上海分公司 |
| | 深圳证券交易所 | | 中国证券登记结算公司深圳分公司 |

（二）我国债券市场发行债券类别

1. 利率债

利率债是直接以政府信用为基础或是以政府提供偿债支持为基础而发行的债券，信用风险很小，影响其内在价值的因素主要是市场利率或资金的机会成本，广义的利率债除了国债、地方政府债，还可包括中央银行发行的票据、国家开发银行等政策性银行发行的金融债、铁路总公司等政府支持机构发行的债券。

2. 信用债

信用债是以企业的商业信用为基础而发行的债券，中期票据、短期融资券、企业债、公司债四个主要品种构成我国信用债的市场主体。

（三）2020 年，我国债券市场运行特点

1. 大力发行疫情防控债券

2. 债券市场产品创新提速

3. 债券市场制度建设持续推进

4. 债券市场对外开放全面推进

**三、股票市场**

1. 发展历史

（1）1984 年 11 月 18 日，第一只公开发行的股票“飞乐音响”诞生。

（2）1990 年 12 月，1991 年 7 月上海证券交易所和深圳证券交易所先后正式开业。

（3）2005 年完成股权分置改革。

（4）2021 年中国股票市场成为全球第二大市场。

2. 我国多层次股票市场体系

（1）场内市场。

①主板市场。

②科创板市场。

③创业板市场。

④全国中小企业股份转让系统（新三板）。

（2）场外市场。

①区域性股权交易市场。

②交易柜台市场。

**四、外汇市场**

（1）1994 年，建立了全国统一的银行间外汇市场，实现了人民币官方汇率与外汇调剂市场汇率并轨。

（2）2005 年 7 月 21 日，人民币汇率形成机制改革后，外汇市场发展迅速，交易方式、时间、品种、清算等各个方面不断丰富完善。目前，银行间外汇市场交易方式分为竞价和询价两种，询价交易占主导地位。

（3）随着我国外汇管理体制改革和汇率形成机制的完善，初步形成了外汇零售和银行间批发市场相结合，竞价和询价交易方式相补充，覆盖即期、远期和掉期等类型外汇交易工具的市场体系。

**五、黄金市场**

（1）2002 年 10 月，上海黄金交易所正式运行，标志着我国国内黄金市场的正式

开放。

（2）中国黄金市场目前初步形成了以上海黄金交易所黄金现货为主体，上海期货交易所黄金期货、商业银行柜台黄金产品共同组成的，层次分明且各有侧重的多元市场体系。

## 六、商品期货市场

1. 交易所

（1）1990 年 10 月我国成立了第一家商品期货交易所——郑州粮食批发市场（郑州商品交易所前身）。

（2）目前，我国成立了上海期货交易所、大连商品交易所、郑州商品交易所和广州期货交易所（2021 年 4 月 19 日成立）四大商品期货交易所。

2. 期货市场监管法律体系（五位一体）

（1）中国证监会。

（2）地方证监局。

（3）期货交易所。

（4）期货市场监控中心。

（5）中国期货业协会。

## 七、金融衍生品市场

（一）大事记

1. 2006 年 9 月，中国金融期货交易所正式成立，成为我国首家金融衍生品交易所

2. 2010 年 4 月 16 日，中国金融期货交易所推出沪深 300 股指期货合约

3. 中国金融期货交易所目前的上市品类

（1）沪深 300 股指期货。

（2）上证 50 股指期货。

（3）中证 500 股指期货。

（4）2 年期国债期货。

（5）5 年期国债期货。

（6）10 年期国债期货。

4. 2015 年 2 月 9 日，我国首个场内金融期权——上证 50ETF 期权，在上海证券交易所正式上市交易

（二）我国金融衍生品市场品种

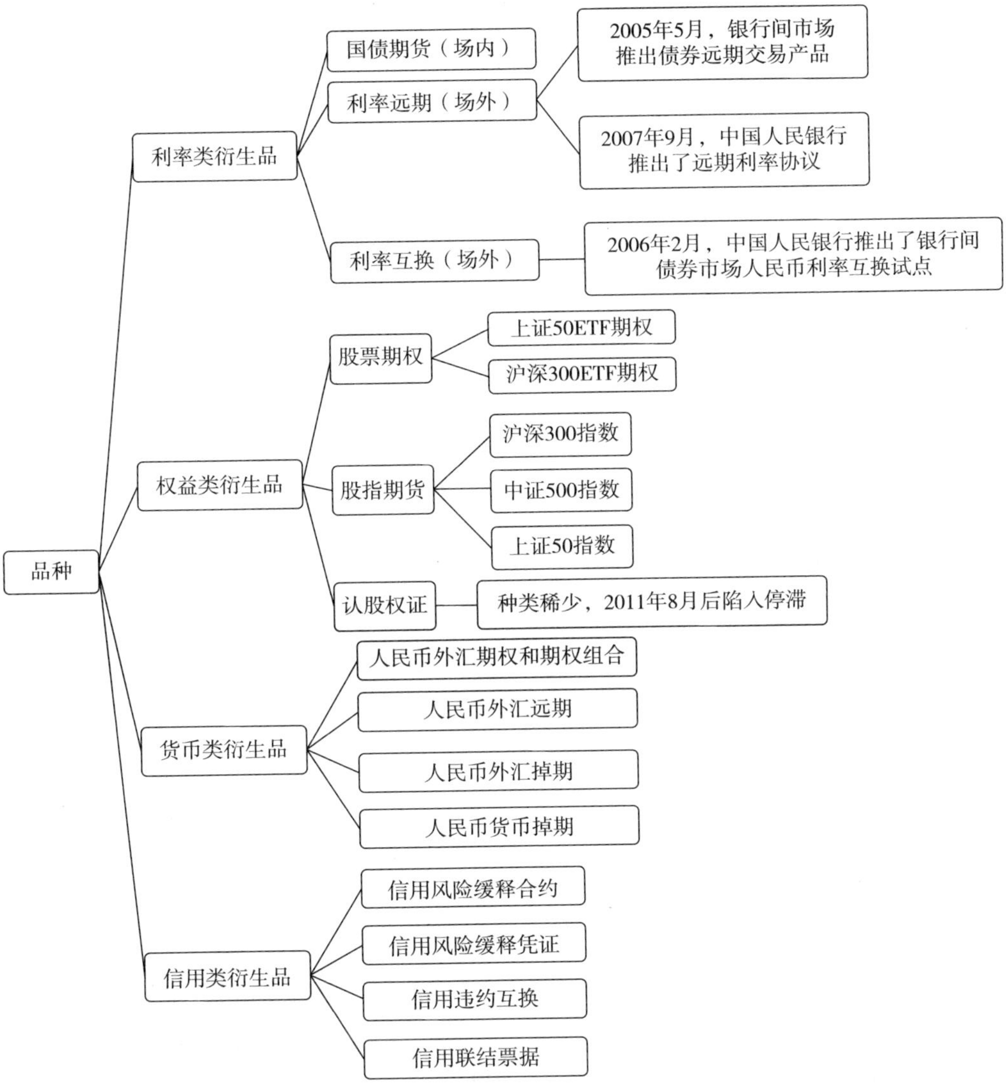


**【例题2】**中国期货市场“五位一体”的期货监管协调工作机制与较为完善的期货监管法律体系包括（　　）。

Ⅰ. 中国证监会　　Ⅱ. 地方证监局

Ⅲ. 期货交易所　　Ⅳ. 期货市场监控中心

A. Ⅰ、Ⅱ、Ⅲ、Ⅳ　B. Ⅰ、Ⅱ、Ⅲ　C. Ⅰ、Ⅱ　D. Ⅲ、Ⅳ

**【答案】**A

**【解析】**期货市场监管方面，我国形成了中国证监会、地方证监局、期货交易所、期货市场监控中心和中国期货业协会“五位一体”的期货监管协调工作机制与较为完善的期货监管法律体系。

【例题 3】下列关于我国债券市场的说法，正确的有（　　）。

Ⅰ. 我国债券交易市场分为场内市场和场外市场

Ⅱ. 债券市场产品创新提速

Ⅲ. 在我国，信用债包括企业债、公司债、央行票据和短期融资券四个主要品种

Ⅳ. 在我国，国债柜台市场实行二级托管制度，一级托管在中央国债登记结算公司，二级托管在商业银行

A. Ⅰ、Ⅱ、Ⅳ　　B. Ⅰ、Ⅱ、Ⅲ　　C. Ⅲ、Ⅳ　　D. Ⅰ、Ⅱ、Ⅲ、Ⅳ

【答案】A

【解析】我国债券交易市场分为场外市场和场内市场。（Ⅰ项正确）

2020 年，我国债券市场运行特点：大力发行疫情防控债券，债券市场产品创新提速，债券市场制度建设持续推进，债券市场对外开放全面推进。（Ⅱ项正确）

信用债，是指以企业的商业信用为基础而发行的债券，中期票据、短期融资券、企业债、公司债四个主要品种构成我国信用债市场主体。（Ⅲ项错误）

国债柜台市场实行二级托管制度，一级托管在中央国债登记结算公司，二级托管在商业银行。（Ⅳ项正确）

## 考点三：中国金融市场的影响因素（☆）

### 一、经济因素

（一）宏观经济运行对金融市场的影响

1. 国内生产总值（GDP）——衡量一国经济状况的最佳指标

2. 经济周期——复苏、繁荣、衰退、萧条

3. 通货膨胀与利率

（1）低于预期的通货膨胀会降低利率，促进债券和股票价格上升；

（2）高于预期的通货膨胀会提高利率，从而导致债券和股票价格下降；

（3）利率下降时，企业利息负担减轻，利润增加，反映在金融市场上就是既增加了金融资产的基础价值，也大大提高了投资者的获利预期，从而提高金融资产价格；

（4）过低的利率也会导致过度信贷杠杆，大幅推高资产价格，给金融市场造成冲击。

4. 汇率和国际资本流动

（二）宏观经济政策

1. 货币政策

2. 财政政策

（1）税收政策。

（2）公共支出政策。

（3）国债发行。

3. 收入政策

（1）基本描述。收入政策具有更高层次的调节功能，制约着财政政策和货币政策的作用方向和作用力度，而且收入政策最终也要通过财政政策和货币政策来实现。

（2）收入目标的分类。

①收入总量目标。

着眼于近期的宏观经济总量平衡，着重处理积累和消费、人们近期生活改善和国家长远经济发展的关系以及失业和通货膨胀的问题。

②收入结构目标。

着眼于处理各种收入的比例，以解决公共消费和私人消费、收入差距等问题。

（三）国际经济环境因素

1. 经济全球化

2. 放松管制和加强管制两种经济哲学的交替

3. 世界货币制度的影响

20 世纪 70 年代以后，各国普遍实行了浮动汇率制度。浮动汇率制度增加了汇率风险。

## 二、法律因素

金融市场各类交易活动中权利和责任的界定是金融立法的重要内容，因此，法律制度的完善与否、执法效率的高低等因素对金融市场运行有着重要影响。

## 三、市场因素

1. 国内和国际统一的市场组织

2. 丰富的市场交易品种

3. 市场交易机制或市场模式

## 四、技术因素

1. 信息技术有力地刺激了金融创新

2. 信息技术使信息披露更加及时，增强了金融机构的透明性，改变了金融监管的方式

3. 信息技术的广泛应用促使全球统一金融市场的形成，国际金融与国内金融之间的界限日益模糊

## 五、心理因素

行为金融学认为心理因素是影响投资决策和资产定价不可或缺的重要因素。市场参与者的心理和行为可以加剧金融风险。

六、体制或管理因素

七、其他因素

1. 文化因素

2. 人口因素

【例题4】下列关于我国金融市场运行影响因素的说法，正确的有（　　）。

Ⅰ. 信息技术使信息披露更加及时，增强了金融机构的透明性，改变了金融监管的方式

Ⅱ. 市场参与者的心理和行为可以加剧金融风险

Ⅲ. 文化差异是影响金融市场运行的体制因素的重要构成之一

Ⅳ. 20 世纪 80 年代以后，各国普遍实行了浮动汇率制度

A. Ⅰ、Ⅱ　　B. Ⅰ、Ⅳ　　C. Ⅰ、Ⅱ、Ⅲ　　D. Ⅱ、Ⅳ

【答案】A

【解析】文化差异不是体制因素，是其他因素，Ⅲ项错误。

20 世纪 70 年代以后，各国普遍实行了浮动汇率制度，Ⅳ项错误。

## 考点四：金融中介机构体系的构成（☆）

### 一、金融中介机构的定义

（一）狭义的金融中介机构

狭义的金融中介机构指在金融活动中，处于信用关系中借贷双方之间的中介，从贷方那里借入资金，再向借方贷出，其分别与借方和贷方形成独立的债权和债务关系，一般指商业银行。

（二）广义的金融中介机构

广义的金融中介机构泛指参与或服务于金融市场活动而获取收益的各类组织和机构。(本书所取含义)

### 二、金融中介机构的分类

1. 按经济活动分类

（1）不包含保险和养老基金的金融中介活动：货币中介；中央银行和其他货币中介（主要是指存款货币银行）的活动：其他金融中介；金融租赁以及其他如农业信贷、进出口信贷、消费信贷等专业信贷的活动。

（2）保险和养老基金（不包括强制性社会保障）：生命保险活动；养老基金活动；非生命保险活动。

（3）辅助金融中介的活动：金融市场组织（如证券交易所）的活动，包括投资银行、投资基金之类的证券交易活动；与金融中介有关的其他辅助活动。

2. 按中心产品分类

（1）金融中介服务。

（2）投资银行服务。

（3）保险和养老基金服务。

（4）再保险服务。

（5）金融中介辅助服务。

（6）保险和养老基金辅助服务等。

3. 国民核算体系 SNA 按机构分类

（1）中央银行。

（2）其他存款公司。

（3）不是通过吸纳存款筹集资金的投资公司、金融租赁公司，以及消费信贷公司。

（4）金融辅助机构。

（5）保险公司和养老基金。

**三、我国的多层次金融中介机构体系**

（1）以中央银行为主导、国有商业银行为主体，包括股份制商业银行、城市商业银行、农村商业银行、跨国银行、农村信用社在内的多层次银行机构体系。

（2）以证券公司、期货公司和证券投资基金为主，以各类投资咨询中介、信托机构为辅的多元化投资中介体系。

（3）人寿保险公司、财产保险公司、再保险公司以及提供多种多样保险服务的保险中介体系。

**【例题 5】** 我国金融中介机构体系中，不属于多层次银行机构体系的是（　　）。

A. 股份制商业银行　　B. 城市商业银行　　C. 农村信用社　　D. 信托机构

**【答案】** D

**【解析】** 以中央银行为主导、国有商业银行为主体，包括股份制商业银行、城市商业银行、农村商业银行、跨国银行、农村信用社在内的多层次银行机构体系。

## 考点五：主要金融中介机构的业务（☆☆☆）

### 一、商业银行的业务

（一）负债业务

1. 定义

负债业务是商业银行组织资金来源的业务活动，是商业银行资产业务和其他业务营运的起点和基础。

2. 分类

（1）自有资金——股东为赚取利润而投入银行的货币和保留在银行中的收益，代表着对银行的所有权。

①股本金——银行成立时发行股票所筹集的股份资本。

②储备资金——公积金，从经营的税后利润提成而形成的，用于弥补经营亏损的准备金。

③未分配利润——经营利润尚未按财务制度规定提取公积金和向投资者分利处置的部分。

（2）吸引外来资金。

①存款负债——吸收存款。

②借款负债——向中央银行借款、同业借款、回购协议以及国外市场借款等。

（二）资产业务

1. 定义

资产业务是指商业银行运用资金的业务，也就是商业银行将其吸收的资金贷放或投资出去赚取收益的活动。

2. 分类

（1）现金资产：是那些与现金等同，可随时用于支付的银行资产，包括库存现金、交存中央银行的存款准备金、存放同业存款、托收中的现金。

补充知识：在进出口贸易中，出口方开具以进口方为付款人的汇票，委托出口方银行通过其在进口方的分行或代理行向进口方收取货款的一种结算方式。

（2）贷款业务：银行将其所吸收的资金，按一定利率贷给客户并约定归还期限的业务。

（3）票据贴现：票据持有人以未到期票据向商业银行兑取现金，商业银行从票据中扣除自贴现日起到票据到期日的利息，将余额支付给持票人的资金融通行为。

（4）投资业务：商业银行以其资金在金融市场上买卖各种证券资产的业务活动。

（三）表外业务

1. 定义

根据 2017 年原中国银监会发布的《商业银行表外业务风险管理指引》，商业银行从事的，按照现行的会计准则不计入资产负债表内，不形成现实资产负债，但能够引起当期损益变动的业务。

2. 分类

（1）担保承诺类业务。

A. 担保类——商业银行对第三方承担偿还责任的业务，包括但不限于银行承兑汇票、保函、信用证、信用风险仍在银行的销售与购买协议等。

B. 承诺类——商业银行在未来某一日期按照事先约定的条件向客户提供约定的信用业务，包括但不限于贷款承诺等。

（2）代理投融资服务类业务。

商业银行根据客户委托，为客户提供投融资服务但不承担代偿责任、不承诺投资回报的表外业务，包括但不限于委托贷款、委托投资、代客非保本理财、代客交易、代理发行和承销债券等。

（3）中介服务类业务。

商业银行根据客户委托，提供中介服务、收取手续费的业务，包括但不限于代理收付、财务顾问、资产托管、各类保管业务等。

（4）其他类表外业务。

指除上述业务种类之外的其他表外业务。

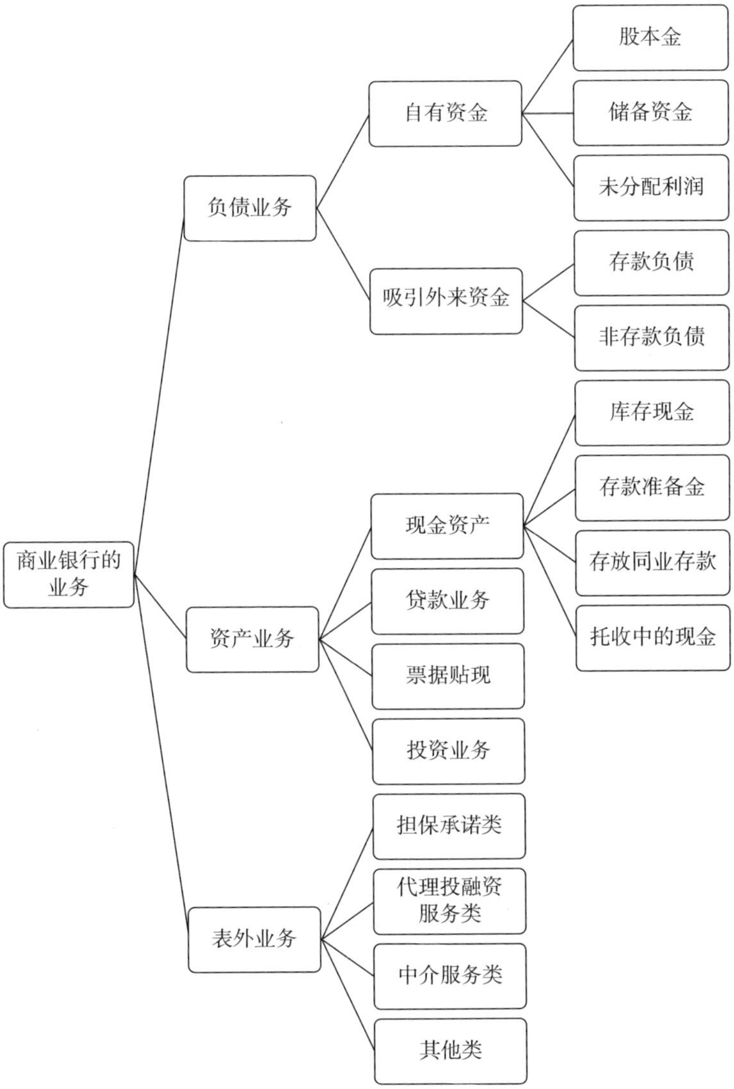


**商业银行业务分类图**

（四）银行的中间业务及其与表外业务的关系

（1）从广义的角度来理解：中间业务等同于表外业务，即表外业务就是银行所经营的一切资产负债业务以外的业务，是介于资产业务和负债业务之间并能增加银行收益的业务。

（2）从狭义的角度来理解：中间业务包括表外业务，即表外业务是商业银行从事的具有风险的但按照会计准则不列入资产负债表或在资产负债表外附列，并形成或有资产及或有负债的中介业务。

## 二、证券公司的业务

1. 证券经纪业务
2. 证券投资咨询业务
3. 与证券交易、证券投资活动有关的财务顾问业务
4. 证券承销与保荐业务
5. 证券自营业务
6. 证券资产管理业务
7. 融资融券业务
8. 证券公司中间介绍业务
9. 私募投资基金业务
10. 另类投资业务等

## 三、保险公司的业务

| 保险公司类型 | 基础类业务 | 拓展类业务 |
|---|---|---|
| 财产保险公司 | 1. 机动车保险<br>（1）机动车交通事故责任强制保险<br>（2）机动车商业保险<br>2. 企业/家庭财产保险及工程保险（特殊风险保险除外）<br>3. 责任保险<br>4. 船舶/货运保险<br>5. 短期健康/意外伤害保险 | 1. 农业保险<br>2. 特殊风险保险<br>（1）航空航天保险<br>（2）海洋开发保险<br>（3）石油天然气保险<br>（4）核保险<br>3. 信用保证保险<br>4. 投资型保险 |
| 人身保险公司 | 1. 普通型保险：人寿保险、年金保险<br>2. 健康保险<br>3. 意外伤害保险<br>4. 分红型保险<br>5. 万能型保险 | 1. 投资连结型保险<br>2. 变额年金 |

【例题 6】我国证券公司的主要业务包括（　　）。

Ⅰ. 证券公司中间介绍业务

Ⅱ. 证券承销与保荐业务

Ⅲ. 证券资产管理业务

Ⅳ. 证券自营业务

A. Ⅱ、Ⅲ、Ⅳ　　B. Ⅰ、Ⅱ、Ⅳ

C. Ⅰ、Ⅱ、Ⅲ、Ⅳ　　D. Ⅰ、Ⅱ、Ⅲ

**【答案】** C

**【解析】** 证券公司的主要业务包括证券经纪业务，证券投资咨询业务，与证券交易、证券投资活动有关的财务顾问业务，证券承销与保荐业务，证券自营业务，证券资产管理业务，融资融券业务，证券公司中间介绍业务，私募投资基金业务和另类投资业务等。

**【例题7】** 下列业务中，不属于财产保险公司的基础类业务的是（　　）。

A. 机动车保险　　B. 船舶/货运保险　　C. 责任保险　　D. 人身保险

**【答案】** D

**【解析】** 财产保险公司的基础类业务包括以下五项：①机动车保险，包括机动车交通事故责任强制保险和机动车商业保险；②企业/家庭财产保险及工程保险（特殊风险保险除外）；③责任保险；④船舶/货运保险；⑤短期健康/意外伤害保险。

财产保险公司扩展类业务包括以下四项：①农业保险；②特殊风险保险，包括航空航天保险、海洋开发保险、石油天然气保险、核保险；③信用保证保险；④投资型保险。

**【例题8】** 下列关于各类金融中介机构业务的说法，正确的有（　　）。

Ⅰ. 证券公司的主要业务包括证券经纪业务、证券投资咨询业务、证券承销与保荐业务、证券自营业务等

Ⅱ. 机动车商业保险和责任保险均属于财产保险公司的基础类业务

Ⅲ. 健康保险、变额年金、意外伤害保险均属于人身保险公司的基础类业务

Ⅳ. 银行承兑汇票和保函均属于商业保险的担保承诺类业务

A. Ⅰ、Ⅱ、Ⅳ　　B. Ⅱ、Ⅳ　　C. Ⅱ、Ⅲ　　D. Ⅰ、Ⅳ

**【答案】** A

**【解析】** Ⅰ项正确，证券公司的主要业务包括证券经纪业务，证券投资咨询业务，与证券交易、证券投资活动有关的财务顾问业务，证券承销与保荐业务，证券自营业务，证券资产管理业务，融资融券业务，证券公司中间介绍业务，私募投资基金业务和另类投资业务等。

Ⅱ项正确，财产保险公司的基础类业务包括以下五项：①机动车保险，包括机动车交通事故责任强制保险和机动车商业保险；②企业/家庭财产保险及工程保险（特殊风险保险除外）；③责任保险；④船舶/货运保险；⑤短期健康/意外伤害保险。

Ⅲ项错误，人身保险公司基础类业务包括以下五项：①普通型保险，包括人寿保险和年金保险；②健康保险；③意外伤害保险；④分红型保险；⑤万能型保险。

Ⅳ项正确，担保承诺类业务是指商业银行对第三方承担偿还责任的业务，包括但不限于银行承兑汇票、保函、信用证、信用风险仍在银行的销售与购买协议等。

## 考点六：我国金融业主要行业的基本情况（☆）

### 一、我国银行业的基本情况（截至2020年底）

1. 4家特殊金融机构
2. 78家银行
3. 133家城市商业银行
4. 3 898家农村金融机构
5. 123家银行附属机构
6. 5家金融资产管理公司、5家货币经纪公司、68家信托公司、31家其他金融机构
7. 256家企业集团财务公司

### 二、我国证券业的基本情况

证券行业业绩保持增长，资产规模稳步扩大；积极发挥投资银行功能，服务实体经济能力持续提升；加快财富管理业务转型，服务市场投资理财需求。

### 三、我国保险业的基本情况

截至2020年底，我国共有各类保险机构233家。

### 四、我国信托业的基本情况

截至2020年底，全国共有68家信托公司。

## 考点七：我国金融市场的监管体制（☆☆）

### 一、我国金融监管体制的演变

（一）体制变革

1. 变革前——“一行三会”

（1）中国人民银行。

（2）证监会。

（3）银监会。

（4）保监会。

2. 变革后——“一委一行两会”

（1）国务院金融稳定发展委员会。

（2）中国人民银行。

（3）中国证券监督管理委员会。

（4）中国银行保险监督管理委员会。

（二）演变阶段

1. 第一阶段：1992 年以前

中国人民银行集中统一监管。

2. 第二阶段：1992 年到 1997 年

（1）1992 年国务院证券委员会和中国证券监督管理委员会成立，将证券业的监管职能从人民银行分离出来，这标志着我国分业监管体系的开始。

（2）国务院证券委员会负责指导、监督和归口管理中国证监会。

（3）1995 年《中华人民共和国中国人民银行法》颁布实施，首次从法律上确立了中国人民银行作为中央银行的地位。

3. 第三阶段：1998 年到 2008 年

（1）1998 年 4 月中国证监会与国务院证券委员会合并为正部级国务院直属事业单位，对国内证券期货市场实行集中统一监管。

（2）1998 年中国保险监督管理委员会成立，分业监管体制进一步完成。

（3）2003 年 4 月，随着中国银行业监督管理委员会的成立，我国金融监管实现了货币政策与银行监管职能相分离，标志着我国"一行三会"分业监管的金融监管体制正式确立。

4. 第四阶段：2009 年到 2016 年

金融监管体制开始了金融监管的协调性和有效性的初步改革。

5. 第五阶段：2017 年以来

金融监管体制进入"一委一行两会"的新阶段。

## 二、国务院金融稳定发展委员会

（一）定位

国务院金融稳定发展委员会是国务院统筹协调金融稳定和改革发展重大问题的议事协调机构。

（二）职责

（1）落实党中央、国务院关于金融工作的决策部署；

（2）审议金融业改革发展重大规划；

（3）统筹金融改革发展与监管，协调货币政策与金融监管相关事项，统筹协调金融监管重大事项，协调金融政策与相关财政政策、产业政策等；

（4）分析研判国际国内金融形势，做好国际金融风险应对工作，研究系统性金融风险防范处置和维护金融稳定重大政策；

（5）指导地方金融改革发展与监管，对金融管理部门和地方政府进行业务监督和履职问责等。

## 三、中国人民银行的职责

1. 制定和执行货币政策

2. 维护金融稳定

3. 承担一定的金融服务职能

（1）拟订金融业改革、开放和发展规划，承担综合研究并协调解决金融运行中的重大问题、促进金融业协调健康发展的责任。牵头国家金融安全工作协调机制，维护国家金融安全。牵头负责系统性金融风险防范和应急处置，负责金融控股公司等金融集团和系统重要性金融机构基本规则制定、监测分析和并表监管，视情责成有关监管部门采取相应监管措施，并在必要时经国务院批准对金融机构进行检查监督，牵头组织制订实施系统重要性金融机构恢复和处置计划。承担最后贷款人责任，负责对因化解金融风险而使用中央银行资金机构的行为进行检查监督。

（2）牵头建立宏观审慎管理框架，拟订金融业重大法律法规和其他有关法律法规草案，制定审慎监管基本制度，建立健全金融消费者保护基本制度。制定和执行货币政策、信贷政策，完善货币政策调控体系，负责宏观审慎管理。负责制定和实施人民币汇率政策，推动人民币跨境使用和国际使用，维护国际收支平衡，实施外汇管理，负责国际国内金融市场跟踪监测和风险预警，监测和管理跨境资本流动，持有、管理和经营国家外汇储备和黄金储备。

（3）监督管理银行间债券市场、货币市场、外汇市场、票据市场、黄金市场及与上述市场有关的场外衍生产品；牵头负责跨市场跨业态跨区域金融风险识别、预警和处置，负责交叉性金融业务的监测评估，会同有关部门制定统一的资产管理产品和公司信用类债券市场及其衍生产品市场基本规则。发行人民币，管理人民币流通。统筹国家支付体系建设并实施监督管理。会同有关部门制定支付结算业务规则，负责全国支付、清算系统的安全稳定高效运行。经理国库，管理国家外汇管理局，管理征信业，推动建立社会信用体系。

（4）牵头负责重要金融基础设施建设规划并统筹实施监管，推进金融基础设施改革与互联互通，统筹互联网金融监管工作。统筹金融业综合统计，牵头制定统一的金融业综合统计基础标准和工作机制，建设国家金融基础数据库，履行金融统计调查相关工作职责。组织制订金融业信息化发展规划，负责金融标准化组织管理协调和金融科技相关工作，指导金融业网络安全和信息化工作。承担全国反洗钱和反恐怖融资工作的组织协调和监督管理责任，负责涉嫌洗钱及恐怖活动的资金监测。参与和中国人民银行业务有关的全球经济金融治理，开展国际金融合作。

## 四、中国银行保险监督管理委员会的职责

1. 依法依规对全国银行业和保险业实行统一监督管理，维护银行业和保险业合法、稳健运行，对派出机构实行垂直领导

2. 对银行业和保险业改革开放和监管有效性开展系统性研究

3. 依法依规对银行业和保险业机构及其业务范围实行准入管理，审查高级管理人员任职资格

**五、中国证券监督管理委员会的职责**

1. 研究和拟定证券期货市场的方针政策、发展规划

2. 起草证券期货市场的有关法律法规

3. 制定证券期货市场的有关规章、规则和办法

4. 垂直领导全国证券监管机构，对证券期货市场实行集中统一监管

5. 管理有关证券公司的领导班子和领导成员，负责有关证券公司监事会的日常管理工作

6. 管理证券期货交易所

7. 按规定管理证券期货交易所的高级管理人员

8. 归口管理证券业协会、期货业协会与证券投资基金业协会

9. 依法对证券期货违法违规行为进行调查、处罚

10. 归口管理证券期货行业的对外交往和国际合作事务

11. 监管股票、可转换债券、证券公司债券和国务院确定由中国证监会负责的债券和其他证券的发行、上市、交易、托管和结算

12. 监管证券投资基金活动

13. 批准企业债券的上市

14. 监管上市国债和企业债券的交易活动

15. 监管境内期货合约的上市、交易和清算

16. 按规定监督境内机构从事境外期货业务，监管上市公司及其按法律法规必须履行有关义务的股东的证券市场行为

17. 监管证券期货经营机构、证券投资基金管理公司、证券登记清算公司、期货清算机构、证券期货投资咨询机构、证券资信评级机构

18. 审批基金托管机构的资格并监管其基金托管业务

19. 制定上述机构高级管理人员任职资格的管理办法并组织实施

20. 指导中国证券业、期货业协会开展证券期货从业人员的资格管理

21. 监管境内企业直接或间接到境外发行股票、上市

22. 监管境内机构到境外设立证券机构

23. 监管境外机构到境内设立证券机构，从事证券业务

24. 监管证券期货信息传播活动，负责证券期货市场的统计与信息资源管理

25. 会同有关部门审批会计师事务所、资产评估机构及其成员从事证券期货中介业务的资格并监管其相关的业务活动

26. 监管律师事务所、律师从事证券期货相关业务的活动

【例题9】中国人民银行行使国家中央银行职能，包括（　　）。

Ⅰ. 负责全国支付、清算系统的安全稳定高效运行

Ⅱ. 发行人民币

Ⅲ. 制定和执行货币政策

Ⅳ. 经理国库

A. Ⅱ、Ⅲ、Ⅳ　　B. Ⅰ、Ⅱ、Ⅲ

C. Ⅰ、Ⅱ、Ⅲ、Ⅳ　　D. Ⅰ、Ⅳ

【答案】C

【解析】中国人民银行是我国的中央银行，也是国务院组成部门之一，主要负责制定和执行货币政策，维护金融稳定，同时承担一定的金融服务职能。发行人民币，管理人民币流通。统筹国家支付体系建设并实施监督管理。会同有关部门制定支付结算业务规则，负责全国支付、清算系统的安全稳定高效运行。经理国库，管理国家外汇管理局，管理征信业，推动建立社会信用体系。

【例题10】当前中国人民银行的职责包括（　　）。

Ⅰ. 依法制定和执行货币政策

Ⅱ. 发行人民币，管理人民币流通

Ⅲ. 监管境内期货合约的上市、交易和清算

Ⅳ. 监督管理银行间债券市场

A. Ⅲ、Ⅳ　　B. Ⅰ、Ⅱ、Ⅳ　　C. Ⅰ、Ⅱ　　D. Ⅰ、Ⅱ、Ⅲ、Ⅳ

【答案】B

【解析】中国人民银行的主要职责包括：依法制定和执行货币政策；发行人民币，管理人民币流通；监督管理银行间债券市场等。Ⅲ项是中国证券监督管理委员会的职责。

### 考点八：金融服务实体经济高质量发展的要求（☆）

当前，我国经济正由高速增长阶段转向高质量发展阶段。党的十九大报告指出，“深化金融体制改革，增强金融服务实体经济能力”。作为实体经济的镜像，更好地服务实体经济是金融的本质要求。深入了解金融与实体经济的关系，对今后深化金融改革、更好地通过增强金融服务实体经济的能力实现经济高质量发展，具有非常重要的意义。

#### 一、有关金融与实体经济关系的理论与国际经验

1. 经济学理论对于金融与实体经济关系的认识不断深化

2. 理论与经验

（1）古典经济学提出货币中性论，认为货币供应量的变化只影响名义变量而不影响

实际变量，因而货币经济（金融）只是覆盖于实体经济上的一层面纱。

（2）19 世纪末，瑞典经济学家维克赛尔指出，在信用制度条件下，货币对经济活动起着积极的作用。

（3）20 世纪 30 年代，凯恩斯指出，未来的不确定性是货币经济的主要特征，通过利率对投资的诱导作用，货币就能影响实体经济产出。

（4）20 世纪 50 年代，约翰·格利和爱德华·肖提出金融中介在储蓄—投资转化机制中的重要作用，揭示了金融与实体经济之间相互关联、彼此渗透的关系。

（5）20 世纪 80 年代中期以后，全球主要经济体表现出高产出、低通货膨胀的情况，这一时期被称为“大缓和”（Great Moderation），实际经济周期理论成为宏观经济学的主流。该理论认为金融市场的各种变化基本不会影响实体经济，而只是被动反映实体经济活动的运行状况。

（6）20 世纪 90 年代，伯南克和格特勒提出了“金融加速器”理论，揭示了经济周期和金融周期两者之间反馈循环的微观机制。该理论认为，金融市场上资金借贷双方之间的信息不对称导致了外部融资的代理成本等摩擦，这些摩擦会产生“加速器”效应并放大对实体经济产出的动态影响。

（7）2008 年国际金融危机进一步表明，金融活动本身也是经济衰退和萧条的重要诱因。

（8）在经济体系中，金融中介的诞生是为了减少金融摩擦因素，但金融中介由于受到监管、技术和风险偏好的影响，将会内生出金融冲击因素。这些金融冲击因素和金融摩擦因素交互作用，互为强化，导致了经济的周期波动。

（9）金融杠杆和资产价格之间具有顺周期性，当资产价格上升时，这些金融机构的资产负债状况显得光鲜亮丽，此时有利于其提高杠杆比率，从而继续推动资产价格上扬。进一步，杠杆机制在金融“加速器”效应下被传播、放大，直至引发实体经济的大幅波动。

### 二、金融危机的教训与宏观审慎监管的兴起

实体经济发展水平和质量从根本上决定着金融发展水平和质量，实体经济发展不好，风险最终会集中反映在金融体系中。金融的健康发展可以促进经济增长，但如果金融部门存在缺陷，金融发展严重脱离实体经济，则会加大经济运行风险，甚至会以爆发金融危机的形式重创实体经济。随着金融创新和金融脱媒迅速发展，金融市场结构和产品日益复杂，金融与实体经济相互渗透，二者之间的界限开始变得模糊。

全球金融危机严重损害了金融稳定，并殃及实体经济，使世界各国央行意识到传统微观审慎监管无法解决系统性金融风险，于是宏观审慎监管受到了高度关注。宏观审慎监管的研究主要是从资本充足率的逆周期调整方面展开，在信贷周期、金融“加速器”的研究框架下进行的。而随着影子银行的兴起，宏观审慎监管不仅要对银行的杠杆率进

行监管，还要对金融市场尤其是银行间市场进行监管。

**三、我国增强金融服务实体经济能力的障碍与挑战**

（1）中国金融体系虽已初具现代格局，但是，引导市场得以有效配置资源的基准价格体系——利率、收益率曲线和汇率等——尚未完全市场化。

（2）中国金融体系是以银行业主导的间接融资为主，导致风险过度集中在银行，企业融资渠道与方式相对单一。

（3）刚性兑付是金融市场很多深层次问题产生的根源。

（4）金融监管与行业发展的关系始终没有理顺，监管政策始终倾向于本行业的发展。

（5）资本市场的投融资关系始终没有理顺。“重融资，轻投资”的定位限制了资本市场基本功能的发挥，不利于保护投资者利益。

**四、经济高质量发展阶段如何增强金融服务实体经济的能力**

（1）守住不发生系统性金融风险的底线，管控好宏观层面的金融高杠杆率和流动性风险、微观层面的金融机构信用风险以及跨市场、跨业态、跨区域的影子银行和违法犯罪风险。积极缓解金融体系资金空转现象，引导资金“脱虚向实”，保护好金融投资者和消费者的合法权益。

（2）健全多层次资本市场体系，补齐各类金融市场的短板。

（3）深化金融监管体制改革，加强协同监管，补齐监管空白。

（4）发挥信贷政策的结构引导作用，把资金用到支持实体经济特别是中小微企业上。

## 考点九：中央银行主要职能和业务（☆）

### 一、中央银行的主要职能

（一）中国人民银行的主要职能

1. 制定和执行货币政策

2. 防范和化解金融风险

3. 维护金融稳定

注意：中国人民银行实行行长负责制，设立货币政策委员会，具有咨询议事机构的职能。

（二）中央银行职能的概括

1. 发行的银行

中央银行垄断货币发行权，是全国唯一有权发行货币的机构。

2. 银行的银行

（1）集中保管商业银行的存款准备金。

（2）是商业银行的最后贷款人。

（3）组织全国商业银行之间的清算。

3. 政府的银行

（1）代理国库收支。

（2）代理国家债券的发行。

（3）对政府提供信贷。

（4）代表政府管理金融活动，制定、发布并监督执行有关金融监管和业务的命令及规章，负责金融业的统计、调查、分析和预测。

（5）持有、管理、经营国家外汇储备和黄金储备。

（6）代表政府参加国际金融组织活动，进行国际金融合作。

## 二、中央银行的业务（资产负债表）

### （一）中央银行的负债业务

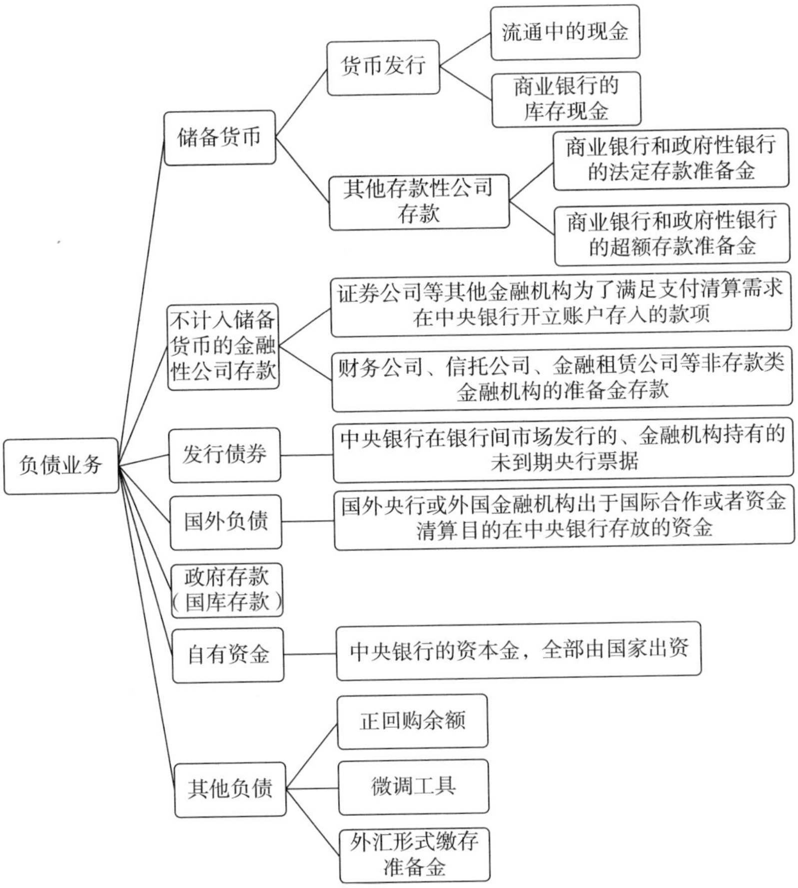

（二）中央银行的资产业务

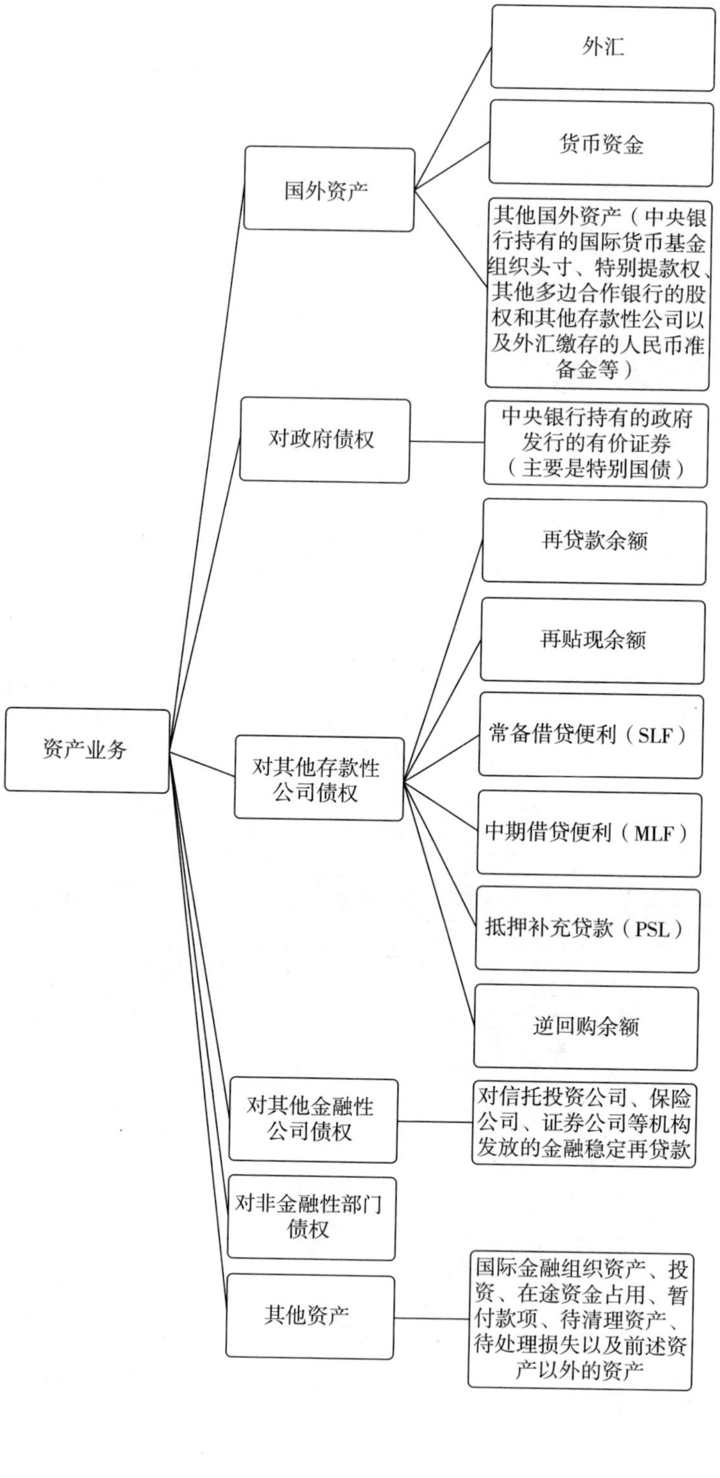
资产业务
国外资产
外汇
货币资金
其他国外资产（中央银行持有的国际货币基金组织头寸、特别提款权、其他多边合作银行的股权和其他存款性公司以及外汇缴存的人民币准备金等）
对政府债权
中央银行持有的政府发行的有价证券（主要是特别国债）
对其他存款性公司债权
再贷款余额
再贴现余额
常备借贷便利（SLF）
中期借贷便利（MLF）
抵押补充贷款（PSL）
逆回购余额
对其他金融性公司债权
对信托投资公司、保险公司、证券公司等机构发放的金融稳定再贷款
对非金融性部门债权
其他资产
国际金融组织资产、投资、在途资金占用、暂付款项、待清理资产、待处理损失以及前述资产以外的资产

【例题11】以下关于中央银行资产业务的说法，正确的有（　　）。

Ⅰ. 国外资产包括外汇、货币黄金和其他外国资产

Ⅱ. 对政府债权主要是特别国债

Ⅲ. 对其他存款机构债权包括对商业银行和政策性银行等存款性公司的再贷款余额、再贴现余额、常备借贷便利（SLF）、中期借贷便利（MLF）、抵押补充贷款（PSL）和逆回购余额

Ⅳ. 对其他金融性公司债权主要是对信托投资公司、保险公司、证券公司等机构发放的金融稳定再贷款

A. Ⅰ、Ⅱ　　B. Ⅰ、Ⅱ、Ⅲ、Ⅳ

C. Ⅲ、Ⅳ　　D. Ⅱ、Ⅲ

【答案】B

【解析】中央银行的资产业务包括：

①国外资产。国外资产包括外汇、货币黄金和其他国外资产。

②对政府债权。该科目是中央银行持有的政府发行的有价证券，主要是特别国债。

③对其他存款性公司债权。该科目是对商业银行和政策性银行等存款性公司的再贷款余额、再贴现余额、常备借贷便利（SLF）、中期借贷便利（MLF）、抵押补充贷款（PSL）和逆回购余额。

④对其他金融性公司债权。该科目是对信托投资公司、保险公司、证券公司等机构发放的金融稳定再贷款，目的是保证金融体系的安全性和流动性。

⑤对非金融性部门债权。这主要是历史原因形成的、为支持“老少边穷”地区的经济开发等发放的贷款。

⑥其他资产。其他资产是指中央银行其他业务形成的资产，包括国际金融组织资产、投资、在途资金占用、暂付款项、待清理资产、待处理损失以及前述资产以外的资产。

【例题12】政府的银行职能是指中央银行为政府提供服务，是政府管理国家金融的专门机构。具体体现在（　　）。

Ⅰ. 代理国库收支

Ⅱ. 代理国家债券的发行

Ⅲ. 对政府提供信贷

Ⅳ. 垄断货币发行权

A. Ⅰ、Ⅱ、Ⅲ、Ⅳ　　B. Ⅰ、Ⅳ

C. Ⅰ、Ⅱ、Ⅲ　　D. Ⅰ、Ⅱ、Ⅳ

【答案】C

【解析】Ⅳ项是中央银行作为“发行的银行”的职能的体现。

“政府的银行”是指中央银行代表国家制定和执行货币政策，处理对外金融关系，为国家提供各种金融服务。作为“政府的银行”，其具体职能包括：

第一，代理国库收支；

第二，代理国家债券的发行；

第三，对政府提供信贷；

第四，代表政府管理金融活动，制定、发布并监督执行有关金融监管和业务的命令及规章，负责金融业的统计、调查、分析和预测；

第五，持有、管理、经营国家外汇储备和黄金储备；

第六，代表政府参加国际金融组织活动，进行国际金融合作。

## 考点十：存款准备金制度与货币乘数（☆☆）

### 一、存款准备金制度

（一）概念

国家以法律形式规定存款性金融机构所吸收的存款必须按一定比例，向中央银行缴纳一定准备金的制度。

（二）分类

（1）法定存款准备金率——以法律的形式确定的商业银行缴存中央银行的存款占其吸收存款的比例。法定准备率越高，则银行吸收的存款用于贷款的数额就越少，货币供应量也会越少；反之，则越多。

（2）超额准备金——商业银行准备金中超过法定的部分。

### 二、货币乘数

（一）概念

中央银行发行的基础货币，包括社会流通中的现金和银行体系中作为准备金的存款。商业银行可以根据基础货币，创造出倍数的货币供给额，其中，基础货币和货币供给之间的倍数关系，被称为货币乘数。

商业银行存款货币的创造过程如下：假设银行只保留法定存款准备金，其余部分全部用于发放贷款，没有超额准备金。由于实行非现金结算制度，银行向客户的贷款是通过增加客户在银行账户的余额进行的，客户一切款项均存入银行。法定准备金率为20%。假定甲客户将10 000元现金存入A银行，A银行按规定从中提取2 000元作为准备金，其余8 000元可用于继续发放贷款；乙客户从A银行取得这8 000元贷款后存入B银行，同样，B银行提取1 600元的准备金，其余6 400元也可用于发放贷款。依此类推，银行与客户之间不断贷款和存款，直到原始存款全部用完为止。

**商业银行存款货币创造过程**

| | 货币供给增加额（元） | | |
|---|---|---|---|
| 1 | 10 000 | 10 000 | $D_0$ |
| 2 | 8 000 | 10 000（1－20%） | $D_0$（$1-r$） |
| 3 | 6 400 | 10 000（1－20%）$^2$ | $D_0$（$1-r$）$^2$ |
| 4 | 5 120 | 10 000（1－20%）$^3$ | $D_0$（$1-r$）$^3$ |
| $N$ | … | 10 000（1－20%）$^n$ | $D_0$（$1-r$）$^n$ |
| 求和 | 50 000 | 10 000［1－（1－20%）］ | $D_0$/［1－（$1-r$）］ |

（二）计算

1. 简单货币乘数

原始存款为10 000元，法定准备金率为20%，商业银行派生出的存款为40 000元，商业银行创造的总存款为50 000元。若法定准备金率为$r$，原始存款为$D_0$，所有商业银行存款增加额之和为$D_1$，则：

$$D_1 = D_0 + D_0/(1-r) + D_0/(1-r)^2 + \cdots + D_0/(1-r)^n = D_0 \times 1/r$$

$D_0$和$D_1$之间存在乘数关系，即为货币乘数。若以$m$代表货币乘数，则公式为：

$$m = \frac{1}{r}$$

2. 完整的货币乘数公式

理论上，货币乘数可以简单地表示为法定存款准备金率的倒数，调整法定存款准备金率会直接改变货币乘数。现实中，上面的存款货币创造过程存在一系列漏出因素：首先，必然存在一部分存款以现金的形式被公众提取出来，并持续地保留在公众手中，提现率$C$为客户提取的现金与活期存款总额之比。其次，各个商业银行通常都持有一定的超额准备金，超额准备金率$e$为超额准备金与存款总额的比例。$r$仍为法定存款准备金率。这些漏出因素会使货币乘数减小，此时，完整的货币乘数公式为：

$$m = \frac{c+1}{c+r+e}$$

$c$为提现率（客户提取的现金与活期存款总额之比）；

$e$为超额准备金率。

**【例题13】**中央银行发行的基础货币，包括社会流通中的现金和银行体系中的（　　）。

A. 准备金存款　　B. 活期存款　　C. 定期存款　　D. 企业存款

**【答案】**A

**【解析】**中央银行发行的基础货币，包括社会流通中的现金和银行体系中作为准备金的存款。

**【例题14】**关于存款准备金制度与货币乘数，下列说法错误的是（　　）。

A. 对于一定数量的存款来说，准备金的比例越低，银行的存款派生能力就越强

B. 存款货币创造过程中的漏出因素会使货币乘数变大

C. 理论上货币乘数可以简单地表示为法定存款准备金率的倒数

D. 提高法定存款准备金率会直接改变货币乘数

【答案】B

【解析】对于一定数量的存款来说，准备金的比例越高，银行可用于贷款的资金就越少，存款派生的能力就越低；准备金的比例越低，银行的存款派生能力就越强。理论上，货币乘数可以简单地表示为法定存款准备金率的倒数，调整法定存款准备金率会直接改变货币乘数。现实中，存款货币创造过程中存在一系列漏出因素，这些漏出因素会使货币乘数减小。

【例题 15】若商业银行的法定存款准备率为 6%，客户提取现金比率为 10%，超额准备率为 9%，则可求出货币乘数为（　　）。

A. 4.4　　B. 4.7　　C. 5.3　　D. 5.9

【答案】A

【解析】$m = (c+1)/(c+r+e) = (10\%+1)/(10\%+6\%+9\%) = 4.4$。

### 考点十一：货币政策的概念及目标（☆☆☆）

#### 一、货币政策的概念

货币政策是中央银行利用其掌握的利率、汇率、借贷、货币发行、外汇管理及金融法规等工具，采用的各种控制和调节货币供给量或信贷规模的方针、政策和措施的总称。一个完整的货币政策体系包括货币政策目标体系、货币政策工具体系和货币政策操作程序三大部分。

#### 二、货币政策的目标

（一）最终目标

1. 描述

货币政策最终目标基本上与一个国家的宏观经济目标相一致，也被称作货币政策的战略目标或长期目标。

2. 常采用的目标

（1）稳定物价。是指设法促使一般物价水平在短期内不发生显著的波动，以维持国内币值的稳定。

（2）充分就业。即劳动力市场的均衡状态，当失业率等于自然失业率时即实现了充分就业。

（3）经济增长。一般是指国民生产总值的增加。

（4）国际收支平衡。是指一国对其他国家的全部货币收入和货币支出持平、略有顺差或略有逆差。

（5）金融稳定。是指一个国家的金融体系不出现大的波动，金融作为资金媒介的功能得以有效发挥。

（二）中介目标

1. 描述

中介目标是货币政策作用过程中一个十分重要的环节，也是判断货币政策力度和效果的重要指示变量。

2. 目标选取的标准

（1）可测性——信息易获得并能量化。

（2）可控性——能被中央银行的各种货币政策工具有效地控制和调节。

（3）相关性——与货币政策最终目标之间具有高度相关性。

（4）抗干扰性——受非政策性因素的影响较小。

（5）适应性——与特定的经济、金融体制之间有较好的适应性。

3. 常采用的目标

（1）银行信贷规模。

（2）货币供应量。

（3）长期利率。

（三）操作目标

1. 描述

距离中央银行的政策工具最近，是中央银行货币政策工具的直接调控对象，可控性极强。

操作目标的选择同样要符合可测性、可控性、相关性、抗干扰性和适应性等标准。除此之外，操作目标的选择在很大程度上还取决于中介目标的选择。具体而言，如果以总量作为中介目标，则操作目标也应该选取总量指标；如果以利率作为中介目标，则操作目标就应该选择利率指标。

2. 常采用的目标

（1）短期货币市场利率。

（2）银行准备金。

（3）基础货币。

**【例题 16】**不属于经常采用的货币政策中介目标的是（　　）。

A. 银行信贷规模　　B. 短期货币市场利率

C. 货币供应量　　D. 长期利率

**【答案】**B

**【解析】**经常采用的货币政策中介目标包括银行信贷规模、货币供应量、长期利率等。

【例题 17】货币政策最终目标不包括（　　）。

A. 充分就业　　B. 稳定物价

C. 国际收支平衡　　D. 基础货币

【答案】D

【解析】货币政策最终目标包括稳定物价、充分就业、经济增长、国际收支平衡和金融稳定。

### 考点十二：货币政策工具（☆☆☆）

**一、概念**

货币政策工具是中央银行在实施某种货币政策时所采取的具体措施或具体的操作方式。

**二、分类**

（一）一般性货币政策工具

1. 概念

一般性货币政策工具是指中央银行普遍或常规运用的货币政策工具，其实施对象是整体经济和金融活动。

2. 分类

（1）存款准备金制度。

存款准备金制度是中央银行通过调整法定存款准备金率来影响商业银行信贷规模，从而对社会货币供应量间接地进行控制的政策措施。

（2）再贴现政策。

再贴现政策是中央银行通过直接调整或制定对合格票据的贴现利率，来干预和影响市场利率，从而调节货币供应量的政策措施。贴现利率实质上是中央银行向商业银行的放款利率，如果中央银行降低再贴现率，就意味着中央银行鼓励商业银行通过再贴现以扩大信贷规模，从而增加货币供给量；中央银行提高再贴现率，则货币供应量下降。

（3）公开市场业务。

公开市场业务是中央银行在证券市场上公开买卖各种有价证券以控制货币供给量及影响利率水平的行为。中央银行卖出有价证券，货币供给量减少，证券价格下跌，市场利率上升，提高借入资金的成本，减少社会投资，抑制经济过热的势头；中央银行买入证券，货币供给量增加，信贷规模扩张，市场利率下降，刺激消费和投资的扩张。

中国人民银行公开市场业务债券交易主要包括回购交易、现券交易和发行中央银行票据。

回购交易分为正回购和逆回购两种，正回购为中国人民银行向一级交易商卖出有价证券，并约定在未来特定日期买回有价证券的交易行为，正回购为央行从市场收回流动性的操作，正回购到期则为央行向市场投放流动性的操作。逆回购为央行向一级交易商购买有价证券，并约定在未来特定日期将有价证券卖给一级交易商的交易行为，逆回购为央行向市场上投放流动性的操作，逆回购到期则为央行从市场收回流动性的操作。

现券交易分为“现券买断”和“现券卖断”两种，前者为央行直接从二级市场买入债券，一次性地投放基础货币；后者为央行直接卖出持有债券，一次性地回笼基础货币。

（二）选择性货币政策工具及其他政策工具

1. 消费者信用控制

是指对不动产以外的各种耐用消费品的销售融资予以控制。控制的内容包括：

（1）规定以分期付款方式购买各种耐用消费品时第一次付款的最低金额；

（2）规定分期付款的最长期限；

（3）规定以分期付款等消费信贷方式购买的耐用消费品的种类，并针对不同的耐用消费品规定信贷条件。

2. 证券市场信用控制

通常指对证券信用交易的法定保证金比率作出规定，是央行对以信用方式购买股票和债券所实施的一种控制措施。

3. 不动产信用控制

是指央行对商业银行及其他金融机构的房地产贷款所采取的限制措施。如首套房首付30%。

4. 直接信用控制

央行以行政命令或其他方式，从总量和结构两个方面，直接对金融机构尤其是商业银行的信用活动进行控制，其手段包括利率最高限额、信用分配、流动性比率、直接干预及开办特种存款等。

5. 间接信用控制

其作用过程是间接的，要通过市场供求关系或资产组合的调整途径才能实现，通常采用的方式包括：

（1）道义劝告（央行利用其地位和权威，向商业银行和其他金融机构发出书面通告或口头通知，主要是向商业银行通报经济形势，规劝其主动采取相应措施，以配合中央银行货币政策的实施）。

（2）窗口指导（央行根据产业行情、物价趋势和金融市场动向，规定商业银行每季度贷款的增减额，并要求其执行，属于温和的、非强制性的货币政策工具）。

（三）创新型货币政策工具

1. 短期流动性调节工具（SLO）

（1）当银行体系流动性出现临时性波动时使用。

（2）以7天期内短期回购为主，遇节假日可适当延长操作期限。

（3）采用市场化利率招标方式进行操作。

2. 常备借贷便利（SLF）

（1）满足金融机构期限较长的大额流动性需求。

（2）以隔夜和 7 天为主，最长期限为 3 个月。

（3）利率水平根据货币调控需要、发放方式等综合确定。

3. 抵押补充贷款（PSL）

（1）支持经济重点领域和薄弱环节，是定向的流动性管理手段。

（2）期限相对较长。操作对象主要为政策性银行。

4. 中期借贷便利（MLF）

（1）对象为符合宏观审慎管理要求的商业银行、政策性银行。

（2）采取质押方式发放，并需提供国债、央行票据、政策性金融债、高等级信用债等优质债券作为合格质押品。

（3）起到了补充流动性缺口的作用，有利于保持中性适度的流动性水平。

5. 临时流动性便利（TLF）

向现金投放中占比高的几家大型商业银行提供临时性流动性支持，以满足春节前后现金投放的集中需求。

6. 临时准备金动用安排（CRA）

允许在现金投放中占比较高的全国性商业银行在春节期间出现临时流动性缺口时，可临时使用不超过 2 个百分点的法定存款准备金，使用期限为 30 天。

7. 定向中期借贷便利（TMLF）

定向支持金融机构向小微企业和民营企业发放贷款。

8. 普惠小微企业贷款延期支持工具——创新直达实体经济的货币政策工具之一

2020 年 6 月 1 日，中国人民银行表示为缓解中小微企业贷款的还本付息压力，中国人民银行会同中国银保监会出台了中小微企业贷款延期还本付息的政策，提供 400 亿元再贷款资金。

9. 普惠小微企业信用贷款支持计划——创新直达实体经济的货币政策工具之一

为减少小微企业缺乏抵押担保的痛点，提高小微企业信用贷款比重，2020 年 6 月 1 日，中国人民银行创设普惠小微企业信用贷款支持计划，提供 4 000 亿元再贷款资金。

**【例题 18】**如果中央银行降低再贴现率，则股价一般会（　　）。

A. 下跌　　B. 不能确定　　C. 无变化　　D. 上升

**【答案】**D

**【解析】**贴现利率实质上是中央银行向商业银行的放款利率，如果中央银行降低再贴现率，就意味着中央银行鼓励商业银行通过再贴现以扩大信贷规模，从而增加货币供给量，市场利率随之下降，股价相应提高。

**【例题 19】**一般性货币政策工具包括（　　）。

Ⅰ. 再贴现政策

Ⅱ. 公开市场业务

Ⅲ. 中期借贷便利

Ⅳ. 存款准备金制度

A. Ⅰ、Ⅱ　　B. Ⅰ、Ⅱ、Ⅳ　　C. Ⅲ、Ⅳ　　D. Ⅰ、Ⅱ、Ⅲ

**【答案】**B

**【解析】**一般性货币政策工具是指中央银行普遍或常规运用的货币政策工具，其实施对象是整体经济和金融活动，主要包括存款准备金制度、再贴现政策和公开市场业务三大工具。

**【例题 20】**创新型货币政策工具主要包括（　　）。

Ⅰ. 短期流动性调节工具

Ⅱ. 常备借贷便利

Ⅲ. 中期借贷便利

Ⅳ. 长期借贷便利

A. Ⅰ、Ⅱ、Ⅳ　　B. Ⅱ、Ⅲ、Ⅳ　　C. Ⅰ、Ⅱ、Ⅲ　　D. Ⅰ、Ⅲ、Ⅳ

**【答案】**C

**【解析】**创新型货币政策工具主要包括短期流动性调节工具（SLO）、常备借贷便利（SLF）、抵押补充贷款（PSL）、中期借贷便利（MLF）、临时流动性便利（TLF）、临时准备金动用安排（CRA）以及定向中期借贷便利（TMLF）等。

## 考点十三：货币政策的传导机制（☆☆）

### 一、传导机制的概念

货币政策的传导机制是指中央银行以货币政策手段，使用货币政策工具，来调整和影响经济中的相关经济变量，并通过一定渠道实现既定的经济目标的过程与作用机理。

### 二、传导机制的过程

货币政策工具→操作目标→中介目标→最终目标。

注意：传导过程逻辑是央行通过货币政策工具运作，影响商业银行等金融机构的活动，进而影响货币供应量，最终影响宏观经济指标。

### 三、传导机制分类

（一）利率传导机制（凯恩斯主义）

货币供应量↑→实际利率↓→投资↑→总产出↑

（二）信用传导机制（伯南克提出）

1. 银行信贷渠道的运行机制

货币供应量↑→银行存款和贷款↑→投资↑→总产出↑

2. 企业资产负债表渠道

货币供应量↑→股价↑→净值↑→逆向选择和道德风险↓→贷款↑→投资↑→总产出↑

（三）资产价格传导机制

1. 托宾 q 理论

货币供应量↑→股价↑→托宾 q↑→投资↑→总产出↑

托宾 q 值为企业的市场价值与资本重置成本之比，当 q 值大于 1 时，企业的市场价值将大于重置成本，此时企业很容易以相对较高的价格来发行较少的股票，并买到较多的新投资品，这会导致投资增加，最终会提高社会总需求和总产出。

2. 莫迪利安尼理论

货币供应量↑→股价↑→金融资产价值↑→财务困难的可能性↓→耐用消费品和住宅支出↑→总产出↑

（四）汇率传导机制

货币供应量↑→实际利率↓→汇率↓→净出口↑→总产出↑

**【例题 21】**货币政策的信用传导机制包括（　　）。

Ⅰ. 银行信贷渠道

Ⅱ. 企业资产负债表

Ⅲ. 财富效应

Ⅳ. 生命周期

A. Ⅰ、Ⅱ　　B. Ⅱ、Ⅲ　　C. Ⅲ、Ⅳ　　D. Ⅰ、Ⅱ、Ⅲ、Ⅳ

**【答案】**A

**【解析】**信用传导机制。伯南克提出了银行借贷渠道和资产负债渠道两种信用传导机制，并得出在货币政策传递过程中即使利率没发生变化，也会通过信用途径来影响国民经济总量的结论。

**【例题 22】**货币政策的传导机制包括（　　）。

Ⅰ. 利率传导机制

Ⅱ. 信用传导机制

Ⅲ. 资产价格传导机制

Ⅳ. 汇率传导机制

A. Ⅲ、Ⅳ　　B. Ⅱ、Ⅲ　　C. Ⅰ、Ⅱ　　D. Ⅰ、Ⅱ、Ⅲ、Ⅳ

**【答案】**D

**【解析】**各种经济理论对货币政策的传导机制有不同看法，归纳起来货币政策的传导机制主要包括以下四种：

（1）利率传导机制。

（2）信用传导机制。

（3）资产价格传导机制。

（4）汇率传导机制。

## 考点十四：我国金融业对外开放的新趋势（☆）

### 一、我国金融业进一步对外开放的背景

1. 金融业对外开放是我国加入 WTO 的承诺
2. 金融业对外开放是我国实现高质量发展的内在要求
3. 金融业对外开放是中国深度融入全球经济的必然选择

### 二、我国对外开放的主要措施

#### （一）主要政策

| 层面 | 公布主体 | 公布场合 | 日期 | 公布内容 |
|---|---|---|---|---|
| 人大 | 国家主席 | 博鳌亚洲论坛 | 2018 年 4 月 10 日 | 大幅度放开金融行业准入 |
| 央行 | 央行行长 | 博鳌亚洲论坛分论坛 | 2018 年 4 月 11 日 | 3 大原则、12 大措施 |
| 银行保险业监管 | 银保监会 | — | 2018 年 4 月 27 日 | 4 个方面 15 条开放措施 |
| | | | 2019 年 5 月 1 日 | 12 条进一步开放措施 |
| 证券业监管 | 证监会主席 | 第十一届陆家嘴论坛 | 2019 年 6 月 13 日 | 9 项对外开放措施 |
| 国务院金融稳定发展委员会 | 金稳委办公室 | — | 2019 年 7 月 20 日 | 1 条原则，11 条开放措施 |

#### （二）措施内容

详见下表。

| | | | |
|---|---|---|---|
| 央行公布的推进金融业对外开放三大原则 | 1. 准入前国民待遇和负面清单原则。<br>2. 对外开放将与汇率形成机制改革和资本项目可兑换进程相互配合，共同推进。<br>3. 开放的同时要重视防范金融风险，要使金融监管能力与金融开放度相匹配。 | | |
| 央行公布的措施 | 银保监会应对措施 | | 证监会应对措施 |
| 2018 年 4 月 11 日央行公布的金融业对外开放十二大措施 | 2018 年 4 月 27 日推出的 15 条开放措施（初步措施） | 2019 年 5 月 1 日发布的金融开放“新 12 条”（进一步措施） | 2019 年 6 月 13 日证监会发布资本市场开放“九大措施”（进一步措施） |
| 1. 取消银行和金融资产管理公司的外资持股比例限制，内外资一视同仁；允许外国银行在我国境内同时设立分行和子行。 | 1. 取消对中资银行和金融资产管理公司的外资持股比例限制。<br>2. 实施内外一致的股权投资比例规则。<br>3. 放宽外资设立机构条件，包括允许外国银行在中国境内同时设有子行和分行。 | 1. 按照内外资一致原则，同时取消单家中资银行和单家外资银行对中资商业银行的持股比例上限。 | — |

续表

<table>
<tr><th>央行公布的措施</th><th colspan="2">银保监会应对措施</th><th>证监会应对措施</th></tr>
<tr><td>2. 将证券公司、基金管理公司、期货公司、人身险公司的外资持股比例上限放宽至51%，三年后不再设限。</td><td>4. 将外资人身险公司外方持股比例放宽至51%。<br>5. 3 年后不再对外资人身险公司外方持股比例设限。</td><td rowspan="3">—</td><td>1. 按内外资一致原则，允许合资证券和基金管理公司的境外股东实现“一参一控”。</td></tr>
<tr><td>3. 不再要求合资证券公司境内股东至少有一家是证券公司。</td><td rowspan="2">—</td><td>—</td></tr>
<tr><td>4. 进一步完善内地与香港两地股票市场互联互通机制，互联互通每日额度扩大4倍，即沪股通及深股通每日额度从130亿元调整至520亿元人民币，港股通每日额度从105亿元调整为420亿元人民币。</td><td>2. 全面推开H股“全流通”改革。<br>3. 放开外资私募证券投资基金管理人管理的私募产品参与“沪港通”“深港通”交易的限制。</td></tr>
<tr><td>5. 允许符合条件的外国投资者来华经营保险代理业务和保险公估业务。</td><td>6. 允许符合条件的境外投资者来华经营保险代理业务。<br>7. 允许符合条件的境外投资者来华经营保险公估业务。</td><td>2. 允许外国保险集团公司投资设立保险类机构。<br>3. 允许境外金融机构入股在华外资保险公司。</td><td rowspan="4">—</td></tr>
<tr><td>6. 放开外资保险经纪公司经营范围，与中资机构一致。</td><td>—</td><td>4. 允许境内外资保险集团公司参照中资保险集团公司资质要求发起设立保险类机构。</td></tr>
<tr><td>7. 鼓励在信托、金融租赁、汽车金融、货币经纪、消费金融等银行业金融领域引入外资。</td><td>8. 鼓励信托、金融租赁、汽车金融、货币经纪、消费金融等各类银行业金融机构引进境外专业投资者。</td><td>5. 取消境外金融机构投资入股信托公司的10亿美元总资产要求。<br>6. 按照内外资一致原则，放宽中资和外资金融机构投资设立消费金融公司方面的准入政策。</td></tr>
<tr><td>8. 对商业银行新发起设立的金融资产投资公司和理财公司的外资持股比例不设上限。</td><td>9. 对商业银行新发起设立的金融资产投资公司和理财公司，外资持股比例不设限制。</td><td>—</td></tr>
<tr><td>9. 大幅度扩大外资银行业务范围。</td><td>10. 允许外国银行分行从事“代理发行、代理兑付、承销政府债券”业务。</td><td>7. 允许外资银行经营“代理收付款项”业务。<br>8. 取消外资银行开办人民币业务审批，允许外资银行开业时即可经营人民币业务。</td><td>4. 适当考虑外资银行母行资产规模和业务经验，放宽外资银行在华从事证券投资基金托管业务的准入限制。</td></tr>
</table>

续表

| 央行公布的措施 | 银保监会应对措施 | | 证监会应对措施 |
|---|---|---|---|
| 10. 不再对合资证券公司业务范围单独设限，内外资一致。 | — | — | |
| 11. 全面取消外资保险公司设立前需开设 2 年代表处要求。 | 11. 在全国范围内取消外资保险机构设立前需开设 2 年代表处要求。 | | — |
| 12. 经过中英双方共同努力，沪伦通的准备工作进展顺利，2018 年开通。 | — | — | |
| | 12. 全面取消外资银行申请人民币业务需满足开业 1 年的等待期要求。<br>13. 降低外国银行分行吸收单笔人民币定期零售存款的门槛至 50 万元。<br>14. 对外国银行境内分行实施合并考核。<br>15. 调整外国银行分行营运资金管理要求。 | 9. 取消外国银行来华设立外资法人银行的 100 亿美元总资产要求和外国银行来华设立分行的 200 亿美元总资产要求。<br>10. 放宽中外合资银行中方股东限制，取消中方唯一或主要股东必须是金融机构的要求。<br>11. 鼓励和支持境外金融机构与民营资本控股的银行业、保险业机构开展股权、业务和技术等各类合作。<br>12. 取消外国保险经纪公司在华经营保险经纪业务需满足 30 年经营年限、总资产不少于 2 亿美元的要求。 | 5. 持续加大期货市场开放力度，扩大特定品种范围。<br>6. 推动修订 QFII 和 RQFII 制度规则，进一步便利境外机构投资者参与中国资本市场。<br>7. 合理设置综合类券商控股股东的资质要求，特别是净资产要求。<br>8. 研究扩大交易所债券市场对外开放，拓展境外机构投资者进入交易所债券市场的渠道。<br>9. 研究制定交易所熊猫债管理办法，更加便利境外机构发债融资。 |

备注：金稳委的补充措施

①允许外资机构在华开展信用评级业务时，可以对银行间债券市场和交易所债券市场的所有种类债券评级。

②鼓励境外金融机构参与设立、投资入股商业银行理财子公司。

③允许境外资产管理机构与中资银行或保险公司的子公司合资设立由外方控股的理财公司。

④允许境外金融机构投资设立、参股养老金管理公司。

⑤支持外资全资设立或参股货币经纪公司。

⑥人身险外资股占比限制从 51% 提高至 100% 的过渡期，由原定 2021 年提前到 2020 年。

⑦取消境内保险公司合计持有保险资产管理公司的股份不得低于 75% 的规定，允许境外投资者持有股份超过 25%。

**【例题 23】**2018 年博鳌亚洲论坛明确了我国保险业对外开放的诸多措施，标志着我国保险业务将迎来全面开放时代。主要措施包括（　　）。

Ⅰ. 放开外资保险经纪公司业务范围与中资机构一致

Ⅱ. 允许符合条件的外国投资者来华经营保险代理业务

Ⅲ. 取消外资保险公司设立条件中必须在这个设立代表处连续3年的要求

Ⅳ. 允许符合条件的外国投资者来华经营保险公估业务

A. Ⅰ、Ⅱ、Ⅳ　　B. Ⅰ、Ⅱ、Ⅲ、Ⅳ

C. Ⅲ、Ⅳ　　D. Ⅰ、Ⅱ、Ⅲ

【答案】A

【解析】2018年博鳌亚洲论坛明确了进一步加大保险业对外开放的具体措施和时间表，包括在几个月内落实将人身险公司的外资持股比例放宽至51%（三年后不再设限）、允许符合条件的外国投资者来华经营保险代理业务和保险公估业务、放开外资保险经纪公司业务范围与中资机构一致、取消外资保险公司设立条件中“必须在中国设立代表处连续2年”这一要求，标志着我国保险业即将迎来全面开放时代。

【本节学习提示】考查重点：

①中央银行的主要职能及其资产业务、负债业务与表外业务。

②货币政策的种类。

③货币乘数的计算。

# 第二节　中国的多层次资本市场

## 考点一：多层次资本市场概述（☆☆☆）

### 一、资本市场概念的界定

资本市场是长期金融市场或长期资金市场，是为一年以上资本性或准资本性融资产品提供发行和交易服务的有形或无形的市场总和。

### 二、资本市场的分层特性及其内在逻辑

（一）分层特性

（1）每个投资者的风险偏好不同，对投资产品的投资期限、回报率以及产品本身的复杂程度要求不同；

（2）每个企业的经营风险不同，各类交易场所的流动性不同；

（3）不同企业类型在不同时期的融资需求也各不相同。

（二）分层逻辑

| 分层依据 | 类别 |
| --- | --- |
| 交易产品品种 | 股票市场、债券市场、衍生品证券市场、基金市场 |
| 市场功能 | 发行市场、交易市场 |

续表

| 分层依据 | 类别 |
| --- | --- |
| 组织形式和交易活动是否集中统一 | 场内交易市场、场外交易市场 |
| 服务和覆盖的企业所在地范围 | 全球性市场、全国性市场、区域性市场 |
| 发行和募集方式 | 公募市场、私募市场 |

【例题 24】按照发行和募集方式不同，资本市场可以分为（　　）。

Ⅰ. 公募市场　　Ⅱ. 私募市场　　Ⅲ. 全球性市场　　Ⅳ. 区域性市场

A. Ⅰ、Ⅲ　　B. Ⅱ、Ⅳ　　C. Ⅰ、Ⅱ　　D. Ⅲ、Ⅳ

【答案】C

【解析】按照发行和募集方式的不同，可以将资本市场划分为公募市场和私募市场。

### 考点二：我国多层次资本市场结构（☆☆☆）

#### 一、资本市场结构图

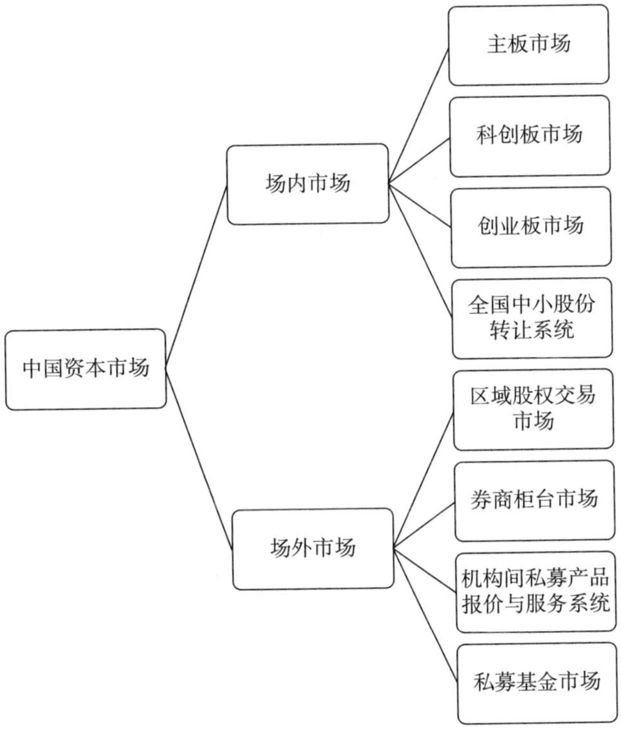


#### 二、政策动向

1. 新《证券法》将证券交易场所划分为三个层次

（1）证券交易所。

（2）国务院批准的其他全国性证券交易场所。

（3）按照国务院规定设立的区域性股权市场。

2. 2020 年 6 月，刘鹤副总理首次对资本市场发展提出了坚持“建制度、不干预、零容忍”的“九字方针”

3. 2021 年 3 月，“十四五”规划纲要中提出，完善资本市场基础制度，健全多层次资本市场体系，大力发展机构投资者，提高直接融资特别是股权融资比重

**【例题 25】** 以下属于场内市场的有（　　）。

Ⅰ. 主板市场

Ⅱ. 创业板市场

Ⅲ. 全国中小企业股份转让系统

Ⅳ. 区域股权交易市场

A. Ⅱ、Ⅳ　　B. Ⅲ、Ⅳ

C. Ⅰ、Ⅱ、Ⅲ　　D. Ⅰ、Ⅱ、Ⅲ、Ⅳ

**【答案】** C

**【解析】** 主板市场、科创板市场、创业板市场和全国中小企业股份转让系统属于场内市场，区域股权交易市场、券商柜台市场、机构间私募产品报价与服务系统和私募基金市场属于场外市场。

## 考点三：我国多层次资本市场的内容（☆☆）

### 一、场内市场

（一）定义

场内市场即证券交易所市场。证券交易所是证券买卖双方公开交易的场所，是一个高度组织化、集中进行证券交易的市场，是整个证券市场的核心。

（二）内容

1. 主板市场

（1）主板市场对发行人的营业期限、股本大小、盈利水平、最低市值等方面的要求标准较高，上市企业多为大型成熟企业，具有较大的资本规模以及稳定的盈利能力。

（2）相对创业板市场而言，主板市场是资本市场中最重要的组成部分，很大程度上能够反映国家或地区的经济发展状况，有“宏观经济晴雨表”之称。

（3）上海、深圳证券交易所是我国证券市场的主板市场，上海证券交易所于 1990 年 12 月 19 日正式营业，深圳证券交易所于 1991 年 7 月 3 日正式营业。

（4）2004 年 5 月，经国务院批准，中国证监会批复同意深圳证券交易所在主板市场内设立中小企业板块。

（5）2021 年 2 月 5 日，经证监会批准，深交所启动合并主板与中小板准备工作，4 月 6 日正式实施。

2. 科创板市场（详见考点五至考点九）

3. 创业板市场（二板市场）

（1）2009 年 10 月 23 日在深圳证券交易所正式启动。

（2）为具有高成长性的中小企业和高科技企业融资服务。

（3）具有前瞻性、高风险、监管要求严格以及明显的高技术产业导向的特点。

（4）上市的企业规模较小、上市条件相对较低，中小企业更容易上市募集发展所需资金。

（5）特别支持新能源、新材料、电子信息、生物医药、环保节能、现代服务等新兴产业的发展。

4. 全国中小企业股份转让系统（新三板）

（1）成立于 2012 年 9 月 20 日。

（2）为创新型、创业型、成长型中小微企业发展服务。

（3）股票可以采用协议方式、做市方式、竞价方式或其他中国证监会批准的转让方式。

（4）市场形成了“基础层—创新层—精选层”梯次递进的结构。

**二、场外市场**

（一）定义

场外市场是指在集中的交易场所之外进行证券交易的市场，没有集中的交易场所和市场制度，又被称为店头市场或者柜台市场，主要是一对一交易，以交易非标准化的、私募类型的产品为主。

（二）特征

1. 挂牌标准相对较低，通常不对企业规模和盈利情况等进行要求

2. 信息披露要求较低，监管较为宽松

3. 交易制度通常采用做市商制度

（三）功能

1. 拓宽融资渠道，改善中小企业融资环境

2. 为不能在证券交易所上市交易的证券提供流通转让的场所

3. 提供风险分层的金融资产管理渠道

（四）内容

1. 区域性股权市场

（1）为其所在省级行政区域内中小微企业证券非公开发行、转让及相关活动提供设施与服务的场所。

（2）限于股票、可转换为股票的公司债券以及国务院有关部门按程序认可的其他证券。

（3）投资者买入后卖出或卖出后买入同一证券的时间间隔不得少于 5 个交易日。

（4）单只证券持有人累计不得超过 200 人。

（5）实行合格投资者制度，合格投资者应是依法设立且具备一定条件的法人机构、合伙企业，金融机构依法管理的投资性计划，以及具备较强风险承受能力且金融资产不低于 50 万元人民币的自然人。

（6）区域性股权市场由所在地省级人民政府按规定实施监管，并承担相应风险处置责任。

2. 券商柜台市场

（1）2012 年 12 月 10 日，中国证监会同意中国证券业协会在遵循“限定私募、先行起步”基本原则的基础上，开展柜台市场试点工作。

（2）在柜台市场发行、销售与转让的产品包括但不限于以下私募产品：

①证券公司及其子公司以非公开募集方式设立或者承销的资产管理计划、公司债务融资工具等产品；

②银行、保险公司、信托公司等其他机构设立并通过证券公司发行、销售与转让的产品；

③金融衍生品及中国证监会、中国证券业协会认可的产品。

（3）证券公司可以采取协议、报价、做市、拍卖竞价、标购竞价等方式发行、销售与转让私募产品，不得采用集合竞价方式，法律行政法规有明确规定的除外。

3. 机构间私募产品报价与服务系统

（1）中证机构间报价系统股份有限公司（以下简称中证报价）是经中国证监会批准并由中国证券业协会按照市场化原则管理的金融机构。

（2）经营范围。

①提供以非公开募集方式设立产品的报价、发行与转让服务；

②提供证券公司柜台市场、区域性股权交易市场等私募市场的信息和交易联网服务，并开展相关业务合作；

③提供以非公开募集方式设立产品的登记结算和担保品第三方管理等服务；

④管理和公布机构间私募产品报价与服务系统相关信息，提供私募市场的监测、统计分析服务；

⑤制定报价系统业务规则，对其参与人和信息披露义务人进行监督管理，进行私募市场和私募业务的开发、推广、研究、调查与咨询；

⑥建设和维护报价系统的技术支持系统；

⑦经中国证券业协会授权和中国证监会依法批准的其他业务。

（3）报价系统秉承“多元、开放、竞争、包容”的原则。

（4）报价系统的主要特点。

①参与人制度，各类符合条件的机构均可加入报价系统；

②一体化市场，发行交易与登记托管结算前中后台互为一体；

③移动互联市场，基于互联网、证联网、深证通，7×24 小时发行交易，日间多批次滚动结算；

④行业公共平台，提供各类证券机构场外证券业务后台外包服务；

⑤市场中的市场，与各类场外市场建立市场联盟；

⑥分层分类风险管理，双层风险防控机制，前中后台业务隔离，设立专项风险监控指标。

4. 私募基金市场

（1）私募基金财产的投资包括买卖股票、股权、债券、期货、期权、基金份额及投资合同规定的其他投资标的。

（2）私募基金主要分类：

①私募证券基金，主要投资于公开交易的股份有限公司股票、债券、期货、期权、基金份额以及中国证监会规定的其他证券以及衍生产品；

②创业投资基金，主要是对处于创业各阶段的成长型企业进行股权投资；

③私募股权基金，除创业投资基金以外主要投资于非公开交易的企业股权；

④其他类别私募基金，是指投资于除证券及其衍生品和股权以外的其他领域。

（3）私募基金的合格投资者，是指具备相应风险识别能力和风险承担能力，投资于单只私募基金的金额不低于 100 万元且符合下列相关标准的单位和个人：

①净资产不低于 1 000 万元的单位；

②个人金融资产不低于 300 万元或者最近三年个人年均收入不低于 50 万元。

**【例题 26】**场外交易市场的功能不包括（　　）。

A. 拓宽融资渠道

B. 改善大中型企业融资环境

C. 为不能在证券交易所上市交易的证券提供流动性转让的场所

D. 提供风险分层的金融资产管理渠道

**【答案】**B

**【解析】**场外交易市场是我国多层次资本市场体系的重要组成部分，主要具备以下功能：

（1）拓宽融资渠道，改善中小企业融资环境。

（2）为不能在证券交易所上市交易的证券提供流通转让的场所。

（3）提供风险分层的金融资产管理渠道。

**【例题 27】**为具有高成长性的中小企业和高科技企业提供融资服务，又称二板市场的是（　　）。

A. 交易所市场　　B. 银行间市场　　C. 创业板市场　　D. 中小企业板市场

【答案】C

【解析】创业板市场又被称为二板市场，是为具有高成长性的中小企业和高科技企业融资服务的资本市场。

【例题 28】区域性股权市场是为其所在（　　）级行政区域内中小微企业证券非公开发行，转让及相关活动提供设施与服务的场所。

A. 跨省　　B. 省　　C. 市　　D. 县

【答案】B

【解析】区域性股权市场是为其所在省级行政区域内中小微企业证券非公开发行、转让及相关活动提供设施与服务的场所。

【例题 29】（　　）有“宏观经济晴雨表”之称。

A. 主板市场　　B. 创业板市场　　C. 三板市场　　D. 四板市场

【答案】A

【解析】主板市场是资本市场中最重要的组成部分，能够很大程度上反映国家或地区的经济发展状况，有“宏观经济晴雨表”之称。

### 考点四：我国多层次资本市场的意义（☆）

1. 有利于调动民间资本的积极性，将储蓄转化为投资，提升服务实体经济的能力
2. 有利于创新宏观调控机制，提高直接融资比重，防范和化解经济金融风险
3. 有利于促进科技创新，促进新兴产业发展和经济转型
4. 有利于促进产业整合，缓解产能过剩
5. 有利于满足日益增长的社会财富管理需求，改善民生，促进社会和谐
6. 有利于提高我国经济金融的国际竞争力

### 考点五：设立科创板并试点注册制的政策背景（☆）

#### 一、科创板的提出及定位

2018 年 11 月 5 日，国家主席习近平在首届中国国际进口博览会开幕式上宣布，将在上海证券交易所设立科创板并试点注册制，支持上海国际金融中心和科技创新中心建设。

2019 年 6 月 13 日，在第十一届陆家嘴论坛开幕式上，中国证监会和上海市人民政府联合举办了上海证券交易所科创板开板仪式。

#### 二、注册制提出的政策和法律背景

注册制是一种不同于审批制、核准制的证券发行监管制度，它的基本特点是以信息披露为中心，通过要求证券发行人真实、准确、完整地披露公司信息，使投资者可以获

得必要的信息，对证券价值进行判断并作出是否投资的决策，证券监管机构对证券的价值大小、价格高低不作实质性判断。

2019 年 1 月 30 日，经党中央、国务院同意，中国证监会公布《关于在上海证券交易所设立科创板并试点注册制的实施意见》，标志着我国证券市场开始从设立科创板入手，稳步试点注册制，逐步探索符合我国国情的证券发行注册制。

**考点六：科创板重点服务的企业类型和行业领域（☆☆）**

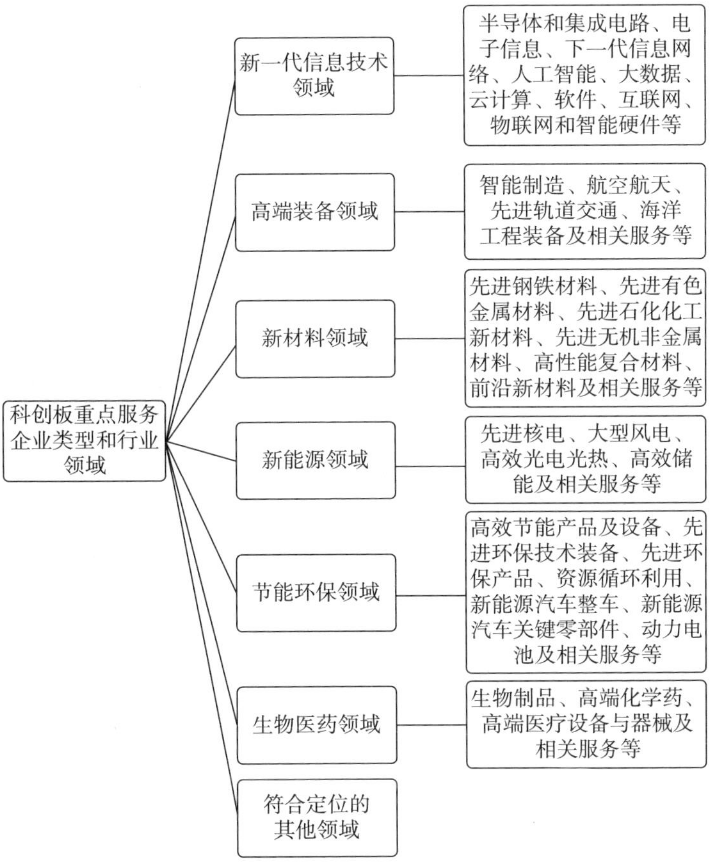


**【例题 30】**上海证券交易所在《上海证券交易所科创板企业发行上市申报及推荐暂行规定》中指出，申报科创板发行上市的发行人，应当属于的领域包括（　　）。

Ⅰ. 新一代信息技术领域

Ⅱ. 高端装备领域

Ⅲ. 生物医药领域

Ⅳ. 新材料领域

A. Ⅰ、Ⅲ　　B. Ⅰ、Ⅱ、Ⅳ　　C. Ⅱ、Ⅲ、Ⅳ　　D. Ⅰ、Ⅱ、Ⅲ、Ⅳ

【答案】D

【解析】上海证券交易所在《上海证券交易所科创板企业发行上市申报及推荐暂行规定》中指出，申报科创板发行上市的发行人，应当属于下列行业领域的高新技术产业和战略性新兴产业：

一是新一代信息技术领域，主要包括半导体和集成电路、电子信息、下一代信息网络、人工智能、大数据、云计算、软件、互联网、物联网和智能硬件等；

二是高端装备领域，主要包括智能制造、航空航天、先进轨道交通、海洋工程装备及相关服务等；

三是新材料领域，主要包括先进钢铁材料、先进有色金属材料、先进石化化工新材料、先进无机非金属材料、高性能复合材料、前沿新材料及相关服务等；

四是新能源领域，主要包括先进核电、大型风电、高效光电光热、高效储能及相关服务等；

五是节能环保领域，主要包括高效节能产品及设备、先进环保技术装备、先进环保产品、资源循环利用、新能源汽车整车、新能源汽车关键零部件、动力电池及相关服务等；

六是生物医药领域，主要包括生物制品、高端化学药、高端医疗设备与器械及相关服务等；

七是符合科创板定位的其他领域。

## 考点七：科创板的制度规则体系（☆☆）

科创板的制度规则体系可以总结为"1+2+6+N"。

### 一、"1"——中国证监会公布

《关于在上海证券交易所设立科创板并试点注册制的实施意见》

### 二、"2"——中国证监会发布

《科创板首次公开发行股票注册管理办法（试行）》

《科创板上市公司持续监管办法（试行）》

### 三、"6"——上海证券交易所发布

《上海证券交易所科创板股票发行上市审核规则》

《上海证券交易所科创板股票发行承销实施办法》

《上海证券交易所科创板股票上市规则》

《上海证券交易所科创板股票交易特别规定》

《上海证券交易所科创板股票上市委员会管理办法》

《上海证券交易所科技创新咨询委员会工作规则》

**四、"N"——上海证券交易所、中国证券业协会等机构发布**

《上海证券交易所科创板股票发行与承销业务指引》

《上海证券交易所科创板发行上市申报及推荐暂行规定》

《科创板首次公开发行股票承销业务规范》

《科创板首次公开发行股票网下投资者管理细则》等

注意：2020 年 7 月，中国证监会发布《科创板上市公司证券发行注册管理办法（试行）》，上交所也配套发布了一系列科创板再融资相关规则，进一步精简优化发行条件。

**【例题 31】** 科创板制度体系可以总结为"1 +2 +6 + N"，下列各项制度属于"6"的有（　　）。

Ⅰ.《上海证券交易所科创板股票发行上市审核规则》

Ⅱ.《上海证券交易所科创板股票发行与上市承销业务指引》

Ⅲ.《上海证券交易所科创板股票交易特别规定》

Ⅳ.《上海证券交易所科创板股票上市规则》

A. Ⅰ、Ⅱ、Ⅲ、Ⅳ　　B. Ⅲ、Ⅳ　　C. Ⅰ、Ⅱ　　D. Ⅰ、Ⅲ、Ⅳ

**【答案】** D

**【解析】** 科创板的制度规则体系可以总结为"1 +2 +6 + N"。其中，"6"是指上海证券交易所发布的 6 项主要业务规则，涵盖注册审核、发行承销、上市规则与持续监管、信息披露、交易规则等主要内容，具体包括《上海证券交易所科创板股票发行上市审核规则》《上海证券交易所科创板股票发行承销实施办法》《上海证券交易所科创板股票上市规则》《上海证券交易所科创板股票交易特别规定》《上海证券交易所科创板股票上市委员会管理办法》以及《上海证券交易所科技创新咨询委员会工作规则》。

## 考点八：科创板的上市条件及上市指标（☆☆）

### 一、科创板上市条件

1. 发行后股本总额不低于人民币 3 000 万元
2. 首次公开发行的股份达到公司股份总数的 25% 以上
3. 公司股本总额超过人民币 4 亿元的，首次公开发行股份的比例为 10% 以上
4. 市值及财务指标满足规定的标准

### 二、科创板上市指标（五套标准）

（一）市值 + 净利润 + 收入

预计市值不低于人民币 10 亿元，最近两年净利润均为正且累计净利润不低于人民币 5 000 万元，或者预计市值不低于人民币 10 亿元，最近一年净利润为正且营业收入不低于人民币 1 亿元。

（二）市值 + 收入 + 研发投入

预计市值不低于人民币 15 亿元，最近一年营业收入不低于人民币 2 亿元，且最近三

年研发投入合计占最近三年营业收入的比例不低于15%。

（三）市值＋收入＋现金流

预计市值不低于人民币20亿元，最近一年营业收入不低于人民币3亿元，且最近三年经营活动产生的现金流量净额累计不低于人民币1亿元。

（四）市值＋收入

预计市值不低于人民币30亿元，且最近一年营业收入不低于人民币3亿元。

（五）市值＋优势

预计市值不低于人民币40亿元，主要业务或产品需经国家有关部门批准，市场空间大，目前已取得阶段性成果。医药行业企业需至少有一项核心产品获准开展二期临床试验，其他符合科创板定位的企业需具备明显的技术优势并满足相应条件。

### 考点九：科创板制度设计的创新点（☆☆☆）

#### 一、上市标准多元化

1. 允许五套差异化的上市指标

2. 允许特殊股权结构企业和红筹企业上市

“特殊股权结构”是指发行人在一般规定的普通股份之外，发行拥有特别表决权的股份。每一特别表决权股份拥有的表决权数量大于每一普通股份拥有的表决权数量，其他股东权利与普通股份相同。

为平衡好具有特别表决权的股份与普通股份之间的利益关系，科创板作出了以下制度安排：

1. 设置了严格的适用条件
2. 对特别表决权股份的持有人资格作了限制
3. 设定每份特别表决权股份表决权数量的上限
4. 明确特别表决权股份参与表决的股东大会事项与计算方式
5. 强化信息披露等内外部监督机制的作用

#### 二、发行审核注册制

（一）上海证券交易所的职责

第一步：通过向发行人提出审核问询、发行人回答问题方式开展审核工作。

第二步：按照规定的条件和程序，作出同意或者不同意发行人股票公开发行并上市的审核意见。

（二）中国证监会的职责

1. 负责科创板股票发行注册
2. 对上海证券交易所审核工作进行监督
3. 实施事前、事中、事后全过程监管

**三、发行定价市场化**

（1）面向专业机构投资者进行询价定价。取消了直接定价的方式，全面采用市场化的询价定价方式，并将科创板首次公开发行询价对象限定在证券公司、基金公司等七类专业机构。

（2）充分发挥投资价值研究报告的作用。

（3）鼓励战略投资者和发行人高管、核心员工参与新股发售。

**四、交易机制差异化**

为适应科创板上市公司特点和投资者适当性要求，科创板建立了更加市场化的交易机制。

**五、持续监管更具针对性**

1. 更有针对性的信息披露制度

2. 更加合理的股份减持制度。《科创板股票上市规则（征求意见稿）》中的核心技术人员股份锁定期，由 3 年调整为 1 年，期满后每年可以减持 25% 的首发前股份

3. 更加规范的差异化表决权制度

4. 更加严格的保荐机构持续督导职责

5. 更加灵活的股权激励制度

**六、退市制度从严化**

（一）退市的标准更加多元客观，减少可调节、可粉饰的空间

（1）在规范类退市标准方面，吸收了最新退市制度改革成果，明确了信息披露重大违法和公共安全重大违法等退市情形；

（2）在交易类退市标准方面，增加了连续 20 个交易日市值低于 3 亿元退市的标准，构建了一套由成交量、股价、股东人数和市值四大类指标组成的交易类退市标准；

（3）在财务类指标方面，不再采用单一的连续亏损退市指标，而是在定性基础上作出定量规定，多维度刻画丧失持续经营能力的主业“空心化”企业的基本特征，引入“扣除非净利润（扣除非经常性损益后的利润——如其他非主营收入）为负且营业收入低于一个亿”的退市指标（第一年触及该指标挂＊ST，第二年仍触及该指标退市），体现持续经营能力方面的要求；

（4）在其他合规指标方面，增加了信息披露或者规范运作存在重大缺陷等合规性退市指标。

（二）退市的程序更加紧凑，具有可预期性

（1）借鉴境外成熟市场有关退市制度的安排，简化退市环节，取消暂停上市和恢复上市程序，对应当退市的企业直接终止上市，避免重大违法类、主业“空心化”的企业长期滞留于市场，扰乱市场预期和定价机制；

（2）压缩退市时间，触及财务类退市指标的公司，第一年实施退市风险警示，第二

年仍然触及将直接退市，退市时间较现行标准大幅缩短；

（3）不再设置专门的重新上市环节，因重大违法强制退市的企业，不得提出新的发行上市申请，永久退出市场。

**【例题32】**根据《上海证券交易所科创板股票上市规则》，发行人申请在上海证券交易所科创板上市的条件不包括（　　）。

A. 符合中国证监会规定的发行条件

B. 发行后股本总额不低于人民币5 000万元

C. 首次公开发行的股份达到公司股份总数的25%以上，公司股本总额超过人民币4亿元的首次公开发行股份的比例为10%以上

D. 市值及财务指标满足规定的标准

**【答案】**B

**【解析】**根据《上海证券交易所科创板股票上市规则》，发行人申请在上海证券交易所科创板上市，应当符合中国证监会和上海证券交易所规定的相关上市条件，其中主要的上市条件包含以下几点：

（1）发行后股本总额不低于人民币3 000万元；

（2）首次公开发行的股份达到公司股份总数的25%以上；

（3）公司股本总额超过人民币4亿元的，首次公开发行股份的比例为10%以上；

（4）市值和财务指标满足规定的标准等条件。

**【例题33】**在科创板发行审核注册制方面，中国证监会主要承担的职责有（　　）。

Ⅰ. 通过向发行人提出审核问询、发行人回答问题方式开展审核工作

Ⅱ. 负责科创板股票发行注册

Ⅲ. 对上海证券交易所审核工作进行监督

Ⅳ. 实施事前、事中、事后全过程监管

A. Ⅱ、Ⅲ、Ⅳ　　B. Ⅰ、Ⅱ、Ⅳ　　C. Ⅱ、Ⅳ　　D. Ⅰ、Ⅲ

**【答案】**A

**【解析】**上海证券交易所主要通过向发行人提出审核问询、发行人回答问题方式开展审核工作，基于科创板定位，判断发行人是否符合发行条件、上市条件和信息披露要求。

中国证监会主要承担以下三个方面的职责：

一是负责科创板股票发行注册；

二是对上海证券交易所审核工作进行监督；

三是实施事前、事中、事后全过程监管。

**【例题34】**关于科创板制度设计的创新点，下列说法错误的是（　　）。

A. 退市制度自由化　　B. 发行定价市场化

C. 上市标准多元化　　　　　　　　D. 发行审核注册制

【答案】A

【解析】科创板制度设计的创新点：上市标准多元化，发行审核注册制，发行定价市场化，交易机制差异化，持续监管更具针对性，退市制度从严化。

## 考点十：创业板改革并试点注册制（☆）

### 一、创业板改革的背景及定位

（一）背景

2020 年 4 月 27 日，中央全面深化改革委员会审议通过了《创业板改革并试点注册制总体实施方案》。

（二）改革思路

1. 一条主线

实施以信息披露为核心的股票发行注册制，提高透明度和真实性，由投资者自主进行价值判断，真正把选择权交给市场。

2. 三个统筹

（1）统筹推进创业板改革与多层次资本市场体系建设，坚持创业板与其他板块错位发展，推动形成各有侧重、相互补充的适度竞争格局。

（2）统筹推进试点注册制与其他基础制度建设，采取一篮子改革措施，健全配套制度。

（3）统筹推进增量改革与存量改革，包容存量，稳定存量上市公司和投资者预期。

3. 定位

深入贯彻创新驱动发展战略，适应发展更多依靠创新、创造、创意的大趋势，主要服务成长型创新创业企业，支持传统产业与新技术、新产业、新业态、新模式深度融合。

### 二、创业板改革的制度规则体系

（1）构建市场化的发行承销制度，对新股发行定价不设任何行政性限制，建立以机构投资者为参与主体的询价、定价、配售等机制。

（2）完善创业板交易机制，放宽涨跌幅限制，优化转融通机制和盘中临时停牌制度。

（3）构建符合创业板上市公司特点的持续监管规则体系，建立严格的信息披露规则体系并严格执行，提高信息披露的针对性和有效性。

（4）完善退市制度，简化退市程序，优化退市标准。

注意：发行上市深交所审核期限为 2 个月，中国证监会注册期限为 15 个工作日。

### 三、改革后创业板与科创板的差异

（一）整体上

创业板改革并试点注册制，在充分借鉴科创板改革经验的基础上，又根据创业板的情况作出了部分针对性安排。板块差异化定位是创业板与科创板最大的不同。

（二）发行上市制度方面

改革后创业板大致与科创板相同，但在发行条件及发行承销等方面存在差异。改革后创业板的发行条件综合考虑了预计市值、收入、净利润三套上市标准。

（三）交易制度方面

1. 涨跌幅限制

①改革后创业板全面向科创板靠拢，由10%提高至20%，并同步放宽相关基金涨跌幅至20%。

②与科创板类似，新股上市前5日同样不设涨跌幅限制，并设置30%、60%两档停牌指标。

2. 投资者要求

①创业板投资者需要开通前20个交易日资产日均不低于人民币10万元，并有2年证券交易经验。

②科创板投资者需要20个交易日资产日均不低于人民币50万元。

3. 申报上限

①创业板：单笔限价30万股，市价15万股。

②科创板：单笔限价10万股，市价5万股。

（四）退市制度方面

与科创板相似，改革后的创业板退市同样包含财务类、交易类、规范类和重大违法类四种强制退市类型。

1. 创业板

①最近一个会计年度经审计的净利润为负值且营业收入低于1亿元，或追溯重述后最近一个会计年度净利润为负值且营业收入低于1亿元。

②最近一个会计年度经审计的期末净资产为负值或追溯重述后最近一个会计年度期末净资产为负值。

③最近一个会计年度的财务会计报告被出具无法表示意见或者否定意见。

2. 科创板

①主营业务大部分停滞或者规模极小。

②经营资产大幅减少导致无法维持日常经营。

③营业收入或者利润主要来源于不具备商业实质的关联贸易。

④营业收入或者利润主要来源于与主营业务无关的贸易业务。

⑤其他明显丧失持续经营能力的情形。

**【例题 35】** 科创板单笔申报上限为（　　）。

A. 限价申报 5 万股
B. 市价申报 10 万股
C. 限价申报 30 万股
D. 市价申报 5 万股

**【答案】** D

**【解析】** 科创板单笔限价申报上限是 10 万股，单笔市价申报上限是 5 万股。

**【本节学习提示】** 考查重点：

1. 多层次资本市场的市场结构及各市场的定位，尤其是科创板和创业板
2. 科创板上市条件五套标准
3. 科创板规则制度体系“1 +2 +6 + N”

## 同步真题练习

1. 证券公司的主要业务包括（　　）。

Ⅰ. 证券承销与保荐业务

Ⅱ. 证券自营业务

Ⅲ. 证券经纪业务

Ⅳ. 证券投资咨询业务

A. Ⅰ、Ⅱ　B. Ⅰ、Ⅱ、Ⅲ　C. Ⅱ、Ⅲ、Ⅳ　D. Ⅰ、Ⅱ、Ⅲ、Ⅳ

2. 影响我国金融市场的主要因素不包括（　　）。

Ⅰ. 技术因素　Ⅱ. 管理因素　Ⅲ. 人员因素　Ⅳ. 历史因素

A. Ⅰ、Ⅱ　B. Ⅰ、Ⅱ、Ⅲ　C. Ⅰ、Ⅱ、Ⅳ　D. Ⅲ、Ⅳ

3. 中央银行充当商业银行和其他金融机构的最后贷款人，体现了中央银行的（　　）职能。

A. 银行的银行　B. 发行的银行　C. 政府的银行　D. 市场的银行

4. 常见的常规性货币政策工具主要包括（　　）。

Ⅰ. 不动产信用控制　Ⅱ. 优惠利率　Ⅲ. 公开市场业务　Ⅳ. 再贴现政策

A. Ⅲ、Ⅳ　B. Ⅰ、Ⅳ　C. Ⅱ、Ⅳ　D. Ⅰ、Ⅲ

5. 在我国金融中介体系中，信托机构属于（　　）。

A. 银行机构体系　B. 房地产中介体系　C. 保险中介体系　D. 投资中介体系

6. 若法定存款准备金率为 $r$，原始存款为 $D_0$，则简单货币乘数 $m$ 为（　　）。

A. $D_0/r$　B. $1/D_0$　C. $r/D_0$　D. $1/r$

7. 一般来说，下列属于中央银行主要职能的有（　　）。

Ⅰ. 发行货币与代理国库

Ⅱ. 管理商业银行

Ⅲ. 保证经济体系适度流动性

Ⅳ. 对政府提供信贷

A. Ⅰ、Ⅱ、Ⅲ　　B. Ⅰ、Ⅱ、Ⅳ　　C. Ⅲ、Ⅳ　　D. Ⅰ、Ⅱ、Ⅲ、Ⅳ

8. 以下正确描述了货币政策传导机制一般传导过程的是（　　）。

A. 货币政策工具→操作目标→中介目标→最终目标

B. 中介目标→最终目标→货币政策工具→操作目标

C. 最终目标→货币政策工具→操作目标→中介目标

D. 操作目标→中介目标→最终目标→货币政策工具

9. 以下关于中央银行资产业务，说法正确的是（　　）。

Ⅰ. 国外资产包括外汇、货币黄金和其他国外资产

Ⅱ. 对政府债权主要是特别国债

Ⅲ. 对其他存款机构发放再贷款与再贴现余额

Ⅳ. 对其他金融性公司发放的金融稳定再贷款

A. Ⅰ、Ⅱ　　B. Ⅰ、Ⅱ、Ⅲ、Ⅳ

C. Ⅲ、Ⅳ　　D. Ⅱ、Ⅲ

10. 影响我国金融市场运行的主要因素有（　　）。

Ⅰ. 经济因素，如经济增长、周期波动等

Ⅱ. 信息技术的发展程度

Ⅲ. 投资者的心理预期

Ⅳ. 金融市场法律制度是否完善

A. Ⅰ、Ⅲ、Ⅳ　　B. Ⅰ、Ⅱ、Ⅲ、Ⅳ

C. Ⅰ、Ⅱ、Ⅲ　　D. Ⅱ、Ⅳ

11. 货币供应量↑→实际利率↓→投资↑→总产出↑，描述的是货币政策的（　　）。

A. 利率传导机制

B. 信用传导机制

C. 资产价格传导机制

D. 汇率传导机制

12. 上海证券交易所正式开业于（　　）年12月。

A. 1991　　B. 1990　　C. 1992　　D. 1989

13. 关于科创板试点注册制，下列说法错误的是（　　）。

A. 证券监管机构对证券的价值大小作实质性判断

B. 不同于审批制、核准制

C. 以信息披露为中心

D. 要求证券发行人真实、准确、完整地披露公司信息

14. 整个证券市场的核心是（　　）。

A. 证券发行人　　B. 证券交易所　　C. 中国证监会　　D. 国务院

15. 场外交易市场的特征有（　　）。

Ⅰ. 挂牌标准相对较低

Ⅱ. 监管较为宽松

Ⅲ. 交易制度通常采用做市商制度

Ⅳ. 信息披露要求较低

A. Ⅰ、Ⅳ　　B. Ⅰ、Ⅲ、Ⅳ

C. Ⅰ、Ⅱ、Ⅲ、Ⅳ　　D. Ⅱ、Ⅲ

16. 下列关于目前创业板与科创板差异的说法，错误的是（　　）。

A. 创业板目前施行核准制，科创板则试点注册制

B. 创业板定位支持传统产业创新升级，科创板则主要服务于科技创新企业

C. 在交易制度方面，改革后的创业板全面向科创板靠拢，股票涨跌幅限制比例提高至20%

D. 创业板与科创板在发行条件和发行承销等方面存在差异

17. 区域性市场投资者可以是下列哪些？（　　）。

Ⅰ. 具备一定条件的法人机构

Ⅱ. 金融机构依法管理的投资性计划

Ⅲ. 合伙企业

Ⅳ. 金融资产低于50万元人民币的自然人

A. Ⅰ、Ⅱ、Ⅳ　　B. Ⅲ、Ⅳ　　C. Ⅰ、Ⅱ、Ⅲ　　D. Ⅰ、Ⅱ、Ⅲ、Ⅳ

18. 我国创业板市场于2009年10月23日在（　　）正式启动。

A. 深圳证券交易所　　B. 上海证券交易所

C. 大连证券交易所　　D. 北京证券交易所

## 答案与解析

1. **【答案】** D

**【解析】** 以上均为证券公司的主要业务。

证券公司的主要业务包括证券经纪业务，证券投资咨询业务，与证券交易、证券投资活动有关的财务顾问业务，证券承销与保荐业务，证券自营业务，证券资产管理业

务，融资融券业务，证券公司中间介绍业务，私募投资基金业务和另类投资业务等。

2. 【答案】D

【解析】影响我国金融市场运行的因素来自诸多方面，可以将之大体归纳为经济因素、法律因素、市场因素、技术因素、心理因素、体制或管理因素以及其他因素七个方面。

3. 【答案】A

【解析】“银行的银行”是指中央银行与商业银行之间带有管理和被管理性质的特殊关系，它只与商业银行和其他金融机构发生业务往来，并不与企业和个人发生直接的信用关系。中央银行面向银行等金融机构提供的服务包括：集中保管商业银行的存款准备金；作为商业银行的最后贷款人；组织全国商业银行之间的清算。

4. 【答案】A

【解析】一般性货币政策工具是指中央银行普遍或常规运用的货币政策工具，其实施对象是整体经济和金融活动，主要包括存款准备金制度、再贴现政策和公开市场业务三大工具。

5. 【答案】D

【解析】目前，我国已经形成了多层次的金融中介机构体系，拥有以中央银行为主导、国有商业银行为主体，包括股份制商业银行、城市商业银行、农村商业银行、跨国银行、农村信用社在内的多层次银行机构体系；拥有以证券公司、期货公司和证券投资基金管理公司为主，以各类投资咨询中介、信托机构为辅的多元化投资中介体系；拥有人寿保险公司、财产保险公司、再保险公司以及提供多种多样保险服务的保险中介体系。

6. 【答案】D

【解析】若法定准备金率为 $r$，原始存款为 $D_0$，所有商业银行存款增加额之和为 $D_1$，则：

$$D_1 = D_0 + D_0(1-r) + D_0(1-r)^2 + \cdots + D_0(1-r)^n = D_0 \times 1/r$$

$D_0$和 $D_1$之间存在乘数关系，即为货币乘数。若以 $m$ 代表货币乘数，则简单货币乘数公式为 $1/r$。

7. 【答案】B

【解析】一般来说，中央银行的主要职能可概括为“发行的银行”“银行的银行”“政府的银行”。

（1）“发行的银行”。“发行的银行”是指中央银行垄断货币发行权，是全国唯一有权发行货币的机构。货币发行权由国家以法律形式授予，中央银行还对调节货币供应量、保证货币流通的正常与稳定负有责任。

（2）“银行的银行”。“银行的银行”是指中央银行与商业银行之间带有管理和被管理性质的特殊关系，它只与商业银行和其他金融机构发生业务往来，并不与企业和个人发生直接的信用关系。中央银行面向银行等金融机构提供的服务包括：集中保管商业银行的存款准备金；作为商业银行的最后贷款人；组织全国商业银行之间的清算。

（3）“政府的银行”。“政府的银行”是指中央银行代表国家制定和执行货币政策，处理对外金融关系，为国家提供各种金融服务。作为“政府的银行”，其具体职能包括：第一，代理国库收支；第二，代理国家债券的发行；第三，对政府提供信贷；第四，代表政府管理金融活动，制定、发布并监督执行有关金融监管和业务的命令及规章，负责金融业的统计、调查、分析和预测；第五，持有、管理、经营国家外汇储备和黄金储备；第六，代表政府参加国际金融组织活动，进行国际金融合作。

8. **【答案】**A

**【解析】**货币政策的传导机制的一般过程是：货币政策工具→操作目标→中介目标→最终目标，也就是中央银行通过货币政策工具的运作，影响商业银行等金融机构的活动，进而影响货币供应量，最终影响宏观经济指标。

9. **【答案】**B

**【解析】**中央银行的资产业务包括：

①国外资产。国外资产包括外汇、货币黄金和其他国外资产。

②对政府债权。该科目是中央银行持有的政府发行的有价证券，主要是特别国债。

③对其他存款性公司债权。该科目是对商业银行和政策性银行等存款性公司的再贷款余额、再贴现余额、常备借贷便利、中期借贷便利、抵押补充贷款和逆回购余额。

④对其他金融性公司债权。该科目是对信托投资公司、保险公司、证券公司等机构发放的金融稳定再贷款，目的是保证金融体系的安全性和流动性。

⑤对非金融性部门债权。

⑥其他资产。其他资产是指中央银行其他业务形成的资产，包括国际金融组织资产、投资、在途资金占用、暂付款项、待清理资产、待处理损失以及前述资产以外的资产。

10. **【答案】**B

**【解析】**影响我国金融市场运行的因素来自诸多方面，可以将之大体归纳为经济因素、法律因素、市场因素、技术因素、心理因素、体制或管理因素以及其他因素七个方面。

Ⅰ是经济因素。

Ⅱ是技术因素。

Ⅲ是心理因素。

Ⅳ是法律因素。

11. **【答案】**A

【解析】利率传导机制。以利率为渠道是传统凯恩斯主义学派货币政策传导机制的核心观点。在这一传导机制中，核心的变量为利率。货币政策的作用过程，先是通过货币供应量的变动影响利率水平，再通过利率水平的变动改变投资活动水平，最后导致收入和产出水平的变动。货币政策对收入水平影响的大小取决于：货币政策对货币供应量的影响，这取决于基础货币和货币乘数；利率对投资水平的影响；投资水平对收入的影响，这取决于投资乘数的大小。其基本思路可以表示为：货币供应量↑→实际利率↓→投资↑→总产出↑。

12. 【答案】B

【解析】从 1984 年 11 月 18 日改革开放以来第一只公开发行的股票“飞乐音响”诞生，到 1990 年 12 月、1991 年 7 月上海证券交易所和深圳证券交易所先后正式开业。

13. 【答案】A

【解析】注册制是一种不同于审批制、核准制的证券发行监管制度，它的基本特点是以信息披露为中心，通过要求证券发行人真实、准确、完整地披露公司信息，使投资者可以获得必要的信息，对证券价值进行判断并作出是否投资的决策，证券监管机构对证券的价值大小、价格高低不作实质性判断。

14. 【答案】B

【解析】证券交易所是证券买卖双方公开交易的场所，是一个高度组织化、集中进行证券交易的市场，是整个证券市场的核心。

15. 【答案】C

【解析】场外交易市场的特征：

（1）挂牌标准相对较低，通常不对企业规模和盈利情况等进行要求。

（2）信息披露要求较低，监管较为宽松。

（3）交易制度通常采用做市商制度。

16. 【答案】A

【解析】从整体来看，创业板改革并试点注册制，在充分借鉴科创板改革经验的基础上，又根据创业板的情况作出了部分针对性的安排。

板块差异化定位是创业板与科创板最大的不同。创业板定位服务成长型创新创业企业，支持传统产业创新升级，确保实现与科创板的差异化发展。科创板主要服务于符合国家战略、突破关键核心技术、市场认可度高的科技创新企业。

在交易制度方面，改革后的创业板全面向科创板靠拢，创业板股票涨跌幅限制比例由 10% 提高至 20%，并且同步放宽相关基金涨跌幅至 20%。

在发行上市制度方面，改革后的创业板大致与科创板相同，但在发行条件及发行承销等方面又存在差异。

17. 【答案】C

【解析】区域性股权市场实行合格投资者制度。合格投资者应是依法设立且具备一定条件的法人机构、合伙企业，金融机构依法管理的投资性计划，以及具备较强风险承受能力且金融资产不低于 50 万元人民币的自然人。不得通过拆分、代持等方式变相突破合格投资者标准或单只私募证券持有人数量上限。鼓励支持区域性股权市场采取措施，吸引所在省级行政区域内的合格投资者参与。

18. 【答案】A

【解析】经国务院同意、中国证监会批准，我国创业板市场于 2009 年 10 月 23 日在深圳证券交易所正式启动。

## 本章总结

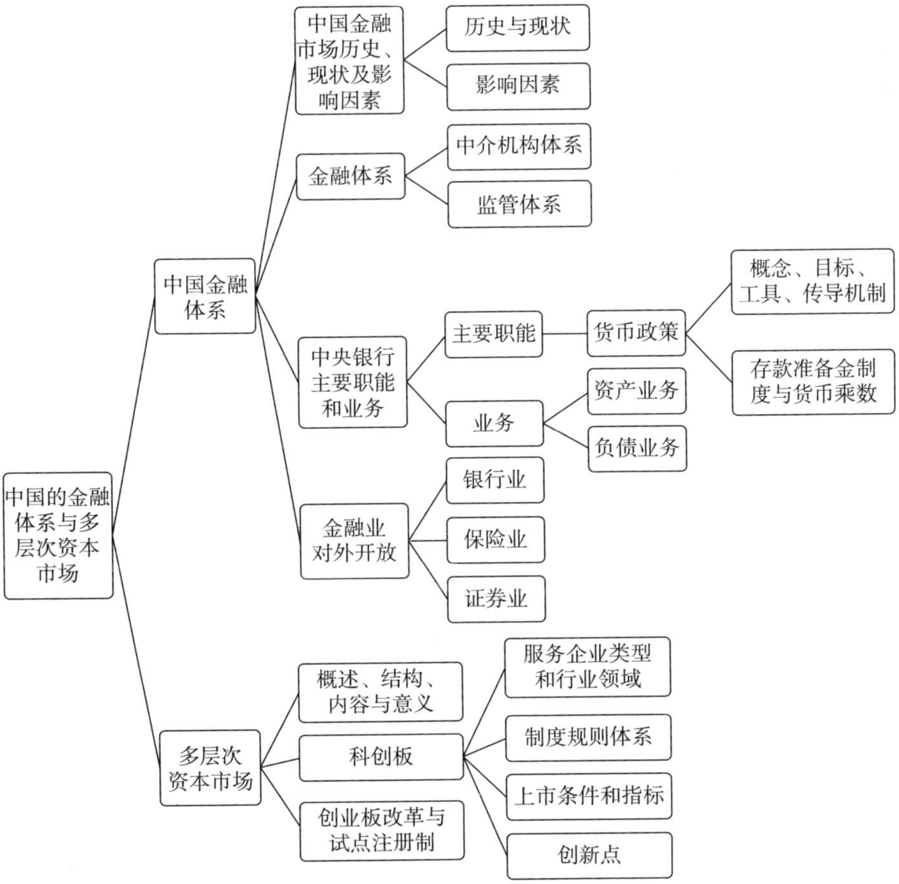

# 第三章　证券市场主体

## 考情早知道

本章着重介绍中国金融市场的各个参与主体，内容杂而多，与证券市场基本法律法规有较多重复的知识点，其中，个人投资者，证券公司的主要业务，涉及证券交易所的知识点为重要考查知识点，本章基本能够通过字面理解知识点，整个章节的分值约占15%。

## 本章知识概览

| 小节 | 考点 | 备考指数 |
| --- | --- | --- |
| 第一节　证券发行人 | 证券市场融资活动 | ☆☆☆ |
| | 证券发行人 | ☆☆☆ |
| 第二节　证券投资者 | 证券市场投资者概述 | ☆☆☆ |
| | 机构投资者概述 | ☆☆☆ |
| | 政府机构类投资者 | ☆☆ |
| | 金融机构类投资者 | ☆☆☆ |
| | 合格境外机构投资者 | ☆☆ |
| | 合格境内机构投资者 | ☆☆ |
| | 企业和事业法人类机构投资者 | ☆☆☆ |
| | 基金类投资者 | ☆☆☆ |
| | 个人投资者的概念 | ☆☆☆ |
| 第三节　证券中介机构 | 证券公司的基本概念 | ☆☆☆ |
| | 我国证券公司的发展历程 | ☆ |
| | 证券公司的监管制度 | ☆☆☆ |
| | 证券公司的主要业务 | ☆☆☆ |
| | 证券公司业务国际化 | ☆ |
| | 证券服务机构的类别 | ☆☆ |

续表

| 小节 | 考点 | 备考指数 |
| --- | --- | --- |
| 第三节　证券中介机构 | 证券投资咨询机构 | ☆ |
| | 证券金融公司的定位与从事转融通业务的管理 | ☆☆☆ |
| | 证券服务机构的法律责任和市场准入 | ☆☆ |
| 第四节　自律性组织 | 证券交易所的定义、特征及主要职能 | ☆☆☆ |
| | 证券交易所的组织形式 | ☆☆ |
| | 我国证券交易所的发展历程 | ☆ |
| | 中国证券业协会 | ☆☆ |
| | 证券登记结算公司 | ☆☆ |
| 第五节　投资者保护机构 | 中国证券投资者保护基金 | ☆☆☆ |
| | 中证中小投资者服务中心 | ☆ |
| 第六节　证券市场监管机构 | 证券市场监管的意义和原则 | ☆☆ |
| | 证券市场监管的目标和手段 | ☆☆ |
| | 证券市场监管机构 | ☆☆☆ |

注：本书中“☆”表示知识点的重要程度，其中☆代表了解；☆☆代表理解；☆☆☆代表掌握。

# 考点详解

## 第一节　证券发行人

### 考点一：证券市场融资活动（☆☆☆）

#### 一、证券市场融资活动的概念与方式

（一）概念

证券市场融资活动，是指资金盈余单位和赤字单位之间以有价证券为媒介，实现资金融通的金融活动。

（二）基本形式

资金赤字单位在市场上向资金盈余单位发售有价证券，募得资金，资金盈余单位购入有价证券，获得有价证券所代表的财产所有权、收益权或债权。证券持有者若要收回投资，可以通过市场将证券转让给其他投资者。

（三）方式

1. 股票融资
2. 债券融资
3. 投资基金融资

## 二、证券市场融资活动的特征

（一）证券市场融资是直接融资

资金赤字单位和盈余单位直接接触，形成直接的权利和义务关系，而没有另外的权利义务主体介入其中。

（二）证券市场融资是一种强市场性的融资活动

相对于银行信贷、商业票据融资等双边协议形式完成资金交易的弱市场性而言，证券市场融资一般是在一个公开和广泛的市场内，由众多资金交易者通过对有价证券的公开自由竞价买卖来实现的。

（三）证券市场融资是在由各种证券中介机构组成的证券服务体系的支持下完成的

在比较发达的金融市场条件下，存在着诸如证券公司、证券交易所、证券登记结算公司等服务于证券融资活动的各种机构，这些机构分工于证券发行、流通、清算等各个环节并从中获得了生存和发展的机会。

**【例题 1】**资金盈余单位和赤字单位之间以有价证券为媒介实现资金融通的金融活动被称为（　　）。

A. 股票融资　　B. 债券融资

C. 证券市场融资　　D. 金融机构融资

**【答案】**C

**【解析】**证券市场融资活动，是指资金盈余单位和赤字单位之间以有价证券为媒介，实现资金融通的金融活动。

**【例题 2】**证券市场融资属于（　　）。

A. 股权融资　　B. 间接融资　　C. 债权融资　　D. 直接融资

**【答案】**D

**【解析】**促成证券发行买卖的中介机构，如证券公司、投资公司等自身不充当权利义务主体，是连接赤字单位和盈余单位的服务性媒介，真实的资金交易是由赤字单位和盈余单位直接充当权利主体而实现的，因此，证券市场融资是一种直接融资。

## 考点二：证券发行人（☆☆☆）

### 一、概念

证券发行人是指为筹措资金而发行债券、股票等证券的发行主体。

### 二、分类

1. 政府和政府机构
2. 企业（公司）
3. 金融机构

## 三、证券发行的方式

（一）政府和政府机构

1. 政府

（1）指中央政府和地方政府。

（2）政府发行债券的用途：

①协调财政资金短期周转。

②弥补财政赤字。

③兴建政府投资的大型基础性的建设项目。

④实施某种特殊的政策。

⑤弥补战争费用。

（3）通常情况下，中央政府债券不存在违约风险，因此，这一类证券被视为无风险证券，相对应的证券收益率被称为无风险利率。

2. 政府机构（以中央银行为例）

（1）中央银行作为证券发行主体，主要涉及两类证券：

①中央银行股票（类似于优先股）。

②中央银行出于调控货币供给量目的而发行的特殊债券。

（2）中国人民银行从 2003 年起开始发行中央银行票据，期限从 3 个月到 3 年不等。

（二）企业（公司）

1. 企业的组织形式

（1）独资制。

（2）合伙制。

（3）公司制：①股份有限公司（可以发行股票）；②有限责任公司。

2. 企业（公司）直接融资的方式及特征

（1）股票融资——所筹得的资金属于自有资本。

（2）债券融资——所筹集的资金属于借入资本。

3. 上市公司融资的途径

（1）上市公司首次融资的途径——首次公开发行股票（IPO）。

①上市公司首次面向不特定的社会公众投资者公开发行股票募集资金并上市。

②发行人在满足必须具备的条件，并经证券监管机构审核、核准或注册后，通过证券承销机构面向社会公众公开发行股票并在证券交易所上市。

（2）上市公司再融资的途径。

①向原股东配售股份，简称配股。

公司按股东的持股比例向原股东分配公司的新股认购权，准其优先认购新股的方式，即按老股配售若干新股，以保护原股东的权益及其对公司的控制权。

②向不特定对象公开募集股份，简称增发。

向不特定对象公开募集股份的增资方式。

③发行可转换公司债券。

可转换公司债券，是指其持有者可以在一定时期内按一定比例或价格将之转换成一定数量的另一种证券的证券，通常是转化为普通股票。

④非公开发行股票，也被称为定向增发（向特定对象发行股票的增资方式）。

A. 特定对象包括公司控股股东、实际控制人及其控制的企业；与公司业务有关的企业；证券投资基金、证券公司、信托投资公司等金融机构；公司董事、员工等。

B. 公司可以对认购者的持股期限有所限制。

C. 会直接影响公司原股东利益，需经股东大会特别批准。

（三）金融机构

1. 金融机构直接融资

（1）金融机构作为证券市场的发行主体，既发行债券，也发行股票。

（2）欧美等西方国家的金融机构发行的证券归入公司证券。我国和日本把金融机构发行的债券定义为金融债券，但股份制金融机构发行的股票并没有被定义为金融债券，而是归类于一般的公司股票。

2. 特点

（1）金融债券表示的是银行等金融机构与金融债券持有者之间的债权债务关系。

（2）金融债券一般不记名、不挂失，但可以抵押和转让。

（3）我国金融债券的发行对象主要为个人，利息收入可免征个人收入所得税和个人收入调节税。

（4）金融债券的利息不计复利，不能提前支取，延期兑付也不计逾期利息。

（5）金融债券的利率固定，一般都高于同期储蓄利率。

（6）我国发行金融债券所筹集的资金一般都专款专用。

**【例题3】**以下不属于企业的组织形式的是（　　）。

A. 两合制　　B. 独资制　　C. 合伙制　　D. 公司制

**【答案】**A

**【解析】**企业的组织形式可分为独资制、合伙制和公司制。现代公司主要采取股份有限公司和有限责任公司两种形式，其中，只有股份有限公司才能发行股票。

**【例题4】**根据我国《上市公司证券发行管理办法》规定，上市公司再融资的方式不包括（　　）。

A. 非公开发行股票　　B. 发行可交换公司债券

C. 发行可转换公司债券　　D. 向原股东配售股份

**【答案】**B

【解析】根据我国《上市公司证券发行管理办法》规定，上市公司再融资的方式有向原股东配售股份、向不特定对象公开募集股份、发行可转换公司债券、非公开发行股票。

【例题5】中央银行票据，是央行为调节基础货币而直接面向公开市场业务一级交易商发行的短期债券，期限通常为（　　）。

A. 3个月到3年　　B. 3个月到6个月

C. 6个月到3年　　D. 3个月到1年

【答案】A

【解析】中国人民银行从2003年起开始发行中央银行票据，期限从3个月到3年不等，主要用于对冲金融体系中过多的流动性。

【本节学习提示】考查重点：

①证券发行人的分类包含政府和政府机构、公司（企业）、金融机构。

②发行股票与债券属于直接融资的方式。

## 第二节 证券投资者

### 考点一：证券市场投资者概述（☆☆☆）

#### 一、证券市场投资者的概念及特点

（一）概念

证券市场投资者，是指以取得利息、股息或资本收益为目的，购买并持有有价证券，承担证券投资风险并行使证券权利的主体。

（二）证券市场投资者的特点

1. 证券市场投资者是证券市场的资金供给者

2. 各类投资者的目的各不相同

（1）偏重长期投资：①获取高于银行利息的收益；②参与股份公司的经营管理。

（2）偏重短线投机：通过买卖证券时机的选择，以赚取市场差价。

3. 众多的证券市场投资者保证了证券发行和交易的连续性，是推动证券市场价格形成和流动性的根本动力

#### 二、证券市场投资者的分类

（一）按投资者身份

1. 机构投资者

（1）政府机构类投资者。

（2）金融机构类投资者。

（3）QFII（合格境外机构投资者）。

（4）QDII（合格境内机构投资者）。

（5）企业和事业法人类机构投资者。

（6）基金类投资者。

2. 个人投资者

个人投资者是证券市场最广泛的投资者。

（二）按持有证券时间长短

1. 短线投资者

2. 中线投资者

3. 长线投资者

（三）按投资者心理因素

1. 稳健型

2. 冒险型

3. 中庸型

**三、我国证券市场投资者结构及演化**

我国证券市场发展初期，投资以个人投资者为主，市场投机炒作盛行，价格波动较大，股票价格与上市公司绩效缺乏内在联系。经过十几年的发展，我国证券市场初步形成了包括证券投资基金、保险资金、社会保障资金、企业年金、合格境外机构投资者（QFII）、私募基金、风险投资基金、信托基金等多元化的专业机构投资者队伍，合格境外机构投资者（QFII）的额度也不断上升。

**【例题6】**证券市场投资者按照不同标准可以进行不同的分类。下列不属于证券市场投资者分类依据的是（　　）。

A. 投资者身份

B. 投资者资金量大小

C. 投资者持有证券时间的长短

D. 投资者的心理因素

**【答案】**B

**【解析】**证券市场投资者按照不同标准可以进行不同的分类。

根据投资者身份，可以将证券投资者分为机构投资者和个人投资者。

根据持有证券时间的长短，可以将证券市场投资者分为短线投资者、中线投资者和长线投资者。

根据投资者的心理因素，可以将证券市场投资者分为稳健型、冒险型和中庸型三类。

**【例题7】**机构投资者主要包括（　　）。

Ⅰ. 政府机构

Ⅱ. 金融机构

Ⅲ. 企业和事业法人

Ⅳ. 各类基金

A. Ⅰ、Ⅲ、Ⅳ　　B. Ⅰ、Ⅱ、Ⅲ、Ⅳ

C. Ⅱ、Ⅲ、Ⅳ　　D. Ⅰ、Ⅱ

**【答案】**B

**【解析】**根据投资者身份，可以将证券投资者分为机构投资者和个人投资者，前者主要包括政府机构类投资者、金融机构类投资者、合格境外机构投资者（QFII）、合格境内机构投资者（QDII）、企业和事业法人类机构投资者以及基金类投资者。

**【例题8】**下列关于证券市场投资者的说法，错误的是（　　）。

A. 证券市场投资者是证券市场的资金供给者

B. 证券市场各类投资者的目的各不相同，有些偏重于长期投资，有些则偏重于短线交易

C. 众多的证券市场投资者保证了证券发行和交易的连续性，是推动证券市场价格形成和流动性的根本动力

D. 证券市场投资者，是指仅以取得利息和资本收益为目的，购买并持有有价证券，承担证券投资风险并行使证券权利的主体

**【答案】**D

**【解析】**A 项正确，证券市场投资者是证券市场的资金供给者。证券市场投资者的种类较多，既有个人投资者，也有机构投资者。

B 项正确，各类投资者的目的也各不相同，有些偏重长期投资，以获取高于银行利息的收益或意在参与股份公司的经营管理；有些则偏重短线投机，通过买卖证券时机的选择，以赚取市场差价。

C 项正确，众多的证券市场投资者保证了证券发行和交易的连续性，是推动证券市场价格形成和流动性的根本动力。

D 项错误，证券市场投资者，是指以取得利息、股息或资本收益为目的，购买并持有有价证券，承担证券投资风险并行使证券权利的主体。

## 考点二：机构投资者概述（☆☆☆）

### 一、机构投资者的概念

机构投资者，是指用自有资金或者从分散的公众手中筹集的资金，以获得证券投资收益为主要经营目的的专业团体机构或企业。我国将机构投资者限定为与个人投资者相

对应的一类投资者，只要是在证券市场上从事投资及相关活动的法人机构，均是一般意义上的机构投资者。

## 二、机构投资者的特点

1. 投资资金规模化
2. 投资管理专业化
3. 投资结构组合化
4. 投资行为规范化

## 三、机构投资者的分类

### （一）按政策标准

1. 一般机构投资者

2. 战略机构投资者

（1）具有同行业或相关行业较强的重要战略性资源；

（2）与上市公司谋求双方协调互补的长期共同战略利益；

（3）愿意长期持有上市公司较大比例股份，愿意并且有能力认真履行相应职责，委派董事实际参与公司治理，提升上市公司治理水平，帮助上市公司显著提高公司质量和内在价值；

（4）具有良好诚信记录，最近3年未受到中国证监会行政处罚或被追究刑事责任的投资者；

（5）能够给上市公司带来国际国内领先的核心技术资源，显著增强上市公司的核心竞争力和创新能力，带动上市公司的产业技术升级，显著提升上市公司的盈利能力；

（6）能够给上市公司带来国际国内领先的市场、渠道、品牌等战略性资源，大幅促进上市公司市场拓展，推动实现上市公司销售业绩大幅提升。

### （二）按机构投资者业务与资本市场的关系

1. 金融机构投资者

（1）基金管理公司。

（2）证券公司。

（3）保险公司。

（4）商业银行。

2. 非金融机构投资者

### （三）按投资者所在国家和地区

1. 境内机构投资者
2. 境外机构投资者

### （四）按投资者身份或组织结构

1. 有明确的法律规定的从事股票交易权利的证券公司和证券投资基金管理公司

2. 可以参加股票交易但操作受到限制的“三类企业”：国有企业、国有控股公司和上市公司

3. 在能否参与股票交易及参与股票交易的方式上缺乏明确法律规定或权利义务不具体的法人，如“三资”企业、私营企业、未上市的非国有控股的股份制企业、社团法人等

**四、机构投资者在金融市场中的作用**

1. 有利于改善储蓄转化为投资的机制与效率，促进直接融资

2. 有利于促进不同金融市场之间的有机结合与协调发展，健全金融市场运行机制

3. 有助于分散金融风险，促进金融体系的稳定运行

4. 有助于实现社会保障体系与宏观经济的良性互动发展

**【例题 9】**与个人投资者相比，证券市场机构投资者具有的特点有（　　）。

Ⅰ. 投资资金规模化

Ⅱ. 投资管理专业化

Ⅲ. 投资结构单一化

Ⅳ. 投资行为规范化

A. Ⅰ、Ⅱ、Ⅳ　　B. Ⅰ、Ⅱ、Ⅲ　　C. Ⅱ、Ⅲ、Ⅳ　　D. Ⅰ、Ⅲ、Ⅳ

**【答案】**A

**【解析】**与个人投资者相比，机构投资者具有以下特点：

（1）投资资金规模化。

（2）投资管理专业化。

（3）投资结构组合化。

（4）投资行为规范化。

**【例题 10】**下列关于战略机构投资者的说法，不正确的是（　　）。

A. 具有同行业或相关行业较强的重要战略性资源，与上市公司谋求双方协调互补的长期共同战略利益

B. 愿意长期持有上市公司较大比例股份，愿意并且有能力认真履行相应职责，委派董事实际参与公司治理，提升上市公司治理水平，帮助上市公司显著提高公司质量和内在价值

C. 具有良好诚信记录，最近 2 年未受到中国证监会行政处罚或被追究刑事责任的投资者

D. 能够给上市公司带来国际国内领先的核心技术资源，显著增强上市公司的核心竞争力和创新能力，带动上市公司的产业技术升级，显著提升上市公司的盈利能力

**【答案】**C

**【解析】**战略投资者是指具有同行业或相关行业较强的重要战略性资源，与上市公

司谋求双方协调互补的长期共同战略利益，愿意长期持有上市公司较大比例股份，愿意并且有能力认真履行相应职责，委派董事实际参与公司治理，提升上市公司治理水平，帮助上市公司显著提高公司质量和内在价值，具有良好诚信记录，最近3年未受到中国证监会行政处罚或被追究刑事责任的投资者。与此同时，战略投资者还应当符合下列情形之一：能够给上市公司带来国际国内领先的核心技术资源，显著增强上市公司的核心竞争力和创新能力，带动上市公司的产业技术升级，显著提升上市公司的盈利能力；能够给上市公司带来国际国内领先的市场、渠道、品牌等战略性资源，大幅促进上市公司市场拓展，推动实现上市公司销售业绩大幅提升。C项错误。

## 考点三：政府机构类投资者（☆☆）

**一、概念**

政府机构类投资者，是指进行证券投资的政府机构。

**二、特点**

1. 通常很少考虑盈利，参与证券投资的目的主要是调剂资金余缺、实施宏观调控、实行特定产业政策等要求

2. 各级政府及政府机构出现资金剩余时，可通过购买政府债券、金融债券投资于证券市场

3. 政府买卖证券活动不具备完全的投资特征

**三、分类**

1. 中央银行以公开市场操作作为政策手段，通过买卖政府债券或金融债券，影响货币供应量进行宏观调控

2. 国有资产管理部门或其授权部门持有国有股，履行国有资产的保值增值和通过国家控股、参股来支配更多社会资源的职责

**【例题11】**政府机构投资者参与证券投资的主要目的有（　　）。

Ⅰ. 调剂资金余缺

Ⅱ. 实施宏观调控

Ⅲ. 提高资金收益率

Ⅳ. 实行特定产业政策

A. Ⅰ、Ⅱ、Ⅲ、Ⅳ　B. Ⅰ、Ⅲ、Ⅳ　C. Ⅱ、Ⅲ　D. Ⅰ、Ⅱ、Ⅳ

**【答案】**D

**【解析】**政府机构类投资者，是指进行证券投资的政府机构。政府机构类投资者的特点是通常很少考虑盈利，参与证券投资的目的主要是调剂资金余缺、实施宏观调控、实行特定产业政策等。

【例题 12】政府机构投资者中的（　　）可以通过国家控股、参股来支配更多社会资源。

A. 财政部　　B. 平准基金
C. 中央银行　　D. 国有资产管理部门

【答案】D

【解析】我国国有资产管理部门或其授权部门持有国有股，履行国有资产的保值增值和通过国家控股、参股来支配更多社会资源的职责。

### 考点四：金融机构类投资者（☆☆☆）

#### 一、概念

金融机构类投资者，是指进行证券投资、从事金融资产交易的金融机构。

#### 二、分类及特点

（一）证券经营机构

1. 证券经营机构是证券市场上最为活跃的投资者
2. 证券经营机构以自有资本、营运资金和受托投资资金进行证券投资
3. 我国证券经营机构主要为证券公司

（二）银行业金融机构

1. 包括商业银行、城市商业银行、农村信用合作社等吸收公众存款的金融机构以及政策性银行
2. 银行业金融机构可用自有资金买卖政府债券和金融债券
3. 除国家另有规定外，在中国境内不得从事信托投资和证券经营业务，不得向非自用不动产投资或者向非银行金融机构和企业投资
4. 商业银行可以向个人客户提供综合理财服务，向特定目标客户群销售理财计划，接受客户的委托和授权，按照与客户事先约定的投资计划和方式进行投资和资产管理

（三）保险经营机构

保险公司曾一度超过投资基金成为投资规模最大的机构投资者。

《中华人民共和国保险法》规定：银行存款；买卖债券、股票、证券投资基金份额等有价证券；投资不动产以及国务院规定的其他资金运用形式均属保险公司资金运用范围。经国务院保险监督管理机构会同国务院证券监督管理机构批准，保险公司可以设立保险资产管理公司，从事证券投资活动。

（四）其他金融机构

其他金融机构包括信托投资公司、企业集团财务公司和金融租赁公司等。

【例题 13】（　　）是证券市场上最活跃的投资者。

A. 证券经营机构　　B. 银行业金融机构　　C. 保险金融机构　　D. 政府机构

【答案】A

【解析】在机构投资者中，证券经营机构是证券市场上最为活跃的投资者，其以自有资本、营运资金和受托投资资金进行证券投资。我国证券经营机构主要为证券公司。

【例题 14】参与证券投资的金融机构包括（　　）等。

Ⅰ. 证券经营机构

Ⅱ. 银行业金融机构

Ⅲ. 保险经营机构

Ⅳ. 企业集团财务公司

A. Ⅰ、Ⅱ、Ⅲ、Ⅳ　B. Ⅰ、Ⅱ、Ⅲ　C. Ⅱ、Ⅲ、Ⅳ　D. Ⅰ、Ⅳ

【答案】A

【解析】金融机构类投资者，是指进行证券投资、从事金融资产交易的金融机构，包括证券经营机构、银行业金融机构、保险经营机构以及其他金融机构。

其他金融机构包括信托投资公司、企业集团财务公司和金融租赁公司等。

### 考点五：合格境外机构投资者（☆☆）

#### 一、概念

合格境外机构投资者（QFII）制度，是在一定规定和限制下汇入外汇资金，并转换为当地货币，通过严格监管的专门账户投资当地证券市场，其资本利得、股息等经审核后可转为外汇汇出的一种市场开放模式。其实质是一种有限度地引进外资、开放证券市场的过渡性制度。

#### 二、中国对 QFII 和 RQFII 的政策

| 时间 | 政策部门 | 颁布法律法规 | 相关政策 |
|---|---|---|---|
| 2002 年 11 月 5 日 | 中国人民银行　中国证监会 | 《合格境外机构投资者境内证券投资管理暂行办法》 | 中国证券市场开始有条件地向境外机构投资者开放 |
| 2011 年 12 月 16 日 | 中国证监会　中国人民银行　国家外汇管理局 | 《基金管理公司、证券公司人民币合格境外机构投资者境内证券投资试点办法》 | 开启了人民币合格境外机构投资者（RQFII）的试点 |
| 2013 年 2 月 | 中国证监会　中国人民银行　国家外汇管理局 | 《人民币合格境外机构投资者境内证券投资试点办法》 | 参与 RQFII 试点机构的范围从中国香港扩大至试点国家和地区范围内的资产管理机构 |
| 2019 年 9 月 10 日 | 国家外汇管理局 | — | 取消合格境外机构投资者和人民币合格境外机构投资者投资额度限制 |
| 2020 年 5 月 | 中国人民银行　国家外汇管理局 | 《境外机构投资者境内　证券期货投资资金管理规定》 | 简化 QFII、RQFII 境内证券期货投资资金管理要求，进一步便利 QFII、RQFII 投资境内市场 |

续表

| 时间 | 政策部门 | 颁布法律法规 | 相关政策 |
|---|---|---|---|
| 2020年9月 | 中国证监会　中国人民银行　国家外汇管理局 | 《合格境外机构投资者和人民币合格境外机构投资者境内证券期货投资管理办法》 | 一是降低准入门槛，便利投资运作。（详见以下准入条件和投资要求）二是稳步有序扩大投资范围。三是加强持续监管 |

（一）我国对申请合格境外投资者资格所应具备的条件要求

（1）财务稳健，资信良好，具有证券期货投资经验；

（2）境内投资业务主要负责人员符合申请人所在境外国家或者地区有关从业资格的要求（如有）；

（3）治理结构、内部控制和合规管理制度健全有效，按照规定指定督察员负责对申请人境内投资行为的合法合规性进行监督；

（4）经营行为规范，近3年或者自成立以来未受到监管机构的重大处罚；

（5）不存在对境内资本市场运行产生重大影响的情形。

（二）投资对象、参与范围、持股比例

1. 投资对象

（1）在证券交易所交易或转让的股票、存托凭证、债券、债券回购、资产支持证券；

（2）在全国中小企业股份转让系统转让的股票等证券；

（3）中国人民银行允许合格境外投资者投资的在银行间债券市场交易的产品以及债券类、利率类、外汇类衍生品；

（4）公募证券投资基金；

（5）在中国金融期货交易所上市交易的金融期货合约；

（6）中国证监会批准设立的期货交易场所上市交易的商品期货合约；

（7）在国务院或中国证监会批准设立的交易场所上市交易的期权；

（8）国家外汇管理局允许合格境外投资者交易基于套期保值目的的外汇衍生品；

（9）中国证监会允许的其他金融工具。

2. 参与范围

（1）证券交易所和全国股转系统新股发行、债券发行、资产支持证券发行、股票增发和配股的申购；

（2）参与证券交易所融资融券、转融通证券出借交易。

注意：①参与金融期货、商品期货、期权等的具体品种和交易方式，由证券期货交易场所报中国证监会同意。

②合格境外投资者可以委托其控制或在同一控制下的境内私募投资基金管理人提供投资建议服务。

3. 持股比例

（1）单个合格境外投资者或其他境外投资者持有单个上市公司或者挂牌公司的投资限额，不得超过该公司股份总数的10%（与国内基金一样）；

（2）全部合格境外投资者及其他境外投资者持有单个公司A股或者境内挂牌股份的总和，不得超过该公司股份总数的30%（国内基金无此限制）。

注意：依法对上市公司战略投资的，其战略投资的持股不受前款规定的比例限制。

**【例题15】** QFII制度允许合格的境外机构投资者通过严格监管的专门账户投资当地（　　）。

A. 证券市场　　B. 基金市场　　C. 信托市场　　D. 房地产市场

**【答案】** A

**【解析】** 合格境外机构投资者（QFII）制度，是在一定规定和限制下汇入外汇资金，并转换为当地货币，通过严格监管的专门账户投资当地证券市场，其资本利得、股息等经审核后可转为外汇汇出的一种市场开放模式。

**【例题16】** 合格境外机构投资者可以投资的金融工具包括（　　）。

Ⅰ. 在证券交易所交易或转让的股票

Ⅱ. 在全国中小企业股份转让系统转让的股票

Ⅲ. 公募证券投资基金

Ⅳ. 在中国金融期货交易所上市交易的金融期货合约

A. Ⅰ、Ⅲ、Ⅳ　　B. Ⅰ、Ⅱ、Ⅲ　　C. Ⅱ、Ⅳ　　D. Ⅰ、Ⅱ、Ⅲ、Ⅳ

**【答案】** D

**【解析】** 合格境外机构投资者可以投资于下列金融工具：

（1）在证券交易所交易或转让的股票、存托凭证、债券、债券回购、资产支持证券；

（2）在全国中小企业股份转让系统转让的股票等证券；

（3）中国人民银行允许合格境外投资者投资的在银行间债券市场交易的产品以及债券类、利率类、外汇类衍生品；

（4）公募证券投资基金；

（5）在中国金融期货交易所上市交易的金融期货合约；

（6）中国证监会批准设立的期货交易场所上市交易的商品期货合约；

（7）在国务院或中国证监会批准设立的交易场所上市交易的期权；

（8）国家外汇管理局允许合格境外投资者交易基于套期保值目的的外汇衍生品；

（9）中国证监会允许的其他金融工具。

## 考点六：合格境内机构投资者（☆☆）

### 一、概念

合格境内机构投资者（QDII）制度，是指经一国金融管理当局审批通过、获准直接投资境外股票或者债券市场的国内机构投资者，在一定规定下通过基金形式募集一定额度的人民币资金，通过严格监管的专门账户投资国外证券市场，其汇回的资本利得、股息红利等经审核后可转为本币的一种市场开发机制。

### 二、QDII 制度在中国证券市场上的特点

（一）合格境内机构投资者的资格认定较为严格

1. 基金管理公司

（1）净资产不少于 2 亿元人民币；

（2）经营证券投资基金管理业务达 2 年以上；

（3）在最近一个季度末资产管理规模不少于 200 亿元人民币或等值外汇资产。

2. 证券公司

（1）各项风险控制指标符合规定标准；

（2）净资本不低于 8 亿元人民币；

（3）净资本与净资产比例不低于 70%；

（4）经营集合资产管理计划业务达 1 年以上；

（5）最近一个季度末资产管理规模不少于 20 亿元人民币或等值外汇资产。

（二）许可投资的证券品种和比例存在一定限制

1. QDII 可投资的金融产品或工具

（1）银行存款、可转让存单、银行承兑汇票、银行票据、商业票据、回购协议、短期政府债券等货币市场工具；

（2）政府债券、公司债券、可转换债券、住房按揭支持证券、资产支持证券等及经中国证监会认可的国际金融组织发行的证券；

（3）已与中国证监会签署双边监管合作谅解备忘录的国家或地区证券市场挂牌交易的普通股、优先股、全球存托凭证和美国存托凭证、房地产信托凭证；

（4）在已与中国证监会签署双边监管合作谅解备忘录的国家或地区证券监管机构登记注册的公募基金；

（5）与固定收益、股权、信用、商品指数、基金等标的物挂钩的结构性投资产品；

（6）远期合约、互换及在已与中国证监会签署双边监管合作谅解备忘录的国家或地区交易所上市交易的权证、期权、期货等金融衍生产品。

2. 除中国证监会另有规定外，基金、集合计划不得有以下行为

（1）购买不动产；

（2）购买房地产抵押按揭；

（3）购买贵重金属或代表贵重金属的凭证；

（4）购买实物商品；

（5）除应付赎回、交易清算等临时用途以外，借入现金。该临时用途借入现金的比例不得超过基金、集合计划资产净值的10%；

（6）利用融资购买证券，但投资金融衍生品除外；

（7）参与未持有基础资产的卖空交易；

（8）从事证券承销业务；

（9）中国证监会禁止的其他行为。

3. QDII 基金的境外投资需遵循的限制比例

<table>
<tr><th>监控的 QDII 对象</th><th>监控的持有资产</th><th>不得超过的基准</th><th>限定值</th><th>不受限制的对象</th></tr>
<tr><td rowspan="5">单只基金、集合计划</td><td>同一家银行的存款</td><td rowspan="5">基金、集合计划净值</td><td>20%</td><td>基金、集合计划托管账户的存款</td></tr>
<tr><td>同一机构（政府、国际金融组织除外）发行的证券市值</td><td>10%</td><td>指数基金</td></tr>
<tr><td>与中国证监会签署双边监管合作谅解备忘录国家或地区以外的其他国家或地区证券市场挂牌交易的证券资产</td><td>10%（其中持有任一国家或地区市场的证券资产不得超过基金、集合计划资产净值的3%）</td><td rowspan="2">—</td></tr>
<tr><td>持有的非流动性资产市值（法律或基金合同、集合计划合同规定的流通受限证券以及中国证监会认定的其他资产）</td><td rowspan="2">10%</td></tr>
<tr><td>境外基金的市值</td><td>货币市场基金</td></tr>
<tr><td rowspan="2">同一境内机构投资者管理的全部基金、集合计划</td><td>持有的任何一只境外基金</td><td>该境外基金总份额</td><td>20%</td><td>—</td></tr>
<tr><td>持有同一机构具有投票权的证券</td><td>证券发行总量</td><td>10%</td><td>指数基金</td></tr>
</table>

4. 进出境资金受到监控

①国家外汇管理局规定，QDII 境外投资本金及收益，可以外汇或人民币形式汇回。

②托管人应在合格投资者资金汇出、汇入后 2 个工作日内，通过资本项目信息系统报送合格投资者资金汇出、汇入的明细情况。

③托管人应在每月结束后 5 个工作日内，通过资本项目信息系统报送上个月合格投资者境外投资资金汇出入、结购汇、资产分布及占比等信息。

④合格投资者应在每个会计年度结束后 4 个月内，向国家外汇管理局报送上一年度境外投资情况报告（包括投资额度使用情况、投资收益情况等）。

**【例题 17】** QDII 制度下，除中国证监会另有规定外，基金、集合计划不得购买（　　）。

Ⅰ. 不动产

Ⅱ. 代表贵重金属的凭证

Ⅲ. 政府债券

Ⅳ. 房地产抵押按揭

A. Ⅰ、Ⅳ　　B. Ⅰ、Ⅱ、Ⅳ　　C. Ⅰ、Ⅱ、Ⅲ　　D. Ⅱ、Ⅲ、Ⅳ

**【答案】** B

**【解析】** 除中国证监会另有规定外，基金、集合计划不得有下列行为：购买不动产；购买房地产抵押按揭；购买贵重金属或代表贵重金属的凭证；购买实物商品；除应付赎回、交易清算等临时用途以外，借入现金。该临时用途借入现金的比例不得超过基金、集合计划资产净值的 10%；利用融资购买证券，但投资金融衍生品除外；参与未持有基础资产的卖空交易；从事证券承销业务；中国证监会禁止的其他行为。

### 考点七：企业和事业法人类机构投资者（☆☆☆）

企业可以用自己的积累资金或暂时不用的闲置资金进行证券投资。企业可以通过股票投资实现对其他企业的控股或参股，也可以将暂时闲置的资金通过自营或委托专业机构进行证券投资以获取收益。我国现行的规定是，各类企业可参与股票配售，也可投资于股票二级市场；事业法人可用自有资金和有权自行支配的预算外资金进行证券投资。

**【例题 18】** 下列关于企业法人类机构投资者的说法，错误的是（　　）。

A. 按照现行规定，各类企业不可参与股票配售

B. 按照现行规定，各类企业可投资于股票二级市场

C. 企业可以通过股票投资实现对其他企业的控股或参股，也可将暂时闲置的资金通过自营或委托专业机构进行证券投资以获取收益

D. 企业可以用自己的积累资金或暂时不用的闲置资金进行证券投资

**【答案】** A

**【解析】** 企业可以用自己的积累资金或暂时不用的闲置资金进行证券投资。企业可

以通过股票投资实现对其他企业的控股或参股，也可以将暂时闲置的资金通过自营或委托专业机构进行证券投资以获取收益。我国现行的规定是，各类企业可参与股票配售，也可投资于股票二级市场；事业法人可用自有资金和有权自行支配的预算外资金进行证券投资。

## 考点八：基金类投资者（☆☆☆）

### 一、证券投资基金

证券投资基金是指通过公开发售基金份额等方式筹集资金，由基金管理人管理，基金托管人托管，为基金份额持有人的利益，以资产组合方式进行证券投资活动的基金。

### 二、我国社保基金

详见下表。

| 比对项 | 全国社会保障基金 | 社会保险基金<br>（投资主要指养老保险） |
|---|---|---|
| 资金来源 | 1. 中央财政预算拨款<br>2. 国有资本划转<br>3. 基金投资收益<br>4. 国务院批准的其他方式筹集 | 用人单位和个人缴费，主要包含：<br>1. 养老保险<br>2. 医疗保险<br>3. 工伤保险<br>4. 失业保险<br>5. 生育保险 |
| 性质 | 国家社会保障储备 | 非储备，当期发放 |
| 用途 | 人口老龄化高峰时期的养老保险等社会保障支出的补充、调剂 | 保障公民在年老、疾病、工伤、失业、生育等情况下获得物质帮助 |
| 风控要求 | 因流动性要求低而要求相对宽松 | 高 |
| 管理运营责任 | 全国社会保障基金管理运营机构 | — |
| 管理运作模式 | 1. 风险小的投资：社保基金理事会直接运作<br>2. 风险较高的投资：委托专业性投资管理机构进行投资 | — |

续表

| 比对项 | | | 全国社会保障基金 | 社会保险基金（投资主要指养老保险） |
|---|---|---|---|---|
| 投资金额与基金净值比例要求 | 计算基准 | | 按成本 | 按公允价值 |
| | 银行存款 | 活期存款一年期以内（含）的定期存款 | ≥10%且单家银行存款≤存款总额50% | ≥5% |
| | | 一年期以上的银行定期存款、协议存款、同业存单 | | ≤135% |
| | 国债 | 剩余期限在一年期以内（含）的国债 | 与银行存款累加≥50% | ≥5% |
| | | 剩余期限在一年期以上的国债、地方政府债券 | | ≤135% |
| | 企业债 | 剩余期限在一年期以上的企业（公司）债 | ≤10% | ≤135% |
| | 金融债 | 剩余期限在一年期以上的政策性、开发性银行债券、金融债 | | ≤135% |
| | | 一年期以内的央行票据 | | ≥5% |
| | 证券投资基金 | 股票基金、混合基金、股票型养老金 | ≤40% | ≤30% |
| | | 剩余期限在一年期以上固定收益型养老金、混合型养老金产品、债券基金 | | ≤135% |
| | | 货币市场基金，货币型养老产品 | | ≥5% |
| | 股票 | 股票 | | ≤30% |
| | 其他工具 | 剩余期限一年期以上的可转换债（含分离交易可转换债）、短期融资券、中期票据、资产支持证券 | — | ≤135% |
| | | 债券回购 | | 一年期以内：≥净值5%<br>一年期以上每日正回购余额：≤40% |
| | | 国家重大项目和重点企业股权 | | ≤20% |

续表

| 比对项 | | | 全国社会保障基金 | 社会保险基金（投资主要指养老保险） |
|---|---|---|---|---|
| 投资金额与基金净值比例要求 | 银行存款、外国政府债券、国际金融组织债券、外国机构债券和外国公司债券、中国政府或者企业在境外发行的债券、银行票据、大额可转让存单等货币市场产品、股票、基金、掉期、远期等衍生金融工具、财政部会同劳动保障部批准的其他投资品种或工具 | 境外投资 | ≤总资产 20% | 不得投资 |

## 三、企业年金

### （一）概念

企业年金，是指企业及其职工在依法参加基本养老保险的基础上，自愿建立的补充养老保险基金。

### （二）投资范围（仅限于境内）

1. 银行存款
2. 国债、中央银行票据、债券回购
3. 万能保险产品、投资连结保险产品
4. 证券投资基金、股票
5. 信用等级在投资级以上的金融债、企业（公司）债、可转换债（含分离交易可转换债）、短期融资券和中期票据

### （三）投资要求

企业年金基金财产以投资组合为单位按照公允价值计算，应当符合下列三点规定：

（1）投资银行活期存款、中央银行票据、债券回购等流动性产品以及货币市场基金的比例，不得低于投资组合企业年金基金财产净值的 5%；清算备付金、证券清算款以及一级市场证券申购资金视为流动性资产；投资债券正回购的比例不得高于投资组合企业年金基金财产净值的 40%。

（2）投资银行定期存款、协议存款、国债、金融债、企业（公司）债、短期融资券、中期票据、万能保险产品等固定收益类产品以及可转换债（含分离交易可转换债）、债券基金、投资连结保险产品（股票投资比例不高于30%）的比例，不得高于投资组合企业年金基金财产净值的95%。

（3）投资股票等权益类产品以及股票基金、混合基金、投资连结保险产品（股票投资比例高于或者等于30%）的比例，不得高于投资组合企业年金基金财产净值的30%。其中，企业年金基金不得直接投资于权证，但因投资股票、分离交易可转换债等投资品种而衍生获得的权证，应当在权证上市交易之日起10个交易日内卖出。

（4）单个投资组合的企业年金基金财产，投资于一家企业所发行的股票，单期发行的同一品种短期融资券、中期票据、金融债、企业（公司）债、可转换债（含分离交易可转换债），单只证券投资基金，单个万能保险产品或者投资连结保险产品，分别不得超过该企业上述证券发行量、该基金份额或者该保险产品资产管理规模的5%；按照公允价值计算，也不得超过该投资组合企业年金基金财产净值的10%。单个投资组合的企业年金基金财产，投资于经备案的符合第四十八条投资比例规定的单只养老金产品，不得超过该投资组合企业年金基金财产净值的30%，不受上述10%规定的限制。

## 四、社会公益基金

### （一）概念

社会公益基金，是指将受益用于指定的社会公益事业的基金，如福利基金、科技发展基金、教育发展基金、文学奖励基金等。

### （二）投资要求

（1）慈善组织为实现财产保值、增值进行投资的，投资取得的收益应当全部用于慈善目的。

（2）政府资助的财产和捐赠协议约定不得投资的财产，不得用于投资。

### （三）慈善组织开展投资活动应采用的方式

（1）直接购买银行、信托、证券、基金、期货、保险资产管理机构、金融资产投资公司等金融机构发行的资产管理产品；

（2）通过发起设立、并购、参股等方式直接进行股权投资；

（3）将财产委托给受金融监督管理部门监管的机构进行投资。

### （四）慈善组织的财产不得有以下行为

（1）直接买卖股票；

（2）直接购买商品及金融衍生品类产品；

（3）投资人身保险产品；

（4）以投资名义向个人、企业提供借款等。

**【例题19】**下列关于企业年金基金财产投资范围的说法中，正确的有（　　）。

Ⅰ. 企业年金基金财产不得购买投资连结保险产品

Ⅱ. 企业年金基金财产不得用于信用交易，但可投资债券回购

Ⅲ. 企业年金基金财产可投资信用等级在投资级以上的金融债

Ⅳ. 企业年金基金财产仅限于境内投资

A. Ⅱ、Ⅳ　　B. Ⅰ、Ⅱ、Ⅳ　　C. Ⅰ、Ⅱ、Ⅲ　　D. Ⅱ、Ⅲ、Ⅳ

**【答案】** D

**【解析】** 企业年金基金财产仅限于境内投资，投资范围包括银行存款、国债、中央银行票据、债券回购、万能保险产品、投资连结保险产品、证券投资基金、股票，以及信用等级在投资级以上的金融债、企业（公司）债、可转换债（含分离交易可转换债）、短期融资券和中期票据等金融产品。

**【例题 20】** 下列选项中，属于社会公益基金的有（　　）。

Ⅰ. 教育发展基金

Ⅱ. 养老保险基金

Ⅲ. 福利基金

Ⅳ. 文学奖励基金

A. Ⅰ、Ⅲ、Ⅳ　　B. Ⅰ、Ⅱ、Ⅲ、Ⅳ　　C. Ⅰ、Ⅱ、Ⅲ　　D. Ⅱ、Ⅲ、Ⅳ

**【答案】** A

**【解析】** 社会公益基金，是指将收益用于指定的社会公益事业的基金，如福利基金、科技发展基金、教育发展基金、文学奖励基金等。Ⅱ项属于社会保险基金。

## 考点九：个人投资者的概念（☆☆☆）

### 一、概念

个人投资者是指从事证券投资的社会自然人，他们是证券市场上最普遍的投资主体，具有分散性和流动性。

### 二、个人投资者的特点

1. 资金规模有限
2. 专业知识相对匮乏
3. 投资行为具有随意性、分散性和短期性
4. 投资的灵活性强

### 三、个人投资者的风险特征与投资者适当性

（一）个人投资者风险特征与投资者适当性的定义

1. 根据不同投资者对风险的不同态度，个人投资者风险特征构成要素

（1）风险偏好。

（2）风险认知度。

（3）实际风险承受能力。

2. 个人投资者对待风险和收益的态度

（1）风险偏好型。

（2）风险中立型。

（3）风险规避型。

3. 投资者适当性的定义

通过一系列措施，让“适合的投资者购买恰当的产品”，避免在金融产品销售过程中，将金融产品提供给风险并不匹配的投资群体，导致投资者由于误解而发生较大风险。

4. 投资者适当性管理工作的开展主线

（1）以判断投资者风险承受能力为目标的投资者分类义务。

（2）以判断产品风险等级为目标的产品分级义务。

（3）以“将适当的产品销售给适当的投资者”为目标的销售匹配义务。

（二）全球主要国家投资者适当性管理的法律体系

1. 美国证券市场投资者适当性管理的法律和制度

（1）《1933 年证券法》。

（2）《规则 D》。

（3）《多德—弗兰克法案》。

（4）《投资顾问法》。

（5）《投资公司法》。

2. 英国金融投资者适当性的规定

（1）《2000 年金融服务和市场法》。

（2）《开放式投资公司法》。

（3）《2001 年金融促进条例》。

（4）《2001 年集合投资（豁免）发起条例》。

（5）英国金融服务管理局（FSA）制定的相关细化规则。

（三）我国投资者适当性管理的相关制度

1. 法律层面——新《证券法》

更加明确了证券公司未履行投资者适当性要求时的责任。

2. 部门规章层面——《证券期货投资者适当性管理办法》

（1）2016 年 12 月 12 日中国证监会发布，2017 年 7 月 1 日正式实施。

（2）核心理念是“将适当的产品销售给适当的投资者”。

3. 行业自律性规则层面

（1）《证券经营机构投资者适当性管理实施指引（试行）》（证券业协会公布）。

（2）《期货经营机构投资者适当性管理实施指引（试行）》（期货业协会公布）。

（3）《基金募集机构投资者适当性管理实施指引（试行）》（基金业协会公布）。

**四、《证券期货投资者适当性管理办法》对我国金融市场的意义**

1. 为投资者适当性管理提供了统一的标尺

2. 压缩了监管套利的空间

3. 从根本上体现经营机构和投资者利益的辩证统一

**【例题 21】**个人投资者的特点包括（　　）。

Ⅰ. 投资的灵活性强

Ⅱ. 专业知识相对匮乏

Ⅲ. 投资资金规模化

Ⅳ. 投资行为具有随意性

A. Ⅰ、Ⅱ、Ⅳ　　B. Ⅰ、Ⅱ、Ⅲ、Ⅳ　　C. Ⅰ、Ⅲ、Ⅳ　　D. Ⅰ、Ⅱ、Ⅲ

**【答案】**A

**【解析】**个人投资者的特点包括以下四个方面：

1. 资金规模有限。

2. 专业知识相对匮乏。

3. 投资行为具有随意性、分散性和短期性。

4. 投资的灵活性强。

**【例题 22】**不同的投资者对风险的态度各不相同，理论上可以将投资者分为（　　）。

Ⅰ. 风险偏好型

Ⅱ. 风险寻找型

Ⅲ. 风险中立型

Ⅳ. 风险规避型

A. Ⅱ、Ⅲ、Ⅳ　　B. Ⅰ、Ⅳ　　C. Ⅱ、Ⅳ　　D. Ⅰ、Ⅲ、Ⅳ

**【答案】**D

**【解析】**根据个人投资者对待投资中风险和收益的态度，理论上可分为风险偏好型、风险中立型和风险规避型三种。

**【本节学习提示】**考查重点：

①投资者的基本分类类型。

②各类投资者的投资标的，尤其是政府机构类、金融机构类以及基金类投资者。

③个人投资者的适当性要求。

# 第三节　证券中介机构

## 考点一：证券公司的基本概念（☆☆☆）

证券公司，是指依照《公司法》和《证券法》设立的经营证券业务的有限责任公司或股份有限公司。在我国，设立证券公司必须经国务院证券监督管理机构审查批准。世界各国对证券公司的划分和称呼不尽相同，美国的通俗称谓是“投资银行”，英国则称其为“商人银行”。日本等国家和我国一样，将专营证券业务的金融机构称为证券公司。

**【例题 23】**关于我国证券公司，下列说法正确的是（　　）。

Ⅰ. 证券公司是证券市场投融资服务的提供者，是专业的中介服务机构

Ⅱ. 证券公司是指依照《公司法》和《证券法》设立的经营证券业务的有限责任公司或股份有限公司

Ⅲ. 在我国，设立证券公司必须经证券业协会审查批准

Ⅳ. 证券公司是证券市场重要的机构投资者

A. Ⅰ、Ⅱ、Ⅲ、Ⅳ　　B. Ⅰ、Ⅱ、Ⅳ　　C. Ⅱ、Ⅲ　　D. Ⅰ、Ⅲ、Ⅳ

**【答案】**B

**【解析】**Ⅰ项正确，证券公司是证券市场投融资服务的提供者，为证券发行人和投资者提供专业化的中介服务。

Ⅱ项正确，证券公司，是指依照《公司法》和《证券法》设立的经营证券业务的有限责任公司或股份有限公司。

Ⅲ项错误，在我国，设立证券公司必须经国务院证券监督管理机构审查批准。

Ⅳ项正确，证券公司本身也是证券市场重要的机构投资者。

**【例题 24】**世界各国对证券公司的划分和称呼不尽相同。美国的通俗称谓是（　　）。

A. 证券经纪商　　B. 商人银行　　C. 证券银行　　D. 投资银行

**【答案】**D

**【解析】**世界各国对证券公司的划分和称呼不尽相同，美国的通俗称谓是“投资银行”，英国则称其为“商人银行”。以德国为代表的一些国家实行银行业与证券业混业经营，通常由银行设立公司从事证券业务经营。日本等国家和我国一样，将专营证券业务的金融机构称为证券公司。

## 考点二：我国证券公司的发展历程（☆）

### 一、第一阶段：数量较少，业务范围窄（1980—1991 年）

1987 年，我国第一家专业性证券公司——深圳特区证券公司成立。

### 二、第二阶段：数量激增、业务扩大及第一次综合治理（1992—1997 年）

1997 年底，全国共有证券公司 90 家，兼营证券业务的信托投资公司 242 家，证券营业部 2 412 个。

### 三、第三阶段：《证券法》颁布及第二次综合治理（1998—2007 年）

2003 年底至 2004 年上半年，由于证券市场的持续低迷和结构性调整，一批证券公司的问题突然暴露，证券行业多年积累的风险呈现集中爆发态势，证券公司面临自产生以来的第一次行业性危机。2002 年 8 月 9 日，鞍山证券因涉嫌非法吸收公众存款，成为第一家被中国证监会强制撤销的证券公司。

2005 年 4 月，股权分置改革启动，到 2006 年底历时一年多，困扰中国证券市场多年的股权分置问题得到基本解决，这为未来证券市场的发展奠定了良好的基础，也改善了证券公司的发展环境。

2006 年 1 月 1 日新修订的《证券法》实施，进一步完善了证券公司设立制度。

### 四、第四阶段：行业步入规范发展和创新发展阶段（2008—2017 年）

2008 年 4 月，国务院颁布《证券公司监督管理条例》并实施，以法规的高层次形式明确了证券监督管理机构依法强化对证券公司以防范风险为根本内容的严格监管框架。

### 五、第五阶段：步入强监管和扩大开放的新阶段（2018 年以后）

2018 年 4 月 27 日，中国人民银行、中国银保监会、中国证监会、国家外汇管理局联合印发了《资管新规》正式稿，这意味着证券行业步入金融强监管时代。

2018 年 4 月 28 日，证监会发布了《外商投资证券公司管理办法》，明确允许外资控股合资证券公司，截至 2020 年 9 月，境内已有 15 家合资证券公司。

根据国务院金融稳定发展委员会办公室发布的 11 条金融业对外开放措施，取消证券公司、基金管理公司、期货公司外资持股比例 51% 的限制从 2021 年提前到 2020 年。截至 2020 年 12 月 31 日，我国共有 138 家证券公司。

**【例题 25】**1987 年，我国第一家专业性证券公司（　　）成立。

A. 深圳特区证券公司　　B. 上海证券有限责任公司

C. 国泰君安证券股份有限公司　　D. 长城证券有限责任公司

**【答案】**A

**【解析】**1987 年，我国第一家专业性证券公司——深圳特区证券公司成立。

## 考点三：证券公司的监管制度（☆☆☆）

### 一、历史沿革

（一）早期

对各类证券类机构的监管职责主要由中国人民银行承担，证券交易所设立后，开始对证券上市与交易行为实施一线监管。

（二）1992—1998 年

（1）中国人民银行负责证券公司及其分支机构的设立、业务范围的核定及高管人员的管理等；

（2）中国证监会负责与发行、上市、交易相关的业务监管；

（3）各地方政府的证券监管机构承担辖区内的监管事项；

（4）其他相关部门对职责范围内的证券发行与交易等业务实施相应监管。

（三）1998 年后

中国人民银行的监管职责移交给中国证监会，各地方政府的证券监管机构转为中国证监会派出机构，证券交易所划归中国证监会管理，形成集中统一的证券公司监管体制。

**二、业务许可制度**

证券公司业务种类包括：

1. 证券经纪业务
2. 证券投资咨询业务
3. 与证券交易、证券投资活动有关的财务顾问业务
4. 证券承销与保荐业务
5. 证券融资融券业务
6. 证券做市交易业务
7. 证券自营业务
8. 其他证券业务

注意：证券公司经营以上部分或全部业务均需要经过国务院证券监督管理机构的许可。证券公司经营证券资产管理业务的，应当符合《中华人民共和国证券投资基金法》等法律、行政法规的规定。2016 年 5 月 1 日起，证监会及其派出机构将十项许可证统一为“经营证券期货业务许可证”。

**三、以诚信与资质为标准的市场准入制度**

1. 机构设置
2. 业务牌照
3. 从业人员（特别是高级管理人员）

**四、分类监管制度**

中国证监会根据证券公司评价计分的高低，评价和确定证券公司的类别，将证券公司分为 A（AAA、AA、A）、B（BBB、BB、B）、C（CCC、CC、C）、D、E 五大类 11 个级别。

**五、以净资本和流动性为核心的风险监控和预警制度**

《证券公司风险控制指标管理办法》确立了以净资本为核心的证券公司风险控制指标制度。该制度具有以下三个特点：一是建立了公司业务范围与净资本充足水平动态挂

钩的机制；二是建立了公司业务规模与风险资本准备动态挂钩的机制；三是建立了风险资本准备与净资本水平动态挂钩的机制。

## 六、合规管理制度

（一）证监会发布实施

（1）2008 年 7 月，中国证监会发布实施了《证券公司合规管理试行规定》，要求证券公司全面建立内部合规管理制度，设立合规总监和合规部门，强化对公司经营管理行为合规性的事前审查、事中监督和事后检查，有效预防、及时发现并快速处理内部机构和人员的违规行为，迅速改进完善内部管理制度。

（2）2017 年 6 月 6 日，中国证监会发布了《证券公司和证券投资基金管理公司合规管理办法》，2020 年 3 月 20 日修订。

（二）证券业协会发布

2017 年 9 月 8 日，中国证券业协会发布了《证券公司合规管理实施指引》，对《合规办法》进行了完善和明确。

## 七、客户交易结算资金第三方存管制度

（1）2007 年，中国证监会要求证券公司全面实施“客户交易结算资金第三方存管”，商业银行负责资金存取，发挥第三方监督作用，以保障客户资金安全为目的的资金存管模式。

（2）2011 年，中国证监会进一步完善第三方存管制度，明确“单独立户、封闭运行、总分核对”三大要求。

## 八、信息报送与披露制度

（1）信息报送制度——证券公司应当自每一个会计年度结束之日起 4 个月内，向中国证监会报送年度报告；每月结束之日起 7 个工作日内，报送月度报告；发生影响或者可能影响证券公司经营管理、财务状况、风险控制指标或者客户资产安全重大事件的，证券公司应当立即向中国证监会报送临时报告，说明事件的起因、目前的状况、可能产生的后果和拟采取的相应措施。

（2）信息公开披露制度——证券公司的基本信息公示和财务信息公开披露。

（3）年报审计监管——对证券公司进行非现场检查和日常监管的重要手段。

**【例题 26】**我国证券公司监管制度主要包括（　　）。

Ⅰ. 业务许可制度

Ⅱ. 分类监管制度

Ⅲ. 合规管理制度

Ⅳ. 客户交易结算资金第三方存管制度

A. Ⅱ、Ⅲ、Ⅳ　　B. Ⅰ、Ⅱ、Ⅳ

C. Ⅰ、Ⅱ、Ⅲ、Ⅳ　　D. Ⅰ、Ⅲ

【答案】C

【解析】在长期的实践探索基础上，对证券公司实施有效监管的基础性制度已经基本形成，主要包括证券公司业务许可制度、以诚信与资质为标准的市场准入制度、分类监管制度、以净资本和流动性为核心的风险监控和预警制度、合规管理制度、客户交易结算资金第三方存管制度、信息报送与披露制度等。

【例题 27】（　　）中国证监会发布实施了《证券公司合规管理试行规定》。

A. 2008 年 1 月　　B. 2008 年 7 月　　C. 2009 年 1 月　　D. 2009 年 7 月

【答案】B

【解析】2008 年 7 月，中国证监会发布实施了《证券公司合规管理试行规定》，要求证券公司全面建立内部合规管理制度。

【例题 28】在证券公司信息报送与披露制度中规定，每个月结束之日起（　　）个工作日内，证券公司需要报送月度报告。

A. 5　　B. 7　　C. 10　　D. 20

【答案】B

【解析】证券公司年度报告为会计年度结束后 4 个月内报送且需审计，月度报告为月度结束后 7 个工作日内。

## 考点四：证券公司的主要业务（☆☆☆）

### 一、证券经纪业务

证券经纪业务又被称为代理买卖证券业务，是指证券公司接受客户委托代客户买卖有价证券的业务。在证券经纪业务中，证券公司只收取一定比例的佣金作为业务收入。证券经纪业务分为柜台代理买卖证券业务和通过证券交易所代理买卖证券业务。

在证券经纪业务中，经纪委托关系的建立表现为开户和委托两个环节。按照相关法规的规定，投资者应首先在登记结算公司或者其代理点开立证券账户；其次，投资者与证券公司签署风险揭示书、客户须知，签订证券交易委托代理协议，开立客户交易结算资金第三方存管协议中的资金账户等。

经纪关系的建立只是确立了投资者和证券公司直接的代理关系，还没有形成实质上的委托关系。当投资者办理了具体的委托手续后，即投资者填写了委托单或自助委托及证券公司受理了委托，两者就建立了受法律保护和约束的委托关系。

### 二、证券投资咨询业务

（一）概念

从事证券投资咨询业务的机构及其咨询人员为证券投资人或者客户提供证券投资分析、预测或者建议等直接或者间接有偿咨询服务的活动。

（二）分类

1. 证券投资顾问业务

证券公司、证券投资咨询机构接受客户委托，按照约定，向客户提供涉及证券及证券相关产品的投资建议服务，辅助客户作出投资决策，并直接或者间接获取经济利益的经营活动。投资建议服务内容包括投资的品种选择、投资组合以及理财规划建议等。

2. 发布证券研究报告

证券公司、证券投资咨询机构对证券及证券相关产品的价值、市场走势或者相关影响因素进行分析，形成证券估值、投资评级等投资分析意见，制作证券研究报告，并向客户发布的行为。证券研究报告主要包括涉及证券及证券相关产品的价值分析报告、行业研究报告、投资策略报告等。证券研究报告可以采用书面或者电子文件形式。

**三、与证券交易、证券投资活动有关的财务顾问业务**

（一）概念

财务顾问业务，是指与证券交易、证券投资活动有关的咨询、建议、策划业务。

（二）具体内容

（1）为企业申请证券发行和上市提供改制改组、资产重组、前期辅导等方面的咨询服务；

（2）为上市公司重大投资、收购兼并、关联交易等业务提供咨询服务；

（3）为法人、自然人及其他组织收购上市公司及相关的资产重组、债务重组等提供咨询服务；

（4）为上市公司完善法人治理结构、设计经理层股票期权、职工持股计划、投资者关系管理等提供咨询服务；

（5）为上市公司再融资、资产重组、债务重组等资本营运提供融资策划、方案设计、推介路演等方面的咨询服务；

（6）为上市公司的债权人、债务人对上市公司进行债务重组、资产重组、相关的股权重组等提供咨询服务以及中国证监会认定的其他业务形式。

**四、证券承销与保荐业务**

（一）证券承销业务概念

证券承销，是指证券公司代理证券发行人发行证券的行为。发行人向不特定对象公开发行的证券，法律、行政法规规定应当由证券公司承销的，发行人应当同证券公司签订承销协议。

（二）证券承销业务分类

（1）代销——证券公司代发行人发售证券，在承销期结束时，将未售出的证券全部退还给发行人的承销方式。

（2）包销

①全额包销——证券公司将发行人的证券按照协议全部购入的承销方式。

②余额包销——证券公司在承销期结束时将售后剩余证券全部自行购入的承销方式。

注意：新《证券法》取消了向不特定对象发行的证券票面总值超过人民币 5 000 万元时需强制组建承销团的规定，未来证券公司在承销证券时可自行选择是否组建承销团。

（三）证券保荐制度

由保荐人对发行人发行证券进行推荐和辅导，核实公司发行文件与上市文件中所载资料是否真实、准确、完整，协助发行人建立严格的信息披露制度，承担风险防范责任（证券公司负有一定的连带责任）。

（四）《证券发行上市保荐业务管理办法》规定

证券公司从事证券发行上市保荐业务，应当按照规定向中国证监会申请保荐业务资格。

中国证券业协会制定保荐代表人自律管理规范，组织非准入型的水平评价测试。

保荐机构对发行人进行全面调查，充分了解发行人的经营状况及其面临的风险和问题。

**五、证券自营业务**

（一）概念

证券公司以自己的名义，以自有资金或者依法筹集的资金，为本公司买卖在境内证券交易所上市交易的证券，在境内银行间市场交易的政府债券、国际开发机构人民币债券、央行票据、金融债券、短期融资券、公司债券、中期票据和企业债券，以及经中国证监会批准或者备案发行并在境内金融机构柜台交易的证券，以获取盈利的行为。

（二）《证券公司证券自营投资品种清单》所列证券

1. 已经和依法可以在境内证券交易所上市交易和转让的证券

2. 已经在全国中小企业股份转让系统挂牌转让的证券

3. 已经和依法可以在符合规定的区域性股权交易市场挂牌转让的私募债券，已经在符合规定的区域性股权交易市场挂牌转让的股票

4. 已经和依法可以在境内银行间市场交易的证券

5. 经国家金融监管部门或者其授权机构依法批准或备案发行并在境内金融机构柜台交易的证券

注意：证券公司将自有资金投资于依法公开发行的国债、投资级公司债、货币市场基金、央行票据等风险较低、流动性较强的证券，或者委托其他证券公司或者基金管理公司进行证券投资管理，且投资规模合计不超过其净资本 80% 的，无须取得证券自营业务资格。

## 六、证券资产管理业务

### （一）概念

资产管理业务是指银行、信托、证券、基金、期货、保险资产管理机构、金融资产投资公司等金融机构接受投资者的委托，对受托的投资者财产进行投资和管理的金融服务。

### （二）证券公司资产管理业务分类

1. 为单一投资者设立单一资产管理计划

（1）可以接受货币资金的委托。

（2）可以接受投资者合法持有的股票、债券或中国证监会认可的其他金融资产委托。

2. 为多个投资者设立集合资产管理计划

（1）客户人数不能少于 2 人，不能超过 200 人。

（2）原则上应当接受货币资金的委托，中国证监会认可的情形除外。

### （三）资产管理计划的类别

（1）固定收益类——投资于存款、债券等债权类资产的比例不低于资产管理计划总资产 80%。

（2）权益类——投资于股票、未上市企业股权等股权类资产的比例不低于资产管理计划总资产 80%。

（3）商品及金融衍生品类——投资于商品及金融衍生品的持仓合约价值的比例不低于资产管理计划总资产 80%。

（4）混合类——投资于债权类、股权类、商品及金融衍生品类资产的比例未达到前三类产品标准。

注意：开放式集合资产管理计划每三个月至多开放一次计划份额的参与、退出，中国证监会另有规定的除外。任何单位和个人不得以拆分份额或者转让份额收（受）益权等方式，变相突破合格投资者标准或人数限制。

### （四）资产管理计划可投资的资产

（1）银行存款、同业存单，以及符合《指导意见》规定的标准化债权类资产，包括但不限于在证券交易所、银行间市场等国务院同意设立的交易场所交易的可以划分为均等份额、具有合理公允价值和完善流动性机制的债券、中央银行票据、资产支持证券、非金融企业债务融资工具等；

（2）上市公司股票、存托凭证以及中国证监会认可的其他标准化股权类资产；

（3）在证券期货交易所等国务院同意设立的交易场所集中交易清算的期货及期权合约等标准化商品及金融衍生品类资产；

（4）公开募集证券投资基金（以下简称公募基金）以及中国证监会认可的比照公募基金管理的资产管理产品；

（5）第 1 至第 3 项规定以外的非标准化债权类资产、股权类资产、商品及金融衍生品类资产；

（6）第 4 项规定以外的其他受国务院金融监督管理机构监管的机构发行的资产管理产品；

（7）中国证监会认可的其他资产。

其中第 1 项至第 4 项为标准化资产，第 5 项至第 6 项为非标准化资产。

（五）证券公司参与股指期货、国债期货交易相关规定

根据《证券公司参与股指期货、国债期货交易指引》规定，证券公司以受托管理资金参与股指期货、国债期货交易的，应当选择适当的客户开展参与股指期货、国债期货交易的资产管理业务，审慎进行股指期货、国债期货投资。在与客户签订资产管理合同前，证券公司应当按照规定程序了解客户的情况，审慎评估客户的诚信状况、客户对产品的认知水平和风险承受能力，向客户进行充分的风险揭示，并将风险揭示书交客户签字确认。

**七、融资融券业务**

（一）概念

融资融券业务，是指证券公司向客户出借资金供其买入证券或者出借证券供其卖出，并收取担保物的经营活动。

（二）证券公司申请融资融券业务需具备的条件

（1）具有证券经纪业务资格；

（2）公司治理健全，内部控制有效，能有效识别、控制和防范业务经营风险和内部管理风险；

（3）公司最近两年内不存在因涉嫌违法违规正被中国证监会立案调查或者正处于整改期间的情形；

（4）财务状况良好，最近两年各项风险控制指标持续符合规定，注册资本和净资本符合增加融资融券业务后的规定；

（5）客户资产安全、完整，客户交易结算资金第三方存管有效实施，客户资料完整真实；

（6）已建立完善的客户投诉处理机制，能够及时、妥善处理与客户之间的纠纷；

（7）已建立符合监管规定和自律要求的客户适当性制度，实现客户与产品的适当性匹配管理；

（8）信息系统安全稳定运行，最近一年未发生因公司管理问题导致的重大事故，融资融券业务技术系统已通过证券交易所、证券登记结算机构组织的测试；

（9）有拟负责融资融券业务的高级管理人员和适当数量的专业人员；

（10）中国证监会规定的其他条件。

（三）开展融资融券业务的要求

1. 经中国证监会批准

2. 以自己的名义在证券登记结算机构开立以下账户

（1）融券专用证券账户。

（2）客户信用交易担保证券账户。

（3）信用交易证券交收账户。

（4）信用交易资金交收账户。

3. 以自己的名义在商业银行开立以下账户

（1）融资专用资金账户。

（2）客户信用交易担保资金账户。

## 八、证券做市交易业务

（一）概念

做市商制度是指在证券市场，由具备一定实力和信誉的证券经营法人作为特许交易商，在其愿意的水平上不断向交易者报出某些特定证券的买入价和卖出价，并在所报价位上接受机构投资者或其他交易商的买卖要求，保证及时成交的证券交易方式。

做市商是指经全国股转公司同意，在全国股转系统内发布买卖双向报价，并在其报价数量范围内按其报价履行与投资者成交义务的证券公司或其他机构。

（二）证券公司在全国股转系统开展做市交易业务的资格条件

1. 具备证券自营业务资格

2. 设立做市业务部门，配备开展做市业务必要人员

3. 建立做市业务管理制度

4. 具备做市业务专用技术系统

5. 全国股转公司规定的其他条件

（三）做市交易业务的禁止性行为

1. 不履行或不规范履行报价义务

2. 利用内幕信息进行投资决策和交易

3. 利用信息优势和资金优势，单独或者通过合谋，制造异常价格波动

4. 以不正当方式影响其他做市商做市

5. 与其他做市商通过串通报价或私下交换做市策略、做市库存股票数量等信息谋取不正当利益

6. 与所做市的挂牌公司及股东就股权回购、现金补偿等作出约定，符合规定的回售、转售除外

7. 做市业务人员通过做市向自身或利益相关者进行利益输送

8. 全国股转公司规定的其他行为

## 九、证券公司中间介绍业务

（一）概念

IB 制度起源于美国，证券公司中间介绍业务是指证券公司接受期货经纪商的委托，为期货经纪商介绍客户参与期货交易并提供其他相关服务的业务活动。

（二）证券公司中间介绍业务的资格条件

（1）申请日前 6 个月各项风险控制指标符合规定标准；

（2）已按规定建立客户交易结算资金第三方存管制度；

（3）全资拥有或者控股一家期货公司，或者与一家期货公司被同一机构控制，且该期货公司具有实行会员分级结算制度期货交易所的会员资格、申请日前 2 个月的风险监管指标持续符合规定的标准；

（4）配备必要的业务人员，公司总部至少有 5 名、拟开展中间介绍业务的营业部至少有 2 名具有期货从业人员资格的业务人员；

（5）已按规定建立健全与中间介绍业务相关的业务规则、内部控制、风险隔离及合规检查等制度；

（6）具有满足业务需要的技术系统；

（7）中国证监会根据市场发展情况和审慎监管原则规定的其他条件。

（三）证券公司中间介绍业务的内容

1. 协助办理开户手续

2. 提供期货行情信息、交易设施

3. 中国证监会规定的其他服务

（四）证券公司中间介绍业务的业务规则

证券公司只能接受其全资拥有或者控股的，或者被同一机构控制的期货公司的委托从事中间介绍业务，不能接受其他期货公司的委托从事中间介绍业务。证券公司应当按照合规、审慎经营的原则，制定并有效执行中间介绍业务规则、内部控制、合规检查等制度，确保有效防范和隔离中间介绍业务与其他业务的风险。期货公司与证券公司应当建立中间介绍业务的对接规则，明确办理开户、行情和交易系统的安装维护、客户投诉的接待处理等业务的协作程序和规则。证券公司与期货公司应当独立经营，保持财务、人员、经营场所等分开隔离。

证券公司不得代客户下达交易指令，不得利用客户的交易编码、资金账号或者期货结算账户进行期货交易，不得代客户接收、保管或者修改交易密码。证券公司不得直接或者间接为客户从事期货交易提供融资或者担保。

## 十、私募投资基金业务和另类投资业务

（一）证券公司设立私募基金子公司，应当符合以下要求

（1）具有健全的公司治理结构，完善有效的内部控制机制、风险管理制度和合规管

理制度，防范与私募基金子公司之间出现风险传递和利益冲突；

（2）最近六个月各项风险控制指标符合中国证监会及中国证券业协会的相关要求，且设立私募基金子公司后，各项风险控制指标仍符合规定；

（3）最近一年未因重大违法违规行为受到刑事或行政处罚，且不存在因涉嫌重大违法违规正受到监管部门和有关机关调查的情形；

（4）公司章程有关对外投资条款中明确规定公司可以设立私募基金子公司，并经注册地中国证监会派出机构审批；

（5）中国证监会及中国证券业协会规定的其他条件。

注意：

①证券公司应当以自有资金全资设立私募基金子公司，不得采用股份代持等方式变相与其他投资者共同出资设立私募基金子公司。

②每家证券公司设立的私募基金子公司原则上不超过一家。

③私募基金子公司根据税收、政策、监管、合作方需求等需要下设基金管理机构等特殊目的的机构的，应当持有该机构35%以上的股权或出资，且拥有管理控制权。

④私募基金子公司及其下设基金管理机构将自有资金投资于本机构设立的私募基金的，对单只基金的投资金额不得超过该只基金总额的20%。

⑤私募基金子公司及其下设特殊目的机构不得对外提供担保和贷款，不得成为对所投资企业的债务承担连带责任的出资人。

### （二）证券公司设立另类子公司，应当符合以下要求

（1）具有健全的公司治理结构，完善有效的内部控制机制、风险管理制度和合规管理制度，防范与另类子公司之间出现风险传递和利益冲突；

（2）具备中国证监会核准的证券自营业务资格；

（3）最近六个月内各项风险控制指标符合中国证监会及中国证券业协会的相关要求，且设立另类子公司后，各项风险控制指标仍持续符合规定；

（4）最近一年未因重大违法违规行为受到刑事或行政处罚，且不存在因涉嫌重大违法违规正受到监管部门和有关机关调查的情形；

（5）公司章程有关条款中明确规定公司可以设立另类子公司，并经注册地中国证监会派出机构审批；

（6）中国证监会及中国证券业协会规定的其他条件。

注意：

①证券公司应当以自有资金全资设立另类子公司，不得采用股份代持等其他方式变相与其他投资者共同出资设立另类子公司。

②每家证券公司设立的另类子公司原则上不超过一家。

③另类子公司不得融资，不得对外提供担保和贷款，不得成为对所投资企业的债务承担连带责任的出资人。

④另类子公司不得向投资者募集资金开展基金业务，且不得下设任何机构。

**【例题29】**证券公司以自己的名义，以自有资金或者依法筹集的资金，为本公司买

卖在境内证券交易所上市交易的证券，在境内银行间市场交易的政府债券、国际开发机构人民币债券、央行票据、金融债券、短期融资券、公司债券、中期票据和企业债券，以及经证监会批准或者备案发行并在境内金融机构柜台交易的证券，以获取盈利的行为，称为（　　）。

A. 资产管理业务　　B. 证券自营业务　　C. 财务顾问业务　D. 证券代理业务

**【答案】** B

**【解析】** 证券自营业务，是指证券公司以自己的名义，以自有资金或者依法筹集的资金，为本公司买卖在境内证券交易所上市交易的证券，在境内银行间市场交易的政府债券、国际开发机构人民币债券、央行票据、金融债券、短期融资券、公司债券、中期票据和企业债券，以及经中国证监会批准或者备案发行并在境内金融机构柜台交易的证券，以获取盈利的行为。

**【例题 30】** 证券公司代发行人发售证券，在承销期结束时，将未售出的证券全部退还给发行人的承销方式，属于证券的（　　）。

A. 代销方式　　B. 承销方式　　C. 包销方式　　D. 直销方式

**【答案】** A

**【解析】** 证券承销业务可以采取代销或者包销方式。证券包销，是指证券公司将发行人的证券按照协议全部购入或者在承销期结束时将售后剩余证券全部自行购入的承销方式，前者为全额包销，后者为余额包销。证券代销，是指证券公司代发行人发售证券，在承销期结束时，将未售出的证券全部退还给发行人的承销方式。

**【例题 31】** 下列关于证券经纪业务的说法不正确的是（　　）。

A. 经纪业务中的委托单，性质上相当于委托合同

B. 经纪委托关系的建立表现为开户和委托两个环节

C. 经纪关系的建立表明已形成了实质上的委托关系

D. 经纪关系的建立确立了投资者和证券公司直接的代理关系

**【答案】** C

**【解析】** 在证券经纪业务中，经纪委托关系的建立表现为开户和委托两个环节。经纪关系的建立只是确立了投资者和证券公司直接的代理关系，还没有形成实质上的委托关系。当投资者办理了具体的委托手续后，即投资者填写了委托单或自助委托及证券公司受理了委托，就建立了受法律保护和约束的委托关系，经纪业务中的委托单，性质上相当于委托合同，不仅具有委托合同应具备的主要内容，而且明确了证券公司作为受托人的代理业务。综上所述 C 项说法错误。

**【例题 32】** 证券公司接受期货经纪商的委托，为期货经纪商介绍客户参与期货交易并提供其他相关服务的业务活动是指（　　）。

A. 证券自营业务　　B. 证券资产管理业务

C. 融资融券业务　　　　D. 证券公司中间介绍业务

【答案】D

【解析】证券公司中间介绍业务，是指证券公司接受期货经纪商的委托，为期货经纪商介绍客户参与期货交易并提供其他相关服务的业务活动。

【例题 33】证券公司财务顾问业务的具体内容包括（　　）。

Ⅰ. 为上市公司完善法人治理结构、设计经理层股票期权、职工持股计划、投资者关系管理等提供咨询服务

Ⅱ. 用委托人委托的资产在证券市场上从事股票、债券等金融工具的组合投资业务

Ⅲ. 为上市公司重大投资、收购兼并、关联交易等业务提供咨询服务

Ⅳ. 为企业申请证券发行和上市提供改制改组、资产重组、前期辅导等方面的咨询服务

A. Ⅰ、Ⅲ、Ⅳ　　B. Ⅰ、Ⅲ　　C. Ⅱ、Ⅲ　　D. Ⅰ、Ⅱ

【答案】A

【解析】财务顾问业务，是指与证券交易、证券投资活动有关的咨询、建议、策划业务。财务顾问业务具体包括：为企业申请证券发行和上市提供改制改组、资产重组、前期辅导等方面的咨询服务；为上市公司重大投资、收购兼并、关联交易等业务提供咨询服务；为法人、自然人及其他组织收购上市公司及相关的资产重组、债务重组等提供咨询服务；为上市公司完善法人治理结构、设计经理层股票期权、职工持股计划、投资者关系管理等提供咨询服务；为上市公司再融资、资产重组、债务重组等资本营运提供融资策划、方案设计、推介路演等方面的咨询服务；为上市公司的债权人、债务人对上市公司进行债务重组、资产重组、相关的股权重组等提供咨询服务以及中国证监会认定的其他业务形式。

【例题 34】（　　）是指从事证券投资咨询业务的机构及其咨询人员为证券投资人或者客户提供证券投资分析、预测或者建议等直接或者间接有偿咨询服务的活动。

A. 证券经纪业务　　　　B. 证券自营业务

C. 证券承销业务　　　　D. 证券投资咨询业务

【答案】D

【解析】根据《证券、期货投资咨询管理暂行办法》的规定，证券投资咨询业务是指从事证券投资咨询业务的机构及其咨询人员为证券投资人或者客户提供证券投资分析、预测或者建议等直接或者间接有偿咨询服务的活动。

【例题 35】证券公司为期货公司提供中间介绍业务（IB 业务）时，可以提供（　　）服务。

A. 办理期货保证金业务　　　　B. 期货交易的结算和风险控制

C. 期货交易的代理　　　　D. 协助办理开户手续

【答案】D

【解析】证券公司受期货公司的委托从事中间介绍业务，应当提供的服务包括：协助办理开户手续；提供期货行情信息、交易设施；中国证监会规定的其他服务。

【例题 36】证券公司经营融资融券业务，应当以自己的名义在证券登记结算机构分别开立（　　）。

Ⅰ. 客户信用交易担保资金账户

Ⅱ. 融券专用证券账户

Ⅲ. 客户信用交易担保证券账户

Ⅳ. 信用交易证券交收账户

A. Ⅰ、Ⅲ、Ⅳ　　B. Ⅱ、Ⅲ　　C. Ⅱ、Ⅲ、Ⅳ　　D. Ⅰ、Ⅱ、Ⅲ、Ⅳ

【答案】C

【解析】证券公司经营融资融券业务，应当以自己的名义在证券登记结算机构分别开立融券专用证券账户、客户信用交易担保证券账户、信用交易证券交收账户和信用交易资金交收账户；以自己的名义在商业银行分别开立融资专用资金账户和客户信用交易担保资金账户。（注意题目问的是"在证券登记结算机构开立的"）

### 考点五：证券公司业务国际化（☆）

1. 1993 年上海万国证券在中国香港收购上市公司"王集团"，从而开启国内证券公司国际化业务的先河

2. 目前，国内证券公司开展国际化业务的主战场仍是中国香港市场。截至 2020 年底，我国境内有 34 家证券公司在境外设立了子公司

3. 中国证监会制定了统一适用于证券基金经营机构的《证券公司和证券投资基金管理公司境外设立、收购、参股经营机构管理办法》，坚持"依法监管、从严监管、全面监管"的原则，提高监管的有效性

4. 国内证券公司业务国际化还体现在积极寻求海外上市。截至 2020 年底，共有 15 家境内证券公司在中国香港成功上市

5. 2018 年 11 月 27 日，瑞银证券成为我国首家外资控股证券公司

6. 2020 年 8 月 21 日，中国证监会批准设立贝莱德基金管理有限公司为境内首家外商独资基金管理公司

【例题 37】2018 年 11 月 27 日，（　　）成为我国首家外资控股证券公司。

A. 摩根大通证券　　B. 野村东方国际证券

C. 瑞银证券　　D. 瑞信方正证券

【答案】C

【解析】《外商投资证券公司管理办法》颁布后，3 家外资证券公司迅速作出反应，

2018 年 11 月 27 日，瑞银证券成为该办法实施以来我国首家外资控股证券公司。

## 考点六：证券服务机构的类别（☆☆）

### 一、定义

证券服务机构，是指依法设立的从事证券服务业务的法人机构。

### 二、分类

1. 会计师事务所
2. 律师事务所
3. 资产评估机构
4. 资信评级机构
5. 财务顾问机构
6. 信息技术系统服务机构

注意：以上服务机构首次从事证券服务业务的，应在签订服务协议之日起 10 个工作日内向中国证监会备案，每年 4 月 30 日前提交年度备案材料。

### 三、证券服务机构应向监管部门备案的证券服务业务内容

（一）会计师事务所从事须备案的证券服务活动

（1）为证券的发行、上市、挂牌、交易等证券业务活动制作、出具财务报表审计报告、内部控制审计报告、内部控制鉴证报告、验资报告、盈利预测审核报告，以及中国证监会和国务院有关主管部门规定的其他文件；

（2）为证券公司及其资产管理产品制作、出具财务报表审计报告、内部控制审计报告、内部控制鉴证报告、验资报告、盈利预测审核报告，以及中国证监会和国务院有关主管部门规定的其他文件。

注意：会计师事务所参与上述第（1）项相关主体重要组成部分或者其控制的主体的审计，其审计对象的资产总额、营业收入中的一项达到上述第（1）项相关主体最近一期经审计合并财务报表对应项目金额 15% 的，视同从事证券服务业务。

（二）律师事务所从事须备案的证券服务业务

1. 首次公开发行股票、存托凭证及上市
2. 上市公司发行证券及上市
3. 上市公司及非上市公众公司收购、重大资产重组及股份回购
4. 上市公司合并、分立及分拆
5. 上市公司及非上市公众公司实行股权激励计划或者员工持股计划
6. 公开发行公司债券及上市交易
7. 境内企业直接或者间接到境外发行证券或者将其证券在境外上市交易（包括后续增发股份）

8. 股份有限公司股票向特定对象转让导致股东累计超过 200 人，以及股份有限公司申请股票在全国中小企业股份转让系统挂牌并公开转让

9. 股份有限公司向特定对象发行股票导致股东累计超过 200 人，股东人数超过 200 人的非上市公众公司向特定对象发行股票，以及向不特定合格投资者公开发行股票

（三）资产评估机构须备案的证券服务业务

（1）为证券发行、上市、挂牌、交易的主体及其控制的主体，并购标的等制作，出具资产评估报告，以及中国证监会和国务院有关主管部门规定的其他文件；

（2）为证券公司及其资产管理产品制作、出具资产评估报告，以及中国证监会和国务院有关主管部门规定的其他文件。

（四）资信评级机构须备案的证券服务业务

（1）为经中国证监会依法注册发行的债券、资产支持证券制作、出具资信评级报告及提供相关评级服务；

（2）为在证券交易所、国务院批准的其他全国性证券交易场所等上市交易或者挂牌转让的债券、资产支持证券（国债除外）制作、出具资信评级报告及提供相关评级服务；

（3）为（1）、（2）项规定的证券的发行人、发起机构、上市公司、非上市公众公司、证券公司制作、出具资信评级报告及提供相关评级服务；

（4）为中国证监会规定的其他评级对象制作、出具资信评级报告及提供相关评级服务。

（五）财务顾问须备案的证券服务活动

为上市公司收购、重大资产重组、合并、分立、分拆、股份回购、激励事项等对上市公司股权结构、资产和负债、收入和利润等具有重大影响的相关事项提供方案设计、出具专业意见等证券服务业务。

（六）信息技术系统服务机构须备案的证券服务业务

1. 重要信息系统的开发、测试、集成及测评

2. 重要信息系统的运行维护及日常安全管理

**【例题 38】**（　　）是指依法设立的从事证券服务业务的法人机构。

A. 中国证券业协会　　B. 证券服务机构　　C. 证券交易所　　D. 中国证监会

**【答案】** B

**【解析】** 证券服务机构，是指依法设立的从事证券服务业务的法人机构，包括会计师事务所、律师事务所以及从事资产评估、资信评级、财务顾问、信息技术系统服务的证券服务机构。

**【例题 39】** 下列选项中，属于证券服务机构的有（　　）。

Ⅰ. 资信评级机构

Ⅱ. 财务顾问机构

Ⅲ. 会计师事务所

Ⅳ. 律师事务所

A. Ⅰ、Ⅳ　　B. Ⅰ、Ⅱ、Ⅲ、Ⅳ

C. Ⅰ、Ⅱ　　D. Ⅱ、Ⅲ、Ⅳ

【答案】B

【解析】证券服务机构，是指依法设立的从事证券服务业务的法人机构，主要包括财务顾问机构、资信评级机构、资产评估机构、会计师事务所、律师事务所、信息技术系统服务机构等。

## 考点七：证券投资咨询机构（☆）

### 一、定义

从事证券投资咨询业务的机构及其投资咨询人员为证券投资人、客户提供证券投资分析、预测、建议等直接或者间接有偿咨询服务的活动。

### 二、证券投资咨询的形式

1. 接受投资人或者客户委托，提供证券投资咨询服务

2. 举办有关证券投资咨询的讲座、报告会、分析会等

3. 在报刊上发表有关证券投资者咨询的文章、评论、报告，以及通过电台、电视台等公众传播媒体提供证券投资咨询服务

4. 通过电话、传真、电脑网络等电信设备系统，提供证券投资咨询服务

5. 中国证监会认定的其他方式

注意：从事证券投资咨询业务，必须依法取得中国证监会的业务许可。

### 三、行为规范

证券投资咨询人员在报刊、电台、电视台或者其他传播媒体上发表投资咨询文章、报告或者意见时，必须注明所在证券、期货投资咨询机构的名称和个人真实姓名，并对投资风险进行充分说明。证券投资咨询机构向投资人或者客户提供的证券投资咨询传真件必须注明机构名称、地址、联系电话和联系人姓名。

### 四、禁止性行为

1. 代理委托人从事证券投资

2. 与委托人约定分享证券投资收益或者分担证券投资损失

3. 买卖本证券投资咨询机构提供服务的证券

4. 法律、行政法规禁止的其他行为

注意：有上述行为之一，给投资者造成损失的，应当依法承担赔偿责任。

**【例题40】**根据有关规定，证券投资咨询机构及其投资者咨询人员开展投资者咨询

业务，可以采取的形式包括（　　）。

Ⅰ. 接受投资人或者客户委托，提供证券投资咨询服务

Ⅱ. 举办有关证券投资咨询的讲座、报告会、分析会等

Ⅲ. 在报刊上发表有关证券投资者咨询的文章、评论、报告，以及通过电台、电视台等公众传播媒体提供证券投资咨询服务

Ⅳ. 通过电话、传真、电脑网络等电信设备系统，提供证券投资咨询服务

A. Ⅰ、Ⅱ　　B. Ⅰ、Ⅲ、Ⅳ　　C. Ⅱ、Ⅲ、Ⅳ　　D. Ⅰ、Ⅱ、Ⅲ、Ⅳ

**【答案】** D

**【解析】** 证券投资咨询包括以下形式：接受投资人或者客户委托，提供证券投资咨询服务；举办有关证券投资咨询的讲座、报告会、分析会等；在报刊上发表有关证券投资者咨询的文章、评论、报告，以及通过电台、电视台等公众传播媒体提供证券投资咨询服务；通过电话、传真、电脑网络等电信设备系统，提供证券投资咨询服务；中国证监会认定的其他形式。

## 考点八：证券金融公司的定位与从事转融通业务的管理（☆☆☆）

### 一、证券金融公司的概念

证券金融公司也被称为证券融资公司，是指依法设立的在证券市场上专门从事证券融资业务的法人机构。证券金融公司的产生源于信用交易的发展。

### 二、转融通业务的概念

证券金融公司将自有或者依法筹集的资金和证券出借给证券公司，以供其办理融资融券业务的经营活动。开展转融通业务的目的，是拓宽证券公司融资融券业务资金和证券来源。从事转融通业务及相关活动，应当遵循平等、自愿、公平和诚实信用原则。

### 三、证券金融公司概述

（一）公司设立

1. 证券金融公司的组织形式为股份有限公司，根据国务院的决定设立

2. 注册资本不少于人民币 60 亿元且为实收资本，其股东应当用货币出资

3. 证券金融公司董事、监事和高级管理人员的选任，应当经中国证监会批准

4. 变更名称、注册资本、股东、住所、职责范围，制定或者修改公司章程，设立或者撤销分支机构，应当报中国证监会备案

（二）职责和定位

1. 为证券公司融资融券业务提供资金和证券的转融通服务

2. 对证券公司融资融券业务的运行情况进行监控

3. 监测分析全市场融资融券交易情况，运用市场化手段防控风险

4. 中国证监会规定的其他职责

（三）性质

我国证券金融公司虽规定不以营利为目的，但是因为其开展转融通业务，所以有稳定的营业收入和利润。

（四）开展业务的资金和证券的来源

1. 自有资金和证券

2. 通过证券交易所的业务平台融入的资金和证券

3. 通过证券金融公司的业务平台融入的资金或者依法筹集的其他资金和证券

4. 证券金融公司发行公司债券或向股东或者其他特定投资者借入次级债（证券金融公司借入次级债，应当事先向中国证监会报告，证券金融公司借入的次级债，计入净资本）

**四、业务规则**

（一）证券金融公司开立转融通的证券资金账户

1. 在证券登记结算机构开立

（1）转融通专用证券账户。

（2）转融通担保证券账户。

（3）转融通担保资金账户。

（4）转融通证券交收账户。

（5）转融通资金交收账户。

2. 在商业银行开立

转融通专用资金账户。

（二）适当性管理

证券金融公司应建立客户信用评估机制，对证券公司的信用状况进行评估，并根据评估结果确定和调整对证券公司的授信额度。

（三）业务合同

证券金融公司应当与证券公司签订转融通业务合同，约定转融通的资金数额、标的证券的种类和数量、期限、费率、保证金的比例、证券权益处理办法、违约责任等事项。证券金融公司可根据市场状况和风险控制需要，确定和调整转融通费率和保证金的比例。转融通业务合同标准格式应报中国证监会备案。

证券金融公司可以与证券公司对转融通标的证券暂停交易、终止交易和其他特殊情形下转融通期限的顺延或者缩短作出约定。除上述情形外，证券金融公司向证券公司转融通的期限一般不得超过6个月。转融通的期限，自资金或者证券实际交付之日起算。

（四）证券公司开立转融通证券资金明细账户

（1）转融通担保证券明细账户：转融通担保证券账户的二级账户，用于记载证券公司委托证券金融公司持有的担保证券的明细数据。

（2）转融通担保资金明细账户：转融通担保资金账户的二级账户，用于记载证券公司交存的担保资金的明细数据。

（五）保证金规定

证券金融公司开展转融通业务，应当向证券公司收取一定比例的保证金，确定并公布可充抵保证金证券的种类和折算率。保证金可以证券充抵，但货币资金占应收取保证金的比例不得低于15%。

**五、权益处理**

（一）担保证券的记录以及发行人权利的行使

证券金融公司对转融通担保证券账户内记录的证券，由证券金融公司以自己的名义，行使对证券发行人的权利，但是应当事先征求委托其持有该证券的证券公司意见，并按照其意见办理。

（二）投资收益的处分

证券金融公司融入证券后、归还证券前，或者证券公司向证券金融公司融入证券后、归还证券前，证券发行人分配投资收益、向证券持有人配售或者无偿派发证券、发行证券持有人有优先认购权的证券的，证券金融公司或者证券公司应当按照约定向融出方支付与所融入证券可得利益相等的证券或者资金。

（三）持券信息披露义务

证券金融公司通过转融通担保证券账户持有的证券不计入其自有证券，证券金融公司无须因该账户内证券数量的变动而履行信息报告、披露或者要约收购义务。

## 六、监督管理

1. 证券金融公司转融通业务所形成的各类文件、资料，保存期限不少于20年

2. 证券金融公司应当于每个交易日结束后，公布转融资余额、转融券余额、转融通成交数据以及转融通费率

3. 证券金融公司应当自每一会计年度结束之日起4个月内，向中国证监会报送年度报告，每月结束之日起7个工作日内，向中国证监会报送月度报告

4. 证券金融公司应当遵守的风险控制指标规定

（1）净资本与各项风险资本准备之和的比例不得低于100%；

（2）对单一证券公司转融通的余额，不得超过证券金融公司净资本的50%；

（3）融出的每种证券余额不得超过该证券上市可流通市值的10%；

（4）充抵保证金的每种证券余额不得超过该证券总市值的15%；

（5）证券金融公司应当每年按照税后利润的10%提取风险准备金。

5. 证券金融公司的资金，除用于履行法定职责和维持公司正常运转外，只能用于银行存款，购买国债、证券投资基金份额等经中国证监会认可的高流动性金融产品，购置

自用不动产以及中国证监会认可的其他用途

【例题41】证券金融公司从事转融通业务的，转融通的期限一般不得超过（　　）。

A. 1个月　　B. 3个月　　C. 6个月　　D. 12个月

【答案】C

【解析】证券金融公司向证券公司转融通的期限不得超过6个月。转融通的期限，自资金或者证券实际交付之日起算。

【例题42】下列关于我国证券金融公司的说法，错误的是（　　）。

A. 证券金融公司负有对证券公司融资融券业务运行情况进行监控的职责

B. 证券金融公司开展转融通业务，可以在证券登记结算机构开立普通证券账户买卖

C. 证券金融公司是实行会员制的自律组织，不能产生利润

D. 证券金融公司的组织形式为股份有限公司，不以营利为目的，根据国务院的决定设立

【答案】C

【解析】我国证券金融公司虽规定不以营利为目的，但是因为其开展转融通业务，所以有稳定的营业收入和利润。

【例题43】在转融通业务中，（　　）向证券金融公司借入资金，以供其办理融资融券业务的经营活动。

A. 证券公司　　B. 证券登记结算公司

C. 证券交易所　　D. 证券市场投资者

【答案】A

【解析】转融通业务，是指证券金融公司将自有或者依法筹集的资金和证券出借给证券公司，以供其办理融资融券业务的经营活动。

【例题44】证券金融公司应当遵守的风险控制指标规定中，融出的每种证券余额不得超过该证券上市可流通市值的（　　）。

A. 5%　　B. 10%　　C. 15%　　D. 20%

【答案】B

【解析】证券金融公司应当遵守以下风险控制指标规定：①净资本与各项风险资本准备之和的比例不得低于100%；②对单一证券公司转融通的余额，不得超过证券金融公司净资本的50%；③融出的每种证券余额不得超过该证券上市可流通市值的10%；④充抵保证金的每种证券余额不得超过该证券总市值的15%。

### 考点九：证券服务机构的法律责任和市场准入（☆☆）

#### 一、证券服务机构的法律责任

证券服务机构为证券的发行、上市、交易等证券业务活动制作、出具审计报告及其

他鉴证报告、资产评估报告、财务顾问报告、资信评级报告或者法律意见书等文件，应当勤勉尽责，对所依据的文件资料内容的真实性、准确性、完整性进行核查和验证。证券服务机构应当妥善保存各类文件、资料，保存期限不得少于10年，自委托业务结束之日起算。

**二、市场准入及退出机制**

新《证券法》取消了相关行政许可，将会计师事务所等证券服务机构从事证券服务业务的监管方式由资格审批改为备案。有关行政审批项目取消后，中国证监会将加大事中检查、事后稽查的处罚力度，证券服务机构未勤勉尽责，其所制作、出具的文件有虚假记载、误导性陈述或重大遗漏的，应责令改正，没收业务收入，并处罚款，情节严重的可暂停或者禁止从事证券服务业务。

**【例题45】**证券服务机构应当勤勉尽责，对所依据的文件资料内容的（　　）进行核查和验证。

Ⅰ. 真实性

Ⅱ. 准确性

Ⅲ. 公正性

Ⅳ. 完整性

A. Ⅰ、Ⅱ、Ⅳ　　B. Ⅱ、Ⅲ　　C. Ⅰ、Ⅲ、Ⅳ　　D. Ⅰ、Ⅱ、Ⅲ、Ⅳ

**【答案】**A

**【解析】**根据《证券法》，证券服务机构为证券的发行、上市、交易等证券业务活动制作、出具审计报告及其他鉴证报告、资产评估报告、财务顾问报告、资信评级报告或者法律意见书等文件，应当勤勉尽责，对所依据的文件资料内容的真实性、准确性、完整性进行核查和验证。

**【本节学习提示】**考查重点：

①证券公司的主要业务类型。

②证券公司自营业务的自营范围，经纪业务的概念、投资咨询业务的基本分类、融资融券业务的账户开立体系、IB业务的范围和准入标准。

③证券金融公司的概述及其转融通业务的规则。

## 第四节 自律性组织

### 考点一：证券交易所的定义、特征及主要职能（☆☆☆）

**一、证券交易所的定义**

1. 证券交易所是证券买卖双方公开交易的场所，是一个高度组织化、集中进行证券交易的市场，是整个证券市场的核心

2. 证券交易所本身并不进行证券买卖，也不决定证券价格

3. 证券交易所是为证券交易提供场所和设施，配备必要的管理和服务人员，并对证券交易进行周密的组织和严格的管理，使证券交易顺利进行且有一个稳定、公开、高效的系统

**二、证券交易所的特征**

1. 有固定的交易场所和交易时间

2. 参加交易者为具备会员资格的证券经营机构，交易采取经纪制度，即一般投资者不能直接进入交易所买卖证券，只能委托会员作为经纪人间接进行交易

3. 交易的对象限于达到一定标准的上市证券

4. 通过公开竞价的方式决定交易价格

5. 集中证券的供求双方，具有较高的成交速度和成交率

6. 实行“公开、公平、公正”原则，并对证券交易进行严格管理

**三、证券交易所的主要职能**

1. 提供证券交易的场所、设施和服务

2. 制定和修改证券交易所的业务规则

3. 依法审核公开发行证券申请

4. 审核、安排证券上市交易，决定证券终止上市和重新上市

5. 提供非公开发行证券转让服务

6. 组织和监督证券交易

7. 对会员进行监管

8. 对证券上市交易公司及相关信息披露义务人进行监管

9. 对证券服务机构为证券上市、交易等提供服务的行为进行监管

10. 管理和公布市场信息

11. 开展投资者教育和保护

12. 法律、行政法规规定的以及中国证监会许可、授予或者委托的其他职能

**【例题46】**证券交易所的主要职能包括（　　）。

Ⅰ. 提供证券交易的场所和设施、管理和公布市场信息

Ⅱ. 制定证券交易所的业务规则

Ⅲ. 提供非公开发行证券转让服务

Ⅳ. 对证券上市交易公司及相关信息披露义务人进行监管

A. Ⅰ、Ⅱ、Ⅲ、Ⅳ　　B. Ⅰ、Ⅲ、Ⅳ　　C. Ⅱ、Ⅳ　　D. Ⅰ、Ⅱ、Ⅲ

**【答案】** A

**【解析】** 证券交易所的职能包括：

1. 提供证券交易的场所、设施和服务
2. 制定和修改证券交易所的业务规则
3. 依法审核公开发行证券申请
4. 审核、安排证券上市交易，决定证券终止上市和重新上市
5. 提供非公开发行证券转让服务
6. 组织和监督证券交易
7. 对会员进行监管
8. 对证券上市交易公司及相关信息披露义务人进行监管
9. 对证券服务机构为证券上市、交易等提供服务的行为进行监管
10. 管理和公布市场信息
11. 开展投资者教育和保护
12. 法律、行政法规规定的以及中国证监会许可、授权或者委托的其他职能

## 考点二：证券交易所的组织形式（☆☆）

### 一、公司制

（一）定义

公司制证券交易所是以股份有限公司形式组织并以营利为目的的法人团体，一般由金融机构及各类民营公司组建。

（二）组织架构

1. 股东大会——最高权力机构
2. 董事会——执行机构和经营决策机构
3. 监事会——监督机构
4. 经理层——进行日常的经营管理活动

### 二、会员制

（一）定义

会员制证券交易所是一个由会员自愿组成的、不以营利为目的的社会法人团体。

（二）组织架构

1. 会员大会

2. 理事会

3. 总经理

4. 监事会

## 三、我国证券交易所的相关概念

### （一）设立

1. 我国证券交易所的设立、变更和解散由国务院决定

2. 设立证券交易所必须制定章程，证券交易所章程的制定和修改，必须经国务院证券监督管理机构批准

### （二）我国证券交易所的组织形式

上海证券交易所和深圳证券交易所均采用会员制组织形式，是非营利性的事业法人。

## 四、我国证券交易所组织架构和职能

### （一）会员大会

1. 制定和修改证券交易所章程

2. 选举和罢免会员理事、会员监事

3. 审议和通过理事会、监事会和总经理的工作报告

4. 审议和通过证券交易所的财务预算、决算报告

5. 法律、行政法规、部门规章和证券交易所章程规定的其他重大事项

### （二）理事会

1. 召集会员大会，并向会员大会报告工作

2. 执行会员大会的决议

3. 审定总经理提出的工作计划

4. 审定总经理提出的年度财务预算、决算方案

5. 审定对会员的接纳和退出

6. 审定取消会员资格的纪律处分

7. 审定证券交易所业务规则

8. 审定证券交易所上市新的证券交易品种或者对现有上市证券交易品种作出较大调整

9. 审定证券交易所收费项目、收费标准及收费调整程序

10. 审定证券交易所重大财务管理事项

11. 审定证券交易所重大风险管理和处置事项，管理证券交易所风险基金

12. 审定重大投资者教育和保护工作事项

13. 决定高级管理人员的聘任、解聘及薪酬事项，但中国证监会任免的除外

14. 会员大会授予和证券交易所章程规定的其他职权

（三）总经理

1. 执行会员大会和理事会决议，并向其报告工作

2. 主持证券交易所的日常工作

3. 拟订并组织实施证券交易所工作计划

4. 拟订证券交易所年度财务预算、决算方案

5. 审定业务细则及其他制度性规定

6. 审定除取消会员资格以外的其他纪律处分

7. 审定除应当由理事会审定外的其他财务管理事项

8. 理事会授予的和证券交易所章程规定的其他职权

（四）监事会

1. 检查证券交易所财务

2. 检查证券交易所风险基金的使用和管理情况

3. 监督证券交易所理事、高级管理人员执行职务行为

4. 监督证券交易所遵守法律、行政法规、部门规章和证券交易所章程、协议、业务规则以及风险预防与控制的情况

5. 当理事、高级管理人员的行为损害证券交易所利益时，要求理事、高级管理人员予以纠正

6. 提议召开临时会员大会

7. 提议召开临时理事会

8. 向会员大会提出提案

9. 会员大会授予和证券交易所章程规定的其他职权

**组织架构事务表**

<table>
<tr><th>项目</th><th>会员大会</th><th>理事会</th><th>总经理</th><th>监事会</th></tr>
<tr><td>人数</td><td>—</td><td>7～13 人</td><td rowspan="5">—</td><td>监事会人员≥5 名<br>会员监事≥2 名<br>职工监事≥2 名<br>专职监事≥1 名</td></tr>
<tr><td>召开频率</td><td>1 次/年</td><td>1 次/季度</td><td>1 次/六个月</td></tr>
<tr><td>召集</td><td>理事会</td><td>理事长</td><td>监事长、1/3 以上监事可以提议召开临时监事会会议</td></tr>
<tr><td>主持</td><td>理事长<br>指定的副理事长<br>指定的其他理事</td><td rowspan="2"></td><td>监事长<br>指定的专职监事<br>指定的其他监事</td></tr>
<tr><td>出席比例</td><td>2/3 以上</td><td>—</td></tr>
</table>

续表

| 项目 | 会员大会 | 理事会 | 总经理 | 监事会 |
| --- | --- | --- | --- | --- |
| 高管人数 | — | 理事长 1 人<br>副理事长 1 ~ 2 人 | 总经理<br>副总经理 | 监事长 1 人 |
| 相关人任期 |  | 三年 | 三年 | 三年 |
| 有效表决 | 半数以上 | 2/3 以上 | — | 半数以上 |
| 不得兼任岗 | — | 理事长/总经理 |  | 理事、高管/监事 |
| 产生 |  | 会员理事——会员大会选举<br>非会员理事——中国证监会 | 证监会任免 | 会员监事——会员大会<br>职工监事——职工大会、职工代表大会或者其他形式<br>专职监事——中国证监会委派 |

**【例题 47】**会员制证券交易所设立的机构有（　　）。

Ⅰ. 董事会　　Ⅱ. 理事会　　Ⅲ. 会员大会　　Ⅳ. 监事会

A. Ⅱ、Ⅲ、Ⅳ　　B. Ⅰ、Ⅳ　　C. Ⅰ、Ⅱ、Ⅲ　　D. Ⅰ、Ⅲ、Ⅳ

**【答案】**A

**【解析】**会员制证券交易所是一个由会员自愿组成的、不以营利为目的的社会法人团体。会员制证券交易所设立会员大会、理事会、总经理和监事会。

**【例题 48】**我国证券交易所章程的制定和修改，必须经（　　）批准。

A. 地方人民政府　　B. 全国人大

C. 证券业协会　　D. 国务院证券监督管理机构

**【答案】**D

**【解析】**设立证券交易所必须制定章程，证券交易所章程的制定和修改，必须经国务院证券监督管理机构批准。

## 考点三：我国证券交易所的发展历程（☆）

### 一、旧中国的证券交易所

1. 清朝光绪末年，上海经营外商股票的经纪人组织的“上海股份公所”，这是在旧中国出现的第一家外商经营的证券交易所
2. 1905 年，上海股份公所在中国香港注册登记，定名为“上海众业公所”
3. 1914 年，在上海经营股票交易的商号正式组成“上海股票商业公会”
4. 1918 年，“北京证券交易所”成立
5. 1919 年，“上海交易所”设立
6. 1920 年，“上海交易所”改名为“上海证券物品交易所”
7. 1921 年，“上海股票商业公会”改组成为“上海华商证券交易所”

8. 1929 年，“上海证券物品交易所”并入“上海华商证券交易所”

9. 1937 年，抗日战争全面爆发，“上海华商证券交易所”停业

10. 1943 年 11 月 8 日，“上海华商证券交易所”再次营业

11. 1945 年 8 月 18 日，“上海华商证券交易所”停业解散

12. 1946 年 5 月，国民政府行政院发布训令设立“上海证券交易所”，交易的标的物为公债、股票、公司债，分别设立债券市场和股票市场

13. 1948 年 2 月 15 日，“天津证券交易所”开幕，次日开拍，期初只交易股票，之后上市短期国库券

14. 1948 年 8 月 20 日、21 日，“上海证券交易所”“天津证券交易所”暂停营业

15. 1949 年 5 月，上海解放，“上海证券交易所”停业

16. 1949 年 6 月 4 日，“天津市证券交易所”正式营业

**二、新中国成立初期的证券交易所**

1. 1950 年 2 月，中国人民银行北京市分行成立了“北京证券交易所”

2. 1952 年下半年，天津、北京的证券交易所相继停业清理

**三、改革开放以后的证券交易所**

1. 上海证券交易所于 1990 年 11 月 26 日被批准成立，1990 年 12 月 19 日正式开业

2. 深圳证券交易所于 1989 年 11 月 15 日开始筹建，1991 年 7 月 3 日正式开业

3. 北京证券交易所于 2021 年 9 月 3 日注册成立，是我国第一家公司制证券交易所

**【例题 49】**下列关于证券交易所发展历史的说法，错误的是（　　）。

A. 1929 年国民政府颁发“交易所法”后，上海证券物品交易所并入上海华商证券交易所

B. 改革开放后，我国先后批准成立了“上海证券交易所”和“深圳证券交易所”

C. 新中国成立初期，最早成立的证券交易所是“北京证券交易所”

D. 旧中国出现的第一家外商经营的证券交易所是“上海股份公所”

**【答案】**C

**【解析】**1948 年 2 月 15 日，天津证券交易所举行开幕典礼，次日正式开拍。中国人民银行北京市分行于 1950 年 2 月成立“北京证券交易所”。

### 考点四：中国证券业协会（☆☆）

**一、中国证券业协会的性质**

1. 中国证券业协会是证券业的自律性组织，是社会团体法人
2. 中国证券业协会采取会员制的组织形式，证券公司应当加入中国证券业协会
3. 中国证券业协会章程由会员大会制定，并报中国证监会备案

**二、中国证券业协会的组织机构**

1. 会员大会——最高权力机构
2. 理事会——执行机构
3. 会长（中国证券业协会实行会长负责制）
4. 会员

（1）法定会员

经中国证监会批准设立的证券公司。

（2）普通会员

①证券投资咨询机构。

②证券资信评级机构。

③证券公司私募投资基金子公司。

④证券公司另类投资子公司等机构。

（3）特别会员

①证券交易所。

②金融期货交易所。

③证券登记结算机构。

④证券投资者保护基金公司。

⑤融资融券转融通机构。

⑥各省、自治区、直辖市、计划单列市的证券业自律组织。

⑦依法设立的区域性股权市场运营机构。

⑧协会认可的其他机构。

5. 观察员

（1）信用增进机构。

（2）债券受托管理人。

（3）网下机构投资者。

（4）境外证券类驻华代表处等。

**三、中国证券业协会的宗旨**

（1）遵守国家宪法、法律、法规和经济方针政策，遵守社会道德风尚，坚持中国共产党的领导，在国家对证券业实行集中统一监督管理的前提下，进行证券业自律管理；

（2）发挥政府与证券行业间的桥梁和纽带作用；

（3）为会员服务，维护会员的合法权益；

（4）维护证券业的正当竞争秩序，促进证券市场的公开、公平、公正，推动证券市场的健康稳定发展。

**四、证券业协会的历史沿革**

（1）1991 年 8 月 28 日，中国证券业协会成立，并召开第一次会员大会。

（2）1998 年底颁布的《证券法》，在法律上明确了中国证券业协会作为行业自律组织在证券业管理体制中的地位，以立法的形式明确了中国证券业协会的组织架构、职能与职责等，为中国证券业协会的定位和权利义务关系的确定奠定了法律基础。

（3）1999 年 7 月 1 日《证券法》正式实施后，在中国证监会的领导下，中国证券业协会立即着手依法调整和改组原有的协会组织，并于 1999 年 12 月召开第二届会员大会。

（4）2001 年 8 月，中国证券业协会基金公会成立，行使证券投资基金行业自律管理职能。

（5）2002 年 7 月 2 日，中国证券业协会召开了第三次会员大会。

（6）2002 年 12 月，中国证券业协会证券投资基金业委员会成立。

（7）2011 年初，在《证券投资基金法》修订思想的指导下，中国证券投资基金业协会开始筹备，2012 年 6 月 6 日，中国证券投资基金业协会成立。

（8）2007 年 1 月、2011 年 6 月、2017 年 6 月和 2021 年 5 月，中国证券业协会分别召开了第四、第五、第六、第七次会员大会。

（9）中国证券业协会履行“自律、服务、传导”三大职能。

（10）2020 年 9 月，证监会发布的《关于进一步加强中国证券业协会自律管理职责的意见》提出要坚持自律管理与行政管理的差异化定位，自律管理更加突出前瞻性引导、预防性规范作用；坚持自律措施的市场约束功能，注重构建市场化的自律约束、道德约束、诚信约束、声誉约束机制；坚持行业创新发展与合规风控并重，引导行业机构规范创新，提升资本市场发展活力等。

**五、证券业协会的职责**

（1）教育和组织会员及其从业人员遵守证券法律、行政法规，组织开展证券行业诚信建设和行业文化建设，督促证券行业履行社会责任；

（2）依法维护会员的合法权益，向中国证监会反映会员的建议和要求；

（3）督促会员开展投资者教育和保护活动，维护投资者的合法权益；

（4）制定和实施证券行业自律规则，监督、检查会员及其从业人员行为，对违反法律、行政法规、协会章程、自律规则、业务规范的，按照规定给予纪律处分或者实施其他自律管理措施，组织执业评价，形成声誉激励和约束；

（5）制定证券从业人员道德品行、专业能力水平标准，开展从业人员执业登记，实施从业人员分类分层自律管理；制定非准入类证券从业人员和董事、监事、高级管理人员专业能力水平评价测试规则并具体组织实施；组织从业人员的业务培训；

（6）组织会员就证券业的发展、运作及有关内容进行研究，收集整理、发布证券行业相关信息，提供会员服务，组织行业交流，引导行业创新发展；

（7）调解会员之间、会员与客户之间发生的证券业务纠纷；

（8）对网下投资者、非公开发行公司债券、场外市场及场外衍生品业务进行自律管理；

（9）对会员及会员间开展与证券非公开发行、交易相关业务活动进行自律管理；

（10）组织开展证券业国际交流与合作，代表中国证券业加入相关国际组织，推动相关资质互认并建立资质互认机制；

（11）推动会员加强科技和信息化建设，提高信息安全保障能力，对借助信息技术手段从事的证券业务活动或提供的相关服务进行自律管理；经政府有关部门批准，开展行业科学技术奖励；

（12）法律、行政法规、部门规章、证监会行政规范性文件规定的其他职责；

（13）其他涉及自律、服务、传导的职责。

**【例题 50】**下列关于中国证券业协会的历史沿革，说法错误的是（　　）。

A. 1991 年 8 月 28 日，中国证券业协会成立，并召开第一次会员大会，但在《证券法》颁布以前，中国证券业协会缺乏明确的法律地位和应有的管理权力

B. 1999 年 12 月，中国证券业协会召开第二次会员大会，选举产生了新的领导机构，通过了新的章程，进一步明确将行业自律作为协会工作的首要任务

C. 2011 年初，在中国证券业协会的指导下，证券投资基金专业委员会开始筹备，2012 年 6 月 6 日，中国证券投资基金业协会从证券业协会正式独立出来

D. 2007 年以来，随着证券市场的规范发展和市场监管手段的不断完善，中国证券业协会着力加强行业自律，行业服务和行业基础建设，履行“自律、服务、传导”三大职能，调动和聚集全行业的力量

**【答案】**C

**【解析】**2001 年 8 月，中国证券业协会基金公会成立，行使证券投资基金行业的自律管理职能。2002 年 12 月，中国证券业协会证券投资基金业委员会成立。2007 年，中国证券业协会基金公司会员部成立。2011 年初，在《证券投资基金法》修订思想的指导下，中国证券投资基金业协会开始筹备；2012 年 6 月 6 日，中国证券投资基金业协会成立。

**【例题 51】**下列关于中国证券业协会的说法错误的是（　　）。

A. 中国证券业协会采取会员制的组织形式，最高权力机构是由全体会员组成的会员大会

B. 中国证券业协会是行业自律性组织

C. 中国证券业协会是按有关规定设立的非营利性社会团体法人

D. 中国证券业协会章程由会员大会制定，并报中国证监会批准

**【答案】**D

**【解析】**中国证券业协会采取会员制的组织形式，证券公司应当加入中国证券业协会。中国证券业协会章程由会员大会制定，并报中国证监会备案。

D 选项错误，注意最后两字应当为“备案”。

## 考点五：证券登记结算公司（☆☆）

### 一、历史沿革

2001 年 3 月 30 日，中国证券登记结算有限责任公司成立，原上海证券交易所和深圳证券交易所所属的证券登记结算公司重组为中国证券登记结算有限责任公司的上海分公司和深圳分公司，这标志着全国集中、统一的证券登记结算体制的组织构架基本形成。

### 二、设立条件

1. 自有资金不少于人民币 2 亿元
2. 具有证券登记、存管和结算服务所必需的场所和设施
3. 国务院证券监督管理机构规定的其他条件

注意：证券登记结算公司的名称中应当标明“证券登记结算”字样。证券登记结算公司的章程、业务规则应当经国务院证券监督管理机构批准。

### 三、职能

1. 证券账户、结算账户的设立
2. 证券的存管和过户
3. 证券持有人名册登记
4. 证券交易的清算和交收
5. 受发行人的委托派发证券权益
6. 办理与上述业务有关的查询、信息服务
7. 国务院证券监督管理机构批准的其他业务

### 四、证券登记结算公司的登记结算制度

（一）证券实名制

投资者申请开立证券账户应当保证其提交的开户资料真实、准确、完整。

（二）货银对付的交收制度

货银对付俗称“一手交钱，一手交货”，是指证券登记结算机构与结算参与人在交收过程中，当且仅当资金交付时给付证券、证券交付时给付资金。

（三）分级结算制度和结算参与人制度

我国证券结算采用分级结算制度，在分级结算制度下，只有获得证券登记结算机构结算参与人资格的证券经营机构才能直接进入登记结算系统参与结算业务。

（四）净额结算制度

证券交易结算方式可分为全额结算和净额结算。目前，我国对证券交易所达成的多数证券交易均采取多边净额结算方式。

注意：全额结算是指交易双方对所达成的交易采取逐笔清算方式，并逐笔转移证券和资金；净额结算是指交易双方对所达成的交易采取轧差清算方式，并对轧抵之后的证券和资金的净额进行交付。

举例说明：甲应当支付乙十元，乙应当支付甲五元，全额结算下，甲将十元支付给乙，乙将五元支付给甲，净额结算下，甲支付乙五元的差额。

（五）结算证券和资金的专用性制度

证券登记结算公司按照业务规则收取的各类结算资金和证券，必须存放于专门的清算交收账户，只能按业务规则用于已成交的证券交易的清算、交收，不得被强制执行。

**【例题 52】**（　　）提供沪、深证券交易所上市证券的存管、清算和登记服务。

A. 中国证券业协会　　　　B. 中国证监会派出机构

C. 中国证券监督管理委员会　　　　D. 中国证券登记结算有限责任公司

**【答案】** D

**【解析】** 中国证券市场实行中央登记制度，即证券登记结算业务全部由中国证券登记结算有限责任公司承接，中国证券登记结算有限责任公司提供沪、深证券交易所上市证券的存管、清算和登记服务。

**【例题 53】** 我国的证券登记结算制度不包括（　　）。

A. 结算证券和资金的专用性制度　　　　B. 分级结算制度和结算参与人制度

C. 无负债结算制度　　　　D. 证券实名制

**【答案】** C

**【解析】** 证券登记结算制度：

（1）证券实名制。

（2）货银对付的交收制度。

（3）分级结算制度和结算参与人制度。

（4）净额结算制度。

（5）结算证券和资金的专用性制度。

**【例题 54】**下列关于证券登记结算公司的表述正确的是（ ）。

Ⅰ. 证券登记结算公司的名称中应当标明“证券登记结算”字样

Ⅱ. 证券登记结算采取全国集中统一的运营方式，证券登记结算公司的章程、业务规则应当依法制定

Ⅲ. 设立证券登记结算公司必须经证券业协会批准

Ⅳ. 证券登记结算公司必须具有必备的服务设备和完善的数据安全保护措施；建立完善的业务、财务和安全防范等管理制度；建立完善的风险管理系统

A. Ⅰ、Ⅱ、Ⅳ　　B. Ⅰ、Ⅱ、Ⅲ、Ⅳ

C. Ⅱ、Ⅲ、Ⅳ　　D. Ⅰ、Ⅱ

**【答案】**A

**【解析】**证券登记结算公司的名称中应当标明“证券登记结算”字样。证券登记结算采取全国集中统一的运营方式，证券登记结算公司的章程、业务规则应当依法制定，并经国务院证券监督管理机构批准。

为保证履行职能，证券登记结算公司必须具有必备的服务设备和完善的数据安全保护措施；建立完善的业务、财务和安全防范等管理制度；建立完善的风险管理系统。

设立证券登记结算公司必须经国务院证券监督管理机构批准。

**【例题 55】**证券的清算和（ ）被统称为证券结算。

A. 交收　　B. 清算　　C. 成交　　D. 结算

**【答案】**A

**【解析】**证券的清算和交收被统称为证券结算，包括证券结算和资金结算。

**【本节学习提示】**考查重点：

①证券交易所的类型、组织形式及其职能。

②证券业协会的职能及其发展历程。

③我国证券市场登记结算的相关制度及证券登记结算公司的职能。

# 第五节 投资者保护机构

## 考点一：中国证券投资者保护基金（☆☆☆）

### 一、证券投资者保护基金公司

（一）设立背景

2005 年 8 月 30 日，保护基金公司在国家工商总局注册成立，由国务院出资，财政部一次性拨付注册资金 63 亿元。保护基金公司是负责保护基金筹集、管理和使用，不以营利为目的的国有独资公司，由中国证监会管理。

（二）证券投资者保护基金公司设立的意义

（1）在证券公司出现关闭、破产等重大风险时依据国家政策用于保护投资者权益，通过简捷的渠道快速地对投资者特别是中小投资者予以保护；

（2）有助于稳定市场，防止证券公司个案风险的传递和扩散；

（3）对现有的国家行政监管部门、证券业协会和证券交易所等行业自律组织、市场中介机构等组成的全方位、多层次监管体系的一个重要补充，在监测证券公司风险、推动证券公司积极稳妥地解决遗留问题和处置证券公司风险方面也发挥着重要作用；

（4）为我国建立国际成熟市场通行的证券投资者保护机制搭建了平台，为我国资本市场制度建设向国际化靠拢提供了契机。

（三）证券投资者保护基金公司的职责

1. 筹集、管理和运作基金

2. 监测证券公司风险，参与证券公司风险处置工作

3. 证券公司被撤销、关闭和破产或被证监会采取行政接管、托管经营等强制性监管措施时，按照国家有关政策规定对债权人予以偿付

4. 组织、参与被撤销、关闭或破产证券公司的清算工作

5. 管理和处分受偿资产，维护基金权益

6. 发现证券公司经营管理中出现可能危及投资者利益和证券市场安全的重大风险时，向中国证监会提出监管、处置建议；对证券公司运营中存在的风险隐患会同有关部门建立纠正机制

7. 国务院批准的其他职责

### 二、证券投资者保护基金的来源、使用、监督管理

（一）证券投资者保护基金的来源

（1）上海、深圳证券交易所在风险基金分别达到规定的上限后，交易经手费的 20% 纳入基金。

（2）所有在中国境内注册的证券公司，按其营业收入的0.5%～5%缴纳基金，经营管理或运作水平较差、风险较高的证券公司，应当按较高比例缴纳基金。

（3）发行股票、可转债等证券时，申购冻结资金的利息收入。

（4）依法向有关责任方追偿所得和从证券公司破产清算中受偿收入。

（5）国内外机构、组织及个人的捐赠。

（6）其他合法收入。

注意：证券公司应当缴纳的基金，按照证券公司佣金收入的一定比例预先提取，并由中国证券登记结算有限责任公司代扣代收。不从事证券经纪业务的证券公司，应在每季度后10个工作日内按该季度营业收入和事先核定的比例预缴。每年度审计结束后，确定年度需要缴纳的基金金额并及时向保护基金公司申报清缴。

（二）证券投资者保护基金的使用

（1）证券公司被撤销、被关闭、破产或被中国证监会实施行政接管、托管经营等强制性监管措施时，按照国家有关政策规定对债权人予以偿付。

（2）国务院批准的其他用途。

**三、证券投资者保护基金的监督管理**

1. 中国证监会负责保护基金公司的业务监管，监督基金的筹集、管理与使用

2. 财政部负责保护基金公司的国有资产管理和财务监督

3. 中国人民银行负责对保护基金公司向其借用再贷款资金合规使用情况进行检查监督

4. 基金公司董事会制定保护基金公司日常运营费用具体支取范围、标准及预决算并报财政部审批

5. 保护基金的资金运用限于银行存款、购买国债、中央银行债券（包括中央银行票据）和中央级金融机构发行的金融债券以及国务院批准的其他资金运用形式

**【例题56】** 证券公司被撤销、关闭和破产或被中国证监会实施行政接管、托管经营等强制性监管措施时，按照国家有关政策规定对债权人予以偿付的是（　　）。

A. 证券投资者保护基金　　B. 证券投资基金

C. 开放式基金　　D. 封闭式基金

**【答案】** A

**【解析】** 证券投资者保护基金公司履行以下职责：证券公司被撤销、关闭和破产或被证监会采取行政接管、托管经营等强制性监管措施时，按照国家有关政策规定对债权人予以偿付。

**【例题57】** 下列各项属于保护基金公司职责的有（　　）。

Ⅰ. 筹集、管理和运作基金

Ⅱ. 监测证券公司风险，参与证券公司风险处置工作

Ⅲ. 组织、参与被撤销、关闭或破产证券公司的清算工作

Ⅳ. 管理和处分受偿资产

A. Ⅰ、Ⅱ　　B. Ⅲ、Ⅳ

C. Ⅰ、Ⅱ、Ⅲ、Ⅳ　　D. Ⅰ、Ⅱ、Ⅲ

**【答案】** C

**【解析】** 按照《证券投资者保护基金管理办法》，证券投资者保护基金公司履行以下职责：

（1）筹集、管理和运作基金。

（2）监测证券公司风险，参与证券公司风险处置工作。

（3）证券公司被撤销、关闭和破产或被证监会采取行政接管、托管经营等强制性监管措施时，按照国家有关政策规定对债权人予以偿付。

（4）组织、参与被撤销、关闭或破产证券公司的清算工作。

（5）管理和处分受偿资产，维护基金权益。

（6）发现证券公司经营管理中出现可能危及投资者利益和证券市场安全的重大风险时，向中国证监会提出监管、处置建议；对证券公司运营中存在的风险隐患会同有关部门建立纠正机制。

（7）国务院批准的其他职责。

**【例题 58】** 证券公司应缴纳的证券投资者保护基金，由（　　）代扣代收。

A. 中国证券业协会　　B. 中国证券登记结算有限责任公司

C. 证券交易所　　D. 中国证监会

**【答案】** B

**【解析】** 证券公司应当缴纳的证券投资者保护基金，按照证券公司佣金收入的一定比例预先提取，并由中国证券登记结算有限责任公司代扣代收。

**【例题 59】** 证券投资者保护基金公司设立的意义有（　　）。

Ⅰ. 可以在证券公司出现关闭时保护投资者权益

Ⅱ. 有助于稳定市场，防止证券公司个案风险的传递和扩散

Ⅲ. 可以推动我国其他金融业公司的快速发展

Ⅳ. 有助于我国建立国际成熟市场通行的证券投资者保护机制

A. Ⅰ、Ⅱ、Ⅳ　　B. Ⅰ、Ⅱ、Ⅲ　　C. Ⅱ、Ⅲ、Ⅳ　　D. Ⅰ、Ⅱ、Ⅲ、Ⅳ

**【答案】** A

**【解析】** 国家设立保护基金制度是投资者保护体系的一个重要组成部分。其意义在于：

（1）可以在证券公司出现关闭、破产等重大风险时依据国家政策用于保护投资者权益，通过简捷的渠道快速地对投资者特别是中小投资者予以保护；

（2）有助于稳定市场，防止证券公司个案风险的传递和扩散；

（3）是对现有的国家行政监管部门、证券业协会和证券交易所等行业自律组织、市场中介机构等组成的全方位、多层次监管体系的一个重要补充，在监测证券公司风险、推动证券公司积极稳妥地解决遗留问题和处置证券公司风险方面也发挥着重要作用；

（4）为我国建立国际成熟市场通行的证券投资者保护机制搭建了平台，为我国资本市场制度建设向国际化靠拢提供了契机。

### 考点二：中证中小投资者服务中心（☆）

**一、定义**

1. 中证中小投资者服务中心有限责任公司（简称投服中心）是经中国证监会批准设立并直接管理的证券金融类公益机构，经国家工商总局登记，于2014年12月在上海注册成立

2. 投服中心为公司制法人单位

3. 股东单位为上海证券交易所、深圳证券交易所、上海期货交易所、中国金融期货交易所和中国证券登记结算有限责任公司

**二、投服中心设立的意义**

1. 投服中心的设立是中国证监会完善监管政策，丰富投资者保护体系，切实加强中小投资者合法权益保护工作的重要举措

2. 投服中心的设立是我国资本市场迈向法治化、成熟化进程的重要标志

**三、投服中心的职责**

1. 面向投资者开展公益性宣传和教育

2. 公益性持有证券等品种，以股东身份或证券持有人身份行使权利

3. 受投资者委托，提供调解等纠纷解决服务

4. 为投资者提供公益性诉讼支持及其相关工作

5. 中国投资者网站的建设、管理和运行维护

6. 调查、监测投资者意愿和诉求，开展战略研究与规划

7. 代表投资者，向政府机构、监管部门反映诉求

8. 中国证监会委托的其他业务

**四、投服中心的主要业务**

（一）投资者教育

负责向中小投资者开展“知权、行权、维权”宣传教育。

（二）持股行权

投服中心持有沪深交易所每家上市公司一手股票，行使质询、建议、表决、诉讼等股东权利。

（三）纠纷调解

投服中心纠纷调解工作由中证资本市场法律服务中心有限公司承担。

（四）维权服务

1. 证券支持诉讼

投服中心作为支持机构，选择案件，委派诉讼代理人，支持权益受损的中小投资者依法诉讼维权。

2. 股东诉讼

投服中心作为上市公司的股东，为上市公司利益或自身的合法权益以自己的名义提起的诉讼。

3. 证券代表人诉讼

投服中心作为代表人参加的诉讼。

4. 损失核算业务

投服中心以资本市场独立第三方专业机构身份，接受司法机关及其他市场主体的损失核算委托，依托投资者损失计算软件，运用专业知识，核算投资者损失，并出具损失核定意见的司法辅助行为。

**【例题 60】**中证中小投资者服务中心有限责任公司主要业务之一是持股行权，是指其持有沪深交易所每家上市公司（　　）手股票，行使质询建议、表决、诉讼等股东权利，通过发挥示范作用，引领中小投资者主动行权、依法维权，规范上市公司治理。

A. 10　　　　B. 5　　　　C. 2　　　　D. 1

**【答案】**D

**【解析】**持股行权，是指投服中心持有沪深交易所每家上市公司 1 手股票，行使质询、建议、表决、诉讼等股东权利，通过发挥示范作用，引领中小投资者主动行权、依法维权，规范上市公司治理。

**【例题 61】**中证中小投资者服务中心有限责任公司（投服中心）的成立，在中国证券市场发展史上具有重要的意义，下列关于投服中心成立的意义的说法，错误的是（　　）。

A. 是我国资本市场迈向成熟化进程的重要标志

B. 是我国证券市场监管治理迈向平台化、科学化进程的重要标志

C. 是中国证监会完善监管政策，丰富投资者保护体系，切实加强中小投资者合法权益保护工作的重要举措

D. 是我国资本市场迈向法治化进程的重要标志

**【答案】**B

**【解析】**投服中心的成立，是中国证监会完善监管政策，丰富投资者保护体系，切实加强中小投资者合法权益保护工作的重要举措，也是我国资本市场迈向法治化、成熟

化进程的重要标志。

【本节学习提示】考查重点：

①投资者保护基金的来源、监管。

②中证中小投资者服务中心的职能。

## 第六节　证券市场监管机构

### 考点一：证券市场监管的意义和原则（☆☆）

**一、我国指导证券市场健康发展的方针**

法制、监管、自律、规范。

**二、证券市场监管的意义和原则**

（一）证券市场监管的意义

1. 加强证券市场监管是保障广大投资者合法权益的需要

2. 加强证券市场监管是维护市场良好秩序的需要

3. 加强证券市场监管是发展和完善证券市场体系的需要

4. 准确和全面的信息是证券市场参与者作出发行和交易决策的重要依据

（二）证券市场监管的原则

1. 依法监管原则

2. 保护投资者利益原则

3. “三公”原则

（1）公开原则：要求证券市场具有充分的透明度，要实现市场信息的公开化。

（2）公平原则：要求证券市场不存在歧视，参与市场的主体具有完全平等的权利。

（3）公正原则：要求证券监管机构在公开、公平原则的基础上，对一切被监管对象给予公正待遇。

4. 监督与自律相结合的原则

**【例题62】**证券市场监管的意义在于（　　）。

Ⅰ. 保障广大投资者的合法权益

Ⅱ. 维护市场良好秩序

Ⅲ. 发展和完善证券市场体系

Ⅳ. 保证投资者获取投资收益

A. Ⅲ、Ⅳ　　B. Ⅰ、Ⅱ、Ⅲ　　C. Ⅰ、Ⅱ、Ⅳ　　D. Ⅰ、Ⅱ、Ⅲ、Ⅳ

**【答案】**B

【解析】证券市场监管的意义在于：

（1）加强证券市场监管是保障广大投资者合法权益的需要；

（2）加强证券市场监管是维护市场良好秩序的需要；

（3）加强证券市场监管是发展和完善证券市场体系的需要；

（4）准确和全面的信息是证券市场参与者作出发行和交易决策的重要依据。

**【例题 63】**下列关于保护投资者利益原则的说法，错误的是（　　）。

A. 投资者尤其是中小投资者，由于信息不对称、持股比例小，相对于控股股东和公司管理层处于弱势地位等原因，需要重点保护

B. 严厉打击损害普通中小投资者利益的行为，全力维护市场的“三公”原则，是各国证券监管的首要任务

C. 对证券违法行为的处罚及对证券纠纷事件和争议的处理，都要以保护中小投资者利益为重点

D. 投资者的合法权益受到保护，投资者对市场就有信心，入市的资金和人数就会增加

**【答案】**C

**【解析】**投资者保护不仅关系到资本市场的规范和发展，而且关系到整个经济的稳定增长。投资者，尤其是中小投资者，由于信息不对称、持股比例小，相对于控股股东和公司管理层处于弱势地位等原因，需要重点保护。投资者的合法权益受到保护，投资者对市场就有信心，入市的资金和人数也会增加。因此，严厉打击损害中小投资者利益的行为，全力维护市场的“三公”原则，是各国证券监管的首要任务。

### 考点二：证券市场监管的目标和手段（☆☆）

#### 一、证券市场监管目标

（一）国际证监会组织 1998 年制定的《证券监管目标和原则》公布的目标

（1）保护投资者利益；

（2）保证证券市场的公平、效率和透明；

（3）降低系统性风险。

（二）我国证券市场的监管目标

（1）运用和发挥证券市场机制的积极作用，限制其消极作用；

（2）保护投资者利益，保障合法的证券交易活动，监督证券中介机构依法经营；

（3）防止人为操纵、欺诈等不法行为，维持证券市场的正常秩序；

（4）根据国家宏观经济管理的需要，运用灵活多样的方式，调控证券市场与证券交易规模，引导投资方向，使之与经济发展相适应。

## 二、证券市场监管手段

（一）法律手段

通过建立完善的证券法律、法规体系和严格执法来实现。这是证券市场监管部门的主要手段，具有较强的威慑力和约束力。

（二）经济手段

经济手段是通过运用利率政策、公开市场业务、信贷政策、税收政策等，对证券市场进行干预。这种手段相对比较灵活，但调节过程可能较慢，存在时滞。

（三）行政手段

通过制定政策和计划等对证券市场进行行政干预。这种手段比较直接，但运用不当可能违背市场规律，无法发挥作用甚至遭到惩罚。一般在证券市场发展初期，法制尚不健全、市场机制尚未理顺或遇突发性事件时使用。

**【记忆技巧】**监管的主要手段是“法律手段”，利率政策、公开市场业务、信贷政策、税收政策是经济手段；监管目标中要保证证券市场的“公平、效率和透明”，而不是“公开、公平和公正”。

**【例题64】**下列选项中，不属于国际证监会公布的证券监管目标的是（　　）。

A. 保护投资者利益　　B. 保证证券市场的公平、效率和透明

C. 降低非系统风险　　D. 降低系统性风险

**【答案】**C

**【解析】**国际证监会组织于1998年制定的《证券监管目标和原则》公布了证券监管的三个目标：一是保护投资者利益；二是保证证券市场的公平、效率和透明；三是降低系统性风险。

**【例题65】**证券市场监管的（　　）相对比较灵活，但调节过程可能较慢，存在时滞。

A. 行政手段　　B. 经济手段　　C. 司法手段　　D. 法律手段

**【答案】**B

**【解析】**经济手段是通过运用利率政策、公开市场业务、信贷政策、税收政策等，对证券市场进行干预。这种手段相对比较灵活，但调节过程可能较慢，存在时滞。

**【例题66】**我国证券市场监督管理的主要手段是（　　）。

A. 法律手段　　B. 经济手段　　C. 行政手段　　D. 窗口指导

**【答案】**A

**【解析】**法律手段是通过建立完善的证券法律、法规体系和严格执法来实现的。法律手段是证券市场监管部门的主要手段，具有较强的威慑力和约束力。

## 考点三：证券市场监管机构（☆☆☆）

### 一、监管体系和自律管理体系

1. 国务院证券监督管理机构
2. 国务院证券监督管理机构的派出机构
3. 证券交易所
4. 国务院批准的其他全国性证券交易场所
5. 行业协会
6. 证券投资者保护基金

### 二、国务院证券监督管理机构

（一）中国证券监督管理委员会

中国证券监督管理委员会是国务院直属事业单位，是全国证券、期货市场的主管部门。中国证监会的核心职责为“两维护、一促进”，即维护市场公开、公平、公正，维护投资者特别是中小投资者的合法权益，促进资本市场健康发展。中国证监会成立于1992年10月。

（二）中国证监会派出机构

1. 组成

中国证监会在省、自治区、直辖市和计划单列市设立了36个证券监管局，以及上海、深圳证券监管专员办事处。

2. 职责

（1）根据法律、行政法规规定及中国证监会的授权开展行政许可相关工作，对辖区内上市公司、证券期货经营机构、证券期货投资咨询机构和从事证券业务的律师事务所、会计师事务所、资产评估机构等中介机构的证券期货业务活动进行监督管理，负责辖区内风险防范与处置；

（2）查处辖区内的违法违规案件，开展辖区内投资者教育与保护工作；

（3）中国证监会授予的其他职责。

### 三、国务院证券监督管理机构的职责和权限

（一）核心职责（两维护一促进）

维护证券市场公开、公平、公正，防范系统性风险，维护投资者的合法权益，促进证券市场健康发展。

（二）《证券法》规定的职责

（1）依法制定有关证券市场监督管理的规章、规则，并依法进行审批、核准、注册，办理备案。

（2）依法对证券的发行、上市、交易、登记、存管、结算等行为进行监督管理。

（3）依法对证券发行人、证券公司、证券服务机构、证券交易所、证券登记结算机构的证券业务活动，进行监督管理。

（4）依法制定从事证券业务人员的行为准则，并监督实施。

（5）依法监督检查证券发行、上市和交易的信息披露。

（6）依法对证券业协会的自律管理活动进行指导和监督。

（7）依法监测并防范、处置证券市场风险。

（8）依法开展投资者教育。

（9）依法查处证券违法行为。

（10）法律、行政法规规定的其他职责。

（三）《证券法》给予的权限

（1）对证券发行人、证券公司、证券服务机构、证券交易所、证券登记结算机构进行现场检查。

（2）进入涉嫌违法行为发生场所调查取证。

（3）询问当事人和与被调查事件有关的单位和个人，要求其对与被调查事件有关的事项作出说明；或者要求其按照指定的方式报送与被调查事件有关的文件和资料。

（4）查阅、复制与被调查事件有关的财产权登记、通信记录等文件和资料。

（5）查阅、复制当事人和与被调查事件有关的单位和个人的证券交易记录、登记过户记录、财务会计资料及其他相关文件和资料；对可能被转移、隐匿或者毁损的文件和资料，可予以封存、扣押。

（6）查询当事人和与被调查事件有关的单位和个人的资金账户、证券账户、银行账户以及其他具有支付、托管、结算等功能的账户信息，可以对有关文件和资料进行复制。对有证据证明已经或者可能转移或者隐匿违法资金、证券等涉案财产或者隐匿、伪造、毁损重要证据的，经国务院证券监督管理机构主要负责人批准，可以冻结或者查封，期限为 6 个月；因特殊原因需要延长的，每次延长期限不得超过 3 个月，冻结、查封期限最长不得超过 2 年。

（7）在调查操纵证券市场、内幕交易等重大证券违法行为时，经国务院证券监督管理机构主要负责人批准，可以限制被调查事件当事人的证券买卖，但限制的期限不得超过 3 个月；案情复杂的，可以延长 3 个月。

（8）通知出境入境管理机关依法组织涉嫌违法人员、涉嫌违法单位的主管人员和其他直接责任人员出境。

**【例题 67】**关于证券监督管理机构权限，下列说法正确的有（　　）。

Ⅰ. 证券监督管理机构有权对证券发行人，证券公司、证券服务机构、证券交易场所、证券登记结算机构进行现场检查

Ⅱ. 证券监督管理机构有权询问当事人和与被调查事件有关的单位和个人，要求其

对被调查的事件有关的事项作出说明

Ⅲ. 证券监督管理机构有权查阅、复制当事人和与被调查事件有关的单位和个人的证券交易记录、登记过户记录、财务会计资料及其他相关文件和资料

Ⅳ. 在调查操纵证券市场、内幕交易等重大证券违法行为时，证券监督管理机构可以限制事件当事人的证券买卖，但限制期限不得超过 60 个交易日

A. Ⅰ、Ⅱ、Ⅲ　　B. Ⅰ、Ⅱ、Ⅲ、Ⅳ

C. Ⅰ、Ⅳ　　D. Ⅱ、Ⅲ

**【答案】** A

**【解析】** 国务院证券监督管理机构根据《证券法》依法履行职责，有权采取下列措施：

（1）对证券发行人、证券公司、证券服务机构、证券交易所、证券登记结算机构进行现场检查。

（2）进入涉嫌违法行为发生场所调查取证。

（3）询问当事人和与被调查事件有关的单位和个人，要求其对与被调查事件有关的事项作出说明。

（4）查阅、复制与被调查事件有关的财产权登记、通信记录等资料。

（5）查阅、复制当事人和与被调查事件有关的单位和个人的证券交易记录、登记过户记录、财务会计资料及其他相关文件和资料；对可能被转移、隐匿或者毁损的文件和资料，可予以封存。

（6）查询当事人和与被调查事件有关的单位和个人的资金账户、证券账户、银行账户以及其他具有支付、托管、结算等功能的账户信息，可以对有关文件和资料进行复制。对有证据证明已经或者可能转移或者隐匿违法资金、证券等涉案财产或者隐匿、伪造、毁损重要证据的，经国务院证券监督管理机构主要负责人批准，可以冻结或者查封，期限为 6 个月；因特殊原因需要延长的，每次延长期限不得超过 3 个月，冻结、查封期限最长不得超过 2 年。

（7）在调查操纵证券市场、内幕交易等重大证券违法行为时，经国务院证券监督管理机构主要负责人批准，可以限制被调查事件当事人的证券买卖，但限制的期限不得超过 3 个月；案情复杂的，可以延长 3 个月。

（8）通知出境入境管理机关依法组织涉嫌违法人员、涉嫌违法单位的主管人员和其他直接责任人员出境。

**【例题 68】** 中国证监会的核心职责有（　　）。

Ⅰ. 维护市场公开、公平、公正

Ⅱ. 维护投资者特别是中小投资者的合法权益

Ⅲ. 促进资本市场健康发展

Ⅳ. 保证投资者获取更多收益

A. Ⅰ、Ⅱ、Ⅲ　　B. Ⅰ、Ⅱ、Ⅲ、Ⅳ

C. Ⅰ、Ⅲ、Ⅳ　　D. Ⅱ、Ⅳ

**【答案】** A

**【解析】** 中国证监会的核心职责为“两维护、一促进”，即维护市场公开、公平、公正，维护投资者特别是中小投资者的合法权益，促进资本市场健康发展。

**【本节学习提示】** 考查重点：

①证券监管的原则：依法监管原则；保护投资者利益原则；“三公”原则；监督与自律相结合的原则。

②证券监管的目标：保护投资者利益；保证证券市场公平、高效、透明；降低系统性风险。

③证券监管的手段：法律手段（主要手段）；经济手段（相对灵活）；行政手段（比较直接）。

## 同步真题练习

1. (　　) 是证券市场最广泛的投资者。

A. 机构投资者　　B. 非银行金融机构　　C. 个人投资者　　D. 证券公司

2. 中央银行是代表一国政府发行法偿货币、制定和执行货币政策、实施金融监管的重要机构。中央银行作为证券发行主体，(　　)。

A. 既可以发行股票，也可以发行债券

B. 不可以发行股票，但可以发行债券

C. 可以发行股票，但不可以发行债券

D. 既不可以发行股票，也不可以发行债券

3. 关于金融债券，下列说法正确的有 (　　)。

Ⅰ. 金融债券的利率固定，一般低于同期储蓄利率

Ⅱ. 金融债券表示的是金融机构与金融债券持有者之间的债权债务关系

Ⅲ. 我国金融债券可以为国家大中型建设项目筹措资金

Ⅳ. 金融债券的利息不计复利，不能提前支取

A. Ⅰ、Ⅱ、Ⅲ、Ⅳ　　B. Ⅱ、Ⅲ、Ⅳ　　C. Ⅰ、Ⅲ　　D. Ⅰ、Ⅱ、Ⅳ

4. 下列关于银行业金融机构证券投资范围的表述中，正确的是 (　　)。

A. 可以在中国境内从事证券经营业务　　B. 可以买卖可转换债券

C. 可用自有资金买卖政府债券和金融债券　D. 只可用自有资金投资股票

5. 根据我国现行规定，事业法人可以用来进行证券投资的资金主要有（　　）。

Ⅰ. 自有资金

Ⅱ. 依法募集的资金

Ⅲ. 经授权可以支配的预算内资金

Ⅳ. 有权自行支配的预算外资金

A. Ⅰ、Ⅱ　B. Ⅰ、Ⅳ　C. Ⅱ、Ⅲ　D. Ⅰ、Ⅱ、Ⅳ

6. 按照《证券法》的规定，证券公司可以通过从事（　　）和证券资产管理业务，以自己的名义或代其客户进行证券投资。

A. 债券交易业务　B. 投资银行业务　C. 证券经纪业务　D. 证券自营业务

7. 对证券公司信息报送与披露方面的监管要求包括（　　）。

Ⅰ. 信息公开披露制度

Ⅱ. 信息报送制度

Ⅲ. 董事会会议内容公开制度

Ⅳ. 年报审计监管

A. Ⅰ、Ⅲ　B. Ⅰ、Ⅱ　C. Ⅱ、Ⅲ、Ⅳ　D. Ⅰ、Ⅱ、Ⅳ

8.（　　）是指银行、信托、证券、基金、期货、保险资产管理机构、金融资产投资公司等金融机构接受投资者委托，对受托的投资者财产进行投资和管理的金融服务。

A. 证券承销业务　B. 保荐业务　C. 投资咨询业务　D. 资产管理业务

9. 证券公司受期货公司委托在从事 IB 业务时应当提供的服务包括（　　）。

Ⅰ. 协助办理开户手续

Ⅱ. 提供期货行情信息、交易设施

Ⅲ. 代理期货交易

Ⅳ. 中国证监会规定的其他服务

A. Ⅰ、Ⅲ、Ⅳ　B. Ⅱ、Ⅲ

C. Ⅰ、Ⅱ、Ⅲ、Ⅳ　D. Ⅰ、Ⅱ、Ⅳ

10. 下列关于证券公司提供中间介绍业务的业务规则的说法中，错误的是（　　）。

A. 证券公司应当按照合规、审慎经营的原则，制定并有效执行中间介绍业务规则、内部控制、合规检查等制度

B. 证券公司可以同时接受多个期货公司的委托从事中间介绍业务

C. 期货公司与证券公司应当建立 IB 业务的对接规则

D. 证券公司与期货公司应当独立经营，保持财务、人员、经营场所等分开隔离

11. 做市商通过（　　）向市场提供流动性服务。

A. 发布买卖双向报价　B. 发布唯一报价

C. 发布证券交易的卖价　　D. 发布证券交易的买价

12. 证券登记结算公司的登记结算制度不包括（　　）。

A. 证券实名制　　B. 货银对付的交收制度

C. 净额结算制度　　D. 统一结算制度

13. 证券登记结算公司依据《证券法》履行相关职能，其中不包括（　　）。

A. 受承销人委托派发证券权益　　B. 证券账户、结算账户的设立

C. 证券的存管和过户　　D. 证券持有人名册登记

14. 证券登记结算公司依据《证券法》履行相关职能，下列说法正确的是（　　）。

Ⅰ. 受证券公司委托派发证券权益

Ⅱ. 证券账户、结算账户的设立

Ⅲ. 按照有关规定为符合条件的主体办理相关业务的查询、信息服务

Ⅳ. 证券持有人名册登记

A. Ⅱ、Ⅲ、Ⅳ　　B. Ⅰ、Ⅱ、Ⅲ　　C. Ⅰ、Ⅱ、Ⅳ　　D. Ⅰ、Ⅱ、Ⅲ、Ⅳ

15. 证券交易所的组织形式大致可以分为（　　）。

Ⅰ. 股份制

Ⅱ. 公司制

Ⅲ. 合伙制

Ⅳ. 会员制

A. Ⅰ、Ⅲ、Ⅳ　　B. Ⅱ、Ⅲ

C. Ⅰ、Ⅱ、Ⅲ、Ⅳ　　D. Ⅱ、Ⅳ

16. 我国最早出现的证券交易机构是由外商开办的（　　）。

Ⅰ. 上海股份公所

Ⅱ. 上海众业公所

Ⅲ. 上海证券交易所

Ⅳ. 上海华商证券交易所

A. Ⅱ、Ⅳ　　B. Ⅰ、Ⅲ、Ⅳ　　C. Ⅰ、Ⅱ　　D. Ⅱ、Ⅲ、Ⅳ

17. 下列关于对证券投资者保护基金监督管理的说法，正确的是（　　）。

Ⅰ. 中国证券业协会负责保护基金公司的业务监管，监督基金的筹集、管理和使用

Ⅱ. 保护基金公司日常运营费用按照国家有关规定列支，具体支取范围、标准及预决算等由基金公司董事会制定，报财政部审批

Ⅲ. 保护基金公司应依法合规运作，按照安全、稳健的原则履行对基金的管理职责，保证基金的安全

Ⅳ. 证券公司、托管清算机构应按规定用途使用基金，不得将基金挪作他用

A. Ⅲ、Ⅳ　　B. Ⅰ、Ⅱ、Ⅲ、Ⅳ

C. Ⅱ、Ⅲ、Ⅳ　　D. Ⅰ、Ⅱ

18. 按照《证券投资者保护基金管理办法》，证券投资者保护基金公司履行相关职责，其中不包括（　　）。

A. 监测证券公司风险，参与证券公司风险处置工作

B. 管理和处分受偿资产，维护基金权益

C. 证券公司被撤销、关闭和破产或被证监会采取行政接管、托管经营等强制性措施时，按照国家有关规定对债权人予以偿付

D. 发现证券公司经营管理中出现可能危及投资者利益和证券市场安全的重大风险时，按照有关规定提出处置方案并直接予以处置

19. 下列关于证券监管的说法，错误的是（　　）。

A. 国务院证券监管机构可以和其他国家或者地区的证券监管机构建立监管合作机制，实施跨境监管

B. 中国证监会的核心职责为“两维护、一促进”

C. 我国证券市场的监管体系和自律管理体系包括国务院证券监督管理机构及其派出机构、证券交易所、证券投资者保护基金，自律管理机构不属于该体系

D. 国际证监会组织对于证券监管的目标有三个：保护投资者利益；保证证券市场的公平、效率和透明；降低系统性风险

## 答案与解析

1. **【答案】**C

**【解析】**根据投资者身份，可以将证券投资者分为机构投资者和个人投资者，前者主要包括政府机构类投资者、金融机构类投资者、合格境外机构投资者（QFII）、合格境内机构投资者（QDII）、企业和事业法人类机构投资者以及基金类投资者。个人投资者是证券市场最广泛的投资者。

2. **【答案】**A

**【解析】**中央银行是代表一国政府发行法偿货币、制定和执行货币政策、实施金融监管的重要机构。中央银行作为证券发行主体，主要涉及两类证券：第一类是中央银行股票。在一些国家（如美国），中央银行采取了股份制组织结构，通过发行股票募集资金，但是，中央银行的股东并不享有决定中央银行政策的权利，只能按期收取固定的红利，其股票类似于优先股。第二类是中央银行出于调控货币供给量目的而发行的特殊债券。

3. **【答案】**B

**【解析】**金融债券作为债券的一种特殊类型，具有以下特点：

（1）金融债券表示的是银行等金融机构与金融债券持有者之间的债权债务关系；Ⅱ项正确。

（2）金融债券一般不记名、不挂失，但可以抵押和转让。

（3）我国金融债券的发行对象主要为个人，利息收入可免征个人收入所得税和个人收入调节税。

（4）金融债券的利息不计复利，不能提前支取，延期兑付也不计逾期利息；Ⅳ项正确。

（5）金融债券的利率固定，一般高于同期储蓄利率；Ⅰ项错误。

（6）我国发行过金融债券所筹集的资金一般专款专用，如建设银行曾发行的投资债券，其主要用途就是为国家大、中型建设项目筹措资金；Ⅲ项正确。

4. 【答案】C

【解析】根据《中华人民共和国商业银行法》的规定，银行业金融机构可用自有资金买卖政府债券和金融债券，除国家另有规定外，在中华人民共和国境内不得从事信托投资和证券经营业务，不得向非自用不动产或者非银行金融机构和企业投资。《中华人民共和国外资银行管理条例》规定，外商独资银行、中外合资银行可买卖政府债券、金融债券，买卖股票以外的其他外币有价证券。

5. 【答案】B

【解析】我国现行的规定是，各类企业可参与股票配售，也可投资于股票二级市场；事业法人可用自有资金和有权自行支配的预算外资金进行证券投资。

6. 【答案】D

【解析】按照《中华人民共和国证券法》的规定，证券公司可以通过从事证券自营业务和证券资产管理业务，以自己的名义或代其客户进行证券投资。

7. 【答案】D

【解析】对证券公司信息报送与披露方面的要求包括：（1）信息报送制度；（2）信息公开披露制度，主要为证券公司的基本信息公示和财务信息公开披露；（3）年报审计监管，这是对证券公司进行非现场检查和日常监管的重要手段。

8. 【答案】D

【解析】资产管理业务是指银行、信托、证券、基金、期货、保险资产管理机构、金融资产投资公司等金融机构接受投资者委托，对受托的投资者财产进行投资和管理的金融服务。

9. 【答案】D

【解析】证券公司受期货公司委托从事中间介绍业务，应当提供的服务包括：协助办理开户手续；提供期货行情信息、交易设施；中国证监会规定的其他服务。

证券公司不得代理客户进行期货交易、结算或者交割，不得代期货公司、客户收付期货保证金，不得利用证券资金账户为客户存取、划转期货保证金。

10. 【答案】B

【解析】证券公司只能接受其全资拥有或者控股的，或者被同一机构控制的期货公司的委托从事中间介绍业务，不能接受其他期货公司的委托从事 IB 业务。故 B 项错误。

11. 【答案】A

【解析】根据新《做市业务管理规定》，在全国股转系统中，做市商是指经全国股转公司同意，在全国股转系统发布买卖双向报价，并在其报价数量范围内按其报价履行与投资者成交义务的证券公司或其他机构。

12. 【答案】D

【解析】证券登记结算公司的登记结算制度包括：证券实名制、货银对付的交收制度、分级结算制度和结算参与人制度、净额结算制度、结算证券和资金的专用性制度。

13. 【答案】A

【解析】依据《证券法》，证券登记结算公司履行下列职能：

（一）证券账户、结算账户的设立；

（二）证券的存管和过户；

（三）证券持有人名册登记；

（四）证券交易的清算和交收；

（五）受发行人的委托派发证券权益；

（六）办理与上述业务有关的查询、信息服务；

（七）国务院证券监督管理机构批准的其他业务。

14. 【答案】A

【解析】依据《证券法》第一百四十七条，证券登记结算机构履行下列职能：

（一）证券账户、结算账户的设立；

（二）证券的存管和过户；

（三）证券持有人名册登记；

（四）证券交易的清算和交收；

（五）受发行人的委托派发证券权益；

（六）办理与上述业务有关的查询、信息服务；

（七）国务院证券监督管理机构批准的其他业务。

15. 【答案】D

【解析】证券交易所的组织形式有两种，一种是公司制，另一种是会员制。

16. 【答案】C

【解析】我国最早的证券交易所开创于清朝光绪末年，是由在上海经营外商股票的经纪人组织的“上海股份公所”。这是在旧中国出现的第一家外商经营的证券交易所。

1905 年，上海股份公所在中国香港注册登记，定名为“上海众业公所”。

17. 【答案】C

【解析】Ⅰ项错误，中国证监会负责保护基金公司的业务监管，监督基金的筹集、管理与使用。

Ⅱ项正确，保护基金公司日常运营费用按照国家有关规定列支，具体支取范围、标准及预决算等由基金公司董事会制定，报财政部审批。

Ⅲ项正确，保护基金公司应依法合规运作，按照安全、稳健的原则履行对基金的管理职责，保证基金的安全。

Ⅳ项正确，证券公司、托管清算机构应按规定用途使用基金，不得将基金挪作他用。

18. 【答案】D

【解析】按照《证券投资者保护基金管理办法》，证券投资者保护基金公司履行以下职责：

（1）筹集、管理和运作基金。

（2）监测证券公司风险，参与证券公司风险处置工作。

（3）证券公司被撤销、关闭和破产或被证监会采取行政接管、托管经营等强制性监管措施时，按照国家有关政策规定对债权人予以偿付。

（4）组织、参与被撤销、关闭或破产证券公司的清算工作。

（5）管理和处分受偿资产，维护基金权益。

（6）发现证券公司经营管理中出现可能危及投资者利益和证券市场安全的重大风险时，向中国证监会提出监管、处置建议；对证券公司运营中存在的风险隐患会同有关部门建立纠正机制。

（7）国务院批准的其他职责。

19. 【答案】C

【解析】A 项正确，国务院证券监督管理机构可以和其他国家或者地区的证券监督管理机构建立监督管理合作机制，实施跨境监督管理。

B 项正确，中国证监会的核心职责为“两维护、一促进”。

C 项错误，我国证券市场经过 20 多年的发展，逐步形成了以国务院证券监督管理机构、国务院证券监督管理机构的派出机构、证券交易所、国务院批准的其他全国性证券交易场所、行业协会和证券投资者保护基金为一体的监管体系和自律管理体系。

D 项正确，国际证监会组织于 1998 年制定的《证券监管目标和原则》公布了证券监管的三个目标：一是保护投资者利益；二是保证证券市场的公平、效率和透明；三是降低系统性风险。

## 本章总结

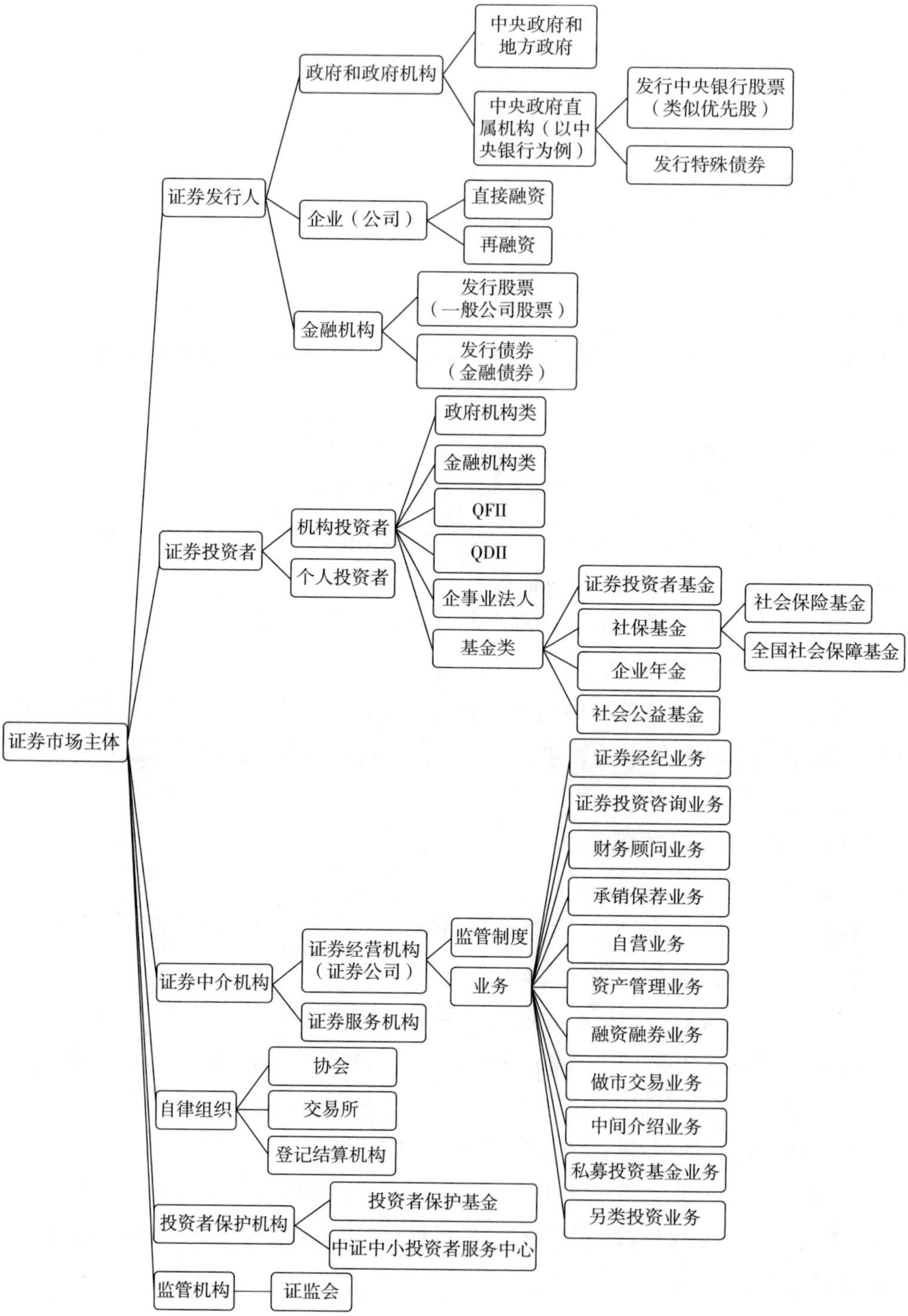

证券市场主体
证券发行人
政府和政府机构
中央政府和地方政府
中央政府直属机构（以中央银行为例）
发行中央银行股票（类似优先股）
发行特殊债券
企业（公司）
直接融资
再融资
金融机构
发行股票（一般公司股票）
发行债券（金融债券）
证券投资者
机构投资者
政府机构类
金融机构类
QFII
QDII
企事业法人
基金类
证券投资者基金
社保基金
社会保险基金
全国社会保障基金
企业年金
社会公益基金
个人投资者
证券中介机构
证券经营机构（证券公司）
监管制度
业务
证券经纪业务
证券投资咨询业务
财务顾问业务
承销保荐业务
自营业务
资产管理业务
融资融券业务
做市交易业务
中间介绍业务
私募投资基金业务
另类投资业务
证券服务机构
自律组织
协会
交易所
登记结算机构
投资者保护机构
投资者保护基金
中证中小投资者服务中心
监管机构
证监会

# 第四章　股　票

## 考情早知道

本章开始将介绍金融市场的工具，知识点布局的逻辑是工具本身的介绍，该工具的发行规则，交易规则以及市场估值，其中，工具本身的介绍会从概念、功能、性质、分类、特点、作用、区别等维度入手，本章涉及大量的金融工程学、经济学、投资学、市场实操等，对于初学者无法通过字面完全理解教材内容，需要配合视频学习，整个章节的分值约占20%。

## 本章知识概览

| 小节 | 考点 | 备考指数 |
| --- | --- | --- |
| 第一节　股票概述 | 股票的定义、性质和特征 | ☆☆☆ |
| | 股票的分类 | ☆☆ |
| | 与股票相关的资本管理概念 | ☆☆☆ |
| | 普通股股东的权利和义务 | ☆☆☆ |
| | 优先股的定义、特征 | ☆☆ |
| | 优先股的分类及各种优先股票的含义 | ☆ |
| | 优先股与普通股、债券及其他股债混合产品的比较 | ☆ |
| | 发行优先股的意义 | ☆☆ |
| | 我国股票的类型 | ☆ |
| 第二节　股票发行 | 股票发行制度 | ☆☆☆ |
| | 新股发行 | ☆☆☆ |
| | 股票退市制度 | ☆☆ |
| 第三节　股票交易 | 证券交易概述 | ☆☆☆ |
| | 股票交易程序 | ☆☆☆ |
| | 股票价格指数 | ☆☆ |

续表

| 小节 | 考点 | 备考指数 |
|---|---|---|
| 第三节 股票交易 | 沪港通、深港通和沪伦通 | ☆☆ |
| | 科创板的有关特别规定 | ☆☆ |
| 第四节 股票估值 | 股票的价值与价格 | ☆☆☆ |
| | 引起股票价格变动的基本因素 | ☆☆ |
| | 影响股价变化的其他因素 | ☆ |
| | 股票投资的主要分析方法 | ☆ |
| | 货币的时间价值、复利、现值、贴现的概念 | ☆☆ |
| | 影响股票投资价值的因素 | ☆☆ |
| | 股票的绝对估值方法 | ☆ |
| | 股票的相对估值方法 | ☆ |

注：本书中“☆”表示知识点的重要程度，其中☆代表了解；☆☆代表理解；☆☆☆代表掌握。

# 考点详解

## 第一节 股票概述

### 考点一：股票的定义、性质和特征（☆☆☆）

**一、历史沿革**

世界上最早出现的股份有限公司是1602年在荷兰成立的东印度公司。

**二、定义**

1. 股票是一种有价证券，是股份有限公司签发的证明股东所持股份和享有权益的凭证

2. 股票实质上代表了股东对股份公司净资产的所有权，这种所有权是一种综合权利

3. 股东凭借股票可以获得公司的股息和红利，参加股东大会并行使自己投票表决、参与公司重大决策等权利，同时也承担相应的责任与风险

4. 股份有限公司的资本划分为股份，每一股份的金额相等

5. 股份的发行实行公平、公正的原则，同种类的每一股份具有同等权利

6. 我国《公司法》规定，股票采用以下形式

（1）纸面形式。

（2）国务院证券监督管理机构规定的其他形式。

7. 股票应当载明的主要事项

（1）公司名称。

（2）公司成立的日期。

（3）股票种类、票面金额及代表的股份数。

（4）股票的编号。

8. 股票由法定代表人签名，公司盖章

9. 发起人的股票应当标明“发起人股票”字样

## 三、性质

（一）股票是有价证券

1. 有价证券是财产价值和财产权利的统一表现形式

2. 股票具有的有价证券特征

（1）股票本身没有价值，但却是一种代表财产权的有价证券，它包含着股东具有依其持有的股票要求股份公司按规定分配股息和红利的请求权；

（2）股票与它代表的财产权有不可分离的关系，二者合为一体，股票的转让就是股东权的转让。

（二）股票是要式证券

股票应具备《公司法》规定的有关内容，如果缺少规定的要件，股票就无法律效力。

（三）股票是证权证券

1. 证券可以分为设权证券和证权证券

2. 设权证券是指证券所代表的权利本来不存在，而是随着证券的制作而产生

3. 证权证券是指证券是权利的一种物化的外在形式，是权利的载体，权利是已经存在的

（四）股票是资本证券

1. 发行股票是股份公司筹措自有资本的手段，股份公司通过发行股票筹措的资金，是公司用于营运的真实资本

2. 股票独立于真实资本之外，在股票市场上进行着独立的价值运动，是一种虚拟资本

（五）股票是综合权利证券

1. 股票不属于物权证券，也不属于债权证券，而是一种综合权利证券

2. 物权证券是指证券持有者对公司的财产有直接支配处理权的证券，债权证券是指证券持有者为公司债权人的证券

3. 股东依法享有资产收益、重大决策、选择管理者等权利

### 四、特征

（一）收益性

（1）收益性是股票最基本的特征，是指股票可以为持有人带来收益的特性。

（2）股票的收益来源：

①来自股份公司，认购股票后，持有者即对发行公司享有公司派发的股息、红利的经济权益，数量多少取决于股份公司的经营状况和盈利水平。

②来自股票流通，股票持有者可以在股票的市场价格高于买入价格时卖出股票，赚取差价收益，这种差价收益被称为资本利得。

（二）价格波动性和风险性

（1）股票价格受公司经营状况、供求关系、银行利率、大众心理等因素的影响，其波动有很大的不确定性，有可能使股票投资者遭受损失。

（2）股票风险是指投资收益的不确定性，或者说实际收益与预期收益之间的偏离。

（三）流动性

（1）流动性是指股票可以通过依法转让而变现的特性，即在本金保持相对稳定、变现的交易成本很小的情况下，股票很容易变现的特性。

（2）通常情况下，大盘股流动性强于小盘股，上市公司股票的流动性强于非上市公司股票，而上市公司股票又可能因市场或监管而受到转让限制，从而具有不同程度的流动性。

（四）永久性

永久性是指股票所载有权利的有效性是始终不变的，因为它是一种无期限的法律凭证。

（五）参与性

参与性是指股票持有人有权参与公司重大决策的特性。普通股股票持有人作为股份公司的股东，有权出席股东大会，选举公司董事会，行使对公司经营决策的参与权。特别股股东相对于普通股股东，根据约定在参与性上有特别权利或特别限制。

**【例题1】**股票应载明的事项主要包括（　　）。

Ⅰ. 公司名称

Ⅱ. 公司成立的日期

Ⅲ. 股票种类

Ⅳ. 票面金额

A. Ⅰ、Ⅲ、Ⅳ　　B. Ⅰ、Ⅱ、Ⅲ　　C. Ⅱ、Ⅳ　　D. Ⅰ、Ⅱ、Ⅲ、Ⅳ

**【答案】**D

**【解析】**我国《公司法》规定，股票采用纸面形式或者国务院证券监督管理机构规定的其他形式。股票应当载明下列主要事项：公司名称；公司成立的日期；股票种类、票面金额及代表的股份数；股票的编号。股票由法定代表人签名，公司盖章。发起人的股票应当标明“发起人股票”字样。

**【例题2】**股票具有（　　）等特征。

Ⅰ. 收益性

Ⅱ. 价格波动性和风险性

Ⅲ. 流动性

Ⅳ. 永久性

A. Ⅰ、Ⅱ、Ⅲ、Ⅳ　B. Ⅰ、Ⅲ、Ⅳ　C. Ⅰ、Ⅱ、Ⅲ　D. Ⅱ、Ⅳ

**【答案】**A

**【解析】**股票作为证明股东所持有公司股份的凭证，具有收益性、价格波动性和风险性、流动性、永久性和参与性。

**【例题3】**以下能够说明“股票具有有价证券的特征”的有（　　）。

Ⅰ. 虽然股票本身没有价值，但股票是一种代表财产权的有价证券，它包含着股东具有依其持有的股票要求股份公司按规定分配股息和红利的请求权

Ⅱ. 股票与它代表的财产权有可分开的关系

Ⅲ. 股票与它代表的财产权有不可分离的关系，它们两者合为一体

Ⅳ. 股票本身存在价值，所以它包含着股东可以依其持有的股票，要求股份公司按规定分配股息和红利的请求权

A. Ⅱ、Ⅳ　B. Ⅰ、Ⅱ、Ⅳ　C. Ⅰ、Ⅲ　D. Ⅰ、Ⅱ、Ⅲ

**【答案】**C

**【解析】**股票具有有价证券的特征：第一，虽然股票本身没有价值，但股票是一种代表财产权的有价证券，它包含着股东具有依其持有的股票要求股份公司按规定分配股息和红利的请求权；第二，股票与它代表的财产权有不可分离的关系，二者合为一体。换言之，行使股票所代表的财产权，必须以持有股票为条件，股东权利的转让应与股票占有的转移同时进行，股票的转让就是股东权的转让。

**【例题4】**关于股票，下列说法错误的是（　　）。

A. 股份有限公司的资本划分为股份，每一份股份的金额相等

B. 同种类的每一股份具有同等权利

C. 股票实质上代表了股东对股份公司净资产的所有权

D. 股票是设权证券

**【答案】**D

**【解析】**D项错误，股票代表的是股东权利，它的发行是以股份的存在为条件的，股票只是把已存在的股东权利表现为证券的形式，它的作用不是创造股东的权利，而是证明股东的权利。所以说，股票是证权证券。

【例题5】股票不是一种现实的资本，股份公司通过发行股票筹措的资金，是公司用于营运的（　　）。

A. 真实资本　　B. 债务资金　　C. 虚拟资本　　D. 应付账款

【答案】A

【解析】股票是虚拟资本，筹措来的资金是真实资本，题干问的是筹措的资金，故选择A。

发行股票是股份公司筹措自有资本的手段，因此，股票是投入股份公司资本份额的证券化，属于资本证券。但是，股票又不是一种现实的资本，股份公司通过发行股票筹措的资金，是公司用于营运的真实资本。股票独立于真实资本之外，在股票市场进行着独立的价值运动，是一种虚拟资本。

## 考点二：股票的分类（☆☆）

### 一、普通股票和特别股票

（一）普通股票

（1）普通股票是指秉持"一股一权"规则之下收益权与表决权无差别、等比例配置的股票。

（2）普通股票是最基本、最常见的一种股票。

（二）特别股票（根据表决权与收益权非等比配置分）

1. 概念

特别股票是指设有特别权利或特别限制的股票。

2. 分类

（1）限制表决权（以优先股为例）。

优先股是一种最常见的特别股票，持有人优先于普通股股东分配公司利润和剩余财产，但参与公司决策管理等权利受到限制。

（2）超级表决权（以金股为例）。

"金股"的表决权主要是赞成、反对或弃权，附着于"金股"之上的"一票否决权"是对表决权本身否定性权利的强化与放大。

（3）被赋予特别参与性权利。

本质上是对普通股票附加了董事选任权。

### 二、记名股票和无记名股票

（一）记名股票

1. 记名股票是指在股票票面和股份公司的股东名册上记载股东姓名的股票

2. 我国《公司法》规定，公司发行的股票可以为记名股票，也可以为无记名股票

3. 股份有限公司向发起人、法人发行的股票，应当为记名股票

4. 股东名册应当记载以下事项

（1）股东的姓名或者名称及住所。

（2）各股东所持股份数。

（3）各股东所持股票的编号。

（4）各股东取得股份的日期。

5. 记名股票的特点

（1）股东权利归属记名股东。

（2）可以一次或分次缴纳出资。

（3）转让相对复杂或受到限制。

①我国《公司法》规定，记名股票由股东以背书方式或者法律、行政法规规定的其他方式转让，转让后由公司将受让人的姓名或者名称及住所记载于股东名册。

②股东大会召开前20日内或者公司决定分配股利的基准日前5日内，不得进行股东名册变更登记。

（4）便于挂失，相对安全。

（二）无记名股票

（1）无记名股票是指在股票票面和股份公司股东名册上均不记载股东姓名的股票，其与记名股票的差别不是在股东权利等方面，而是在股票的记载方式上。

（2）无记名股票发行时一般留有存根联，它在形式上分为以下两部分：

①股票的主体：记载了公司的有关事项，如公司名称、股票所代表的股数等。

②股息票：用于进行股息结算和行使增资权利。

（3）我国《公司法》规定，发行无记名股票的，公司应当记载其股票数量、编号及发行日期。

（4）无记名股票的特点：

①股东权利归属股票的持有人。

②认购股票时要求一次缴纳出资。

③转让相对简便。

④安全性较差。

**三、有面额股票和无面额股票**

（一）有面额股票

（1）有面额股票是指在股票票面上记载一定金额的股票，这一记载的金额也被称为票面金额、票面价值或股票面值。

（2）股票票面金额的计算方法是用资本总额除以股份数。很多国家是通过法规予以直接规定，而且一般是限定了这类股票的最低票面金额。

（3）同次发行的有面额股票的每股票面金额是相等的，票面金额一般以国家主币为单位。

（4）有面额股票的特点：

①可以明确表示每一股所代表的股权比例。

②为股票发行价格的确定提供依据，我国《公司法》规定，股票发行价格可以按票面金额，也可以超过票面金额，但不得低于票面金额。

（二）无面额股票

（1）无面额股票也被称为比例股票或份额股票，是指在股票票面上不记载股票面额，只注明它在公司总股本中所占比例的股票。

（2）无面额股票的价值随股份公司每股净资产和预期每股收益的增减而增减。

（3）20 世纪早期，美国纽约州最先通过法律，允许发行无面额股票。

（4）目前世界上很多国家（包括中国）的公司法规定不允许发行。

（5）无面额股票的特点：

①发行或转让价格较灵活。

②便于股票分割。

**四、各股票代码规则（开头三位数）**

（一）上海证券交易所

A 股：600、601、603、605

B 股：900

科创板：688

（二）深圳证券交易所

A 股：000

B 股：200

中小板：002

创业板：300、301

注意：B 股，即人民币特种股，是由中国境内注册、上市的公司发行，以人民币标面值的股票，但以其他货币认购和交易的股票，1991 年 11 月，上海真空电子器件股份有限公司向海外投资者发行面值 100 元人民币、总共 100 万股的人民币特种股票，并于 1992 年 2 月在上交所上市。这是中国证券市场的第一只 B 股。

**【例题 6】**股票按股东享有权利的不同，可以分为（　　）。

Ⅰ. 记名股票

Ⅱ. 普通股票

Ⅲ. 不记名股票

Ⅳ. 特别股票

A. Ⅰ、Ⅱ　　B. Ⅰ、Ⅱ、Ⅲ　　C. Ⅱ、Ⅳ　　D. Ⅰ、Ⅲ、Ⅳ

**【答案】**C

**【解析】**按股东享有权利的不同，股票可以分为普通股票和特别股票。普通股票是指秉持"一股一权"规则之下收益权与表决权无差别、等比例配置的股票。普通股票是最基本、最常见的一种股票，其持有者享有股东的基本权利和义务。特别股票是指设有特别权利或特别限制的股票。优先股就是一种最常见的特别股票，持有人优先于普通股股东分配公司利润和剩余财产，但参与公司决策管理等权利受到限制。

按是否记载股东姓名，股票可以分为记名股票和无记名股票。

**【例题7】**最先通过法律，允许发行无面额股票的国家是（　　）。

A. 美国　　B. 英国　　C. 日本　　D. 德国

**【答案】**A

**【解析】**20世纪早期，美国纽约州最先通过法律，允许发行无面额股票，以后美国其他州和其他一些国家相继仿效，但目前世界上很多国家（包括中国）的公司法规定不允许发行这种股票。

**【例题8】**根据《公司法》规定，股份有限公司向发起人、法人发行的股票，应当为（　　）。

A. 记名股票　　B. 优先股票

C. 无记名股票　　D. 记名股票或无记名股票

**【答案】**A

**【解析】**股份有限公司向发起人、法人发行的股票，应当为记名股票，并应当记载该发起人、法人的名称或者姓名，不得另立户名或者以代表人姓名记名。

## 考点三：与股票相关的资本管理概念（☆☆☆）

### 一、股利政策

（一）概念

股利政策是关于股份公司是否发放股利、发放多少股利以及何时发放股利等方面的制度与政策，所涉及的主要是股份公司对其收益进行分配还是留存以用于再投资的策略问题。

（二）指导意义

股利政策体现了公司的发展战略和经营思路，稳定可预测的股利政策有利于股东利益最大化，是股份公司稳健经营的重要指标。

（三）实务中的股利政策分类

1. 固定股利政策

公司每年支付固定的或者稳定增长的股利。

2. 固定股利支付率政策

公司每年发放的每股现金股利与每股收益保持固定的比率关系。

3. 零股利政策

将公司所有收益全部投资于本公司用于内部积累。

4. 剩余股利政策

现金优先用于公司投资需要，只有在满足该需要后有剩余，剩余的部分才用来发放股利。

（四）股利分配的形式

1. 现金股利（也被称为派现）

（1）股份公司以现金分红方式将盈余公积和当期应付利润的部分或全部发放给股东。

（2）通常把那些经营业绩较好、具有稳定且较高的现金股利支付的公司股票称为蓝筹股。

2. 股票股利（也被称为送股）

（1）股份公司对原有股东无偿派发股票的行为。

（2）送股时，股份公司将留存收益转入股本账户，留存收益包括盈余公积和未分配利润，现实中股份公司一般只将未分配利润部分转入股本账户。

（3）送股后，股东持有的股份数量增长，在公司中占有的权益比例和账面价值均无变化。

3. 股利分配的 4 个相关日期

（1）股利宣布日：公司董事会将分红派息的消息公布于众的时间。

（2）股权登记日：统计和确认参加本期股利分配的股东的日期。

（3）除权除息日：通常为股权登记日之后的 1 个工作日，本日之后（含本日）买入的股票不再享有本期股利。

（4）派发日：股利正式发放给股东的日期。

注意：除息是指证券不再含有最近已宣布发放的股息（现金股利），除权是指证券不再含有最近已宣布的送股、配股及转增权益。例如，前收盘 10 元/股的股票，如果每股派现金 1 元/股，除息价即为 10 - 1 = 9 元/股，如果每 10 股送 10 股，则实质是每持有 1 股送 1 股，相当于 10 元有了两股，那么除权价为 10/2 = 5 元。

## 二、股份变动

（一）增发和定向增发

1. 增发是股份公司向不特定对象公开募集股份的行为

2. 定向增发是股份公司采用非公开方式向特定对象发行股票的行为

注意：增发或定向增发之后，公司注册资本和股份相应增加，若会计期内增量资本未能产生相应效益，将导致每股收益下降，则被称为稀释效应，会导致股价下跌。

（二）配股

上市公司向原股东配售股份的行为。原股东可以参与配股，也可以放弃配股权。

例如，某股东持有某股票 1 000 股，股利政策为 10 配 3，配股价 5 元，则意味着不管股票的市场价格为多少，原股东都可以以 5 元每股的价格再买 300 股。

（三）资本公积金转增股本

（1）资本公积金转增股本是指在股东权益内部，把资本公积金转入股本账户，并按照投资者所持有公司股份份额比例的大小分到各个投资者的账户中，以此增加每个投资者的投入资本。

（2）资本公积金是在公司的生产经营之外，由资本、资产本身及其他原因形成的股东权益收入。股份公司的资本公积金主要来源于股票发行的溢价收入、接受的赠与、资产增值、因合并而接受其他公司资产净额等，股票发行溢价是上市公司最常见、最主要的资本公积金来源。

（3）资本公积金转增股本以后，股东权益总量和每位股东占公司的股份比例均未发生变化，唯一的变动是发行在外的股份总数增加了。

（四）股份回购

股份回购是指股份公司利用自有资金买回发行在外股份的行为，通常会导致公司股价上涨。

（五）可转换债券转换为股票

可转换债券转换为股票，公司收回并注销发行的可转换债券，同时发行新股。此时，公司的实收资本和股份总数增加，由于稀释效应，有可能导致股价下跌。

（六）股票分割和合并

（1）股票分割又被称为拆股、拆细，是将 1 股股票均等地拆成若干股，通常适用于高价股。

（2）股票合并又被称为并股，是将若干股股票合并为 1 股，常见于低价股。

注意：从理论上说，不论是分割还是合并，将增加或减少股份总数和股东持有股票的数量，但并不改变公司的实收资本和每位股东所持股东权益占公司全部股东权益的比重。

**【例题 9】**下列关于股利政策的说法中，错误的是（　　）。

A. 股利政策体现了公司的发展战略和经营思路

B. 股利政策是股份公司稳健经营的重要指标

C. 股利政策是股份公司资本管理事项中经常涉及的一个与股票相关的资本管理概念

D. 稳定可预测的股利政策与股东利益最大化为负相关

**【答案】**D

**【解析】**股利政策是关于股份公司是否发放股利、发放多少股利以及何时发放股利等方面的制度与政策，所涉及的主要是股份公司对其收益进行分配还是留存以用于再投资的策略问题。股利政策体现了公司的发展战略和经营思路，稳定可预测的股利政策有利于股东利益最大化，是股份公司稳健经营的重要指标。

**【例题 10】**下列关于派发股利的说法，正确的有（　　）。

Ⅰ. 股利宣告日，即公司董事会将分红派息的消息公布于众的时间

Ⅱ. 股权登记日，即统计和确认参加本期股利分配的股东的日期

Ⅲ. 除息除权日，通常为股权登记日之后的三个工作日

Ⅳ. 股利派发日，即股利正式发放给股东的日期

A. Ⅰ、Ⅱ、Ⅲ、Ⅳ　B. Ⅰ、Ⅱ　C. Ⅲ、Ⅳ　D. Ⅰ、Ⅱ、Ⅳ

**【答案】** D

**【解析】** 股利宣告日，即公司董事会将分红派息的消息公布于众的时间。

股权登记日，即统计和确认参加本期股利分配的股东的日期，在此日期持有公司股票的股东方能享受股利发放。

除息除权日，通常为股权登记日之后的1个工作日，本日之后（含本日）买入的股票不再享有本期股利。

股利派发日，即股利正式发放给股东的日期。根据证券存管和资金划转的效率不同，通常会在几个工作日之内到达股东账户。

**【例题11】** 以下关于股票分割与合并的说法，错误的是（　　）。

A. 理论上，股票分割与合并，不改变每位股东所持股东权益占公司全部股东权益的比重

B. 理论上，股票分割与合并都不会影响股东所持股票的市值

C. 实践中，股票分割与合并通常会刺激股价上升或下降

D. 股票合并后，对股票的流动性和估值均不会产生影响

**【答案】** D

**【解析】** 并股后，流动性有可能提高，导致估值上调。

### 考点四：普通股股东的权利和义务（☆☆☆）

#### 一、普通股股东的权利

（一）公司重大决策参与权（首要权利）

1. 普通股股东行使权利的途径是参加股东大会，行使表决权

2. 股东大会由全体股东组成，是公司的权力机构，应当每年召开一次年会

3. 应当在两个月内召开临时股东大会的情形

（1）董事人数不足《公司法》规定人数或者公司章程所定人数的三分之二；

（2）公司未弥补的亏损达实收股本总额的三分之一；

（3）单独或者合计持有公司百分之十以上股份的股东请求；

（4）董事会认为有必要；

（5）监事会提议召开时；

（6）公司章程规定的其他情形。

4. 股东出席股东大会会议，所持每一股份有一表决权，公司持有的本公司股份没有

表决权

5. 股东大会作出一般决议，必须经出席会议的股东所持表决权过半数通过

6. 股东大会作出以下决议，必须经出席会议的股东所持表决权的三分之二以上通过

（1）修改公司章程。

（2）增加或者减少注册资本的决议。

（3）公司合并、分立、解散。

（4）变更公司形式。

7. 股东大会选举董事、监事，可以依照公司章程的规定或者股东大会的决议，实行累积投票制，即每一股份拥有与应选董事或者监事人数相同的表决权，股东拥有的表决权可以集中使用

8. 股东可以委托代理人出席股东大会会议，代理人应当向公司提交股东授权委托书，并在授权范围内行使表决权

（二）公司资产收益权和剩余资产分配权

1. 资产收益权

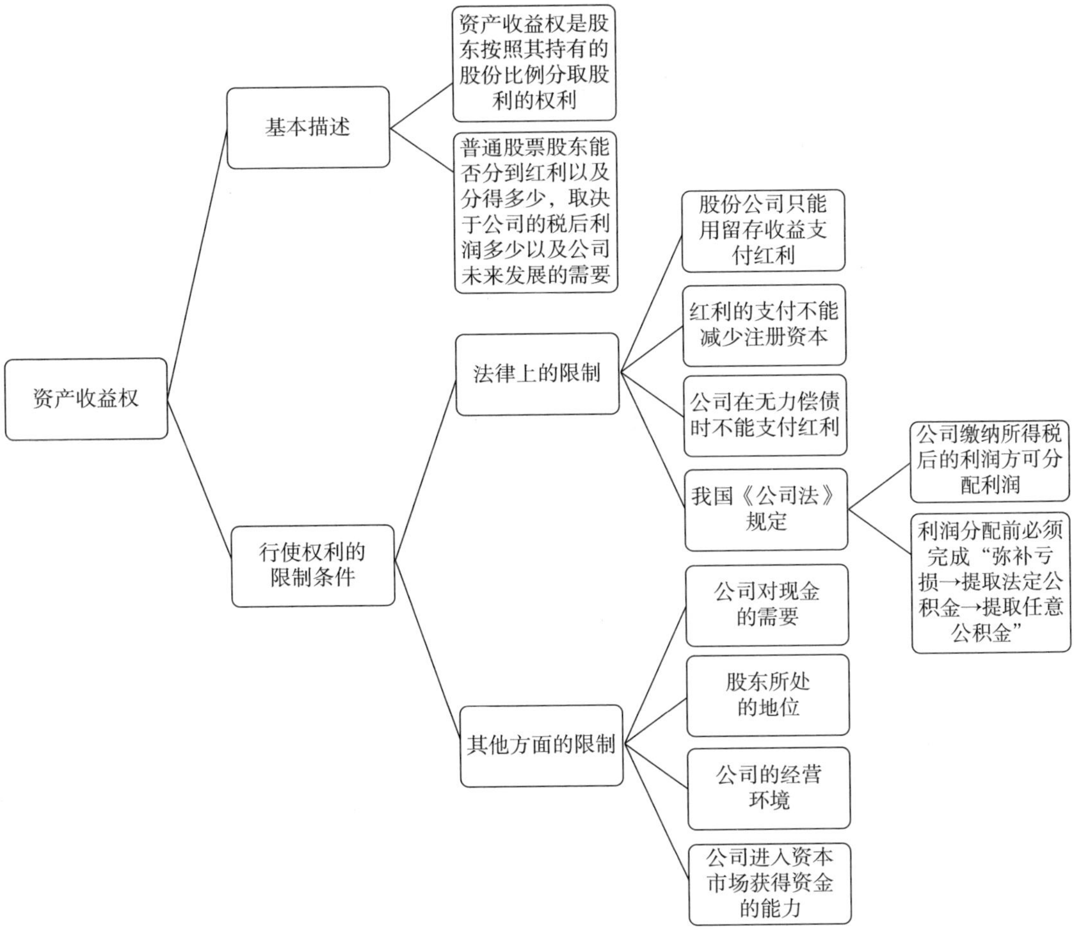

2. 剩余财产分配权

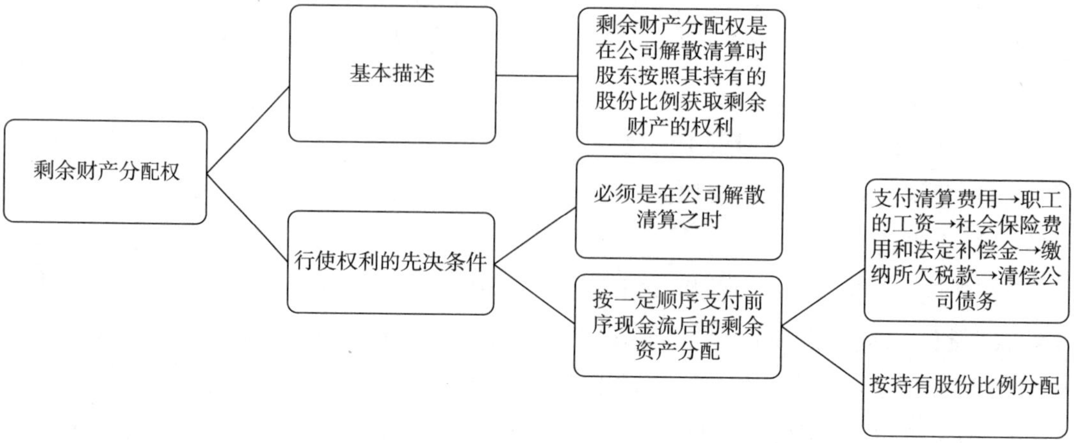


3. 其他权利

(1) 知情权。我国《公司法》赋予股东有权查阅以下公司信息：

①公司章程。

②股东名册。

③公司债券存根。

④股东大会会议记录。

⑤董事会会议决议。

⑥监事会会议决议。

⑦财务会计报告。

注意：股东可以对公司的经营提出建议或者质询。

(2) 处置权：股东持有的股份可依法转让。

(3) 优先认股权。

优先认股权是指当股份公司为增加公司资本而决定增加发行新的股票时，原普通股股东享有的按其持股比例，以低于市价的某一特定价格优先认购一定数量新发行股票的权利。享有优先认股权的股东可以有行使此权利来认购新发行的普通股、将该权利转让给他人，从中获得一定的报酬以及不行使此权利听任其过期失效三种选择。

## 二、义务

(一) 出资义务

1. 出资的标的

(1) 货币出资。

(2) 可以用货币估价并可以依法转让的非货币财产：

①实物。

②知识产权。

③土地使用权等。

注意：对作为出资的非货币财产应当评估作价，核实财产，不得高估或者低估作价。

2. 相关责任

（1）股份公司成立后，发起人未按照公司章程的规定缴足出资的，应当补缴，其他发起人承担连带责任。

（2）股份公司成立后，发现作为设立公司出资的非货币财产的实际价额显著低于公司章程所定价额的，应当由交付该出资的发起人补足其差额，其他发起人承担连带责任。

（二）不得滥用股东权利的义务

（1）公司股东不得滥用股东权利损害公司或其他股东的利益，因滥用给公司或者其他股东造成损失的，应当依法承担赔偿责任。

（2）公司股东不得滥用公司法人独立地位和股东有限责任损害公司债权人利益，因滥用逃避债务，严重损害公司债权人利益的，应当对公司债务承担连带责任。

（3）公司的控股股东、实际控制人不得利用其关联关系损害公司利益，由此给公司造成损失的，应当承担赔偿责任。

**【例题 12】**根据我国《公司法》的规定，下列可以作为股东出资的是（　　）。

A. 信用　　B. 知识产权　　C. 债务　　D. 商誉

**【答案】**B

**【解析】**股东可以用货币出资，也可以用实物、知识产权、土地使用权等可以用货币估价并可以依法转让的非货币财产作价出资。

**【例题 13】**享有优先认股权的股东可以（　　）。

Ⅰ. 通过行使此权利来认购新发行的普通股票

Ⅱ. 将该权利转让给他人，从中获得一定的报酬

Ⅲ. 按超出其持股比例 5% 以内的数量，优先认购一定数量的新发行股票

Ⅳ. 不行使此权利而听任其过期失效

A. Ⅰ、Ⅳ　　B. Ⅰ、Ⅱ、Ⅲ、Ⅳ

C. Ⅰ、Ⅱ、Ⅳ　　D. Ⅱ、Ⅲ、Ⅳ

**【答案】**C

**【解析】**享有优先认股权的股东可以有三种选择：（1）通过行使此权利来认购新发行的普通股票。（2）将该权利转让给他人，从中获得一定的报酬。（3）不行使此权利而听任其过期失效。

**【例题 14】**普通股股东行使剩余财产分配权有一定的先决条件，下列与先决条件有关说法正确的是（　　）。

Ⅰ. 普通股股东要求分配公司资产的权利不是任意的，必须在公司解散清算之时

Ⅱ. 公司财产未按照规定清偿前，不得分配给股东

Ⅲ. 公司财产的法定清偿包括支付清算费用、职工的工资、社会保险费用和法定补偿金，缴纳所欠税款，清偿公司债务

Ⅳ. 公司财产经法定清偿后的剩余财产，不按照股东持有的股份比例进行分配

A. Ⅰ、Ⅱ、Ⅲ、Ⅳ　B. Ⅰ、Ⅲ、Ⅳ　C. Ⅰ、Ⅱ、Ⅲ　D. Ⅱ、Ⅳ

**【答案】** C

**【解析】** 普通股票股东行使剩余财产分配权也有一定的先决条件。第一，普通股票股东要求分配公司资产的权利不是任意的，必须是在公司解散清算之时；第二，公司的剩余资产在分配给股东之前，一般应按下列顺序支付：支付清算费用，支付公司员工工资和劳动保险费用，缴付所欠税款，清偿公司债务；如还有剩余资产，再按照股东持股比例分配给各股东。我国《公司法》规定，公司财产在分别支付清算费用、职工的工资、社会保险费用和法定补偿金，缴纳所欠税款，清偿公司债务后的剩余财产，按照股东持有的股份比例分配。公司财产在未按照规定清偿前，不得分配给股东。

## 考点五：优先股的定义、特征（☆☆）

### 一、优先股的定义

优先股是指依照公司法，在一般规定的普通种类股份之外，另行规定的其他种类股份，其股份持有人优先于普通股股东分配公司利润和剩余财产，但参与公司决策管理等权利受到限制。

### 二、优先股股东的优先权利

1. 具有固定的股息（类似债券），并须在派发普通股股息之前派发

2. 在破产清算时，优先股股东对公司剩余财产的权利先于普通股股东，但在债权人之后

### 三、优先股股东的受限权利

1. 优先股股东对公司日常经营管理事务没有表决权

2. 根据《国务院关于开展优先股试点的指导意见》，优先股股东在以下两种情况下具有表决权

（1）公司对与优先股股东利益切身相关的重大事项进行表决时

①优先股股东与普通股分类表决，这类表决可以被称为优先股股东“固有的表决权”。

②除须经出席会议的普通股股东所持表决权的2/3以上通过之外，还须经出席会议的优先股股东所持表决权的2/3以上通过的事项有：

1）修改公司章程中与优先股相关的内容；

2）一次或累计减少公司注册资本超过10%；

3）公司合并、分立、解散或变更公司形式；

4）发行优先股；

5）公司章程规定的其他情形。

（2）公司长期未按约定分配股息

优先股股东恢复到与普通股股东同样的表决权，可以参与公司经营决策，与普通股一同参加投票，这类表决权可以称为优先股“恢复的表决权”。

注意：公司累计3个会计年度或连续2个会计年度未按约定支付优先股股息的，优先股股东可以享有公司章程规定的表决权，但并不是一直存在的，当公司全额支付所欠优先股股息时，优先股股东将不再享有这类表决权。

**四、优先股的特征**

1. 优先股收益相对固定

2. 优先股可以先于普通股获得股息

3. 优先股的清偿顺序先于普通股，而次于债权人

4. 优先股的权利范围小

注意：公司经营情况复杂多变，如果公司当年没有足够利润可以向优先股股东支付股息，优先股股东当年的固定收益也就落空了。

**【例题15】**优先股只有在以下特殊环境下才有表决权（　　）。

A. 普通股票股东缺席时

B. 经董事会表决准许后

C. 讨论涉及优先股票股东权益的议案时

D. 经监事会允许后

**【答案】**C

**【解析】**虽然优先股股东一般不参与公司经营决策，表决权受到限制，但并不代表优先股股东没有表决权。根据《国务院关于开展优先股试点的指导意见》，优先股股东在以下两种情况下具有表决权。一种情况是公司对与优先股股东利益切身相关的重大事项进行表决时，优先股股东享有表决权。另一种情况是由于公司长期未按约定分配股息，优先股股东恢复到与普通股股东同样的表决权。

## 考点六：优先股的分类及各种优先股票的含义（☆）

（一）固定股息率优先股和浮动股息率优先股

股息率优先股存续期内不作调整的，被称为固定股息率优先股，而根据约定的计算方法进行调整的，被称为浮动股息率优先股。

（二）强制分红优先股和非强制分红优先股

公司可以在章程中规定，在有可分配税后利润时必须向优先股股东分配利润的，是强制分红优先股，否则即为非强制分红优先股。

（三）可累积优先股和非累积优先股

累积优先股是指公司在某一时期所获盈利不足，导致当年可分配利润不足以支付优先股股息时，则将应付股息累积到次年或以后某一年盈利时，在普通股的股息发放之前，连同本年优先股股息一并发放。非累积优先股则是指公司不足以支付优先股的全部股息时，对所欠股息部分，优先股股东不能要求公司在以后年度补发。

（四）参与优先股和非参与优先股

持有人只能获取一定股息但不能参加公司额外分红的优先股，被称为非参与优先股；持有人除可按规定的股息率优先获得股息外，还可与普通股股东分享公司剩余收益的优先股，被称为参与优先股。

（五）可转换优先股和不可转换优先股

可转换优先股是指在规定的时间内，优先股股东或发行人可以按照一定的转换比率把优先股换成该公司普通股，否则是不可转换优先股。

（六）可回购优先股和不可回购优先股

可回购优先股是指允许发行公司按发行价加上一定比例的补偿收益回购优先股，公司通常在认为可以用较低股息率发行新的优先股时，就可用此方法回购已发行的优先股股票，而不附有回购条款的优先股则被称为不可回购优先股。

**【例题 16】** 优先股根据不同的附加条件，可以分为（　　）。

Ⅰ. 参与优先股票和非参与优先股票

Ⅱ. 可转换优先股票和不可转换优先股票

Ⅲ. 可回购优先股票和不可回购优先股票

Ⅳ. 浮动股息率优先股票和固定股息率优先股票

A. Ⅰ、Ⅱ、Ⅳ　　B. Ⅰ、Ⅱ、Ⅲ、Ⅳ

C. Ⅱ、Ⅲ　　D. Ⅰ、Ⅲ、Ⅳ

**【答案】** B

**【解析】** 优先股根据不同附加条件，主要可以分为：①固定股息率优先股和浮动股息率优先股；②强制分红优先股和非强制分红优先股；③可累积优先股和非累积优先股；④参与优先股和非参与优先股；⑤可转换优先股和不可转换优先股；⑥可回购优先股和不可回购优先股。

### 考点七：优先股与普通股、债券及其他股债混合产品的比较（☆）

#### 一、优先股与普通股的区别

1. 普通股股东可以全面参与公司的经营管理，而优先股股东一般不参与公司的日常经营管理，不参与股东大会投票

2. 相对于普通股股东，优先股股东在公司利润和剩余财产的分配上享有优先权

3. 普通股股东的股息收益并不固定，而优先股的股息收益一般是固定的

4. 普通股股东除了获取股息收益外，收益来源二级市场价格上涨也是重要的，而优先股的二级市场股价波动相对较小，依靠买卖价差获利的空间也较小

5. 普通股股东不能要求退股，只能在二级市场上变现退出，如有约定，优先股股东可依约将股票回售给公司

**二、优先股和债券的区别**

1. 优先股的法律属性还是股票

2. 优先股没有到期的概念

发行人没有偿还本金的压力，而除了永续债券这种特殊的混合证券外，绝大多数债券需要到期还本付息。

3. 优先股的股息收益不确定性大于债券

公司出现亏损或者利润不足支付优先股股息时，如有约定，可将所欠股息累积到下一年度、恢复表决权直至公司支付所欠股息等，债券不按时还本付息构成违约，公司有破产风险。

4. 股息来源于税后利润，债券利息来源于税前利润

**三、优先股和其他股债混合产品的区别**

（一）优先股和可转债

1. 优先股没有固定到期日，可转债一般不超过六年

2. 可转债转换成普通股，转股后在股东表决权、利润分配及剩余财产分配上均不同于优先股投资者

（二）优先股和永续债券

1. 优先股投资者具有在一定条件下恢复表决权的权利，而永续债一般不具有这一特点

2. 永续债券偿还顺序优先于股票

3. 支付不计入权益的永续债利息可在税前扣除，支付计入权益的永续债利息不能在税前扣除，而优先股股息都不能在税前扣除

**【例题 17】**优先股（东）和普通股（东）两者之间的区别有（　　）。

Ⅰ. 相对于普通股股东，优先股股东在公司利润的分配上享有优先权

Ⅱ. 普通股股东具有公司重大决策参与权，而一般情况下，优先股股东不具有这项权利

Ⅲ. 优先股股东相对于普通股股东在公司剩余财产的分配上没有优先权

Ⅳ. 普通股股东不能要求退股，只能在二级市场上变现退出；如有约定，优先股股东可依约将股票回售给公司

A. Ⅰ、Ⅱ、Ⅲ、Ⅳ　　B. Ⅰ、Ⅱ、Ⅳ　　C. Ⅰ、Ⅲ、Ⅳ　　D. Ⅱ、Ⅲ

【答案】B

【解析】Ⅲ项错误，优先股既像债券，又像股票，其“优先”主要体现在：

一是通常具有固定的股息（类似债券），并须在派发普通股股息之前派发；

二是在破产清算时，优先股股东对公司剩余财产的权利先于普通股股东，但在债权人之后。

### 考点八：发行优先股的意义（☆☆）

**一、对发行人的意义**

1. 筹集长期稳定的公司股本

2. 因股息率固定，可以减轻利润分配的负担

3. 优先股股东一般不参与公司经营决策，表决权受到限制，可以避免公司经营决策权的改变和分散

**二、对投资者的意义**

1. 优先股优先于普通股分配公司利润和剩余财产，投资风险相对较小

2. 收入稳定，二级市场价格波动小，投资风险较小，适宜中长线投资

**【例题 18】** 对股份公司而言，发行优先股票可以避免经营决策权的改变和分散是因为（　　）。

A. 优先股的股息率固定

B. 优先股股东股息分派优先

C. 优先股股东表决权受限

D. 优先股股东剩余资产分配优先

【答案】C

【解析】发行优先股的作用在于可以筹集长期稳定的公司股本，又因其股息率固定，可以减轻利润分配的负担。另外，优先股股东一般不参与公司经营决策，表决权受到限制，这样可以避免公司经营决策权的改变和分散。

### 考点九：我国股票的类型（☆）

**一、国家股**

国家股是指有权代表国家投资的部门或机构以国有资产向公司投资形成的股份，包括公司现有国有资产折算成的股份。

国家股从资金来源上看，主要有以下三个方面：

第一，现有国有企业改组为股份公司时所拥有的净资产。

第二，现阶段有权代表国家投资的政府部门向新组建的股份公司的投资。

第三，经授权代表国家投资的投资公司、资产经营公司、经济实体性总公司等机构

向新组建股份公司的投资。

## 二、法人股

法人股是指企业法人或具有法人资格的事业单位和社会团体以其依法可支配的资产投入公司形成的股份。

如果是具有法人资格的国有企业、事业单位及其他单位以其依法占用的法人资产向独立于自己的股份公司出资形成或依法定程序取得的股份，则被称为“国有法人股”。国有法人股属于国有股权。

作为发起人的企业法人或具有法人资格的事业单位和社会团体在认购股份时，可以用货币出资，也可以用其他形式的资产，如实物、工业产权、非专利技术、土地使用权等作价出资。

## 三、社会公众股

社会公众股是指社会公众依法以其拥有的财产投入公司时形成的可上市流通的股份。

公司申请股票上市的条件之一是：向社会公开发行的股份达到公司股份总数的百分之二十五以上；公司股本总额超过人民币四亿元的，向社会公开发行股份的比例为百分之十以上。

## 四、外资股

### （一）境内上市外资股

境内上市外资股被称为“B 股”。B 股采取记名股票形式，以人民币标明股票面值，以外币认购、买卖，在境内证券交易所上市交易。境内居民个人可以用现汇存款和外币现钞存款以及从境外汇入的外汇资金从事 B 股交易，但不允许使用外币现钞。

### （二）境外上市外资股

1. 概念

境外上市外资股是指股份有限公司向境外投资者募集并在境外上市的股份。它也采取记名股票形式，以人民币标明面值，以外币认购，在境外上市时，可以采取境外存股凭证形式或者股票的其他派生形式。

2. 分类

（1）H 股是指注册地在我国内地、上市地在我国香港的外资股。

（2）N 股是指注册地在我国内地、上市地在纽约的外资股。

（3）S 股是指注册地在我国内地、上市地在新加坡的外资股。

（4）L 股是指注册地在我国内地、上市地在伦敦的外资股。

注意：红筹股是指在中国境外注册、在香港上市，但主要业务在中国内地或大部分股东权益来自中国内地公司的股票，所以红筹股不属于外资股。

### 五、已完成股权分置改革的股票，按流通受限与否

（一）有限售条件股份

1. 国家持股

有权代表国家投资的机构或部门持有的上市公司股份。

2. 国有法人持股

国有企业、国有独资公司、事业单位以及第一大股东为国有及国有控股企业且国有股权比例合计超过50%的有限责任公司或股份有限公司持有的上市公司股份。

3. 其他内资持股

境内非国有及国有控股单位（包括民营企业、中外合资企业、外商独资企业等）及境内自然人持有的上市公司股份。

4. 外资持股

境外股东持有的上市公司股份。其又分为境外法人持股和境外自然人持股两类。

（二）无限售条件股份

1. 人民币普通股，即A股，含向社会公开发行股票时向公司职工配售的公司职工股

2. 境内上市外资股，即B股

3. 境外上市外资股，即在境外证券市场上市的普通股，如H股

4. 其他

**【例题19】**（　　）是指企业法人或具有法人资格的事业单位和社会团体以其依法可支配的资产投入公司形成的股份。

A. 社会公众股　　B. 法人股　　C. 外资股　　D. 国家股

**【答案】**B

**【解析】**法人股是指企业法人或具有法人资格的事业单位和社会团体以其依法可支配的资产投入公司形成的股份。法人持股所形成的也是所有权关系，是法人经营自身财产的一种投资行为。法人股股票以法人记名。

**【例题20】**无限售条件股份是指流通转让不受限制的股份，以下不属于此类股份的有（　　）。

Ⅰ. 国家持股

Ⅱ. 境外上市外资股

Ⅲ. 国有法人持股

Ⅳ. 外资持股

A. Ⅰ、Ⅲ、Ⅳ　　B. Ⅱ、Ⅲ

C. Ⅰ、Ⅱ、Ⅲ、Ⅳ　　D. Ⅰ、Ⅱ、Ⅳ

**【答案】**A

【解析】无限售条件股份是指流通转让不受限制的股份。具体包括：

（1）人民币普通股，即 A 股，含向社会公开发行股票时向公司职工配售的公司职工股。

（2）境内上市外资股，即 B 股。

（3）境外上市外资股，即在境外证券市场上市的普通股，如 H 股。

（4）其他。

【例题 21】下列属于境内上市外资股的是（　　）。

A. S 股　　B. B 股　　C. H 股　　D. L 股

【答案】B

【解析】境内上市外资股被称为 B 股。境外上市外资股主要由 H 股、N 股、L 股和 S 股等构成。

【例题 22】下列关于外资股的说法，错误的是（　　）。

A. 外资股可分为境内上市外资股和境外上市外资股

B. 境内上市外资股也被称为 B 股

C. 境外上市外资股主要由 H 股、N 股、S 股等构成

D. 红筹股属于外资股，是内地企业进入国际资本市场筹资的重要渠道

【答案】D

【解析】D 项错误，红筹股不属于外资股。红筹股是指在中国境外注册、在香港上市，但主要业务在中国内地或大部分股东权益来自中国内地公司的股票。

【本节学习提示】考查重点：

①股票的基本概念、特征、性质。

②股票不同分类及区别，尤其是普通股和优先股。

**本节综合比对表**

**一、普通股和特别股（含优先股）的区别**

| 差异项 | 普通股 | 特别股票 | | |
|---|---|---|---|---|
| | | 优先股票 | 金股 | 特别参与性股 |
| 利润和剩余资产分配 | 后于优先股 | 优先 | — | |
| 清偿顺序 | 后于优先股 | 优先 | | |
| 收益权与表决权 | 一股一权<br>收益权与表决权无差别 | 一般没有表决权 | 有一票否决权 | 有董事选任权 |

续表

| 差异项 | 普通股 | 特别股票 | | |
|---|---|---|---|---|
| | | 优先股票 | 金股 | 特别参与性股 |
| 股息率 | 不固定 | 固定 | — | |
| 二级市场波动 | 较大 | 较小 | | |
| 股份处理 | 不能退股 | 可以回售 | | |

二、记名股与不记名股的区别

| 差异项 | 记名股 | 不记名股 |
|---|---|---|
| 名字记载 | 股票票面和股东名册 | 不记录 |
| 权利归属 | 记名股东 | 持有人 |
| 出资缴纳 | 一次或分次 | 一次 |
| 转让 | 相对复杂（办理过户） | 相对简便 |
| 安全性 | 较好 | 较差，无法挂失 |

三、有面额股票和无面额股票的区别

| 差异项 | 有面额 | 无面额（比例/份额股票） |
|---|---|---|
| 票面记载 | 金额（票面金额、票面价值、股票面值） | 所占股本比例 |
| 发行价格 | 不得低于面值 | 比较灵活 |
| 其他特点 | 为股票发行价格提供依据 | 便于股票分割 |

# 第二节　股票发行

## 考点一：股票发行制度（☆☆☆）

### 一、股票发行制度的概念

股票发行制度是指发行人在申请发行股票时必须遵循的一系列程序化的规范，具体而言，表现在发行监管制度、发行方式与发行定价等方面。

### 二、我国股票发行制度演变

（一）发行监管制度

行政主导的审批制→市场化方向的核准制→全面注册制

1993 年，证券市场建立了全国统一的股票发行审核制度，并先后经历了行政主导的审批制和市场化方向的核准制两个阶段。具体而言，审批制包括额度管理和指标管理两个阶段，而核准制包括通道制和保荐制两个阶段。2020 年 3 月 1 日，新《证券法》正式施行，核准制开始向全面注册制转变，注册制改革是完善资本市场基础制度的重要体现。

（二）发行方式

我国先后出现了多种股票发行方式。

（三）发行定价

发行定价机制，是指关于获准首次公开发行股票资格的上市公司与其承销商在事前（或上市前）确定股票发行价格并出售给投资者的一种制度安排。沪、深证券交易所成立以后，新股发行经历了一个“定价—竞价—定价”的反复演变过程。

## 三、审批制、核准制和注册制

（一）审批制

审批制是一国在股票市场的发展初期，为了维护上市公司的稳定和平衡复杂的社会经济关系，采用行政计划的办法分配股票发行的指标和额度。公司发行股票的竞争焦点往往落在争取股票发行的指标和额度上。

（二）核准制

核准制是介于注册制和审批制之间的形式。一方面它取消了指标和额度管理，并引进证券中介机构的责任；另一方面证券监管机构同时对股票发行的合规性和适销性条件进行实质性审查，并有权否决股票发行的申请。

（三）注册制

（1）注册制是在市场化程度较高的成熟股票市场普遍采用的一种发行制度，证券监管部门公布股票发行的必要条件，只要达到所公布条件要求的企业即可发行股票。

（2）2020 年 3 月 1 日起，中国开始全面推行注册制。

《上海证券交易所科创板股票发行上市审核规则》于 2019 年 3 月 1 日发布并施行，其明确上海证券交易所科创板试点注册制的股票发行上市审核工作。发行人股票在上海证券交易所科创板首次上市，应当经上海证券交易所审核并由中国证监会作出同意注册决定。中国证监会在收到交易所审核意见后 5 个交易日内作出审查决定。

（3）2020 年 6 月 12 日，中国证监会同意苏州华兴源创科技股份有限公司发行股份购买资产并募集配套资金的注册申请，这是首单科创板上市公司重大资产重组项目，上海证券交易所于 2020 年 3 月 27 日受理该公司重大资产重组申请，6 月 9 日提请中国证监会注册，中国证监会于 6 月 12 日按法定程序同意其注册，用时仅 4 个交易日。

## 四、保荐制度、发审委制度和承销制度

（一）保荐制度

1. 概念

有资格的证券公司推荐符合条件的公司公开发行股票和上市，对发行人的申请文件和信息披露进行审慎核查，督导发行人规范运作。

2. 主要内容

建立保荐机构资格核准和保荐代表人的登记管理制度。

3. 重点

明确保荐机构和保荐代表人的责任，并建立责任追究机制。

4. 责任期

保荐责任期包括发行上市全过程以及上市后的一段时期。

（二）发审委制度

发行审核委员会由国务院证券监督管理机构的专业人员和所聘请的该机构外的有关专家组成，以投票方式对股票发行申请进行表决，提出审核意见。

注意：新《证券法》实施后，审核环节下放到证券交易所，由证券交易所进行实质审核，中国证监会履行监督职能，真正实现监审分离。

（三）承销制度

1. 包销

（1）全额包销——承销商先全额购入发行人该次发行的股票，再发售给投资者。

（2）余额包销——承销商按照协议到销售截止日将未售出的剩余股票全部自行购入。

2. 代销——承销商代发行人发售股票，在承销期结束时将未售出的股票全部退还给发行人

**【例题 23】**股票发行监管制度主要有（　　）。

Ⅰ. 审批制

Ⅱ. 核准制

Ⅲ. 注册制

Ⅳ. 保荐制

A. Ⅰ、Ⅲ、Ⅳ　　B. Ⅰ、Ⅱ、Ⅲ　　C. Ⅱ、Ⅲ、Ⅳ　　D. Ⅱ、Ⅳ

**【答案】**B

**【解析】**股票发行监管制度主要有三种：审批制、核准制和注册制。

**【例题 24】**下列关于审批制、核准制和注册制的说法，正确的有（　　）。

Ⅰ. 核准制是从注册制向审批制过渡的中间模式，审批制度是目前成熟股票市场普遍采用的模式

Ⅱ. 审批制下公司发行股票的一个重要条件是取得发行指标和额度，没有发行指标和额度的公司无法发行股票

Ⅲ. 核准制下，证券监管机构有权否决不符合规定条件的股票发行申请

Ⅳ. 注册制下，证券监管部门公布股票发行的必要条件，只要达到所公布条件要求的企业即可发行股票

A. Ⅰ、Ⅲ　　B. Ⅰ、Ⅱ、Ⅳ　　C. Ⅱ、Ⅲ、Ⅳ　　D. Ⅰ、Ⅱ、Ⅲ、Ⅳ

**【答案】**C

【解析】股票发行监管制度主要有三种：审批制、核准制和注册制，每一种发行监管制度都对应一定的市场发展状况。在市场逐渐发育成熟的过程中，股票发行监管制度也应该逐渐地改变，以适应市场发展需求，其中审批制是完全计划发行的模式，核准制是从审批制向注册制过渡的中间模式，注册制则是依照法定条件进行证券发行申请注册的模式，是目前成熟股票市场普遍采用的模式。

【例题25】下列关于保荐制度的说法，正确的有（ ）。

Ⅰ. 保荐制度是指有资格的证券公司推荐符合条件的公司公开发行股票和上市，对发行人的申请文件和信息披露资料进行审慎核查，督导发行人规范运作

Ⅱ. 保荐制度主要内容包括：建立保荐机构资格核准和保荐代表人的登记管理制度

Ⅲ. 保荐制度的重点是明确保荐机构和保荐代表人的责任，并建立责任追究机制

Ⅳ. 保荐人的保荐责任期仅为发行上市全过程

A. Ⅰ、Ⅲ、Ⅳ　　B. Ⅰ、Ⅱ　　C. Ⅰ、Ⅱ、Ⅲ　　D. Ⅱ、Ⅲ

【答案】C

【解析】保荐制度是指有资格的证券公司推荐符合条件的公司公开发行股票和上市，对发行人的申请文件和信息披露资料进行审慎核查，督导发行人规范运作。

保荐制度主要内容包括：建立保荐机构资格核准和保荐代表人的登记管理制度。

保荐制度的重点是明确保荐机构和保荐代表人的责任，并建立责任追究机制。

保荐人的保荐责任期包括发行上市全过程以及上市后的一段时期。

### 考点二：新股发行（☆☆☆）（特别说明：本考点内容全部为重点内容）

#### 一、公开发行股票的基本条件

（一）概念

公开发行股票是指发行人向不特定对象发行股票或向特定对象发行股票累计超过二百人的行为，但依法实施员工持股计划的员工人数不计算在内或法律、行政法规规定的其他发行行为。

（二）基本条件（根据新《证券法》的规定）

1. 具备健全且运行良好的组织机构

2. 具有持续经营能力

3. 最近三年财务会计报告被出具无保留意见审计报告

4. 发行人及其控股股东、实际控制人最近三年不存在贪污、贿赂、侵占财产、挪用财产或者破坏社会主义市场经济秩序的刑事犯罪

5. 经国务院批准的国务院证券监督管理机构规定的其他条件

（三）募集资金用途的要求

（1）上市公司对公开发行股票所募集资金，必须按照招股说明书或者其他公开发行

募集文件所列资金用途使用。

（2）改变资金用途，必须经股东大会作出决议。

（3）擅自改变用途未作纠正的，或者未经股东大会认可的，不得公开发行新股。

## 二、首次公开发行股票的规定

### （一）定义

首次公开发行股票（IPO），是指公司首次在证券市场公开发行股票募集资金并上市的行为。

### （二）首次公开发行股票并在主板（中小企业板）上市的规定

（1）发行人依法设立且持续经营时间在三年以上的股份有限公司，但经国务院批准的除外。有限责任公司按原账面净资产值折股整体变更为股份有限公司的，持续经营时间可以从有限责任公司成立之日起计算。

（2）发行人最近三年内主营业务和董事、高级管理人员没有发生重大变化，实际控制人没有发生变更。

（3）发行人规范运行。

（4）最近三个会计年度净利润均为正数且累计超过人民币 3 000 万元，净利润以扣除非经常性损益前后较低者为计算依据。

（5）近三个会计年度经营活动产生的现金流量净额累计超过人民币 5 000 万元或者最近三个会计年度营业收入累计超过人民币 3 亿元。

（6）发行前股本总额不少于人民币 3 000 万元。

（7）最近一期末无形资产（扣除土地使用权、水面养殖权和采矿权等后）占净资产的比例不高于 20%。

（8）最近一期末不存在未弥补亏损。

（9）发行人的经营成果对税收优惠不存在严重依赖。

（10）发行人不存在重大偿债风险，不存在影响持续经营的担保、诉讼以及仲裁等重大或有事项。

（11）发行人不得有影响持续盈利能力的情形。

### （三）首次公开发行股票并在创业板上市的规定

（1）发行人是依法设立且持续经营 3 年以上的股份有限公司，具备健全且运行良好的组织机构，相关机构和人员能够依法履行职责。有限责任公司按原账面净资产值折股整体变更为股份有限公司的，持续经营时间可以从有限责任公司成立之日起计算。

（2）最近三年财务会计报告由注册会计师出具无保留意见的审计报告。

（3）发行人业务完整，具有直接面向市场独立持续经营的能力。

（4）发行人规范运行。

### 三、上市公司公开发行股票的规定

#### （一）上市公司公开发行股票的一般规定

1. 上市公司的组织机构健全、运行良好且符合下列规定

（1）公司章程合法有效，股东大会、董事会、监事会和独立董事制度健全，能够依法有效履行职责；

（2）公司内部控制制度健全，能够保证公司运行的效率、合法合规性和财务报告的可靠性；

（3）内部控制制度的完整性、合理性、有效性不存在重大缺陷；

（4）现任董事、监事和高级管理人员具备任职资格，能够忠实和勤勉地履行职务，不存在违反《公司法》第一百四十七条、第一百四十八条规定的行为，且最近36个月内未受到过中国证监会的行政处罚、最近12个月内未受到过证券交易所的公开谴责；

（5）上市公司与控股股东或实际控制人的人员、资产、财务分开，机构、业务独立，能够自主经营管理；

（6）最近12个月内不存在违规对外提供担保的行为。

2. 上市公司的盈利能力具有可持续性且符合下列规定

（1）最近三个会计年度连续盈利（扣除非经常性损益后的净利润与扣除前的净利润相比，以低者作为计算依据）；

（2）业务和盈利来源相对稳定，不存在严重依赖控股股东、实际控制人的情形；

（3）现有主营业务或投资方向能够可持续发展，经营模式和投资计划稳健，主要产品或服务的市场前景良好，行业经营环境和市场需求不存在现实或可预见的重大不利变化；

（4）高级管理人员和核心技术人员稳定，最近12个月内未发生重大不利变化；

（5）公司重要资产、核心技术或其他重大权益的取得合法，能够持续使用，不存在现实或可预见的重大不利变化；

（6）不存在可能严重影响公司持续经营的担保、诉讼、仲裁或其他重大事项；

（7）最近24个月内曾公开发行证券的，不存在发行当年营业利润比上年下降50%以上的情形。

3. 上市公司的财务状况良好，符合下列规定

（1）会计基础工作规范，严格遵循国家统一会计制度的规定；

（2）最近三年及一期财务报表未被注册会计师出具保留意见、否定意见或无法表示意见的审计报告；

（3）被注册会计师出具带强调事项段的无保留意见审计报告的，所涉及的事项对发行人无重大不利影响或者在发行前重大不利影响已经消除；

（4）资产质量良好，不良资产不足以对公司财务状况造成重大不利影响；

（5）经营成果真实，现金流量正常，营业收入和成本费用的确认严格遵循国家有关企业会计准则的规定，最近三年资产减值准备计提充分合理，不存在操纵经营业绩的情形；

（6）最近三年以现金方式累计分配的利润不少于最近三年实现的年均可分配利润的30%。

4. 上市公司最近36个月内财务会计文件无虚假记载，且不存在下列重大违法行为

（1）违反证券法律、行政法规或规章，受到中国证监会的行政处罚，或者受到刑事处罚；

（2）违反工商、税收、土地、环保、海关法律、行政法规或规章，受到行政处罚且情节严重，或者受到刑事处罚；

（3）违反国家其他法律、行政法规且情节严重的行为。

5. 上市公司募集资金的数额和使用应当符合下列规定

（1）募集资金数额不超过项目需求量；

（2）募集资金用途符合国家产业政策和有关环境保护、土地管理等法律和行政法规的规定；

（3）除金融类企业外，本次募集资金使用项目不得为持有交易性金融资产和可供出售的金融资产、借予他人、委托理财等财务性投资，不得直接或间接投资于以买卖有价证券为主要业务的公司；

（4）投资项目实施后，不会与控股股东或实际控制人产生同业竞争或影响公司生产经营的独立性；

（5）建立募集资金专项存储制度，募集资金必须存放于公司董事会决定的专项账户。

6. 上市公司存在下列情形之一的，不得公开发行证券

（1）本次发行申请文件有虚假记载、误导性陈述或重大遗漏；

（2）擅自改变前次公开发行证券募集资金的用途而未作纠正；

（3）上市公司最近12个月内受到过证券交易所的公开谴责；

（4）上市公司及其控股股东或实际控制人最近12个月内存在未履行向投资者作出的公开承诺的行为；

（5）上市公司或其现任董事、高级管理人员因涉嫌犯罪被司法机关立案侦查或涉嫌违法违规被中国证监会立案调查；

（6）严重损害投资者的合法权益和社会公共利益的其他情形。

### （二）创业板上市公司发行股票的一般规定

1. 上市公司向不特定对象发行股票且符合下列规定

（1）具备健全且运行良好的组织机构；

（2）现任董事、监事和高级管理人员具备法律、行政法规规定的任职资格；

（3）具有完整的业务体系和直接面向市场独立经营的能力，不存在对持续经营有重大不利影响的情形；

（4）会计基础工作规范，内部控制制度健全且有效执行，财务报表的编制和披露符合企业会计准则和相关信息披露规则的规定，在所有重大方面公允反映了上市公司的财务状况、经营成果和现金流量，最近三年财务会计报告被出具无保留意见审计报告；

（5）最近 2 年盈利（净利润以扣除非经常性损益前后孰低者为计算依据）；

（6）除金融类企业外，最近一期末不存在持有金额较大的财务性投资的情形。

2. 上市公司存在下列情形之一的，不得向不特定对象发行股票

（1）擅自改变前次募集资金用途未作纠正，或者未经股东大会认可；

（2）上市公司及其现任董事、监事和高级管理人员最近三年受到中国证监会行政处罚，或者最近一年受到证券交易所公开谴责，或者因涉嫌犯罪正被司法机关立案侦查或者涉嫌违法违规正被中国证监会立案调查；

（3）上市公司及其控股股东、实际控制人最近一年存在未履行向投资者作出的公开承诺的情形；

（4）上市公司及其控股股东、实际控制人最近三年存在贪污、贿赂、侵占财产、挪用财产或者破坏社会主义市场经济秩序的刑事犯罪，或者存在严重损害上市公司利益、投资者合法权益、社会公共利益的重大违法行为。

3. 上市公司存在下列情形之一的，不得向特定对象发行股票

（1）擅自改变前次募集资金用途未作纠正，或者未经股东大会认可；

（2）最近一年财务报表的编制和披露在重大方面不符合企业会计准则或者相关信息披露规则的规定；

（3）最近一年财务会计报告被出具否定意见或者无法表示意见的审计报告；

（4）最近一年财务会计报告被出具保留意见的审计报告，且保留意见所涉及事项对上市公司的重大不利影响尚未消除，本次发行涉及重大资产重组的除外；

（5）现任董事、监事和高级管理人员最近三年受到中国证监会行政处罚，或者最近一年受到证券交易所公开谴责；

（6）上市公司及其现任董事、监事和高级管理人员因涉嫌犯罪正在被司法机关立案侦查或者涉嫌违法违规正在被中国证监会立案调查；

（7）控股股东、实际控制人最近三年存在严重损害上市公司利益或者投资者合法权益的重大违法行为；

（8）最近三年存在严重损害投资者合法权益或者社会公共利益的重大违法行为。

4. 上市公司发行股票，募集资金使用应当符合下列规定

（1）符合国家产业政策和有关环境保护、土地管理等法律、行政法规规定；

（2）除金融类企业外，本次募集资金使用不得为持有财务性投资，不得直接或者间接投资于以买卖有价证券为主要业务的公司；

（3）募集资金项目实施后，不会与控股股东、实际控制人及其控制的其他企业新增构成重大不利影响的同业竞争、显失公平的关联交易，或者严重影响公司生产经营的独立性。

5. 深圳证券交易所规定发行人申请在深交所创业板上市，应当符合下列条件

（1）符合中国证监会规定的创业板发行条件。

（2）发行后股本总额不低于3 000万元。

（3）公开发行的股份达到公司股份总数的25%以上；公司股本总额超过4亿元的，公开发行股份比例为10%以上。

（4）市值及财务指标符合《深交所创业板股票上市规则》规定的标准。

（5）深交所要求的其他上市条件。

（三）科创板上市公司发行股票的一般规定

1. 上市公司向不特定对象发行股票，应当符合下列规定

（1）具备健全且运行良好的组织机构，现任董事、监事和高级管理人员具备法律、行政法规规定的任职要求；

（2）具有完整的业务体系和直接面向市场独立经营的能力，不存在对持续经营有重大不利影响的情形；

（3）会计基础工作规范，内部控制制度健全且有效执行，财务报表的编制和披露符合企业会计准则和相关信息披露规则的规定，在所有重大方面公允地反映了上市公司的财务状况、经营成果和现金流量，最近三年财务会计报告被出具标准无保留意见审计报告；

（4）除金融类企业外，最近一期末不存在金额较大的财务性投资。

2. 上市公司存在下列情形之一的，不得向不特定对象发行股票

（1）擅自改变前次募集资金用途未作纠正，或者未经股东大会认可；

（2）上市公司及其现任董事、监事和高级管理人员最近三年受到中国证监会行政处罚，或者最近一年受到证券交易所公开谴责，或者因涉嫌犯罪正被司法机关立案侦查或者涉嫌违法违规正在被中国证监会立案调查；

（3）上市公司及其控股股东、实际控制人最近一年存在未履行向投资者作出的公开承诺的情形；

（4）上市公司及其控股股东、实际控制人最近三年存在贪污、贿赂、侵占财产、挪用财产或者破坏社会主义市场经济秩序的刑事犯罪，或者存在严重损害上市公司利益、投资者合法权益、社会公共利益的重大违法行为。

3. 上市公司存在下列情形之一的，不得向特定对象发行股票

（1）擅自改变前次募集资金用途未作纠正，或者未经股东大会认可；

（2）最近一年财务报表的编制和披露在重大方面不符合企业会计准则或者相关信息披露规则的规定；

（3）最近一年财务会计报告被出具否定意见或者无法表示意见的审计报告；

（4）最近一年财务会计报告被出具保留意见的审计报告，且保留意见所涉及事项对上市公司的重大不利影响尚未消除，本次发行涉及重大资产重组的除外；

（5）现任董事、监事和高级管理人员最近三年受到中国证监会行政处罚，或者最近一年受到证券交易所公开谴责；

（6）上市公司及其现任董事、监事和高级管理人员因涉嫌犯罪正在被司法机关立案侦查或者涉嫌违法违规正被中国证监会立案调查；

（7）控股股东、实际控制人最近三年存在严重损害上市公司利益或者投资者合法权益的重大违法行为；

（8）最近三年存在严重损害投资者合法权益或者社会公共利益的重大违法行为。

4. 上市公司发行股票，募集资金使用应当符合下列规定

（1）应当投资于科技创新领域的业务；

（2）符合国家产业政策和有关环境保护、土地管理等法律、行政法规规定；

（3）募集资金项目实施后，不会与控股股东、实际控制人及其控制的其他企业新增构成重大不利影响的同业竞争、显失公平的关联交易，或者严重影响公司生产经营的独立性。

### 四、配股的特别规定

（一）概念

配股，是指上市公司向原股东配售股份的行为。

（二）规定主板（中小企业板）上市公司的配股规定

1. 拟配售股份数量限制

（1）主板（中小企业板）不超过本次配售股份前股本总额的 30%；

（2）创业板不超过本次配售股份前股本总额的 50%；

（3）科创板不超过本次配售股份前股本总额的 50%。

2. 控股股东应当在股东大会召开前公开承诺认配股份的数量

3. 采用《证券法》规定的代销方式发行

注意：控股股东不履行认配股份的承诺，或者代销期限届满，原股东认购股票的数量未达到拟配售数量 70% 的，发行人应当按照发行价并加算银行同期存款利息返还给已经认购的股东。

### 五、增发的特别规定

（一）概念

增发，是指上市公司向不特定对象公开募集股份的行为。

（二）特别规定

（1）最近3个会计年度加权平均净资产收益率平均不低于6%，扣除非经常性损益后的净利润与扣除前的净利润相比，以低者作为加权平均净资产收益率的计算依据。

（2）除金融类企业外，最近一期末不存在持有金额较大的交易性金融资产和可供出售的金融资产、借予他人款项、委托理财等财务性投资的情形。

（3）发行价格应不低于公告招股意向书前二十个交易日公司股票均价或前一个交易日的均价。

注意：(1)、(2) 两项为主板（中小企业板）的规定，(3) 项为主板（中小企业板）、科创板、创业板的共同规定。

## 六、上市公司非公开发行股票的条件

（一）主板（中小企业板）上市公司非公开发行股票的条件

1. 特定对象应当符合下列规定

（1）特定对象符合股东大会决议规定的条件。

（2）发行对象不超过35名。

（3）发行对象为境外战略投资者的，应当遵守国家的规定。

2. 上市公司非公开发行股票，应当符合下列规定

（1）发行价格不低于定价基准日前20个交易日公司股票均价的80%；

（2）本次发行的股份自发行结束之日起，6个月内不得转让；控股股东、实际控制人及其控制的企业认购的股份，18个月内不得转让；

（3）募集资金使用符合《上市公司证券发行管理办法（2020年修订）》第十条的规定；

（4）本次发行将导致上市公司控制权发生变化的，还应当符合中国证监会的其他规定。

3. 上市公司存在下列情形之一的，不得非公开发行股票

（1）本次发行申请文件有虚假记载、误导性陈述或重大遗漏；

（2）上市公司的权益被控股股东或实际控制人严重损害且尚未消除；

（3）上市公司及其附属公司违规对外提供担保且尚未解除；

（4）现任董事、高级管理人员最近36个月内受到过中国证监会的行政处罚，或者最近12个月内受到过证券交易所的公开谴责；

（5）上市公司或其现任董事、高级管理人员因涉嫌犯罪正被司法机关立案侦查或涉嫌违法违规正被中国证监会立案调查；

（6）最近一年及一期财务报表被注册会计师出具保留意见、否定意见或无法表示意见的审计报告，保留意见、否定意见或无法表示意见所涉及事项的重大影响已经消除或者本次发行涉及重大重组的除外；

（7）严重损害投资者合法权益和社会公共利益的其他情形。

（二）创业板上市公司非公开发行股票的条件

1. 公开发行股票的特定对象应当符合股东大会决议规定条件且每次发行对象不超过35名

2. 上市公司非公开发行股票确定发行价格和持股期限，应当符合下列规定

（1）发行价格不低于定价基准日（发行底价的基准日）前20个交易日公司股票均价的80%。

（2）向特定对象发行股票的定价基准日为发行期首日。上市公司应当以不低于发行底价的价格发行股票。

（3）向特定对象发行股票，发行对象属于“通过认购本次发行的股票取得上市公司实际控制权的投资者”以外的情形的，上市公司应当以竞价方式确定发行价格和发行对象。董事会决议确定部分发行对象的，确定的发行对象不得参与竞价，且应当接受竞价结果，并明确在通过竞价方式未能产生发行价格的情况下，是否继续参与认购、价格确定原则及认购数量。

（4）向特定对象发行的股票，自发行结束之日起6个月内不得转让。发行对象属于“通过认购本次发行的股票取得上市公司实际控制权的投资者”情形的，其认购的股票自发行结束之日起18个月内不得转让。

（5）向特定对象发行股票的定价基准日为本次发行股票的董事会决议公告日或者股东大会决议公告日的，向特定对象发行股票的董事会决议公告后，出现下列情况需要重新召开董事会的，应当由董事会重新确定本次发行的定价基准日：本次发行股票股东大会决议的有效期已过；本次发行方案发生重大变化；其他对本次发行定价具有重大影响的事项。

（三）科创板上市公司非公开发行股票的条件

（1）根据中国证监会2020年7月3日发布的《科创板上市公司证券发行注册管理办法（试行）》，科创板上市公司向特定对象发行证券，发行对象应当符合股东大会决议规定的条件，且每次发行对象不超过35名。

（2）科创板上市公司向特定对象发行股票确定发行价格和持股期限，应当符合下列规定：

①上市公司向特定对象发行股票，发行价格应当不低于定价基准日（计算发行底价的基准日）前20个交易日公司股票均价的80%。

②向特定对象发行股票的定价基准日为发行期首日。上市公司应当以不低于发行底价的价格发行股票。上市公司董事会决议提前确定全部发行对象，且发行对象属于下列情形之一的，定价基准日可以为关于本次发行股票的董事会决议公告日、股东大会决议公告日或者发行期首日：上市公司的控股股东、实际控制人或者其控制的关联人；通过认购本次发行的股票取得上市公司实际控制权的投资者；董事会拟引入的境内外战略投

资者。

③向特定对象发行股票属于“通过认购本次发行的股票取得上市公司实际控制权的投资者”以外的情形的，上市公司应当以竞价方式确定发行价格和发行对象。董事会决议确定部分发行对象的，确定的发行对象不得参与竞价，且应当接受竞价结果，并明确在通过竞价方式未能产生发行价格的情况下，是否继续参与认购、价格确定原则及认购数量。

④向特定对象发行的股票，自发行结束之日起6个月内不得转让。发行对象属于“通过认购本次发行的股票取得上市公司实际控制权的投资者”规定情形的，其认购的股票自发行结束之日起18个月内不得转让。

⑤向特定对象发行股票的定价基准日为本次发行股票的董事会决议公告日或者股东大会决议公告日的，向特定对象发行股票的董事会决议公告后，出现下列情况需要重新召开董事会的，应当由董事会重新确定本次发行的定价基准日：本次发行股票股东大会决议的有效期已过；本次发行方案发生重大变化；其他对本次发行定价具有重大影响的事项。

## 七、首次公开发行股票的方式

### （一）网下发行

（1）首次公开发行股票，网下投资者须具备丰富的投资经验和良好的定价能力。

（2）网下投资者参与报价时，应当持有一定金额的非限售股份或存托凭证。

（3）首次公开发行股票采用询价方式定价的，符合条件的网下机构和个人投资者可以自主决定是否报价，主承销商无正当理由不得拒绝。网下投资者报价应当包含每股价格和该价格对应的拟申购股数，且只能有一个报价。

（4）首次公开发行股票采用询价方式的，网下投资者报价后，发行人和主承销商应当剔除拟申购总量中报价最高的部分，剔除部分不得低于所有网下投资者拟申购总量的10%，然后根据剩余报价及拟申购数量协商确定发行价格。剔除部分不得参与网下申购。

（5）公开发行股票数量在4亿股（含）以下的，有效报价投资者的数量不少于10家；公开发行股票数量在4亿股以上的，有效报价投资者的数量不少于20家。

（6）首次公开发行股票采用询价方式的，公开发行后总股本在4亿股（含）以下的，网下初始发行比例不低于本次公开发行股票数量的60%；公开发行后总股本超过4亿股的，网下初始发行比例不低于本次公开发行股票数量的70%。其中，应当安排不低于本次网下发行股票数量的40%优先向通过公开募集方式设立的证券投资基金、全国社会保障基金和基本养老保险基金配售，安排一定比例的股票向根据《企业年金基金管理办法》设立的企业年金基金和符合《保险资金运用管理暂行办法》等相关规定的保险资金配售。

注意：首次公开发行股票网下投资者申购数量低于网下初始发行量的，发行人和主承销商不得将网下发行部分向网上回拨，应当中止发行。网上投资者有效申购倍数超过50倍、低于100倍（含）的，应当从网下向网上回拨，回拨比例为本次公开发行股票数量的20%；网上投资者有效申购倍数超过100倍的，回拨比例为本次公开发行股票数量的40%；网上投资者有效申购倍数超过150倍的，回拨后无锁定网下发行比例不超过本次公开发行股票数量的10%。

（二）网上发行

首次公开发行股票采用直接定价方式的，全部向网上投资者发行，不进行网下询价和配售。首次公开发行股票，持有一定数量非限售股份或存托凭证的投资者才能参与网上申购。

（三）向战略投资者配售

首次公开发行股票数量在4亿股以上的，可以向战略投资者配售股票。战略投资者不参与网下询价，且应当承诺获得本次配售的股票持有期限不少于12个月，持有期自本次公开发行的股票上市之日起计算。

## 八、上市公司发行股票方式

上市公司配股，应当向股权登记日登记在册的股东配售，且配售比例应当相同。

上市公司增发，可以全部或者部分向原股东优先配售上市公司增发，主承销商可以对参与网下配售的机构投资者进行分类，对不同类别的机构投资者设定不同的配售比例，对同一类别的机构投资者应当按相同的比例进行配售。主承销商应当在发行公告中明确机构投资者的分类标准；主承销商未对机构投资者进行分类的，应当在网下配售和网上发行之间建立回拨机制，回拨后两者的获配比例应当一致。

**【例题26】**下列关于新股网上网下申购的说法，正确的有（　　）。

Ⅰ. 战略投资者不参与网下询价，且应当承诺获得本次配置的股票持有期限不少于24个月

Ⅱ. 首次公开发行股票数量在4亿股以上的，可以向战略投资者配售股票

Ⅲ. 首次公开发行股票采用直接定价方式的，全部向网上投资者发行，不进行网下询价和配置

Ⅳ. 首次公开发行股票，持有一定数量非限售股份或存托凭证的投资者才能参与网上申购

A. Ⅱ、Ⅲ　　B. Ⅰ、Ⅱ、Ⅲ　　C. Ⅰ、Ⅳ　　D. Ⅱ、Ⅲ、Ⅳ

**【答案】**D

**【解析】**Ⅰ项错误，战略投资者不参与网下询价，且应当承诺获得本次配售的股票持有期限不少于12个月，持有期自本次公开发行的股票上市之日起计算。

Ⅱ项正确，首次公开发行股票数量在4亿股以上的，可以向战略投资者配售。发行人应当与战略投资者事先签署配售协议。

Ⅲ项正确，首次公开发行股票采用直接定价方式的，全部向网上投资者发行，不进

行网下询价和配售。

Ⅳ项正确，首次公开发行股票，持有一定数量非限售股份或存托凭证的投资者才能参与网上申购。

**【例题 27】**下列关于上市公司增发、配股等方式发行股票的说法中，错误的是（　　）。

A. 上市公司非公开发行证券的，发行对象及其数量的选择应当符合中国证监会关于上市公司证券发行的相关规定

B. 上市公司配股，应当向股权登记日登记在册的股东配售，且配售比例应当相同

C. 上市公司增发，主承销商可以对参与网下配售的机构投资者进行分类，对不同类别的机构投资者设定不同配售比例，对同一类别的机构投资者应当按相同的比例配售

D. 上市公司增发，应当全部向原股东优先配售，优先配售比例应当在发行公告中披露

**【答案】**D

**【解析】**A 项正确，上市公司非公开发行证券的，发行对象及其数量的选择应当符合中国证监会关于上市公司证券发行的相关规定。

B 项正确，上市公司配股，应当向股权登记日登记在册的股东配售，且配售比例应当相同。

C 项正确，上市公司增发，主承销商可以对参与网下配售的机构投资者进行分类，对不同类别的机构投资者设定不同的配售比例，对同一类别的机构投资者应当按相同的比例配售。主承销商应当在发行公告中明确机构投资者的分类标准。主承销商未对机构投资者进行分类的，应当在网下配售和网上发行之间建立回拨机制，回拨后两者的获配比例应当一致。

D 项错误，上市公司增发，可以全部或者部分向原股东优先配售，优先配售比例应当在发行公告中披露。

**【例题 28】**主板上市公司申请首次公开发行新股，应符合的要求有（　　）。

Ⅰ. 发行人最近 3 年内主营业务和董事、高级管理人员没有发生重大变化，实际控制人没有发生变更

Ⅱ. 最近 3 个会计年度净利润均为正数且累计超过人民币 3 000 万元，净利润以扣除非经常性损益前后较低者为计算依据

Ⅲ. 发行人的经营成果对税收优惠不存在严重依赖

Ⅳ. 发行前股本总额不少于人民币 5 000 万元

A. Ⅱ、Ⅳ　　B. Ⅰ、Ⅱ、Ⅲ　　C. Ⅰ、Ⅲ、Ⅳ　　D. Ⅰ、Ⅱ、Ⅲ、Ⅳ

**【答案】**B

**【解析】**中国证监会发布的《首次公开发行股票并上市管理办法（2020 年修订）》

规定，首次公开发行股票并上市应满足以下条件：

（1）发行人依法设立且持续经营时间在3年以上的股份有限公司，但经国务院批准的除外。有限责任公司按原账面净资产值折股整体变更为股份有限公司的，持续经营时间可以从有限责任公司成立之日起计算。

（2）发行人最近3年内主营业务和董事、高级管理人员没有发生重大变化，实际控制人没有发生变更。

（3）发行人规范运行。

（4）最近3个会计年度净利润均为正数且累计超过人民币3 000万元，净利润以扣除非经常性损益前后较低者为计算依据。

（5）最近3个会计年度经营活动产生的现金流量净额累计超过人民币5 000万元或者最近3个会计年度营业收入累计超过人民币3亿元。

（6）发行前股本总额不少于人民币3 000万元。

（7）最近一期末无形资产（扣除土地使用权、水面养殖权和采矿权等后）占净资产的比例不高于20%。

（8）最近一期末不存在未弥补亏损。

（9）发行人的经营成果对税收优惠不存在严重依赖。

（10）发行人不存在重大偿债风险，不存在影响持续经营的担保、诉讼以及仲裁等重大或有事项。

（11）发行人不得有影响持续盈利能力的情形。

**【例题29】**下列不属于上市公司配股的比例要求的是（　　）。

A. 10:2　　B. 10:1.8　　C. 10:10　　D. 10:3

**【答案】**C

**【解析】**向原股东配股，除符合一般规定外，还应当符合主板（中小企业板）上市公司拟配股数量不超过本次配股前股本总额的30%的规定，创业板和科创板不超过50%。

**【例题30】**在主板首次公开发行股票并上市的公司发行人应当最近（　　）年内主营业务和董事、高级管理人员没有发生重大变化，实际控制人没有发生变更。

A. 2　　B. 3　　C. 5　　D. 8

**【答案】**B

**【解析】**根据首次公开发行股票并在主板（中小企业板）上市的规定。中国证监会发布的《首次公开发行股票并上市管理办法（2020年修订）》规定，首次公开发行股票并上市应满足以下条件：发行人最近三年内主营业务和董事、高级管理人员没有发生重大变化，实际控制人没有发生变更。

## 考点三：股票退市制度（☆☆）

### 一、股票退市的概念

股票退市是指上市公司股票在证券交易所终止上市交易。

### 二、股票退市分类

（一）主动退市

1. 上市公司股东大会决议主动撤回其股票在证券交易所的交易，并决定不再在该交易所交易

2. 上市公司股东大会决议主动撤回其股票在证券交易所的交易，并转而申请在其他交易场所交易或转让

3. 上市公司向所有股东发出回购全部股份或部分股份的要约，导致公司股本总额、股权分布等发生变化，不再具备上市条件

4. 上市公司股东向所有其他股东发出收购全部股份或部分股份的要约，导致公司股本总额、股权分布等发生变化，不再具备上市条件

5. 除上市公司股东外的其他收购人向所有股东发出收购全部股份或部分股份的要约，导致公司股本总额、股权分布等发生变化，不再具备上市条件

6. 上市公司因新设合并或者吸收合并，不再具有独立主体资格并被注销

7. 上市公司股东大会决议公司解散

8. 中国证监会和证券交易所认可的其他主动终止上市的情形

（二）强制退市

1. 交易类强制退市

（1）仅发行A股：连续120个交易日累计成交量低于500万股或连续20个交易日收盘价低于1元。

（2）仅发行B股：连续120个交易日累计成交量低于100万股或连续20个交易日收盘价低于1元。

（3）两种股都发：同时触发以上两条。

（4）股东连续20个交易日低于2 000人（每日）。

（5）连续20个交易日收盘总市值低于3亿元。

2. 财务类强制退市

第一步：实施退市风险警示的情形

（1）最近一个会计年度净利润为负且营业收入低于1亿元，或追溯重述后最近一个会计年度净利润为负且营业收入低于1亿元。

（2）最近一个会计年度期末净资产为负，或追溯重述后最近一个会计年度期末净资产为负值。

（3）最近一个会计年度财务会计报告被出具无法表示意见或否定意见的审计报告。

（4）中国证监会行政处罚决定书表明公司已披露的最近一个会计年度经审计的年度报告存在虚假记载、误导性陈述或者重大遗漏，导致该年度相关财务指标实际已触及第（1）项、第（2）项情形的。

（5）证券交易所认定的其他情形。

第二步：实行强制退市的情形

连续两年触及该规定。

3. 规范类强制退市（实施退市风险警示的情形）

（1）因财务会计报告存在重大会计差错或者虚假记载，被中国证监会责令改正但公司未在规定期限内改正，且在公司股票停牌 2 个月内仍未改正；

（2）未在法定期限内披露半年度报告或者经审计的年度报告，且在公司股票停牌 2 个月内仍未披露；

（3）半数以上董事无法保证公司所披露半年度报告或年度报告的真实性、准确性和完整性，且未在法定期限内改正，在公司股票停牌两个月内仍有半数以上董事无法保证的；

（4）因信息披露或者规范运作等方面存在重大缺陷，被证券交易所要求限期改正但公司未在规定期限内改正，且在公司股票停牌 2 个月内仍未改正；

（5）公司股本总额或股权分布发生变化，导致连续 20 个交易日不再具备上市条件，在规定期限内仍未解决；

（6）公司可能被依法强制解散；

（7）法院依法受理公司重整、和解和破产清算申请；

（8）证券交易所认定的其他情形。

4. 重大违法类强制退市

（1）欺诈发行、重大信息披露违法、严重损害证券市场秩序、严重影响上市地位，其股票应当被终止上市的情形；

（2）涉及国家安全、公共安全、生态安全、生产安全、公众健康安全领域的违法行为，情节恶劣，严重损害国家利益、社会公共利益或者严重影响上市地位，其股票应当被终止上市的情形。

## 三、科创板强制退市的特别规定

### （一）科创板上市公司可能强制退市的情形

（1）重大违法强制退市，包括信息披露重大违法和公共安全重大违法行为。

（2）交易类强制退市，包括累计股票成交量低于一定指标，股票收盘价、市值、股东数量持续低于一定指标等。

（3）财务类强制退市，包括主营业务大部分停滞或者规模极小，经营资产大幅减少导致无法维持日常经营等。

（4）规范类强制退市，包括公司在信息披露、定期报告发布、公司股本总额或股权分布发生变化等方面触及相关合规性指标等。

（二）科创板上市公司股票终止上市后，符合交易所规定条件的，可以向上交所申请再次上市

**【例题 31】**科创板上市公司可能退市的情况不包括（　　）。

A. 欺诈类强制退市　　B. 交易类强制退市

C. 规范类强制退市　　D. 重大违法强制退市

**【答案】**A

**【解析】**根据《上海证券交易所科创板股票上市规则》，科创板上市公司可能强制退市的情形主要包括：

一是重大违法强制退市，包括信息披露重大违法和公共安全重大违法行为。

二是交易类强制退市，包括累计股票成交量低于一定指标，股票收盘价、市值、股东数量持续低于一定指标等。

三是财务类强制退市，即明显丧失持续经营能力，包括主营业务大部分停滞或者规模极小，经营资产大幅减少导致无法维持日常经营等。

四是规范类强制退市，包括公司在信息披露、定期报告发布、公司股本总额或股权分布发生变化等方面触及相关合规性指标等。

**【例题 32】**上市公司出现下列描述的情形中，属于可以向证券交易所申请主动退市的有（　　）。

Ⅰ. 上市公司股东大会决议主动撤回其股票在证券交易所的交易，并决定不再在该交易所交易

Ⅱ. 上市公司向所有股东发出回购全部股份或部分股份的要约，导致公司股本总额、股权分布等发生变化，不再具备上市条件

Ⅲ. 上市公司被法院宣告破产

Ⅳ. 上市公司因新设合并或者吸收合并，不再具有独立主体资格并被注销

A. Ⅰ、Ⅱ、Ⅲ、Ⅳ　　B. Ⅰ、Ⅲ、Ⅳ　　C. Ⅰ、Ⅱ、Ⅳ　　D. Ⅱ、Ⅲ

**【答案】**C

**【解析】**根据《上海证券交易所股票上市规则（2020 年 12 月修订）》《深圳证券交易所股票上市规则（2020 年修订）》，上市公司出现下列情形之一的，可以向证券交易所申请主动退市：

（1）上市公司股东大会决议主动撤回其股票在证券交易所的交易，并决定不再在该交易所交易；

（2）上市公司股东大会决议主动撤回其股票在证券交易所的交易，并转而申请在其

他交易场所交易或转让；

（3）上市公司向所有股东发出回购全部股份或部分股份的要约，导致公司股本总额、股权分布等发生变化，不再具备上市条件；

（4）上市公司股东向所有其他股东发出收购全部股份或部分股份的要约，导致公司股本总额、股权分布等发生变化，不再具备上市条件；

（5）除上市公司股东外的其他收购人向所有股东发出收购全部股份或部分股份的要约，导致公司股本总额、股权分布等发生变化，不再具备上市条件；

（6）上市公司因新设合并或者吸收合并，不再具有独立主体资格并被注销；

（7）上市公司股东大会决议公司解散；

（8）中国证监会和证券交易所认可的其他主动终止上市的情形。

Ⅲ项是强制退市的情形。

**【本节学习提示】**考查重点：

①股票发行制度的历史沿革，尤其是注册制的审批监管规则。

②不同板块股票的上市要求，尤其是科创板和创业板。

③股票的主动退市与强制退市以及强制退市的四种类型。

**本节比对表**

**一、审批制、核准制和注册制的比对**

| 差异项 | 审批制 | 核准制 | 注册制 |
|---|---|---|---|
| 发行指标和额度 | 有 | 无 | 无 |
| 发行上市标准 | 有 | 有 | 有 |
| 主要推荐人 | 政府<br>行业主管部门 | 中介机构 | 中介机构 |
| 对发行作实质判断的主体 | 中国证监会 | 证券交易所<br>中介机构<br>中国证监会 | 证券交易所<br>中介机构 |
| 发行监管性质 | 中国证监会<br>实质性审核 | 证券交易所<br>中介机构<br>中国证监会<br>分担实质性审核职责 | 实质审核：证券交易所<br>中介机构<br>形式审核：中国证监会 |

### 二、首次公开发行股票并在主板（中小企业板）、创业板上市的规定

| 对比项 | 主板（含中小板） | 创业板 |
|---|---|---|
| 依法设立持续经营 | 3 年以上 | 3 年以上 |
| 主营、董、高、控未变化 | 3 年内 | 1. 最近三年财务会计报告由注册会计师出具无保留意见的审计报告<br>2. 发行人业务完整，具有直接面向市场独立持续经营的能力<br>3. 发行人规范运行<br>注意：此处变化较大，放宽了较多量化限制。 |
| 连续净利润为正/连续盈利 | 最近 3 个会计年度 | |
| 上个年限内净利润或盈利累计 | 超过 3 000 万元 | |
| 股本总额不少于 3 000 万元 | 发行前 | |
| 不存在未弥补亏损 | 最近一期末 | |
| 营业收入 | 最近 3 个会计年度累计 3 亿元 | |
| 最近一期末 | 无形资产/净资产≤20% | |
| 其他 | | |

### 三、上市公司非公开发行公司股票的规定

| 项目 | 主板（中小企业板） | 创业板 | 科创板 |
|---|---|---|---|
| 发行对象人数（上限） | 35 | | |
| 发行价格 | 不低于定价基准日前 20 个交易日公司股票均价的 80% | | |
| 不得转让期限 | 6 个月 | | |
| | 发行对象属于“通过本次发行的股票取得上市公司实际控制权的投资者”情形的，18 个月 | | |

# 第三节　股票交易

## 考点一：证券交易概述（☆☆☆）

### 一、证券交易的原则

（一）公开原则

公开原则又被称为信息公开原则，指证券交易是一种面向社会的公开的交易活动，核心要求是实现市场信息的公开化。根据这一原则的要求，证券交易参与各方应依法及时、真实、准确、完整地向社会发布有关信息。

（二）公平原则

公平原则是指参与交易的各方应当获得平等的机会。

（三）公正原则

公正原则是指应当公正地对待证券交易的参与各方，以及公正地处理证券交易事务。

### 二、证券交易机制

（一）定期交易和连续交易

1. 定期交易

（1）在定期交易中，成交的时点是不连续的。

（2）在某一段时间到达的投资者的委托订单并不是马上成交，而是要先存储起来，然后在某一约定的时刻加以匹配。

（3）定期交易有两个特点：

①批量指令可以提高价格的稳定性。

②指令执行和结算的成本相对比较低。

2. 连续交易

（1）在连续交易中，并非交易一定是连续的，而是指在营业时间里订单匹配可以连续不断地进行，两个投资者下达的买卖指令，只要符合成交条件就可以立即成交，而不必再等待一段时间定期成交。

（2）连续交易有两个特点：

①市场为投资者提供了交易的即时性。

②交易过程中可以反映更多的市场价格信息。

### （二）指令驱动和报价驱动

1. 指令驱动

（1）指令驱动是一种竞价市场，也被称为订单驱动市场。

（2）如果采用经纪商制度，投资者在竞价市场中将自己的买卖指令报给自己的经纪商，然后经纪商持买卖订单进入市场，市场交易中心以买卖双向价格为基准进行撮合。

（3）指令驱动有以下两个特点：

①证券交易价格由买方和卖方的力量直接决定。

②投资者买卖证券的对手是其他投资者。

2. 报价驱动

（1）报价驱动是一种连续交易商市场，也被称为做市商市场。

（2）证券交易的买价和卖价都由做市商给出，投资者之间并不直接成交，而是从做市商手中买进证券或向做市商卖出证券，做市商的收入来源是买卖证券的差价。

（3）报价驱动有以下两个特点：

①证券成交价格的形成由做市商决定。

②投资者买卖证券都以做市商为对手，与其他投资者不发生直接关系。

### （三）证券交易机制目标

1. 流动性

证券市场流动性包含两方面的要求，即成交速度和成交价格，如果投资者能以合理的价格迅速成交，则市场流动性好；反过来，仅仅是成交速度快，并不能完全表示流动性好。

2. 稳定性

证券市场的稳定性是指证券价格的波动程度，证券市场的稳定性可以用市场指数的风险度来衡量。由于各种信息是影响证券价格的主要因素，因此，提高市场透明度是加强证券市场稳定性的重要措施。

3. 有效性（包含以下两方面的要求）

（1）证券市场的高效率。

①信息效率：要求证券价格准确、迅速、充分反映各种信息。根据证券价格对信息的反映程度，可以将证券市场分为强式有效市场、半强式有效市场和弱式有效市场。

②运行效率：即证券交易系统硬件的工作能力，如交易系统的处理速度、容量。

（2）证券市场的低成本（包含两方面内容）。

①直接成本——如投资者参与交易而支付的佣金和缴纳的税收。

②间接成本——如投资者搜集证券信息所发生的费用等。

### 三、融资融券交易

#### （一）融资交易

融资交易是指投资者向证券公司缴纳一定的保证金（现金或可抵用保证金的证券），融（借）入一定数量的资金买入股票的交易行为。

#### （二）融券交易

融券交易是指投资者向证券公司缴纳一定的保证金（现金或可抵用保证金的证券），融入一定数量的证券并卖出的交易行为。

#### （三）转融通交易

转融通交易是指证券金融公司将自有或者依法筹集的资金和证券出借给证券公司，以供其办理融资融券业务的经营活动。

举例：融资融券及转融通都是信用交易方式，股票 A 价格 30 元/股，股票 B 价格 40 元/股，小王预测股票 A 价格将持续上涨，股票 B 价格可能会下跌。

融资：小王向证券公司借了钱买股票 A，买入后股票 A 上涨到了 40 元/股，小王将股票卖出，钱还给证券公司，差价即为小王利润。

融券：小王向证券借入股票 B，以 40 元的价格在市场上卖出，卖出后股票 B 价格下跌到了 30 元/股，小王按此价格买入并归还给证券公司，差价即为小王利润。

**【例题 33】**报价驱动也被称为做市商市场，其特点有（　　）。

Ⅰ. 证券交易价格由买方和卖方的力量直接决定

Ⅱ. 证券成交价格的形成由做市商决定

Ⅲ. 投资者买卖证券都以做市商为对手，与其他投资者不发生直接关系

Ⅳ. 投资者买卖证券的对手是其他投资者

A. Ⅰ、Ⅱ、Ⅲ　　B. Ⅰ、Ⅱ、Ⅳ　　C. Ⅰ、Ⅲ　　D. Ⅱ、Ⅲ

**【答案】**D

**【解析】**报价驱动的特点有：

第一，证券成交价格的形成由做市商决定。

第二，投资者买卖证券都以做市商为对手，与其他投资者不发生直接关系。

## 考点二：股票交易程序（☆☆☆）

### 一、开户

（一）概念

开户包括开立证券账户和开立资金账户。证券账户用来记载投资者所持有的证券种类、数量和变动情况，资金账户则用来记载和反映投资者买卖证券的货币收付和结存数额，中国证券登记结算有限责任公司设置投资者证券账户。

（二）证券账户的种类

（1）总账户（一码通账户）：用于汇总记载投资者各个子账户下证券持有及变动的情况，还可用于记录投资者分级评价等适当性管理信息。

（2）子账户：用于记载投资者参与特定交易场所或用于投资特定证券品种的证券持有及变动的具体情况，包含以下类别：

①人民币普通股票账户。

②人民币特种股票账户。

③全国中小企业股份转让系统账户。

④封闭式基金账户。

⑤开放式基金账户。

⑥其他证券账户。

（三）开立证券账户的基本原则和要求

1. 合法性

2. 真实性

### 二、证券托管和证券存管

（一）证券托管和证券存管的概念

证券托管是指投资者将持有的证券委托给证券公司保管，并由后者代为处理有关证券权益事务的行为。证券存管是指证券公司将投资者交给其保管的证券以及自身持有的证券统一交给证券登记结算机构保管，并由后者代为处理有关证券权益事务的行为。

（二）我国的证券托管制度

1. 上海证券交易所

上海证券交易所证券交易实行全面指定交易制度，境外投资者从事 B 股交易除外，全面指定交易是指参与上海证券交易所证券买卖的投资者必须事先指定一家会员作为其买卖证券的受托人，通过该会员参与本所市场证券买卖。

2. 深圳证券交易所

深圳证券交易所交易证券的托管制度可概括为“自动托管，随处通买，哪买哪卖，转托不限”。深圳证券市场投资者在哪家证券营业部买入证券，这些证券就自动托管在哪家证券营业部。投资者可以以同一证券账户在单个或多个会员的不同证券营业部买入证券。投资者买入的证券可以通过原买入证券的交易单元委托卖出，也可以向原买入证券的交易单元发出转托管指令，转托管完成后，在转入的交易单元委托卖出。

**小贴士：**上交所指定交易可以看成一夫一妻制，一个账号只能指定一个证券公司，深交所可以看成一夫多妻制，一个账号可以绑定多个证券公司。

**三、委托买卖**

（一）证券委托的形式

1. 柜台委托

2. 非柜台委托

（1）人工电话委托或传真委托。

（2）自助和电话自动委托。

（3）网上委托。

（二）委托指令的基本类别

1. 根据委托订单的数量

（1）整数委托。

（2）零数委托。

2. 根据买卖证券的方向

（1）买进委托。

（2）卖出委托。

3. 根据委托价格限制

（1）市价委托。

（2）限价委托。

4. 根据委托时效限制

（1）当日委托。

（2）当周委托。

（3）无期限委托。

（4）开市委托。

（5）收市委托。

（三）委托指令的内容

1. 证券账户号码

2. 证券代码

3. 买卖方向

4. 委托数量

5. 委托价格

6. 交易所及其会员要求的其他内容

（四）委托受理的手续和过程

1. 委托受理

（1）验证与审单。

验证主要是核实客户委托时递交的相关证件，审单主要是检查客户填写的委托单，证券经纪商要对客户的证件和委托单在合法性和同一性方面进行审查。

（2）查验资金及证券。

证券经纪商在受理客户委托买卖证券时，要查验证实客户的资金及证券，证券经纪商的电脑系统还自动检验客户的证券买卖申报数量和价格等是否符合证券交易所的交易规则。

注意：如果客户采用自助委托方式，则输入相关的账号和正确的密码后，即视同确认了身份。

2. 委托执行

（1）申报原则。

证券经纪商接受客户委托后应按“时间优先、客户优先”的原则进行申报竞价，时间优先是指证券经纪商应按受托时间的先后次序为委托人申报，客户优先是指当证券公司自营买卖申报与客户委托买卖申报在时间上相冲突时，应让客户委托买卖优先申报。

（2）申报方式。

①证券经纪商的场内交易员进行申报。

②客户或证券经纪商营业部业务员直接申报。

（3）申报时间。

| 项目 | 上海证券交易所、深圳证券交易所 |
| --- | --- |
| 开盘集合竞价 | 9:15—9:25 |
| 连续竞价时间 | 9:30—11:30，13:00—14:57 |
| 收盘集合竞价时间 | 14:57—15:00 |

3. 委托撤销

（1）撤单的条件。

在委托未成交之前，客户有权变更和撤销委托。证券营业部申报竞价成交后，买卖即告成立，成交部分不得撤销。

（2）撤单的程序。

①证券经纪商场内交易员进行申报。

STEP1 证券经纪商营业部业务员即刻通知场内交易员。

STEP2 场内交易员操作确认后，立即将执行结果告知客户。

②客户或证券经纪商营业部业务员直接申报。

直接将撤单信息通过电脑终端输入证券交易所交易系统。

注意：对客户撤销的委托，证券经纪商须及时将冻结的资金或证券解冻。

**四、竞价与成交**

（一）竞价原则——价格优先、时间优先

1. 价格优先

①较高价格买入申报优先于较低价格买入申报。

②较低价格卖出申报优先于较高价格卖出申报。

2. 时间优先

买卖方向、价格相同的，先申报者优先于后申报者。先后顺序按证券交易所交易主机接受申报的时间确定。

**小贴士：**买卖股票先排队，排到了再成交，竞价原则确认的是排队的顺序，报6元买的排在报5元买的前面，报5元卖的排在报6元卖的前面，但最终以什么价格成交，还得看排队轮到后的实际情况。

（二）竞价方式

1. 集合竞价——在规定的一段时间内接受的买卖申报一次性集中撮合的竞价方式

（1）成交原则。

①可实现最大成交量的价格。

②高于该价格的买入申报与低于该价格的卖出申报全部成交的价格。

③与该价格相同的买方或卖方至少有一方全部成交的价格。

注意：如有两个以上申报价格符合上述条件的。

A. 上交所的规则：

a. 使未成交量最小的申报价格为成交价格。

b. 若仍有两个以上使未成交量最小的申报价格符合上述条件的，其中间价为成交价格。

B. 深交所的规则：

a. 取在该价格以上的买入申报累计数量与在该价格以下的卖出申报累计数量之差最小的价格为成交价。

b. 买卖申报累计数量之差仍存在相等情况的，开盘集合竞价时取最接近即时行情显示的前收盘价为成交价，盘中、收盘集合竞价时取最接近最近成交价的价格为成交价。

**小贴士：**我们用一个生活中的案例来理解集合竞价的原则。

有甲、乙、丙三个桃农卖桃：

甲有40斤桃子，想卖21元一斤

乙有 20 斤桃子，想卖 20 元一斤

丙有 30 斤桃子，想卖 18 元一斤

有 A、B、C 三个顾客想买桃：

A 想买 20 斤桃子，愿意出价 22 元一斤

B 想买 10 斤桃子，愿意出价 21 元一斤

C 想买 30 斤桃子，愿意出价 20 元一斤

那么桃子卖什么价格，可以成交多少呢？（见下表）

| 桃农 | 拟卖斤数 | 价格 | 拟买斤数 | 顾客 |
|---|---|---|---|---|
| | | 22 元 | 20 斤 | A |
| 甲 | 40 斤 | 21 元 | 10 斤 | B |
| 乙 | 20 斤 | 20 元 | 30 斤 | C |
| 丙 | 30 斤 | 18 元 | | |

现在价格一共有 18、20、21、22 元四个档位，分类讨论：

（1）如果价格定在 18 元，那么丙的 30 斤卖单愿意成交，A、B、C 的 60 斤买单愿意成交，最终可以成交 30 斤。

（2）如果价格定在 20 元，那么乙和丙的 50 斤卖单愿意成交，A、B、C 的 60 斤买单愿意成交，最终可以成交 50 斤。

（3）如果价格定在 21 元，那么甲、乙、丙的 90 斤卖单愿意成交，A、B 的 30 斤买单愿意成交，最终可以成交 30 斤。

（4）如果价格定在 22 元，那么甲、乙、丙的 90 斤卖单愿意成交，A 的 20 斤买单愿意成交，最终可以成交 20 斤。

结论：按照最大成交量原则。

价格应定在 20 元，共可成交 50 斤，把桃子换成股票，原理相同。

2. 连续竞价——对买卖申报逐笔连续撮合的竞价方式

（1）特点。

每一笔买卖委托输入交易自动撮合系统后，当即判断并进行不同的处理，能成交者予以成交，不能成交者等待机会成交，部分成交者则让剩余部分继续等待。

（2）原则。

①最高买入申报与最低卖出申报价位相同，以该价格为成交价。

②买入申报价格高于即时揭示的最低卖出申报价格时，以即时揭示的最低卖出申报价格为成交价。

③卖出申报价格低于即时揭示的最高买入申报价格时，以即时揭示的最高买入申报价格为成交价。

（三）开盘价与收盘价

1. 开盘价

（1）开盘价是当日证券第一笔成交价，通过集合竞价产生。

（2）集合竞价不能产生的，以连续竞价方式产生。

2. 收盘价

（1）通过集合竞价产生。

（2）收盘集合竞价不能产生收盘价或未进行收盘集合竞价的，以当日该证券最后一笔交易前一分钟所有交易的成交量加权平均价（含最后一笔交易）为收盘价。

（3）当日无成交的，以前收盘价为当日收盘价。

3. 其他规定

（1）上交所。

①基金、债券、债券买断式回购收盘价：最后一笔交易（含）前一分钟成交量加权平均。

②债券质押式回购收盘价：最后一笔交易（含）前一小时成交量加权平均。

（2）深交所。

采用协议大宗交易方式交易的债券收盘价：当日所有交易成交量加权平均。

（四）涨跌幅限制与竞价申报的有效范围

<table>
<tr><td colspan="2">涨跌幅限制表</td><td>上交所</td><td>深交所</td></tr>
<tr><td colspan="2">计算公式</td><td colspan="2">涨跌幅限制价格 = 前收盘价 ×（1 ± 涨跌幅限制比例）</td></tr>
<tr><td rowspan="6">涨跌幅度</td><td>一般股票</td><td colspan="2">10%</td></tr>
<tr><td>ST 股票和 * ST 股票</td><td colspan="2">5%</td></tr>
<tr><td>科创板</td><td>20%</td><td>—</td></tr>
<tr><td>创业板</td><td>—</td><td>20%</td></tr>
<tr><td rowspan="2">不设涨跌幅限制的情形</td><td>首个交易日：<br>1. 首次公开发行上市的股票<br>2. 增发上市的股票<br>3. 暂停上市后恢复上市的股票<br>4. 退市后重新上市的股票<br>5. 上海证券交易所认定的其他情形</td><td>首个交易日：<br>1. 首次公开发行股票上市的<br>2. 暂停上市后恢复上市的<br>3. 中国证监会或深圳证券交易所认定的其他情形</td></tr>
<tr><td>科创板上市后前 5 个交易日</td><td>创业板上市后前 5 个交易日</td></tr>
</table>

（五）竞价结果

1. 全部成交

2. 部分成交

3. 不成交

（六）交易费用

1. 佣金

佣金是客户在委托买卖证券成交后按成交金额一定比例支付的费用，是证券经纪商为客户提供证券代理买卖服务收取的费用。此项费用由证券公司经纪佣金、证券交易所手续费及证券交易监管费等组成。

2. 过户费

过户费是委托买卖的股票、基金成交后，买卖双方为变更证券登记所支付的费用。这笔收入一部分属于中国结算公司的收入，一部分由证券公司留存，由证券公司在同客户清算交收时代为扣收。

3. 印花税

印花税是根据国家税法规定，在A股和B股成交后对买卖双方客户按照规定的税率分别征收的税金。我国现行的做法是由证券经纪商在同客户办理交收过程中代为扣收。

**五、交易结算**

（一）股票交易的结算与交收程序

1. 结算模式

我国证券市场采用的是法人结算模式，法人结算是指由证券公司以法人名义在证券登记结算机构开立证券交收账户和资金交收账户，其接受客户委托代理的证券交易的清算交收均通过此账户办理。

2. 结算类别

（1）证券公司与客户之间的证券清算交收。

（2）证券公司与客户之间的资金清算交收。

（二）非交易过户

1. 非交易过户的证券

登记在中国证券登记结算有限责任公司开立的证券账户（不含开放式基金账户）中的股票（不含非流通股）、存托凭证、债券、基金等在证券交易所、全国中小企业股份转让系统交易的证券品种。

2. 非交易过户规则

（1）继承、法人资格丧失所涉及证券过户，由过入方作为申请人提交过户业务申请。

（2）捐赠、离婚、私募资产管理所涉证券过户的，由过出方、过入方作为申请人共同提交过户业务申请。

**【例题34】**以下属于上海证券交易所采用竞价交易方式的开盘集合竞价时间内的是（　　）。

Ⅰ. 9:00—9:25

Ⅱ. 9:00—9:30

Ⅲ. 9:15—9:25

Ⅳ. 9:25—9:30

A. Ⅳ　　B. Ⅰ、Ⅱ　　C. Ⅲ　　D. Ⅰ、Ⅱ、Ⅳ

【答案】C

【解析】上海证券交易所规定：证券采用竞价交易方式的，除《上海证券交易所交易规则》另有规定外，每个交易日的9:15—9:25为开盘集合竞价时间。

【例题35】证券委托方式有不同的形式，可以分为（　　）。

Ⅰ. 柜台委托

Ⅱ. 非柜台委托

Ⅲ. 网上委托

Ⅳ. 人工电话委托

A. Ⅰ、Ⅲ　　B. Ⅰ、Ⅱ　　C. Ⅰ、Ⅳ　　D. Ⅱ、Ⅲ

【答案】B

【解析】证券委托可以分为柜台委托和非柜台委托两大类。

第一，柜台委托。柜台委托是指委托人亲自或由其代理人到证券营业部交易柜台，根据委托程序和必需的证件采用书面方式表达委托意向，由本人填写委托单并签章的形式。

第二，非柜台委托。非柜台委托主要有人工电话委托或传真委托、自助和电话自动委托、网上委托等形式。

【例题36】投资者在委托买卖证券时，需要支付的交易费用不包括（　　）。

A. 增值税　　B. 佣金　　C. 过户费　　D. 印花税

【答案】A

【解析】投资者在委托买卖证券时，需支付多项费用和税收，如佣金、过户费、印花税等。

【例题37】某股票即时揭示的卖出申报价格和数量分别为15.60元和1 000股、15.50元和800股、15.35元和100股，即时揭示的买入申报价格和数量分别为15.25元和500股、15.20元和1 000股、15.15元和800股。若此时该股票有一笔买入申报进入交易系统，价格为15.50元，数量为600股，该笔委托的成交情况是（　　）。

A. 15.35元成交200股，15.50元成交400股

B. 15.35元成交100股，15.50元成交500股

C. 15.35元成交200股，15.50元成交300股

D. 15.35元成交500股，15.50元成交100股

【答案】B

【解析】连续竞价时，成交价格的确定原则为：

第一，最高买入申报与最低卖出申报价位相同，以该价格为成交价。

第二，买入申报价格高于即时揭示的最低卖出申报价格时，以即时揭示的最低卖出申报价格为成交价。

第三，卖出申报价格低于即时揭示的最高买入申报价格时，以即时揭示的最高买入申报价格为成交价。

【例题 38】登记在中国证券登记结算有限责任公司开立的证券账户（不含开放式基金账户）中的股票（不含非流通股）、存托凭证、债券、基金等在证券交易所、全国中小企业股份转让系统交易的证券品种因发生（　　）等情形之一涉及证券持有人变更的，由过出方、过入方作为申请人共同提交过户业务申请。

Ⅰ. 捐赠

Ⅱ. 离婚

Ⅲ. 私募资产管理

Ⅳ. 继承

A. Ⅰ、Ⅱ、Ⅲ　　B. Ⅰ、Ⅱ、Ⅳ　　C. Ⅱ、Ⅲ、Ⅳ　　D. Ⅰ、Ⅱ、Ⅲ、Ⅳ

【答案】A

【解析】登记在中国证券登记结算有限责任公司开立的证券账户（不含开放式基金账户）中的股票（不含非流通股）、存托凭证、债券、基金等在证券交易所、全国中小企业股份转让系统交易的证券品种，若发生继承、捐赠、依法进行的财产分割、法人资格丧失、私募资产管理等情形涉及的证券非交易过户业务，则继承、法人资格丧失所涉证券过户的，由过入方作为申请人提交过户业务申请；捐赠、离婚、私募资产管理所涉证券过户的，由过出方、过入方作为申请人共同提交过户业务申请。

【例题 39】甲、乙、丙、丁四个投资者，均申报买进 X 股票，申报价格和申报时间分别为：甲的买进价为 10.75 元，时间为 13:55；乙的买进价为 10.40 元，时间是 13:55；丙的买进价为 10.80 元，时间是 13:58；丁的买进价为 10.40 元，时间是 13:58，则四位投资者的撮合成交顺序为（　　）。

A. 丙、甲、乙、丁　　B. 丁、乙、甲、丙

C. 丙、甲、丁、乙　　D. 丁、乙、丙、甲

【答案】A

【解析】撮合成交的顺序是价格优先；相同价格时间优先。

先看价格，买价最高的是丙，接着是甲，再是乙和丁（两者买价相同），那么可以确定丙、甲先成交。

再看时间，丁和乙，丁的时间 13:58 晚于乙的时间 13:55，所以乙比丁先成交。

最终的顺序就是丙、甲、乙、丁。

【例题 40】上海证券交易所规定，属于（　　）情形的，首个交易日无价格涨跌幅限制。

Ⅰ. 增发上市的股票

Ⅱ. 退市后重新上市的股票

Ⅲ. 暂停上市后恢复上市的股票

Ⅳ. 首次公开发行上市的股票

A. Ⅲ、Ⅳ　　B. Ⅰ、Ⅱ、Ⅲ

C. Ⅰ、Ⅱ、Ⅲ、Ⅳ　　D. Ⅰ、Ⅳ

【答案】C

【解析】上海证券交易所规定，属于下列情形之一的，首个交易日无价格涨跌幅限制：首次公开发行上市的股票；增发上市的股票；暂停上市后恢复上市的股票；退市后重新上市的股票；上海证券交易所认定的其他情形。

## 考点三：股票价格指数（☆☆）

### 一、股票价格指数的概念

股票价格指数是用于反映整个市场上各种股票市场价格的总体水平及其变动情况的指标。

### 二、股票价格指数的功能

1. 综合反映一定时期内某一证券市场上股票价格的变动方向和变动程度

2. 为投资者和分析家研究、判断股市动态提供信息，便于对股票市场大势走向作出分析

3. 作为投资业绩评价的标尺，提供一个股市投资的基准回报

4. 作为指数衍生产品和其他金融创新的基础

### 三、股票价格指数的编制步骤和方法

（一）股票价格指数的编制步骤

第一步，选择样本股。

（1）样本股的市价总值要占在交易所上市的全部股票市价总值的大部分；

（2）样本股票价格变动趋势必须能反映股票市场价格变动的总趋势。

第二步，选定某基期，并以一定方法计算基期平均股价或市值。

第三步，计算计算期平均股价或市值，并作必要的修正。

第四步，指数化，将基期平均股价或市值确定为某一常数（通常为 100、1 000 或 10)，并据此计算计算期股价的指数值。

（二）股票价格指数的编制方法

1. 算术平均法

2. 几何平均法——以伦敦金融时报指数和美国价值线指数为代表

3. 加权平均法——加权平均法权数的选择，可以是股票的成交金额，也可以是它的上市股数，若选择计算期的同度量因素作为权数，则被称为派许加权法

**四、我国主要的股票价格指数**

（一）中证指数有限公司的股价指数

中证指数有限公司由上海证券交易所和深圳证券交易所共同出资成立，是一家从事指数编制、运营和服务的专业性公司。

1. 沪深300指数（大中盘指数）

（1）沪深300指数由沪深A股中规模大、流动性好、最具代表性的300只股票组成。

（2）沪深300指数由沪、深证券交易所于2005年4月8日正式发布。

（3）沪深300指数以“点”为单位，精确到小数点后3位。

（4）沪深300指数以2004年12月31日为基日，基点为1 000点。

（5）沪深300指数采用派许加权综合价格指数公式进行计算。

（6）沪深300指数每半年调整一次，每次调整的比例不超过10%。

（7）为增强沪深300指数的透明性和可预期性，沪深300指数还设置15只备选名单。

2. 中证规模指数

（1）中证100指数——大盘指数。

（2）中证200指数——中盘指数。

（3）中证500指数——小盘指数。

（4）中证700指数——中小盘指数。

（5）中证800指数——大中小盘指数。

（6）中证流通指数。

（二）上海证券交易所的股价指数

1. 上证综指

上证综指于1991年7月15日发布，包含A股、B股等上交所全部上市股票，以总股本为权重加权计算。

2. 上证180指数

上证180指数于2002年7月发布，选择总市值和成交金额排名靠前的股票，按照中证一级行业的自由流通市值比例，分配和选取180只固定样本，以自由流通股本为权重加权计算。

3. 上证50指数

上证50指数于2004年1月发布，是在上证180指数的样本股中挑选规模最大、流

动性最好的50只股票。

4. 上证380指数

上证380指数于2010年11月发布，代表了上海市场成长性好、盈利能力强的新兴蓝筹企业。

5. 上证100指数

上证100指数于2012年4月发布，是从上证380指数中选取营业收入增长率和净资产收益率综合排名靠前的100只股票作为指数样本。

6. 上证150指数

上证150指数于2012年4月发布，是在上证180、上证380指数成分股之外选择营业收入增长率、换手率综合排名前150名的股票作为指数样本。

（三）深圳证券交易所的股价指数

1. 深证成分指数

深证成分指数于1995年1月23日发布，是中国证券市场中历史最悠久、数据最完整的成分股指数。选取深圳证券市场中市值规模与流动性综合排名前500位的A股组成样本股。

2. 深证综合指数

深证综合指数于1991年4月4日发布，以在深圳证券交易所主板、中小板、创业板上市的全部股票为样本股，以样本股发行总股本为权数进行加权逐日连锁计算。

3. 深证A股指数

深证A股指数于1992年10月4日发布，包含在深圳证券交易所主板、中小板、创业板上市的全部A股，以样本股发行总股本为权数进行加权逐日连锁计算。

4. 深证B股指数

深证B股指数于1992年10月6日发布，包含在深圳证券交易所上市的全部B股，以样本股发行总股本为权数进行加权逐日连锁计算。

5. 行业分类指数

行业分类指数于2001年7月2日发布，以样本股的自由流通量为权数进行加权逐日连锁计算。

6. 中小板综合指数

中小板综合指数于2005年12月1日发布，以在深圳证券交易所中小企业板上市的全部股票为样本股，以样本股可流通股本数为权数进行加权逐日连锁计算。

7. 创业板综合指数

创业板综合指数于2010年8月20日发布，以在深圳证券交易所创业板上市的全部股票为样本股，以样本股可流通股本数为权数进行加权逐日连锁计算。

8. 深证新指数

深证新指数于2006年2月16日发布，以在深圳证券交易所主板、中小板、创业板上市的非ST且已完成股改的A股为样本股，以样本股可流通股本数为权数进行加权逐日连锁计算。

9. 深证100指数

深证100指数于2003年初发布，由深圳证券市场市值规模最大、成交最活跃的100家A股上市公司组成。

（四）香港和台湾的主要股价指数

1. 恒生指数

以香港股票市场中的50家上市股票为成分股样本。恒生指数于1985年推出四个分类指数，并把所有成分股分别纳入金融、公用事业、地产和工商业四个分类指数。2006年2月，恒生指数首次将H股纳入恒生指数成分股。

2. 台湾证券交易所发行量加权股价指数

我国台湾证券交易所自行编制的发行量加权股价指数是台湾地区最具有代表性的股价指数，被视为台湾地区经济走向的主要指标之一。

**五、国外主要股票市场的股票价格指数**

（一）道·琼斯工业股价平均数

道·琼斯工业股价平均数是世界上最早、最享盛誉和最有影响的股价指数。道·琼斯工业股价平均数实际上是一组股价平均数，包括：

（1）道·琼斯工业股价平均数，以30家著名大工商业公司股票为编制对象。

（2）道·琼斯运输业股价平均数，以20家具有代表性的运输业公司股票为编制对象。

（3）道·琼斯公用事业股价平均数，以15家具有代表性的公用事业大公司股票为编制对象。

（4）道·琼斯股价综合平均数，以上述65家公司股票为编制对象。

（5）道·琼斯工业平均收益加权指数，以道·琼斯工业平均指数30家成分公司中支付分红的公司为编制对象。

注意：道·琼斯股价平均数基期指数为100点，采用除数修正的简单平均法。

（二）标准普尔500指数

标准普尔500指数由美国最大的证券研究机构标准普尔公司于1957年开始编制，以股票上市量为权数，按基期进行加权计算。

（三）纳斯达克指数

纳斯达克（NASDAQ）的全称是“全美证券交易商自动报价系统”。

（四）金融时报证券交易所指数

金融时报证券交易所指数（也被译为富时指数）是英国最具权威性的股价指数。现由《金融时报》和伦敦证券交易所共同拥有的富时集团编制，包括三种指标：

（1）金融时报工业股票指数，又被称为30种股票指数。

（2）100种股票交易指数，又被称为FT－100指数。

（3）综合精算股票指数，从伦敦股市上精选700多种股票作为样本股进行计算。

（五）日经平均股价指数

日经平均股价指数是日本经济新闻社编制和公布的反映日本股票市场价格变动的股价指数，包括两种：

（1）日经225种平均股价指数。

（2）日经500种平均股价指数。

**【例题41】**沪深300指数采用（　　）进行计算，按照样本股的调整股本为权数加权计算。

A. 除数修正法　　B. 派许加权方法

C. 市值总价加权法　　D. 加权平均法

**【答案】**B

**【解析】**沪深300指数采用派许加权综合价格指数公式进行计算。

**【例题42】**股票价格指数的编制步骤包括（　　）。

Ⅰ. 选定某基期，并计算基期平均股价或市值

Ⅱ. 计算计算期平均股价或市值，并作必要修正

Ⅲ. 选择样本股

Ⅳ. 指数化

A. Ⅰ、Ⅱ　　B. Ⅱ、Ⅲ　　C. Ⅱ、Ⅳ　　D. Ⅰ、Ⅱ、Ⅲ、Ⅳ

**【答案】**D

**【解析】**股价指数的编制分为四步：（1）选择样本股。（2）选定某基期，并计算基期平均股价或市值。（3）计算计算期平均股价或市值，并作必要的修正。（4）指数化。

**【例题43】**股票价格指数被视为股市行情的指示器和经济景气变化的晴雨表。下列属于股票价格指数主要功能的有（　　）。

Ⅰ. 为投资者和分析家研究、判断股市动态提供信息，便于对股票市场大势走向作出分析

Ⅱ. 作为指数衍生产品和其他金融创新的基础

Ⅲ. 作为投资业绩评价的标尺，提供一个股市投资的基准回报

Ⅳ. 由于股票价格短期内受到市场投资者情绪的带动而剧烈波动，因此股票价格指数准确反映了市场参与投资者情绪的变动方向和变动程度

A. Ⅰ、Ⅲ　　B. Ⅰ、Ⅲ、Ⅳ　　C. Ⅱ、Ⅳ　　D. Ⅰ、Ⅱ、Ⅲ

**【答案】** D

**【解析】** 股票价格指数是反映股票市场行情变动的重要指标，也是观测经济形势和周期状况的参考指标，被视为股市行情的指示器和经济景气变化的晴雨表。股票价格指数主要有以下功能：

第一，综合反映一定时期内某一证券市场股票价格的变动方向和变动程度。

第二，为投资者和分析家研究、判断股市动态提供信息，便于对股票市场大势走向作出分析。

第三，作为投资业绩评价的标尺，提供一个股市投资的基准回报。

第四，作为指数衍生产品和其他金融创新的基础。

**【例题 44】** 中证规模指数包括（　　）等。

Ⅰ. 中证 100 指数

Ⅱ. 中证 200 指数

Ⅲ. 中证 600 指数

Ⅳ. 中证 700 指数

A. Ⅰ、Ⅱ、Ⅲ　　B. Ⅰ、Ⅱ、Ⅳ

C. Ⅲ、Ⅳ　　D. Ⅰ、Ⅱ、Ⅲ、Ⅳ

**【答案】** B

**【解析】** 中证规模指数包括中证 100 指数、中证 200 指数、中证 500 指数、中证 700 指数、中证 800 指数和中证流通指数。这些指数与沪深 300 指数共同构成中证规模指数体系。

### 考点四：沪港通、深港通和沪伦通（☆☆）

沪港通，即沪港股票市场交易互联互通机制，是指内地和香港投资者委托上海证券交易所会员或者香港联合交易所参与者，通过上海证券交易所或者香港联合交易所在对方所在地设立的证券交易服务公司，买卖规定范围内的对方交易所上市的股票，于 2014 年 11 月 17 日正式开通，包括沪股通、沪港通下的港股通两部分。

深港通，即深港股票市场交易互联互通机制，指内地和香港投资者委托深圳证券交易所会员或者香港联合交易所参与者，通过深圳证券交易所或者香港联合交易所在对方所在地设立的证券交易服务公司，买卖规定范围内的对方交易所上市的股票。深港通包括深股通、深港通下的港股通两部分。

沪伦通，是指上交所与伦交所的互联互通机制。初期从存托凭证起步。

详见下表。

**沪港通、深港通、沪伦通重要考点**

<table>
<tr><th>三通</th><th>分类</th><th>路径</th><th>交易标的</th><th>标的范围</th><th>每日额度</th><th>不纳入范围的情形</th><th>个人投资者资产要求</th></tr>
<tr><td rowspan="2">沪港通</td><td>沪股通</td><td>投资者委托香港联合交易所参与者，经由香港联合交易所在上海设立的证券交易服务公司，向上海证券交易所进行申报，买卖沪港通规定范围内的上海证券交易所上市的股票</td><td rowspan="4">股票本身</td><td>上证 180<br>上证 380<br>A + H 股中的 A 股</td><td>520 亿元</td><td rowspan="4">第一类<br>外币报价<br>交易的股票<br>第二类<br>A 股或对应其的<br>H 股存在<br>风险警示<br>退市整理<br>暂停上市</td><td></td></tr>
<tr><td>港股通</td><td>投资者委托上海证券交易所会员，经由上海证券交易所在香港设立的证券交易服务公司，向香港联合交易所进行申报，买卖沪港通规定范围内的香港联合交易所上市的股票</td><td>恒生综合大型指数<br>恒生综合中型指数<br>A + H 股中的 H 股</td><td>420 亿元</td><td>账户资产<br>50 万元人民币</td></tr>
<tr><td rowspan="2">深港通</td><td>深股通</td><td>投资者委托香港联合交易所参与者，经由香港联合交易所在深圳设立的证券交易服务公司，向深圳证券交易所进行申报，买卖深港通规定范围内的深圳证券交易所上市的股票</td><td>深证成分指数<br>深证中小创新指数<br>A + H 股中的 A 股</td><td>520 亿元</td><td></td></tr>
<tr><td>港股通</td><td>投资者委托深圳证券交易所会员，经由深圳证券交易所在香港设立的证券交易服务公司，向香港联合交易所进行申报，买卖深港通规定范围内的香港联合交易所上市的股票</td><td>恒生综合大型<br>恒生综合中型<br>恒生综合小型<br>A + H 股中的 H 股</td><td>420 亿元</td><td></td></tr>
<tr><td rowspan="2">沪伦通</td><td>东向业务</td><td>伦交所→上交所</td><td>CDR</td><td colspan="3" rowspan="2">特别备注：<br>1. 深港通的深股通成分股考察截止日前 6 个月 A 股市值不低于 60 亿元人民币<br>2. 深港通中的港股通恒生综合小型指数成分股考察截止日前 12 个月平均月末市值不低于 50 亿港元</td><td></td></tr>
<tr><td>西向业务</td><td>上交所→伦交所</td><td>GDR</td><td></td></tr>
</table>

注意：CDR 为中国存托凭证，GDR 为全球存托凭证。

**【例题 45】** 2018 年 5 月 1 日起，沪股通每日额度调整为（　　）亿元人民币。

A. 150　　B. 520　　C. 140　　D. 130

**【答案】** B

**【解析】** 沪股通起始额度为每日 130 亿元人民币。为进一步完善内地与香港股票市场互联互通机制，2018 年 5 月 1 日起，沪股通每日额度调整为 520 亿元人民币。

**【例题 46】** 深港通下的港股通股票包括（　　）。

Ⅰ. 恒生综合大型股指数的成分股

Ⅱ. 恒生综合中型股指数的成分股

Ⅲ. A + H 股上市公司在香港联交所上市的 H 股

Ⅳ. 在联交所以国外货币报价以港元交易的股票

A. Ⅰ、Ⅱ　　B. Ⅲ、Ⅳ　　C. Ⅰ、Ⅱ、Ⅲ　　D. Ⅰ、Ⅱ、Ⅲ、Ⅳ

**【答案】** C

**【解析】** 深港通下的港股通的股票范围是恒生综合大型股指数的成分股、恒生综合中型股指数的成分股、成分股定期调整考察截止日前 12 个月港股平均月末市值不低于 50 亿港元的恒生综合小型股指数的成分股，以及 A + H 股上市公司在香港联交所上市的 H 股。

### 考点五：科创板的有关特别规定（☆☆）

**一、投资者适当性**

（一）个人投资者开通科创板股票交易权限的，应当符合以下条件

（1）申请权限开通前 20 个交易日证券账户及资金账户内的资产日均不低于人民币 50 万元（不包括该投资者通过融资融券融入的资金和证券）；

（2）参与证券交易 24 个月以上；

（3）上海证券交易所规定的其他条件。

（二）机构投资者开通科创板股票交易权限的，应当符合以下条件

符合法律法规及上海证券交易所业务规则的规定。

**二、交易机制和交易方式**

1. 交易时效：T + 1

2. 竞价时间

（1）开盘集合竞价时间：9:15—9:25。

（2）连续竞价时间：9:30—11:30、13:00—15:00。

3. 申报方式

（1）限价申报。

（2）市价申报。

①最优五档即时成交剩余撤销申报。

②最优五档即时成交剩余转限价申报。

③本方最优价格申报。

④对手方最优价格申报。

⑤交易所规定的其他方式。

4. 申报数量限定

（1）限价申报数量：200～10万股。

（2）市价申报数量：200～5万股。

注意：卖出时，余额不足200股的部分，应当一次性申报卖出。

5. 盘后固定价格交易

（1）定价方式：收盘集合竞价结束后，上交所交易系统按照时间优先顺序对收盘定价申报进行撮合，并采用当日收盘价成交的交易方式。

（2）申报时间：9:30—11:30和13:00—15:30。

6. 涨跌幅限制

（1）首次公开发行上市前5个交易日：不设价格涨跌幅限制。

（2）正常交易日：涨跌幅比例为20%。

注意：科创板股票自上市首日起可作为融资融券标的。

**【例题47】**科创板限价申报的最高不能超过（　　）万股。

A. 5　　B. 10　　C. 30　　D. 100

**【答案】**B

**【解析】**科创板上市股票申报200股起，市价申报不超过5万股，限价申报不超过10万股。

**【本节学习提示】**考查重点：

①证券交易的机制、机制的目标。

②股票开户、委托、受理、成交、托管、结算等环节，尤其是委托指令与成交中竞价的原则。

③我国及全球主要股票价格指数的选股标准、计算方式及权重选择，详见本节比对表。

④沪港通、深港通、沪伦通的概念与标的股范围。

关于各个指数的比对，详见下表。

## 本节比对表

| 指数 | 编制发布 | 发布时间 | 样本股选择 | 样本股数量 | 计算方法 | 样本股权重选择 | 备注 |
|---|---|---|---|---|---|---|---|
| 沪深 300 指数 | 中证指数有限公司 | 2005 年 4 月 8 日 | 沪深 A 股中规模大、流动性好、最具代表性 | 300 | 派许加权 | — | 基点 1 000 点 |
| 上证综指 | 上海证券交易所 | 1991 年 7 月 15 日 | A 股、B 股等上交所全部上市股票 | 实时变化 | — | 总股本 | — |
| 上证 180 指数 | | 2002 年 7 月 | 总市值和成交金额排名靠前 | 180 | | 自由流通股本 | |
| 上证 50 指数 | | 2004 年 1 月 | 上证 180 指数样本股中规模最大、流动性最好 | 50 | | — | |
| 上证 380 指数 | | 2010 年 11 月 | 上海市场成长性好、盈利能力强 | 380 | | | |
| 上证 100 指数 | | 2012 年 4 月 | 上证 380 指数中营业收入增长率和净资产收益率综合排名靠前 | 100 | | | |
| 上证 150 指数 | | 2012 年 4 月 | 上证 180、上证 380 指数成分股之外营业收入增长率、换手率综合排名靠前 | 150 | | | |
| 深证成分指数 | 深圳证券交易所 | 1995 年 1 月 23 日 | 深圳证券市场中市值规模与流动性综合排名靠前 | 500 | | | |
| 深证综合指数 | | 1991 年 4 月 4 日 | 深圳证券交易所主板、中小板、创业板上市的全部股票 | 实时变化 | 加权逐日连锁计算 | 发行总股本 | |
| 深证 A 股指数 | | 1992 年 10 月 4 日 | 深圳证券交易所主板、中小板、创业板上市的全部 A 股 | | | | |
| 深证 B 股指数 | | 1992 年 10 月 6 日 | 深圳证券交易所上市的全部 B 股 | | | | |
| 行业分类指数 | | 2001 年 7 月 2 日 | — | | | 自由流通量 | |
| 中小板综合指数 | | 2005 年 12 月 1 日 | 中小企业板上市的全部股票 | | | 可流通股本数 | |
| 创业板综合指数 | | 2010 年 8 月 20 日 | 创业板上市的全部股票 | | | | |
| 深证新指数 | | 2006 年 2 月 16 日 | 深圳证券交易所主板、中小板、创业板上市的非 ST 且已完成股改的 A 股为样本股 | | | | |
| 深证 100 指数 | | 2003 年初 | 深圳证券市场市值规模最大、成交最活跃的 A 股上市公司 | 100 | — | — | |
| 香港恒生指数 | — | 1985 年 | 香港股票市场中的上市股票 | 50 | | | |
| 道·琼斯工业股价平均数 | 道·琼斯公司 | — | 大工商业公司/运输业公司/公用事业大公司/前述综合 | 30/20/15/65 | 除数修正的简单平均法 | | 基点 100 点 |
| 标准普尔 500 指数 | 标准普尔公司 | 1957 年 | — | 500 | 基期加权 | 股票上市量 | — |

## 第四节　股票估值

### 考点一：股票的价值与价格（☆☆☆）

**一、股票的价值**

（一）股票的票面价值

（1）股票的票面价值又称为面值，即在股票票面上标明的金额。

（2）以面值作为发行价，称为平价发行，此时公司发行股票募集的资金等于股本的总和。

（3）发行价高于面值称为溢价发行，募集的资金中等于面值总和的部分计入资本账户，超过股票票面金额的发行价格发行股份所得的溢价款列为公司资本公积金。

（二）股票的账面价值

股票的账面价值又称为股票净值或每股净资产，在没有优先股的条件下，每股账面价值等于公司净资产除以发行在外的普通股票的股数。

（三）股票的清算价值

（1）股票的清算价值是公司清算时每一股份所代表的实际价值。

（2）从理论上说，股票的清算价值应与账面价值一致，实际上大多数公司的实际清算价值低于其账面价值，有以下原因：

①在公司清算时，其资产往往只能压低价格出售。

②存在清算费用。

（四）股票的内在价值

股票的内在价值即理论价值，即股票未来收益的现值。

**二、股票的价格**

（一）股票的理论价格

（1）股票价格应由其价值决定，股票本身没有价值，有价格是因为它代表着收益的价值，即能给它的持有者带来股息红利。

（2）股票及其他有价证券的理论价格是以一定的必要收益率计算出来的未来收入的现值，因此理论价格是根据现值理论而来的。

（二）股票的市场价格

（1）股票的市场价格一般是指股票在二级市场上交易的价格。

（2）供求关系是股票价格最直接的影响因素。

**【例题 48】**股票的市场价格总是围绕其（　　）波动。

A. 内在价值　　B. 清算价值　　C. 票面价值　　D. 外在价值

**【答案】**A

【解析】股票的内在价值即理论价值，即股票未来收益的现值。股票的内在价值决定股票的市场价格，股票的市场价格总是围绕其内在价值波动。

【例题 49】股票的清算价值是公司清算时每一股份所代表的（　　）。

A. 账面价值　　B. 资产价值　　C. 实际价值　　D. 清算资金

【答案】C

【解析】股票的清算价值是公司清算时每一股份所代表的实际价值。

### 考点二：引起股票价格变动的基本因素（☆☆）

#### 一、公司经营状况（微观）

（一）公司治理水平与管理层质量

从提高公司绩效的角度来看，公司治理主要解决两大问题：一是经理层、内部人的利益机制及其与公司的外部投资者利益和社会利益的兼容问题；二是经理层的管理能力问题。

（二）公司竞争力（最常用的公司竞争力分析框架是 SWOT 分析）

1. 优势（Strengths）

2. 劣势（Weaknesses）

3. 机会（Opportunities）

4. 威胁（Threats）

（三）财务状况

1. 盈利性

衡量盈利性最常用的指标是每股收益和净资产收益率，每股收益等于公司净利润除以发行在外的总股数，其他条件不变，每股收益越高，股价就越高。净资产收益率也被称为股本收益率，等于公司净利润除以净资产，反映了公司自有资本的获利水平。

2. 安全性

公司的财务安全性主要是指公司偿还债务从而避免破产的特性，通常用公司的负债与公司资产和资本金相联系来反映公司的财务稳健性或安全性。

3. 流动性

最常用的指标包括流动比率、速动比率、应收账款平均回收期、销售周转率等。

注意：公司各种财务指标之间存在一定的关系，以净资产收益率（ROE）为例，著名的杜邦公式揭示了它的构成：

净资产收益率（ROE）＝净利润/净资产＝（净利润/销售收入）×（销售收入/总资产）×（总资产/净资产）＝销售利润率×资产周转率×杠杆比率。

（四）公司并购重组（有多种动机）

1. 扩大规模增强竞争能力

2. 实现一体化经营

3. 进入新的行业

4. 收购价值被低估的公司并通过改善管理后重新出售获益等

## 二、行业与部门因素（中观）

### （一）行业分类

《上市公司行业分类指引》将上市公司按二级分类，分别列入19个门类及90大类。

### （二）行业分析因素

1. 行业或产业竞争结构
2. 行业可持续性
3. 抗外部冲击的能力
4. 监管及税收待遇——政府关系
5. 劳资关系
6. 财务与融资问题
7. 行业估值水平

### （三）行业生命周期

1. 幼稚期
2. 成长期
3. 成熟期
4. 衰退期

## 三、宏观经济与政策因素（宏观）

### （一）经济增长

一般来说，当一个国家或地区的经济运行势态良好，大多数企业的经营状况也较好时，它们的股票价格会上升；反之，股票价格会下降。

### （二）经济周期循环

1. 繁荣
2. 衰退
3. 萧条
4. 复苏

注意：国外学者认为股价变动要比经济景气循环早4～6个月。

### （三）货币政策

中央银行采取宽松性货币政策，增加货币供给，股市资金增加，对股票的需求增加，立即促使股价上升；中央银行采取紧缩性货币政策，减少货币供应，股市资金减少，对股票的需求减少，股价下跌。

### （四）财政政策

（1）扩大财政赤字，发行国债筹集资金，增加财政支出，刺激经济发展或增加财政盈余或降低赤字，减少财政支出，抑制经济增长，调整社会经济发展速度，改变企业生产的外部环境，进而影响企业利润水平和股息派发。

（2）调节税率影响企业利润和股息。提高税率，企业税负增加，税后利润下降，股息减少；反之，企业税后利润和股息增加。

（3）干预资本市场各类交易适用的税率，如利息税、资本利得税、印花税等，直接影响市场交易和价格。

（4）国债发行量会改变证券市场的证券供应和资金需求，从而间接影响股票价格。

（五）市场利率

利率提高，会因为公司负债的利息负担加重，其他投资工具收益相应增加，一部分资金流向储蓄、债券等其他收益固定的金融工具，投资者要负担较高的利息才能借到所需资金进行投资，导致股价下跌。利率下跌则会使股价上涨。

（六）通货膨胀

1. 通胀初期，会因以下原因导致股价上涨

（1）公司会因产品价格的提升和存货的增值而增加利润。

（2）物价上涨时，股东实际股息收入下降，股份公司为股东利益着想，会增加股息派发。

（3）通货膨胀给其他收益固定的证券带来了不可避免的通货膨胀风险，投资者为了保值，增加购买收益不固定的股票。

2. 当通货膨胀严重、物价居高不下时会因以下原因导致股价下降

（1）企业因原材料、工资、费用、利息等各项支出增加，使得利润减少。

（2）社会经济秩序紊乱，使企业无法正常开展经营活动。

（3）政府会采取治理通货膨胀的紧缩政策和相应的措施。

（七）汇率变化

1. 直接标价法下，汇率下降，即本币升值，不利于出口而有利于进口

2. 直接标价法下，汇率上升，即本币贬值，不利于进口而有利于出口

（八）国际收支状况

一般来说，若一国国际收支连续出现逆差，政府为了平衡国际收支会采取提高国内利率和汇率的措施，以鼓励出口、减少进口，股价就会下跌；反之，股价会上涨。

**【例题 50】**国外学者认为股价变动要比经济景气循环早（　　）。

A. 3 ~5 个月　　B. 4 ~6 个月　　C. 1 ~2 个月　　D. 2 ~3 个月

**【答案】**B

**【解析】**国外学者认为股价变动要比经济景气循环早 4 ~6 个月。这是因为股票价格是对未来收入的预期，所以先于经济周期的变动而变动。因此，股票价格水平成为经济周期变动的灵敏信号或称为“先导性指标”。

【例题 51】影响股价变动的基本因素包括（　　）。

Ⅰ. 宏观经济与政策因素

Ⅱ. 行业与部门因素

Ⅲ. 公司经营状况

Ⅳ. 人为操纵因素

A. Ⅰ、Ⅱ　　B. Ⅰ、Ⅱ、Ⅲ　　C. Ⅰ、Ⅱ、Ⅳ　　D. Ⅰ、Ⅱ、Ⅲ、Ⅳ

【答案】B

【解析】影响股价变动的基本因素包括：（1）公司经营状况；（2）行业与部门因素；（3）宏观经济与政策因素。

影响股价变化的其他因素有：（1）政治及其他不可抗力的影响；（2）心理因素；（3）政策及制度因素；（4）人为操纵因素。

【例题 52】行业因素包括定性因素和定量因素，常见的有（　　）。

Ⅰ. 行业或产业竞争结构

Ⅱ. 抗外部冲击的能力

Ⅲ. 经济周期循环

Ⅳ. 行业估值水平

A. Ⅰ、Ⅳ　　B. Ⅰ、Ⅱ、Ⅳ　　C. Ⅱ、Ⅳ　　D. Ⅱ、Ⅲ、Ⅳ

【答案】B

【解析】常见的行业因素包括：（1）行业或产业竞争结构；（2）行业可持续性；（3）抗外部冲击的能力；（4）监管及税收待遇——政府关系；（5）劳资关系；（6）财务与融资问题；（7）行业估值水平。

### 考点三：影响股价变化的其他因素（☆）

#### 一、政治及其他不可抗力的影响

1. 战争
2. 政权更迭、领袖更替等政治事件
3. 政府重大经济政策的出台、社会经济发展规划的制定、重要法规的颁布等
4. 国际社会政治、经济的变化
5. 因发生不可预料和不可抵抗的自然灾害或不幸事件

#### 二、心理因素

股票市场中的中小投资者由于信息不灵，缺乏必要的专业知识和投资技巧，往往有严重的盲从心理，而有的人就利用这一盲从心理故意制造假象、渲染气氛，诱使中小投资者在股价上涨时盲目追涨，或者在股价下跌时恐慌抛售，从而加大了股价涨跌的程度。

### 三、政策及制度因素

为保证证券市场的稳定，各国的证券监管机构和证券交易所会制定相应的政策措施和作出一定的制度安排，如交易所采取技术性停牌、临时停市，取消交易、通知证券登记结算机构暂缓交收，限制交易、强制停牌等措施。

### 四、人为操纵因素

人为操纵会影响股票市场的健康发展，违背公开、公平、公正的原则，一旦查明，操纵者会受到行政处罚或法律制裁。

**【例题 53】** 影响股票价格的政治因素一般包括（　　）。

Ⅰ. 国际社会政治、经济的变化

Ⅱ. 领袖更替

Ⅲ. 政权更迭

Ⅳ. 战争

A. Ⅰ、Ⅱ　　B. Ⅰ、Ⅱ、Ⅲ

C. Ⅰ、Ⅱ、Ⅳ　　D. Ⅰ、Ⅱ、Ⅲ、Ⅳ

**【答案】** D

**【解析】** 政治因素往往很难预料，对股票价格的影响很大，主要有：（1）战争。（2）政权更迭、领袖更替等政治事件。（3）政府重大经济政策的出台、社会经济发展规划的制定、重要法规的颁布等。（4）国际社会政治、经济的变化。（5）因发生不可预料和不可抵抗的自然灾害或不幸事件，给社会经济和上市公司带来重大财产损失而又得不到相应赔偿，股价会下跌。

## 考点四：股票投资的主要分析方法（☆）

### 一、基本分析法

（一）概念

基本分析法又被称为基本面分析法，是指股票分析师根据经济学、金融学、财务管理学及投资学等基本原理，对决定股票价值及价格的基本要素，如宏观经济指标、经济政策走势、行业发展状况、产品市场状况、公司销售和财务状况等进行分析，评估股票的投资价值，判断股票的合理价位，提出相应投资建议的一种分析方法。

（二）基本分析法的两个假设

1. 股票的价值决定其价格

2. 股票的价格围绕其价值波动

（三）基本分析的方法

1. 宏观经济分析（主要探讨各经济指标和经济政策对股票价格的影响）

（1）第一类经济指标：先行性指标。

A. 利率水平。

B. 货币供给。

C. 消费者预期。

D. 主要生产资料价格。

E. 企业投资规模等。

（2）第二类经济指标：同步性指标。

A. 个人收入。

B. 企业工资支出。

C. 国内生产总值。

D. 社会商品销售额。

（3）第三类经济指标：滞后性指标。

A. 失业率。

B. 库存量。

C. 银行未收回贷款规模。

2. 行业和区域分析

（1）行业分析主要分析行业所属的不同市场类型、所处的不同生命周期以及行业业绩对股票价格的影响。

（2）区域分析主要分析区域经济因素对股票价格的影响。

3. 公司分析

公司分析侧重对公司的竞争能力、盈利能力、经营管理能力、发展潜力、财务状况、经营业绩以及潜在风险等对股票价格的影响。

## 二、技术分析法

### （一）概念

技术分析法是仅从股票的市场行为来分析股票价格未来变化趋势的方法。股票的市场行为可以有多种表现形式，其中股票的市场价格、成交量、价和量的变化以及完成这些变化所经历的时间是市场行为最基本的表现形式。

### （二）技术分析法的三个假设

1. 市场的行为包含一切信息

2. 价格沿趋势移动

3. 历史会重复

### （三）技术分析的方法

1. K 线理论

2. 切线理论

3. 形态理论

4. 技术指标理论

5. 波浪理论

6. 循环周期理论

**三、量化分析法**

量化分析法是利用统计、数值模拟和其他定量模型进行证券市场相关研究的一种方法，广泛用于解决证券估值、组合构造与优化、策略制定、绩效评估、风险计量与风险管理等投资相关问题。

## 考点五：货币的时间价值、复利、现值、贴现的概念（☆☆）

**一、货币的时间价值**

货币的时间价值是指货币随时间的推移而发生的增值，例如，现在给你 100 元钱和 1 年后给你 100 元钱，理性的人通常都会选现在，因为只要利率是正数，今天的 100 元存入银行（或进行其他无风险投资），1 年后收回的金额肯定大于 100 元，同时如果通货膨胀率是正数，今天 100 元所代表的购买力比 1 年后 100 元要大，最后，今天拿到 100 元是肯定的，1 年后是否拿到不一定。

**二、复利**

$$FV = PV \times (1 + i)^n$$

式中：$FV$——终值；

$PV$——本金（现值）；

$i$——每期利率；

$n$——期数。

若每期付息 $m$ 次，则终值为：

$$FV = PV \times (1 + i/m)^{mn}$$

**三、现值和贴现**

$$PV = FV/(1 + i)^n$$

计算案例：

（1）如果某家银行将 100 万元贷款给某企业，贷款利率为 10%，期限为 5 年，到期一次偿付，按照复利计算，该企业应当最终还款 $100 \times (1 + 10\%)^5 = 161.05$（万元）。

（2）按照 10% 的复利计算，2 年后的 121 元的现值 $= 121/(1 + 10\%)^2 = 100$ 元。

**【例题 54】** 在复利条件下，下列跟货币时间价值有关的公式，根据不同情况，正确的有（　　），其中：$FV$——终值；$PV$——现值；$i$——每期利率；$n$——期数；$m$——每期付息次数。

Ⅰ. $FV = PV \times (1 + i)^n$

Ⅱ. $FV = PV \times (1 + mi)^n$

Ⅲ. $FV = PV \times (1 + i/m)^{mn}$

Ⅳ. $FV = PV \times (1 + i)^{m/n}$

A. Ⅰ、Ⅲ　　B. Ⅰ、Ⅲ、Ⅳ　　C. Ⅱ、Ⅳ　　D. Ⅰ、Ⅱ、Ⅳ

【答案】A

【解析】在复利条件下，终值（期末价值、到期值）计算公式为：$FV = PV \times (1 + i)^n$

若每期付息 $m$ 次，则终值为：$PV \times (1 + i/m)^{mn}$

**考点六：影响股票投资价值的因素（☆☆）**

**一、内部因素**

（一）净资产

从理论上讲，净值应与股价保持一定比例，即净值增加，股价上涨；净值减少，股价下跌。

（二）盈利水平

一般来说，预期公司盈利增加，股票市场价格上涨，预期公司盈利减少，股票市场价格下降。值得注意的是，股票价格的涨跌和公司盈利的变化并不完全同时发生。

（三）股利政策

公司的股利政策直接影响股票投资价值。一般股票价格与股利水平成正比。

（四）股份分割

股份分割又被称为拆股或拆细，是将原有股份均等地拆成若干较小的股份。股份分割通常会刺激股价上升。

（五）增资和减资

公司因业务发展需要增加资本额而发行新股的行为，对不同公司股票价格的影响不尽相同。

当公司宣布减资时，多半是因为经营不善、亏损严重、需要重新整顿，所以股价会大幅下降。

（六）并购重组

需要分析并购重组对公司是否有利，并购重组后是否会改善公司的经营状况，因为这些是股票价格变动方向的决定因素。

**二、外部因素**

（一）宏观经济因素

宏观经济走向包括经济周期、通货变动及国际经济形势等因素。国家的货币政策、财政政策、收入分配政策和对证券市场的监管政策等都会对股票的投资价值产生影响。

（二）行业因素

行业的发展状况和趋势对该行业上市公司的影响是巨大的，因而行业的发展状况和趋势、国家的行业政策和相关行业的发展等都会对该行业上市公司的股票投资价值产生影响。

（三）市场因素

市场中的散户投资者往往有从众心理，对股市产生助涨助跌的作用。

**小贴士：**此处常考内部因素和外部因素的分类。

**【例题 55】**影响股票投资价值的内部因素有（　　）。

Ⅰ. 净资产

Ⅱ. 股利政策

Ⅲ. 增资和减资

Ⅳ. 盈利水平

A. Ⅰ、Ⅱ、Ⅳ　　B. Ⅰ、Ⅲ、Ⅳ

C. Ⅰ、Ⅱ、Ⅲ、Ⅳ　　D. Ⅱ、Ⅲ

**【答案】**C

**【解析】**影响股票投资价值的内部因素主要包括公司净资产、盈利水平、股利政策、股份分割、增资和减资以及并购重组等。

影响股票投资价值的外部因素主要包括宏观经济因素、行业因素及市场因素。

## 考点七：股票的绝对估值方法（☆）

### 一、股票的绝对估值方法的基本原理

绝对估值法的基本原理在于假设价值来源于未来流入的现金流，将这一系列现金流以一定比率贴现到现在，再加总就得到了相应价值。因此，绝对估值法也就是现金流贴现法。

如果这些现金流只是属于股权出资人的，贴现加总得到的就是股权价值（股票价值）；如果这些现金流是属于所有出资人的，贴现加总得到的就是企业价值，企业价值与股权价值换算公式如下：

股权价值 = 企业价值 - 净债务 = 企业价值 - （债务 - 现金）

绝对估值法的计算公式为：

$$V = \sum_{t=1}^{\infty} \frac{CF_t}{(1+r)^t}$$

式中：$V$——价值；

$t$——时期；

$CF_t$——第 $t$ 期的现金流；

$r$——未来所有时期的平均贴现率。

使用绝对估值法进行价值评估时，一般都要预测未来每期现金流，但是现金流是永续的，不可能预测到永远。所以，在实际估值中，都会设定一个详细预测期，在此期间

详细预测每期现金流。对于在预测期之后的价值，也就是终值，可以采用终值倍数法或Gordon 永续增长模型进行估算。

此时，绝对估值法的计算公式可以表示为：

$$V = \sum_{t=1}^{n} \frac{CF_t}{(1+r)^t} + \frac{TV}{(1+r)^n}$$

式中：$V$——价值；

$t$——时期；

$CF_t$——第 $t$ 期的现金流；

$r$——未来所有时期的平均贴现率；

$n$——详细预测期数；

$TV$——终值。

## 二、红利贴现模型

投资者购买股票，通常预期获得两种现金流：一是持有股票期间的现金分红；二是持有期末卖出时的预期价格。二者的现值之和决定了股票价值。因此，红利贴现模型的一般公式为：

$$V = \sum_{t=1}^{n} \frac{DPS_t}{(1+r)^t} + \frac{P_n}{(1+r)^n}$$

式中：$V$——股票价值；

$DPS_t$——第 $t$ 期的现金红利；

$n$——详细预测期数；

$r$——股权要求收益率；

$P_n$——持有期末卖出股权时的预期价格。

## 三、股权自由现金流贴现模型

股权自由现金流（FCFE）是可以自由分配给股权拥有者的最大化的现金流。股权自由现金流的计算公式为：

股权自由现金流（FCFE）＝净利润＋折旧＋摊销－营运资金的增加＋长期经营性负债的增加－长期经营性资产的增加－资本性支出＋新增付息债务－债务本金的偿还

股权自由现金流贴现模型的估值公式为：

$$V = \sum_{t=1}^{n} \frac{FCFE_t}{(1+r)^t} + \frac{TV}{(1+r)^n}$$

式中：$V$——股票价值；

$FCFE_t$——第 $t$ 期的股权自由现金流；

$n$——详细预测期数；

$r$——股权要求收益率（和红利贴现模型中的 $r$ 相同）；

$TV$——股权自由现金流的终值。

## 四、企业自由现金流贴现模型

企业自由现金流（FCFF）是指公司在保持正常运营的情况下，可以向所有出资人（股东和债权人）进行自由分配的现金流。企业自由现金流的计算公式为：

企业自由现金流（FCFF）＝息税前利润－调整的所得税＋折旧＋摊销－营运资金的增加＋长期经营性负债的增加－长期经营性资产的增加－资本性支出

企业自由现金流模型的估值公式为：

$$EV = \sum_{t=1}^{n} \frac{FCFF_t}{(1 + WACC)^t} + \frac{TV}{(1 + WACC)^n}$$

式中：$EV$——企业价值；

$FCFF_t$——第 $t$ 期的企业自由现金流；

$n$——详细预测期数；

$WACC$——加权平均资本成本；

$TV$——企业自由现金流的终值。

加权平均资本成本（WACC）是企业各种融资来源的资本成本的加权平均值，计算公式为：

$$WACC = \frac{D}{D + E} \times k_d \times (1 - t) + \frac{E}{D + E} \times k_e$$

式中：$D$——付息债务的市场价值；

$E$——股权的市场价值；

$k_d$——税前债务成本；

$k_e$——股权资本成本；

$t$——所得税税率。

# 考点八：股票的相对估值方法（☆）

## 一、股票的相对估值方法的基本原理

相对估值法的基本原理是以可以比较的其他公司（可比公司）的价格为基础，来评估目标公司的相应价值。评估所得的价值，可以是股权价值（股票价值），也可以是企业价值。相对估值法的计算公式为：

目标公司价值＝目标公司某种指标×可比公司价值/可比公司某种指标

## 二、相对估值的方法

### （一）市盈率倍数法

1. 定义

市盈率（P/E）倍数反映了一家公司的股票价值对其净利润的倍数。

2. 公式

市盈率倍数 = 每股市价/每股收益。

注意：使用市盈率倍数法估值时，需要注意使用哪一时期的盈利数据。对于盈利数据，通常我们会面临三种选择：一是最近一个完整会计年度的历史数据；二是最近 12 个月的数据；三是预测年度的盈利数据。

（二）企业价值/息税前利润倍数法

1. 定义

息税前利润（EBIT）是在扣除债权人利息和所得税之前的利润，所有出资人（股东和债权人）对息税前利润都享有分配权，因此，息税前利润对应的价值是企业价值（EV）。

2. 公式

（1）息税前利润（EBIT） = 净利润（E） + 所得税 + 利息。

（2）企业价值/息税前利润倍数法的企业价值计算公式为：

$$EV = EBIT \times (EV/EBIT\text{ 倍数})$$

3. 特点

“企业价值/息税前利润倍数法”剔除了资本结构的影响。市盈率倍数法是以利润指标作为估值基础，而净利润属于股东，无法反映债权人的求偿权，当目标公司与可比公司的资本结构存在较大差异时，可能导致错误的结果；息税前利润是向所有股东和债权人分配前的利润，因此不受股权和债务的比例即资本结构的影响。

（三）企业价值/息税折旧摊销前利润倍数法

1. 定义

息税折旧摊销前利润（EBITDA）同样也是在扣除利息、所得税、折旧及摊销之前的利润，所以它对应的也是企业价值（EV）。

2. 公式

（1）息税折旧摊销前利润（EBITDA） = 净利润（E） + 所得税 + 利息 + 折旧 + 摊销。

（2）企业价值计算公式：

$$EV = EBITDA \times (EV/EBITDA\text{ 倍数})$$

3. 特点

“企业价值/息税折旧摊销前利润倍数法”不但剔除了资本结构的影响，还剔除了折旧摊销的影响。公司的不同折旧摊销政策以及不同发展阶段的折旧摊销水平，会影响到公司的净利润和息税前利润，但息税折旧摊销前利润不受此影响。因此，对于折旧摊销影响比较大的公司（如重资产公司），比较适合采用“企业价值/息税折旧摊销前利润倍数法”。

（四）市净率倍数法

1. 定义

市净率（P/B）倍数反映了一家公司的股票市值对其净资产的倍数。

2. 公式

市净率倍数＝每股市价/每股净资产

3. 特点

市净率倍数法比较适用于资产流动性较高的金融机构（如银行业），因为这类公司的资产账面价值更加接近市场价值。而运营历史悠久的制造业企业和新兴产业企业一般不适合采用市净率倍数法。

（五）市销率倍数法

1. 定义

市销率（P/S）倍数反映了一家公司的股权价值对其销售收入的倍数。

2. 公式

市销率倍数＝每股市价/每股销售收入

3. 特点

对于一些无利润甚至亏损的企业，经营性现金流也为负，且账面价值比较低。此时，市盈率倍数法、企业价值/息税前利润倍数法、企业价值/息税折旧摊销前利润倍数法、市净率倍数法都无法用来估值，对此类公司，市销率倍数法可能比较实用。市销率倍数法的缺点是不能反映成本的影响，因此，它主要适用于销售成本率较低的收入驱动型公司。

**【例题 56】**使用市盈率倍数估值需要关注使用盈利数据，对于该盈利数据，（　　）所指的财务区间最不常用。

A. 最近一个完整会计年度的历史数据

B. 预测年度的盈利数据

C. 最近三个完整会计年度的历史数据平均值

D. 最近 12 个月的数据

**【答案】**C

**【解析】**使用市盈率倍数法估值时，需要注意使用哪一时期的盈利数据。对于盈利数据，通常我们会面临三种选择：一是最近一个完整会计年度的历史数据；二是最近 12 个月的数据；三是预测年度的盈利数据。

**【本节学习提示】**考查重点：

①股票的四种价值及两种价格。

②影响股票价格的基本因素，即宏观、行业与公司，尤其是宏观因素。

③股票的绝对估值方法及其计算。

④股票的相对估值方法及其适用公司类型。

## 同步真题练习

1. 下列有关股票特征的说法，正确的有（　　）。

Ⅰ. 股份公司派发的股息红利数量，主要取决于公司的收入情况

Ⅱ. 股份公司派发的股息红利数量，主要取决于公司的盈利情况

Ⅲ. 股票的风险性和收益性是并存的

Ⅳ. 股票的风险性和收益性是彼此独立的

A. Ⅰ、Ⅲ　　B. Ⅰ、Ⅳ　　C. Ⅱ、Ⅲ　　D. Ⅱ、Ⅳ

2. 普通股股东行使剩余财产分配权有一定的先决条件，下列与先决条件有关的说法，正确的有（　　）。

Ⅰ. 普通股股东要求分配公司资产的权利不是任意的，必须在公司解散清算之时

Ⅱ. 公司财产在未按照规定清偿前不得分配给股东

Ⅲ. 公司财产的法定清偿包括支付清算费、职工的工资，社会保险费用和法定补偿金，缴纳所欠税款，清偿公司债务

Ⅳ. 公司财产经法定清偿后的剩余财产，不按照股东持有的股份比例进行分配

A. Ⅰ、Ⅱ、Ⅲ　　B. Ⅰ、Ⅱ、Ⅲ、Ⅳ　　C. Ⅰ、Ⅲ、Ⅳ　　D. Ⅱ、Ⅳ

3. 普通股股东行使资产收益权有一定的法律限制，主要包括（　　）。

Ⅰ. 股份公司只能用留存收益支付红利

Ⅱ. 红利的支付不能减少其注册资本

Ⅲ. 公司在无力偿债时不能支付红利

Ⅳ. 公司在增发新股前不能支付红利

A. Ⅲ、Ⅳ　　B. Ⅰ、Ⅱ、Ⅲ、Ⅳ　　C. Ⅰ、Ⅱ、Ⅳ　　D. Ⅰ、Ⅱ、Ⅲ

4. 下列关于国家股，法人股、社会公众股和外资股的说法，正确的有（　　）。

Ⅰ. 国有资产管理部门是国有股权行政管理的专职机构

Ⅱ. 法人持股所形成的也是所有权关系，是法人经营自身财产的一种投资行为

Ⅲ. 在社会募集方式下，股份公司发行的股份，除了由发起人认购一部分外，其余部分应该向社会公众公开发行

Ⅳ. 外资股是指股份有限公司向境外投资者募集并在境外上市的股份

A. Ⅰ、Ⅱ、Ⅲ、Ⅳ　　B. Ⅱ、Ⅲ　　C. Ⅰ、Ⅱ、Ⅲ　　D. Ⅰ、Ⅳ

5. 股票发行制度是指发行人申请发行股票时必须遵循的一系列的程序化规定，下列表现不包括（　　）。

A. 发行定价　　B. 发行监管制度　　C. 发行方式　　D. 发行登记制度

6. 根据《上市公司证券发行管理办法》，上市公司增发时，发行价格应不低于公告

招股意向书前（　　）交易日公司股票均价或前一个交易日的公司股票均价。

A. 20 个　　B. 15 个　　C. 30 个　　D. 10 个

7. 下列属于涉及我国股票发行制度范畴的有（　　）。

Ⅰ.《证券投资基金销售管理办法》

Ⅱ.《公司债券发行与交易管理办法》

Ⅲ.《首次公开发行股票并上市管理办法》

Ⅳ.《科创板上市公司重大资产重组特别规定》

A. Ⅱ、Ⅲ　　B. Ⅲ、Ⅳ

C. Ⅰ、Ⅱ、Ⅲ、Ⅳ　　D. Ⅰ、Ⅳ

8. 根据《上市公司证券发行管理办法》，上市公司存在下列（　　）情形之一的，不得公开发行证券。

Ⅰ. 本次发行申请文件有虚假记载、误导性陈述或重大遗漏

Ⅱ. 擅自改变前次公开发行证券募集资金的用途而未作纠正

Ⅲ. 上市公司及其控股股东或实际控制人最近 12 个月内存在未履行向投资者作出的公开承诺的行为

Ⅳ. 上市公司或其现任董事、高级管理人员因涉嫌犯罪被司法机关立案侦查或涉嫌违法违规被中国证监会立案调查

A. Ⅰ、Ⅱ　　B. Ⅰ、Ⅱ、Ⅳ

C. Ⅰ、Ⅱ、Ⅲ、Ⅳ　　D. Ⅲ、Ⅳ

9. 下列关于委托受理的说法，错误的是（　　）。

A. 委托受理的手续和过程包括委托受理、委托执行和委托撤销

B. 证券经纪商接受客户买卖证券的委托，应当根据委托书载明的证券名称、买卖数量、出价方式、价格幅度等，按照证券交易所规则代理买卖证券

C. 证券经纪商接受客户委托后应按“价格优先、时间优先”的原则进行申报竞价

D. 经纪商在收到客户委托后，应对委托人身份、委托内容、委托卖出的实际证券数量及委托买入的实际资金余额进行审查

10. 根据我国现行的有关制度的规定，证券交易的过户费一部分属于（　　）的收入。

A. 证券交易所　　B. 国家税务部门　　C. 中国结算公司　D. 国家财政部门

11. 在采用证券经纪商场内交易员进行申报的情况下，场内交易员操作确定客户撤单的委托指令后，应（　　）将执行结果告知客户。

A. 在当天交易时间结束前　　B. 在一个工作日内

C. 立即　　D. 在一个交易日内

12. 根据《中国证券登记结算有限责任公司证券账户管理规则》相关规定，（　　）

设置投资者证券总账户（一码通账户）及子账户。

A. 证券公司　　B. 中国证券登记结算有限责任公司
C. 中国人民银行　　D. 中国证监会

13. 影响净资产收益率的因素有（　　）。

Ⅰ. 销售利润率
Ⅱ. 资产周转率
Ⅲ. 杠杆比率
Ⅳ. 债务担保比率

A. Ⅰ、Ⅲ、Ⅳ　　B. Ⅰ、Ⅱ、Ⅲ、Ⅳ　　C. Ⅰ、Ⅱ、Ⅳ　　D. Ⅰ、Ⅱ、Ⅲ

14. 根据《中华人民共和国公司法》和《中华人民共和国证券法》的规定，以超过股票票面金额的价格发行股票所得的溢价款项列入发行公司的（　　）。

A. 资本公积　　B. 净资产　　C. 应付款项　　D. 留存收益

15. 对公司治理情况的分析包括（　　）之间的关系。

Ⅰ. 公司股东
Ⅱ. 管理层
Ⅲ. 员工
Ⅳ. 外部利益相关者

A. Ⅰ、Ⅲ、Ⅳ　　B. Ⅰ、Ⅱ、Ⅲ、Ⅳ
C. Ⅱ、Ⅳ　　D. Ⅰ、Ⅱ、Ⅲ

16. 一般情况下，股份分割能够刺激公司股票上涨，原因是（　　）。

A. 股份分割后公司股东获得的实际股利多了
B. 股份分割后公司的净资产比原来多了
C. 所有的股份分割对公司股票都是利好
D. 投资者持有的股份数量增加，预期将会获得更多的股利

## 答案与解析

1. **【答案】** C

**【解析】** 股息红利数量多少取决于股份公司的经营状况和盈利水平。Ⅱ项正确。

价格波动的不确定性越大，投资收益的不确定性越大，投资风险也越大。风险性和收益性是并存的。Ⅲ项正确。

2. **【答案】** A

**【解析】** 普通股票股东行使剩余资产分配权有一定的先决条件。第一，普通股票股东要求分配公司资产的权利不是任意的，必须是在公司解散清算之时。（Ⅰ项正确）第

二，公司的剩余资产在分配给股东之前，一般应按下列顺序支付：支付清算费用，支付公司员工工资和劳动保险费用，缴付所欠税款，清偿公司债务；如还有剩余资产，再按照股东持股比例分配给各股东。（Ⅳ项错误）我国《公司法》规定，公司财产在分别支付清算费用、职工的工资、社会保险费用和法定补偿金，缴纳所欠税款，清偿公司债务后的剩余财产时，按照股东持有的股份比例分配。（Ⅲ项正确）公司财产在未按照规定清偿前，不得分配给股东。（Ⅱ项正确）

3. **【答案】** D

**【解析】** 普通股票股东行使资产收益权有一定的法律限制。一般原则是：股份公司只能用留存收益支付红利；红利的支付不能减少其注册资本；公司在无力偿债时不能支付红利。

4. **【答案】** C

**【解析】** Ⅰ项正确，国有资产管理部门是国有股权行政管理的专职机构。

Ⅱ项正确，法人持股所形成的也是所有权关系，是法人经营自身财产的一种投资行为。

Ⅲ项正确，在社会募集方式下，股份公司发行的股份，除了由发起人认购一部分外，其余部分应该向社会公众公开发行。

Ⅳ项错误，外资股是指股份公司向外国和我国香港、澳门、台湾地区投资者发行的股票。这是我国股份公司吸收外资的一种方式。外资股按上市地域，可以分为境内上市外资股和境外上市外资股。

5. **【答案】** D

**【解析】** 股票发行制度是指发行人在申请发行股票时必须遵循的一系列程序化的规范，具体表现在发行监管制度、发行方式与发行定价等方面。

6. **【答案】** A

**【解析】** 发行价格应不低于公告招股意向书前20个交易日公司股票均价或前一个交易日的均价。

7. **【答案】** B

**【解析】** 题干问的是“股票发行”，由此可知选择Ⅲ、Ⅳ项。

8. **【答案】** C

**【解析】** 上市公司存在下列情形之一的，不得公开发行证券：本次发行申请文件有虚假记载、误导性陈述或重大遗漏；擅自改变前次公开发行证券募集资金的用途而未作纠正；上市公司最近12个月内受到过证券交易所的公开谴责；上市公司及其控股股东或实际控制人最近12个月内存在未履行向投资者作出的公开承诺的行为；上市公司或其现任董事、高级管理人员因涉嫌犯罪被司法机关立案侦查或涉嫌违法违规被中国证监会立案调查；严重损害投资者的合法权益和社会公共利益的其他情形。

9. 【答案】C

【解析】A 项正确，委托受理的手续和过程包括委托受理、委托执行和委托撤销。

B 项正确，证券经纪商接受客户买卖证券的委托，应当根据委托书载明的证券名称、买卖数量、出价方式、价格幅度等，按照证券交易所交易规则代理买卖证券。买卖成交后，应当按规定制作买卖成交报告单交付客户。

C 项错误，证券经纪商接受客户委托后应按“时间优先、客户优先”的原则进行申报竞价。

D 项正确，证券经纪商在收到客户委托后，应对委托人身份、委托内容、委托卖出的实际证券数量及委托买入的实际资金余额进行审查。经审查符合要求后，才能接受委托。

10. 【答案】C

【解析】证券交易的过户费一部分属于中国结算公司的收入，一部分由证券公司留存，由证券公司在同客户清算交收时代为扣收。

11. 【答案】C

【解析】在委托未成交之前，客户变更或撤销委托，在采用证券经纪商场内交易员进行申报的情况下，证券经纪商营业部业务员须即刻通知场内交易员，经场内交易员操作确认后，立即将执行结果告知客户。

12. 【答案】B

【解析】根据《中国证券登记结算有限责任公司证券账户管理规则》相关规定，中国证券登记结算有限责任公司设置投资者证券总账户（一码通账户）及子账户，投资者的证券账户由一码通账户及关联的子账户共同组成。

13. 【答案】D

【解析】因为净资产收益率（ROE）＝销售利润率×资产周转率×杠杆比率。

14. 【答案】A

【解析】发行价格高于面值被称为溢价发行，募集的资金中等于面值总和的部分计入资本账户，以超过股票票面金额的价格发行股票所得的溢价款列入公司资本公积金。

15. 【答案】B

【解析】对于公司治理情况的分析主要包括公司股东、管理层、员工及其他外部利益相关者之间的关系及其制衡状况，公司董事会、监事会构成及运作等因素。

16. 【答案】D

【解析】股份分割又被称为拆股或拆细，是将原有股份均等地拆成若干较小的股份。股份分割一般在年度决算月份进行，通常会刺激股价上升。股份分割给投资者带来的不是现实的利益，因为股份分割前后投资者持有的公司净资产和以前一样，得到的股利也相同，但是，投资者持有的股份数量增加了，给投资者带来了今后可多分股利和更高收益的预期，因此，股份分割往往比增加股利分配对股价上涨的刺激作用更大。

## 本章总结

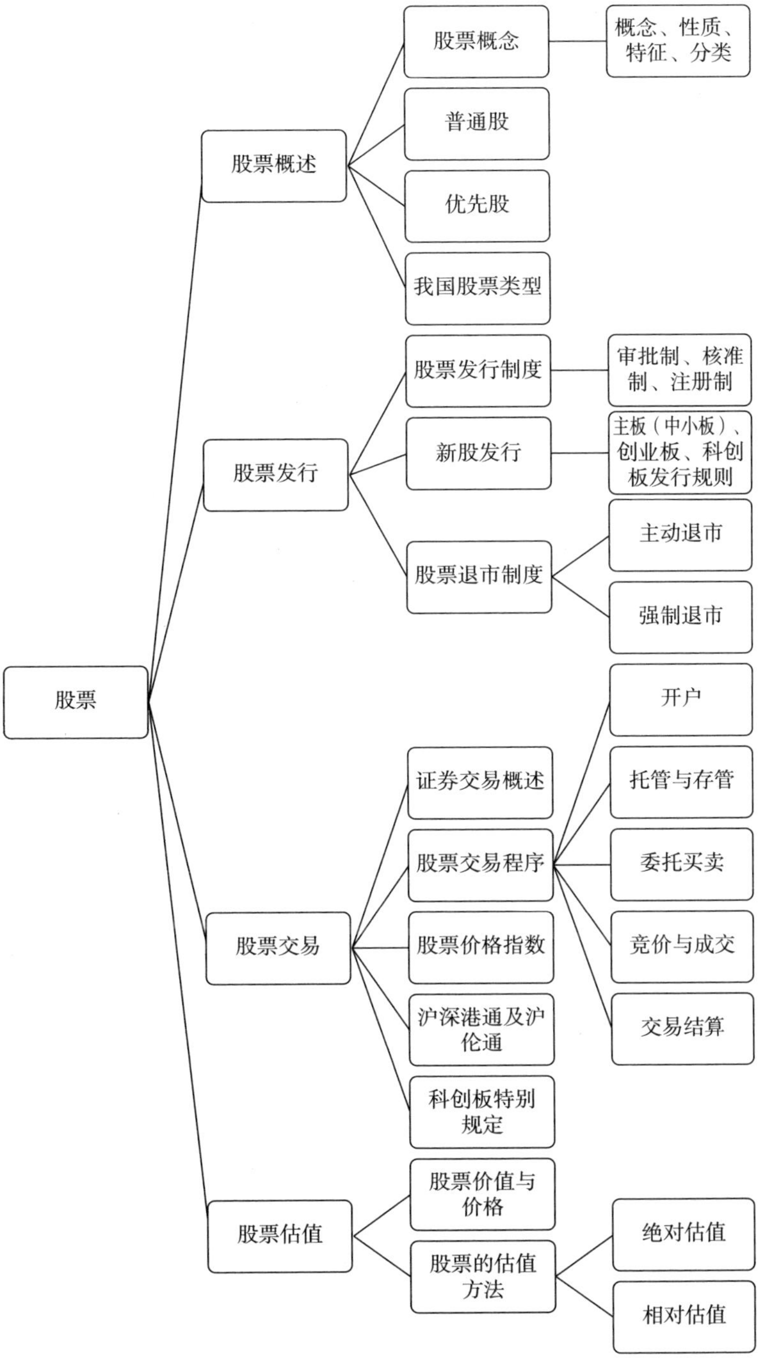

# 第五章　债　券

## 考情早知道

本章主要阐述了债券的基本概念、特征、性质、分类、发行要求，不同市场的交易规则及估值。由于大部分学员对债券的认知仅为还本付息，因此在分类、发行和交易模块中非常陌生，文字表述较为复杂，而这些又是考试的重点，配合实际案例方能更好理解，建议配合视频学习，本章约占总分值的20%。

## 本章知识概览

| 小节 | 考点 | 备考指数 |
|---|---|---|
| 第一节　债券概述 | 债券的定义、票面要素、特征、分类 | ☆☆☆ |
| | 债券与股票的异同点 | ☆☆ |
| | 政府债券 | ☆☆☆ |
| | 金融债券 | ☆☆☆ |
| | 公司债券 | ☆☆☆ |
| | 企业债券 | ☆☆ |
| | 我国公司债券和企业债券的区别 | ☆☆ |
| | 国际债券 | ☆☆☆ |
| | 资产证券化 | ☆☆☆ |
| 第二节　债券的发行 | 我国国债的发行方式 | ☆☆☆ |
| | 记账式国债和凭证式国债的承销程序 | ☆☆ |
| | 国债销售的价格和影响国债销售价格的因素 | ☆☆ |
| | 财政部代理发行地方政府债券和地方政府自行发债的异同 | ☆ |
| | 我国金融债券的发行条件、申报文件、操作要求、登记、托管与兑付的有关规定 | ☆ |
| | 次级债务、混合资本债券的概念、募集方式 | ☆ |
| | 我国企业债券和公司债券发行的基本条件、募集资金投向和不得再次发行的情形 | ☆☆ |

续表

| 小节 | 考点 | 备考指数 |
| --- | --- | --- |
| 第二节　债券的发行 | 企业债券和公司债券发行的条款设计要求 | ☆ |
| | 企业短期融资券和中期票据的注册规则、承销的组织 | ☆☆ |
| | 中小非金融企业集合票据的特点、发行规模要求、偿债保障措施、评级要求、投资者保护机制 | ☆☆ |
| | 证券公司次级债券的发行条件 | ☆ |
| | 国际开发机构人民币债券的发行与承销的有关规定 | ☆ |
| 第三节　债券交易 | 债券交易的概念及流程 | ☆☆☆ |
| | 债券评级 | ☆☆☆ |
| | 债券市场 | ☆ |
| 第四节　债券估值 | 债券估值的基本原理 | ☆☆ |
| | 债券报价与实付价格 | ☆ |
| | 债券估值模型 | ☆ |
| | 债券收益率 | ☆ |
| | 可转换债券的要素 | ☆☆ |
| | 利率的风险结构和期限结构 | ☆ |

注：本书中“☆”表示知识点的重要程度，其中☆代表了解；☆☆代表理解；☆☆☆代表掌握。

## 考点详情

# 第一节　债券概述

### 考点一：债券的定义、票面要素、特征、分类（☆☆☆）

#### 一、债券的定义

1. 债券是一种有价证券

2. 债券是社会各类经济主体为筹集资金而向债券投资者出具的、承诺按一定利率定期支付利息并到期偿还本金的债权债务凭证

3. 债券所规定的资金借贷双方的权责关系

（1）所借贷货币资金的数额。

（2）借贷的时间。

（3）在借贷时间内的资金成本或应有的补偿（债券的利息）。

4. 债券所规定的借贷双方的权利义务关系

（1）发行人是借入资金的经济主体。

（2）投资者是出借资金的经济主体。

（3）发行人必须在约定的时间付息还本。

（4）债券反映了发行者和投资者之间的债权债务关系，而且是这一关系的法律凭证。

5. 债券的基本性质

（1）债券属于有价证券。

①债券反映和代表一定的价值。债券本身有一定的面值，通常是债券投资者投入资金的量化表现；

②持有债券可按期取得利息，利息也是债券投资者收益的价值表现；

③债券与其代表的权利联系在一起，拥有了债券就拥有了债券所代表的权利。

（2）债券是一种虚拟资本。

债券的本质是证明债权债务关系的证书，在债权债务关系建立时所投入的资金已被债务人占用，债券是实际运用的真实资本的证书。

（3）债券是债权的表现。

拥有债券的人是债权人，债权人不同于公司股东，是公司的外部利益相关者。

## 二、债券的票面要素

### （一）债券的票面价值

1. 定义

债券的票面价值是债券票面标明的货币价值，是债券发行人承诺在债券到期日偿还给债券持有人的金额。

2. 币种

在本国发行的债券通常以本国货币作为面值的计量单位；在国际金融市场筹资，通常以债券发行地所在国家的货币或以国际通用货币为计量单位。

3. 票面金额

债券票面金额的确定要根据债券的发行对象、市场资金供给情况及债券发行费用等因素综合考虑。

### （二）债券的到期期限

债券的到期期限，是指债券从发行之日起至偿清本息之日止的时间。

### （三）债券的票面利率（名义利率）

债券的票面利率是债券年利息与债券票面价值的比率，通常年利率用百分数表示。

### （四）债券发行者名称

## 三、债券的特征

1. 偿还性

2. 流动性

（1）取决于市场为转让所提供的便利程度；

（2）取决于债券在迅速转变为货币时，是否在以货币计算的价值上蒙受损失。

3. 安全性

安全性是指债券持有人的收益相对稳定，不随发行者经营收益的变动而变动，并且可按期收回本金。债券不能收回投资的风险有两种情况：

（1）债务人不履行债务的风险。

（2）流通市场风险。

4. 收益性（来源）

（1）利息收入。

债权人在持有债券期间按约定的条件分期、分次取得利息或者到期一次性取得利息。

（2）资本损益。

资本损益即债权人到期收回的本金与买入债券或中途卖出债券与买入债券之间的价差收入。

（3）再投资收益。

投资债券所获现金流量再投资的利息收入。

**【记忆技巧】**债券的特征是“收益性、流动性、偿还性、安全性”，可以记作“收留长安”区别于股票的特征“收益性、流动性、价格波动性和风险性、永久性和参与性”。

**四、债券的分类**

（一）按发行主体

1. 政府债券

政府债券的发行主体是政府。中央政府发行的债券被称为国债，主要用途是满足由政府投资的公共设施或重点建设项目的资金需要和弥补国家财政赤字。

2. 金融债券

金融债券的发行主体是银行或非银行金融机构。发行债券的目的主要有：筹资用于某种特殊用途；改变本身的资产负债结构。

3. 公司债券

公司债券是公司按照法定程序发行、约定在一定期限还本付息的有价证券。

（二）按付息方式

1. 零息债券

零息债券也被称为零息票债券，指债券合约未规定利息支付的债券。通常这类债券以低于面值的价格发行和交易，债券持有人实际上是以买卖（到期赎回）价差的方式取得债券利息。

2. 附息债券

在债券存续期内，附息债券对持有人定期支付利息（通常每半年或每年支付一次）。

按照不同的计息方式，这类债券还可细分为固定利率债券和浮动利率债券两大类。有些附息债券可以根据合约条款推迟支付定期利率，故被称为缓息债券。

3. 息票累积债券

债券持有人必须在债券到期时一次性获得本息，存续期间没有利息支付。

（三）按债券形态

1. 实物债券

（1）实物债券是一种具有标准格式实物券面的债券。

（2）在标准格式的债券券面上，一般印有债券面额、债券利率、债券期限、债券发行人全称、还本付息方式等各种债券票面要素。

（3）无记名国债就属于这种实物债券，它以实物券的形式记录债权、面值等，不记名，不挂失，可上市流通。

2. 凭证式债券

（1）凭证式债券的形式是债权人认购债券的一种收款凭证，而不是债券发行人制定的标准格式的债券。我国于 1994 年开始发行凭证式国债。

（2）我国的凭证式国债通过各银行储蓄网点和财政部门国债服务部面向社会发行，可记名、挂失，以凭证式国债收款凭证记录债权，不能上市流通。

（3）从购买之日起计息，提前兑取时，除偿还本金外，利息按实际持有天数及相应的利率档次计算，经办机构按兑付本金的 2% 收取手续费。

3. 记账式债券

（1）记账式债券是没有实物形态的票券，利用证券账户通过电脑系统完成债券发行、交易及兑付的全过程。

（2）我国 1994 年开始发行记账式国债。投资者进行记账式债券买卖，必须在证券交易所设立账户。

（3）记账式国债可以记名、挂失。

（四）按利率是否固定

1. 固定利率债券

2. 浮动利率债券

3. 可调利率债券（调整间隔包括 1 个月、6 个月、1 年、2 年、3 年或 5 年）

（五）按期限长短

1. 短期债券（偿还期限在 1 年以下）

2. 中期债券［偿还期限在 1 年或 1 年以上、10 年以下（包括 10 年）］

3. 长期债券（偿还期限在 10 年以上）

注意：我国企业债券的期限划分与上述标准有所不同。我国短期企业债券的偿还期限在 1 年以内，偿还期限在 1 年以上 5 年以下的为中期企业债券，偿还期限在 5 年以上的为长期企业债券。

（六）按发行方式

1. 公募债券

公开发行公司债券，应当符合下列四个条件。

（1）具备健全且运行良好的组织机构；

（2）最近三年平均可分配利润足以支付公司债券一年的利息；

（3）具有合理的资产负债结构和正常的现金流量；

（4）国务院规定的其他条件。

2. 私募债券

在我国，私募公司债券的发行对象为合格投资者，每次发行对象不得超过200人。

（七）按信用状况

1. 利率债

利率债是指直接以政府信用为基础或是以政府提供偿债支持为基础而发行的债券，影响其内在价值的因素主要是市场利率或资金的机会成本，我国狭义利率债包含中央政府债券和地方政府债券。

2. 信用债

信用债是指以企业的商业信用为基础而发行的债券，除了利率，发行人的信用是影响该类债券的重要因素。

我国债券市场上的信用债包括非金融企业发行的债券和商业性金融机构发行的债券。非金融企业发行的信用债具体包括中期票据、短期融资券、超短期融资券、企业债、普通公司债（包括可交换公司债）、可转换公司债等。商业性金融机构发行的信用债包括商业银行、保险公司、证券公司等金融机构发行的债券。

**五、我国目前的债券类型**

（1）同发达资本市场国家相比，我国债券种类繁多，各债券品种分类与定位不够明确。

（2）财政部负责监管的国债及地方政府债券、中国人民银行会同中国银保监会监管的金融债券、国家发改委监管的企业债券、中国证监会监管的公司债券、中国人民银行监管的银行间市场非金融企业债务融资工具。

**【例题1】**中央政府发行的国债的主要用途有（　　）。

Ⅰ. 改变自身资产负债结构

Ⅱ. 满足由政府投资的公共基础设施或重点建设项目的资金需要

Ⅲ. 弥补国家财政赤字

Ⅳ. 满足国有企业经营需要

A. Ⅰ、Ⅱ　　B. Ⅱ、Ⅳ　　C. Ⅰ、Ⅲ、Ⅳ　　D. Ⅱ、Ⅲ

**【答案】**D

【解析】中央政府发行的债券被称为国债，主要用途是满足由政府投资的公共设施或重点建设项目的资金需要和弥补国家财政赤字。

【例题2】根据债券发行条款中是否规定在约定期限向债券持有人支付利息，债券可分为（　　）。

Ⅰ. 实物债券

Ⅱ. 零息债券

Ⅲ. 附息债券

Ⅳ. 息票累积债券

A. Ⅰ、Ⅱ、Ⅳ　　B. Ⅰ、Ⅱ、Ⅲ　　C. Ⅱ、Ⅲ、Ⅳ　　D. Ⅰ、Ⅲ、Ⅳ

【答案】C

【解析】根据债券发行条款中是否规定在约定期限向债券持有人支付利息，债券可分为零息债券、附息债券、息票累积债券三类。

【例题3】关于债券的票面价值，下列说法中正确的有（　　）。

A. 在债券的票面价值中，只需要规定债券的票面金额

B. 票面金额定得较小，发行成本也就较小

C. 票面金额定得较大，有利于小额投资者购买

D. 债券票面金额的确定要根据债券的发行对象、市场资金供给情况及债券发行费用等因素综合考虑

【答案】D

【解析】债券的票面价值是债券票面标明的货币价值，是债券发行人承诺在债券到期日偿还给债券持有人的金额。债券票面金额的确定也要根据债券的发行对象、市场资金供给情况及债券发行费用等因素综合考虑。

【例题4】下列关于债券按付息方式分类中，正确的是（　　）。

Ⅰ. 零息债券是指存续期间有利息支付，到期时支付本金和最后一期利息

Ⅱ. 附息债券又可分为固定利率债券和浮动利率债券两大类

Ⅲ. 可以根据合约条款推迟支付定期利率的息票累积债券被称为缓息债券

Ⅳ. 息票累积债券规定了票面利率

A. Ⅰ、Ⅱ、Ⅲ　　B. Ⅱ、Ⅲ、Ⅳ　　C. Ⅰ、Ⅱ、Ⅳ　　D. Ⅱ、Ⅳ

【答案】D

【解析】注意：选项Ⅲ，可以根据合约条款推迟支付定期利率的“息票累积债券”被称为缓息债券，息票累积债券表述错误，应当是附息债券。

零息债券。零息债券也被称为零息票债券，指债券合约未规定利息支付的债券。通常，这类债券以低于面值的价格发行和交易，债券持有人实际上是以买卖（到期赎回）价差的方式取得债券利息。

附息债券。附息债券的合约中明确规定，在债券存续期内，对持有人定期支付利息（通常每半年或每年支付一次）。按照计息方式的不同，这类债券还可细分为固定利率债券和浮动利率债券两大类。有些附息债券可以根据合约条款推迟支付定期利率，故被称为缓息债券。

息票累积债券，与附息债券相似，这类债券也规定了票面利率，但是，债券持有人必须在债券到期时一次性获得本息，存续期间没有利息支付。

**【例题5】**债券所规定的借贷双方的权责关系不包括（　　）。

A. 所借贷货币资金的数额　　B. 借贷的时间

C. 债券的利息　　D. 债券的价值

**【答案】**D

**【解析】**债券所规定的资金借贷双方的权责关系主要有：①所借贷货币资金的数额；②借贷的时间；③在借贷时间内的资金成本或应有的补偿（债券的利息）。

## 考点二：债券与股票的异同点（☆☆）

### 一、债券与股票的相同点

（一）都属于有价证券

（1）它们都是虚拟资本，本身无价值，但又都是真实资本的代表。

（2）持有债券或股票，都有可能获取一定的收益，并能行使各自的权利和流通转让。

（3）债券和股票都在证券市场上交易，是各国证券市场的两大支柱类交易工具。

（二）债券与股票都是直接融资工具

### 二、债券与股票的区别

| 比对项 | 债券 | 股票 |
|---|---|---|
| 权利 | 债权凭证<br>债权债务关系 | 所有权凭证<br>（表决/经营决策/监督权） |
| 目的 | 获取的资金属于公司的负债 | 筹措的资金列入公司资本 |
| 发行主体 | 各类主体 | 股份有限公司 |
| 期限 | 有偿还期 | 无期 |
| 收益 | 可获得固定的利息 | 股息红利不固定 |
| 风险 | 小：<br>利率固定<br>破产清算偿付优先<br>价格变动小 | 大：<br>股息率不固定<br>破产清算偿付靠后<br>价格变动大 |

【例题 6】债券和股票的主要异同有（　　）。

Ⅰ. 权利不同

Ⅱ. 期限相同

Ⅲ. 发行主体相同

Ⅳ. 收益不同

A. Ⅰ、Ⅲ　　B. Ⅰ、Ⅳ　　C. Ⅱ、Ⅲ、Ⅳ　　D. Ⅰ、Ⅱ、Ⅲ、Ⅳ

【答案】B

【解析】债券与股票的相同点：债券与股票都属于有价证券、债券与股票都是直接融资工具。债券与股票的区别：权利不同、目的不同、主体不同、期限不同、收益不同、风险不同。

### 考点三：政府债券（☆☆☆）

#### 一、政府债券的定义、性质、特征

（一）政府债券的定义

政府债券是指政府财政部门或其他代理机构为筹集资金，以政府名义发行的、承诺在一定时期支付利息和到期还本的债务凭证。中央政府发行的债券被称为中央政府债券或者国债，地方政府发行的债券被称为地方政府债券，有时两者被统称为公债。

（二）政府债券的性质

（1）从形式上看，政府债券是一种有价证券，具有债券的一般性质。

（2）从功能上看，政府债券最初仅是政府弥补赤字的手段，随着金融市场的发展，逐渐成为国家实施宏观经济政策、进行宏观调控的工具。

（三）政府债券的特征

1. 安全性高

2. 流通性强

3. 收益稳定

4. 免税待遇

#### 二、中央政府债券

（一）中央政府债券的分类

1. 按偿还期限分类

（1）短期国债：偿还期限在 1 年以内，一般是为满足国库暂时的入不敷出的需求。

（2）中期国债：偿还期限在 1 年或 1 年以上、10 年以下（包括 10 年），政府发行中期国债筹集的资金或用于弥补赤字，或用于投资。

（3）长期国债：偿还期限在 10 年以上，常被用作政府投资的资金来源。

2. 按资金用途分类

（1）赤字国债，用于弥补政府预算赤字。

（2）建设国债，用于建设项目，如修建铁路和公路。

（3）战争国债，用于弥补战争费用。

（4）特种国债，政府为了实施某种特殊政策。

3. 按流通与否分类

（1）流通国债——可以自由认购、自由转让，通常不记名，占国债发行量的大部分。

（2）非流通国债——不能自由转让，可以记名，也可以不记名。

4. 按币种分类

（1）本币国债。

（2）外币国债。

5. 按付息方式分类

（1）附息国债。

①息票上标有利息额、支付利息的期限和债券号码等内容。

②一般在偿还期内按期付息，如每半年或一年付息一次。

（2）贴现国债。

债券发行时按规定的折扣率，以低于债券面值的价格发行，到期按面值支付本息，通常为短期国债。

（二）我国国债的品种、特点和区别

1. 普通国债

（1）记账式国债。

①我国的记账式国债是从 1994 年开始发行的。

②可以记名、挂失、转让。

（2）储蓄国债（凭证式）。

①财政部发行。

②一般不印制实物券面，而采用填制“中华人民共和国储蓄国债（凭证式）收款凭证”。

③通过部分商业银行和邮政储蓄柜台，面向城乡居民个人和各类投资者发行。

（3）储蓄国债（电子式）。

①财政部发行。

②针对个人投资者，不向机构投资者发行。

③采用实名制，不可流通转让。

注意：

储蓄国债（凭证式）和储蓄国债（电子式）的区别：

①申请购买手续不同。

②债权记录方式不同。

③付息方式不同。

④到期兑付方式不同。

⑤发行对象不同。

⑥承办机构不同。

储蓄国债（电子式）与记账式国债的区别：

①发行对象不同。

②发行利率确定机制不同。

③流通或变现方式不同。

④收益的预知性不同。

2. 其他类型国债

（1）国家重点建设债券。

（2）国家建设债券。

（3）财政债券。

（4）特种债券。

（5）保值债券。

（6）基本建设债券。

（7）特别国债。

（8）长期建设国债。

## 三、地方政府债券

### （一）地方政府债券的概念

地方政府债券简称地方债券，也被称为地方公债或地方债，是地方政府根据本地区经济发展和资金需求状况，以承担还本付息责任为前提，向社会筹集资金的债务凭证。筹集的资金一般用于弥补地方财政资金的不足，或者地方实施大型项目。

### （二）地方政府债券的发行主体、分类方法

1. 地方政府债券的发行主体

（1）美国地方政府债券由州、市、区、县和州政府所属机关和管理局发行。

（2）日本地方政府债券由一般地方公共团体（都、道、府、县、市、镇、村政府）和特殊地方公共团体（特别地区、地方公共团体联合组织和开发事业团）发行。

2. 地方政府债券的分类（按资金用途和偿还资金来源不同）

（1）一般债券（普通债券）。

地方政府一般债券是指省、自治区、直辖市政府（含经省级政府批准自办债券发行的计划单列市政府）为没有收益的公益性项目发行的、约定一定期限内主要以一般公共预算收入还本付息的政府债券。

（2）专项债券（收入债券）。

地方政府专项债券是指省、自治区、直辖市政府（含经省级政府批准自办债券发行的计划单列市政府）为有一定收益的公益性项目发行的、约定一定期限内以公益性项目对应的政府性基金或专项收入还本付息的政府债券。

**四、我国国债与地方政府债券的发行情况**

（一）我国国债的发行情况

1. 第一阶段（20 世纪 50 年代）

① 1950 年发行了总价值约为 302 亿元的人民胜利折实公债。

② 1954—1958 年为了进行社会主义经济建设分 5 次发行了国家经济建设公债。

2. 第二阶段（20 世纪 80 年代以来）

①中央政府于 1981 年恢复发行国债。

② 1981—1994 年，面向个人发行的国债一直只有无记名国库券一种。

③ 1994 年面向个人发行的债种从单一型（无记名国库券）逐步转向多样型（凭证式国债和记账式国债等）。

④ 2006 年财政部研究推出新的储蓄债券品种——储蓄国债（电子式）。

⑤ 2017 年起发行的凭证式国债统一更名为储蓄国债（凭证式）。

（二）我国普通国债发行情况

1. 规模越来越大

2. 期限趋于多样化

3. 发行方式趋于市场化

（三）我国其他类型国债发行情况

（1）国家重点建设债券，1987 年为筹集国家基础设施建设所需要的长期资金，唯一一次发行国家重点建设债券。

（2）国家建设债券，该债券性质类似于国家重点建设债券，于 1988 年发行过一次。

（3）财政债券，迄今为止共发行 5 次。

（4）特种债券，是一种只对企事业单位、不对个人发行的国库券，共发行 4 次。

（5）保值债券，1989 年银行实行保值贴补率政策后，财政部发行的一种带有保值贴补的国债。

（6）基本建设债券，不是标准化的国债，因为其不是由中央政府直接发行，而是由国家专业投资公司发行。

（7）特别国债。

①第一次发行：

为了增加国有商业银行的资本金，财政部于 1998 年 8 月 18 日发行了 2 700 亿元特别国债。该国债为记账式附息国债，期限为 30 年，年利率为 7.2%，向四大国有商业银行定向发行，所筹资金专项用于拨补四大国有商业银行资本金。

②第二次发行：

根据外汇储备增长趋势和货币政策操作需要，财政部于 2007 年发行 15 500 亿元人民币特别国债，用于购买约 2 000 亿美元外汇，作为组建中国投资有限责任公司（筹备期间被称为国家外汇投资公司）的资本金来源。

③第三次发行：

2020 年 6 月 18 日，财政部采取市场化方式，公开招标发行首批 1 000 亿元抗疫特别国债，2020 年 7 月 30 日，2020 年抗疫特别国债实现发行总额 1 万亿元。

（8）长期建设国债，为执行积极的财政政策，我国多次发行此类债券。

（四）我国地方政府债券的发行情况

（1）我国自 1995 年起实施的《中华人民共和国预算法》规定，地方政府不得发行地方政府债券（法律和国务院另有规定的除外）。

（2）2008 年底，为应对国际金融危机，国务院推出“4 万亿元投资计划”，其中中央安排资金 1.18 万亿元，其余由地方政府配套解决。

（3）地方政府债券发行可大致分为三个阶段：

①2009—2010 年：“代发代还”阶段。

②2011—2013 年：“自发代还”阶段。

③2014 年至今：“自发自还”阶段。

**【记忆技巧】**地方政府债券发行方式没有“代发自还”。

**【例题 7】**根据我国财政部《地方政府专项债券发行管理暂行办法》，地方政府专项债券是指省、自治区、直辖市政府（含经省级政府批准自办债券发行的计划单列市政府）为有一定收益的公益性项目发行的、约定一定期限内以公益性项目对应的（　　）还本付息的政府债券。

Ⅰ. 政府性基金

Ⅱ. 金融机构收入

Ⅲ. 专项收入

Ⅳ. 中央政府收入

A. Ⅱ、Ⅳ　　B. Ⅱ、Ⅲ、Ⅳ　　C. Ⅰ、Ⅲ　　D. Ⅰ、Ⅳ

**【答案】**C

**【解析】**根据我国财政部《地方政府专项债券发行管理暂行办法》，地方政府专项债券是指省、自治区、直辖市政府（含经省级政府批准自办债券发行的计划单列市政府）为有一定收益的公益性项目发行的、约定一定期限内以公益性项目对应的政府性基金或专项收入还本付息的政府债券。

**【例题 8】**1981 年后，我国发行的国债品种有（　　）。

Ⅰ. 普通国债

Ⅱ. 国家重点建设债券

Ⅲ. 财政债券

Ⅳ. 保值债券

A. Ⅰ、Ⅲ、Ⅳ　　B. Ⅰ、Ⅱ、Ⅲ、Ⅳ

C. Ⅱ、Ⅲ、Ⅳ　　D. Ⅰ、Ⅱ、Ⅳ

**【答案】**B

**【解析】**1981 年后我国发行的国债品种有普通国债及其他类型国债。

为了加快发展我国的国民经济，增强我国的综合国力，提高人民的生活水平，我国政府除了有规律性地发行适度规模的普通型国债以外，还不定期地发行一定数量的其他类型国债。其他类型国债主要有国家重点建设债券、国家建设债券、财政债券、特种债券、保值债券、基本建设债券、特别国债、长期建设国债等。

**【例题 9】**下列关于地方政府债券的说法，错误的有（　　）。

Ⅰ. 地方政府债券是地方政府根据本地区经济发展和资金需求状况，以承担还本付息责任为前提，向社会筹集资金的债务凭证

Ⅱ. 地方政府债券是地方政府根据本地区经济发展和资金需求状况，以承担偿还本金责任为前提，向社会筹集资金的债务凭证

Ⅲ. 地方政府债券是地方政府根据本地区经济发展和资金需求状况，以承担还本付息责任为前提，向社会筹集资金的权益凭证

Ⅳ. 地方政府债券是地方政府根据本地区经济发展和资金需求状况，以承担偿还利息责任为前提，向社会筹集资金的权益凭证

A. Ⅰ、Ⅱ、Ⅲ　　B. Ⅰ、Ⅲ、Ⅳ　　C. Ⅱ、Ⅳ　　D. Ⅱ、Ⅲ、Ⅳ

**【答案】**D

**【解析】**地方政府债券简称为地方债券，也可以被称为地方公债或地方债，是地方政府根据本地区经济发展和资金需求状况，以承担还本付息责任为前提，向社会筹集资金的债务凭证。筹集的资金一般用于弥补地方财政资金的不足，或者地方实施大型项目。

**【例题 10】**根据付息方式不同，国债可分为（　　）。

Ⅰ. 长期国债

Ⅱ. 附息国债

Ⅲ. 贴现国债

Ⅳ. 特种国债

A. Ⅱ、Ⅲ　　B. Ⅰ、Ⅳ

C. Ⅰ、Ⅲ、Ⅳ　　D. Ⅰ、Ⅱ、Ⅲ、Ⅳ

【答案】A

【解析】按付息方式分类。贴现国债和附息国债是按照国债利息的支付方式不同而划分的。

【例题 11】下列关于我国发行的普通国债的总体情况，说法错误的是（　　）。

A. 规模越来越大　　B. 发行方式趋于市场化

C. 期限趋于单调化　　D. 期限趋于多样化

【答案】C

【解析】我国普通国债发行情况。我国普通国债发行的总体情况大致如下：一是规模越来越大；二是期限趋于多样化；三是发行方式趋于市场化。

### 考点四：金融债券（☆☆☆）

#### 一、金融债券的定义

（1）金融债券是指银行及非银行金融机构依照法定程序发行并约定在一定期限内还本付息的有价证券。我国和日本一样，将金融机构发行的债券定义为金融债券，以突出金融机构作为证券市场发行主体的地位。

（2）金融债券的资信通常高于其他非金融机构债券，违约风险相对较小，具有较高的安全性。所以，金融债券的利率通常低于一般的企业债券，但高于风险更小的国债和银行储蓄存款利率。

（3）金融机构法人包括政策性银行、商业银行、企业集团财务公司及其他金融机构。我国的金融债券包括政策性金融债券、商业银行债券、证券公司债券、保险公司债券、财务公司债券和金融租赁公司债券等。

#### 二、金融债券的分类

（一）利息支付方式

1. 附息金融债券

2. 贴现金融债券（以低于面值的价格贴现发行，到期按面值还本付息）

（二）发行条件

1. 普通金融债券

按面值发行，到期一次性还本付息，期限一般是 1 年、2 年和 3 年。

2. 累进利息金融债券

利率不固定，在不同时间段有不同的利率，且一年比一年高。

（三）期限长短

1. 短期债券

2. 中期债券

3. 长期债券

（四）记名方式

1. 记名债券

2. 不记名债券

（五）担保情况

1. 信用债券

2. 担保债券

（六）是否提前赎回

1. 可提前赎回债券

2. 不可提前赎回债券

（七）票面利率

1. 固定利率债券

2. 浮动利率债券

3. 累进利率债券

（八）投资者选择权

1. 附有选择权的债券

2. 不附有选择权的债券

## 三、我国金融债券的品种和管理规定

（一）政策性金融债券

政策性金融债券是指我国政策性银行、开发性金融机构为筹集资金，经监管部门批准，以市场化方式向国有商业银行、邮政储蓄银行、城市商业银行等金融机构发行的债券。政策性银行包括中国进出口银行、中国农业发展银行，开发性金融机构为国家开发银行。

政策性银行发行金融债券，应按年向中国人民银行报送金融债券发行申请，经中国人民银行核准后方可发行。政策性银行金融债券发行申请应包括发行数量、期限安排、发行方式等内容，如需调整，应及时报中国人民银行核准。政策性金融债券可在全国银行间债券市场和交易所债券市场公开发行或定向发行，发行人可以采取一次足额发行或限额内分期发行的方式。

（二）商业银行金融债券

1. 商业银行金融债券

发行应当具备以下条件。

（1）具有良好的公司治理机制：核心资本充足率不低于 4%；

（2）最近三年连续盈利；

（3）贷款损失准备计提充足；

（4）风险监管指标符合监管机构的有关规定；

（5）最近三年没有重大违法、违规行为；

（6）中国人民银行要求的其他条件。

2. 商业银行次级债券

（1）概念。

商业银行次级债券是指商业银行发行的、本金和利息的清偿顺序列于商业银行其他负债之后、先于商业银行股权资本的债券。

（2）商业银行公开发行次级债券应具备的条件。

①实行贷款五级分类，贷款五级分类偏差小；

②核心资本充足率不低于5%；

③贷款损失准备计提充足；

④具有良好的公司治理结构与机制；

⑤最近3年没有重大违法、违规行为。

（3）商业银行以私募方式发行次级债券或募集次级定期债务应符合的条件。

①实行贷款五级分类，贷款五级分类偏差小；

②核心资本充足率不低于4%；

③贷款损失准备计提充足；

④具有良好的公司治理结构与机制；

⑤最近3年没有重大违法、违规行为。

3. 资本补充债券

（1）概念。

资本补充债券是指银行业金融机构为满足资本监管要求而发行的、对特定触发事件下债券偿付事宜作出约定的金融债券，包括但不限于无固定期限资本债券和二级资本债券。

（2）银行业金融机构发行资本补充债券应满足以下条件。

①具有完善的公司治理机制；

②偿债能力良好，且成立满3年；

③经营稳健，资产结构符合行业特征，以服务实体经济为导向，遵守国家产业政策和信贷政策；

④满足宏观审慎管理要求且主要金融监管指标符合监管部门的有关规定。

（三）证券公司债务工具

1. 证券公司债券

目前证券公司发行普通公司债券的要求和其他公司相同。

2. 证券公司短期融资券

证券公司短期融资券是指："证券公司以短期融资为目的、在银行间债券市场发行的约定在一定期限内还本付息的金融债券。"证券公司发行短期融资券实行余额管理，待偿还短期融资券余额不超过净资本的60%。

**小贴士：**证券公司各类风险控制指标都是以净资本为核心的。

3. 证券公司次级债

（1）概念。

证券公司次级债是指证券公司向股东或机构投资者定向借入的清偿顺序在普通债之后的次级债务，以及证券公司向机构投资者发行的、清偿顺序在普通债之后的有价证券。

次级债务、次级债券为证券公司同一清偿顺序的债务。证券公司次级债券可在证券交易所或中国证监会认可的交易场所依法向机构投资者发行、转让。

（2）分类。

①长期次级债：借入或发行期限在1年以上（不含1年）的次级债。

②短期次级债：借入或发行期限在3个月以上（含3个月）、1年以下（含1年）的次级债。

注意：到期期限在3年、2年、1年以上的长期次级债，原则上分别按100%、70%、50%的比例计入净资本，短期次级债不计入净资本。

（四）保险公司次级债务

（1）保险公司为了弥补临时性或者阶段性资本不足，经批准募集、期限在5年以上（含5年），且本金和利息的清偿顺序列于保单责任和其他负债之后、先于保险公司股权资本的保险公司债务。

（2）保险公司募集次级债所获取的资金，可以计入附属资本，但不得用于弥补保险公司日常经营损失，计入附属资本的次级债金额不得超过净资产的50%。

（3）保险公司次级债务的偿还只有在确保偿还次级债务本息后偿付能力充足率不低于100%的前提下，募集人才能偿付本息；且募集人在无法按时支付利息或偿还本金时，债权人无权向法院申请对募集人实施破产清偿。

（五）财务公司债券

财务公司发行金融债券应当由财务公司的母公司或其他有担保能力的成员单位提供相应担保，经原中国银监会批准免予担保的除外。

（六）金融租赁公司和汽车金融公司的金融债券

1. 金融租赁公司

经原中国银监会批准设立的、以经营融资租赁业务为主的非银行金融机构。

2. 汽车金融公司

（1）经原中国银监会批准设立的、为中国境内的汽车购买者及销售者提供金融服务的非银行金融机构。

（2）符合条件的金融租赁公司和汽车金融公司可以在银行间债券市场发行和交易金融债券。

注意：金融租赁公司和汽车金融公司发行金融债券后，资本充足率均应不低于8%。

（七）央行票据（特殊金融债券）

（1）中央银行票据简称央票，是中央银行为调节商业银行超额准备金而向商业银行发行的短期债务凭证，是一种重要的货币政策日常操作工具，期限通常为3个月至3年。

（2）中央银行票据实质是中央银行债券，之所以被称为“中央银行票据”，是为了突出其短期性特点。

（3）发行中央银行票据的目的主要是进行对冲操作，回收外汇占款所投放的基础货币。

（4）我国自2013年后不再发行中央银行票据。

**【例题12】**政策性银行金融债券发行申请应包括（　　）等内容，如需调整，应及时报中国人民银行核准。

Ⅰ. 发行数量

Ⅱ. 期限安排

Ⅲ. 竞价方式

Ⅳ. 发行方式

A. Ⅰ、Ⅱ、Ⅲ、Ⅳ　　B. Ⅰ、Ⅳ　　C. Ⅰ、Ⅱ、Ⅲ　　D. Ⅰ、Ⅱ、Ⅳ

**【答案】**D

**【解析】**根据《全国银行间债券市场金融债券发行管理办法》，政策性银行发行金融债券，应按年向中国人民银行报送金融债券发行申请，经中国人民银行核准后方可发行。政策性银行金融债券发行申请应包括发行数量、期限安排、发行方式等内容，如需调整，应及时报中国人民银行核准。

**【例题13】**我国的政策性银行包括（　　）。

Ⅰ. 中国人民银行

Ⅱ. 中国进出口银行

Ⅲ. 中国农业银行

Ⅳ. 中国农业发展银行

A. Ⅰ、Ⅲ　　B. Ⅰ、Ⅱ　　C. Ⅱ、Ⅳ　　D. Ⅱ、Ⅲ

**【答案】**C

**【解析】**政策性银行包括中国进出口银行、中国农业发展银行，开发性金融机构为国家开发银行。

【例题 14】下列关于我国证券公司短期融资券，说法正确的有（　　）。

Ⅰ. 不属于金融债券

Ⅱ. 在银行间债券市场发行

Ⅲ. 以短期融资为目的

Ⅳ. 约定在一定期限内还本付息

A. Ⅱ、Ⅲ、Ⅳ　　B. Ⅰ、Ⅱ、Ⅳ

C. Ⅰ、Ⅱ、Ⅲ、Ⅳ　　D. Ⅰ、Ⅲ

【答案】A

【解析】2004 年 10 月，中国证监会和原中国银监会、中国人民银行制定并发布《证券公司短期融资券管理办法》。根据该办法，证券公司短期融资券是指："证券公司以短期融资为目的、在银行间债券市场发行的约定在一定期限内还本付息的金融债券。"故说法正确的是Ⅱ、Ⅲ、Ⅳ项，选 A 项。

【例题 15】下列关于金融债券的说法，错误的是（　　）。

A. 我国政策性银行在银行间债券市场发行的债券属于金融债券

B. 保险公司次级债务属于金融债券

C. 商业银行可以发行金融债券

D. 非银行金融机构不可以发行金融债券

【答案】D

【解析】金融债券的发行主体是银行或非银行金融机构。金融机构一般有雄厚的资金实力，信用度较高，因此，金融债券往往有良好的信誉：银行和非银行金融机构是社会信用的中介，它们的资金来源主要是吸收公众存款和金融业务收入。它们发行债券的目的主要有：筹资用于某种特殊用途；改变本身的资产负债结构。对于金融机构来说，吸收存款和发行债券都是它的资金来源，构成了它的负债。存款的主动权在存款户，金融机构只能通过提供服务条件来吸引存款，而不能完全控制存款，是被动负债；而发行债券则是金融机构的主动负债，金融机构有更大的主动权和灵活性。金融债券的期限以中期较为多见。

## 考点五：公司债券（☆☆☆）

### 一、公司债券的定义

公司债券是指公司依照法定程序发行的、约定在一定期限还本付息的有价证券。

公司债券发行主体不包括地方政府融资平台公司。

### 二、公司债券分类及含义

（一）信用公司债券

（1）不以公司任何资产作担保而发行的债券，属于无担保证券范畴。

（2）为了保护投资者的利益，可要求信用公司债券附有某些限制性条款，如公司债券不得随意增加、债券未清偿之前股东的分红要有限制等。

（二）不动产抵押公司债券

（1）以公司的不动产（如房屋、土地等）作抵押而发行的债券，是抵押证券的一种。

（2）当某抵押品价值很大时，可以分为若干次抵押，这样就有第一抵押债券、第二抵押债券等分别。

（三）保证公司债券

（1）保证公司债券是公司发行的由第三者作为还本付息担保人的债券，是担保证券的一种。

（2）保证行为常见于母公司与子公司之间，如由母公司对子公司发行的公司债券予以保证。

（四）收益公司债券

（1）利息只有在公司有盈利时才支付。

（2）如果余额不足以支付，未付利息可以累加，待公司收益增加后再补发。所有应付利息付清后，公司才可对股东分红。

（五）可转换公司债券

（1）指发行人依照法定程序发行、在一定期限内依据约定条件可以转换成股份的公司债券。

（2）可转换公司债券具有债权投资和股权投资的双重优势。

（3）可转换公司债券与一般的债券一样，在转换前投资者可以定期得到利息收入，但此时不具有股东的权利。

（4）当发行公司的经营业绩取得显著增长时，可转换公司债券的持有人可以在约定期限内，按预定的转换价格转换成公司的股份，以分享公司业绩增长带来的收益。

（5）可转换债券包含赎回条款和回售条款，一般可以分为可赎回债券和可回售债券。

①可赎回债券：当公司股票价格在一段时间内连续高于转换价格达到一定幅度时，公司可以按照事先约定的赎回价格买回发行在外尚未转股的可转换债券。

②可回售债券：当公司的股票价格在一段时间内连续低于转换价格达到一定幅度时，可转换公司债券持有人有权按事先约定的价格将所持可转债卖给发行人。

（6）可转换公司债券一般要经股东大会或董事会的决议通过才能发行，而且在发行时，应在发行条款中规定转换期限和转换价格。

（7）可转换债券转换价格可以进行调整的三种情况：

①公司发生派送股票股利、转增股本、增发新股或配股、派送现金股利等情况（不包括因可转债转股而增加的股本）下，将按相关公式进行转股价格的调整；

②当公司发生股份回购、合并、分立或任何其他情形使公司股份类别、数量或股东

权益发生变化从而可能影响可转债持有人的债权利益或转股衍生权益时，将视具体情况按照公平、公正、公允的原则以及充分保护可转债持有人权益的原则调整转股价格；

③在可转债存续期间，当公司股票在任意连续30个交易日中有15个交易日的收盘价低于当期转股价格一定比例（80%～85%）时，公司董事会有权提出转股价格向下修正方案并提交公司股东大会审议表决。第三种情况发行人下修转股价格通常是为了避免回售压力。

（六）附认股权证的公司债券

（1）可分离型附认股权证的公司债券：债券与认股权可以分离，可独立转让，即可分离交易的附认股权证公司债券。

（2）非分离型附认股权证的公司债券：不能把认股权从债券上分离，认股权不能成为独立买卖的对象。

（七）可交换公司债券

可交换公司债券是指上市公司的股东依法发行、在一定期限内依据约定的条件可以交换成该股东所持有的上市公司股份的公司债券。

**可交换债券与可转换债券的区别**

| 对比项 | 可交换债券 | 可转换债券 |
|---|---|---|
| 发行主体 | 上市公司股东 | 上市公司本身 |
| 转股股份来源 | 发行人持有的其他公司已发行在外的股份 | 发行人本身未来将发行的新股 |
| 对公司股本影响 | 不影响标的股票总股本数量 | 使标的股票总股本扩大 |

**【例题16】**公司发行不动产抵押公司债券时通常用作抵押的有（　　）。

Ⅰ．有价证券

Ⅱ．艺术品

Ⅲ．房屋

Ⅳ．土地

A. Ⅰ、Ⅱ　　B. Ⅱ、Ⅲ、Ⅳ　　C. Ⅲ、Ⅳ　　D. Ⅰ、Ⅲ

**【答案】**C

**【解析】**不动产抵押公司债券是以公司的不动产（如房屋、土地等）作抵押而发行的债券，是抵押证券的一种。

**【例题17】**可转换债券的回售条件一般是（　　）。

A. 公司股份在一段时间内连续偏离转换价格

B. 公司股价在一段时间内连续在转换价格左右小幅波动

C. 公司股价在一段时间内连续低于转换价格达到一定幅度

D. 公司股价在一段时间内连续高于转换价格达到一定幅度

【答案】C

【解析】可回售债券，是指可转换公司债券的持有人是否实施回售条款选择权的债券。当公司的股票价格在一段时间内连续低于转换价格达到一定幅度时，可转换公司债券持有人有权按事先约定的价格将所持可转债卖给发行人。

【例题 18】具有股权稀释效应的公司债券有（　　）。

Ⅰ. 可转换公司债券

Ⅱ. 可分离交易的可转换债券

Ⅲ. 附股权证公司债券

Ⅳ. 可交换公司债券

A. Ⅱ、Ⅲ、Ⅳ　　B. Ⅰ、Ⅲ、Ⅳ　　C. Ⅰ、Ⅱ　　D. Ⅰ、Ⅱ、Ⅲ

【答案】D

【解析】Ⅰ项正确，由于可转换债券持有者可以通过转换使自己成为普通股股东，认购权证持有者可以按预定的价格购买普通股，其行为的选择有可能造成公司普通股增加，使得每股收益变小。通常称这种情况为股权稀释，即由于普通股股份的增加，使得每股收益有所减少的现象称为股权的稀释。

Ⅱ项正确，可分离交易的可转换债券全称是“认股权和债券分离交易的可转换公司债券”，是可转换债券的一种，因此也具有股权稀释效应。

Ⅲ项正确，可分离债券又被称为附认股权证公司债，是指上市公司在发行公司债券的同时附有认股权证，是公司债券加上认股权证的组合产品，具有股权稀释效应。

Ⅳ项错误，可交换公司债券交换的是已发行的股票，因此不具有股权稀释效应。

因此，Ⅰ、Ⅱ、Ⅲ项符合题意，故本题选 D 选项。

【例题 19】可转换公司债券一般要经股东大会或董事会决议通过才能发行，而且在发行时应在发行条款中规定（　　）。

Ⅰ. 转换期限

Ⅱ. 转换条件

Ⅲ. 转换利率

Ⅳ. 转换价格

A. Ⅱ、Ⅲ、Ⅳ　　B. Ⅰ、Ⅱ、Ⅲ　　C. Ⅰ、Ⅱ、Ⅳ　　D. Ⅰ、Ⅳ

【答案】D

【解析】可转换公司债券一般要经股东大会或董事会的决议通过才能发行，而且在发行时应在发行条款中规定转换期限和转换价格。

【例题 20】按照附认股权和债券本身能否分开来划分，附认股权证的公司债券可分为（　　）。

A. 独立型与非独立型　　B. 可分型与综合型

C. 独立型与分离型　　　　　　　　D. 可分离型与非分离型

**【答案】** D

**【解析】** 按照附认股权和债券本身能否分开来划分，这种债券有两种类型：一种是可分离型附认股权证的公司债券，债券与认股权可以分离，可独立转让，即可分离交易的附认股权证公司债券。另一种是非分离型附认股权证的公司债券，即不能把认股权从债券上分离，认股权不能成为独立买卖的对象。

## 考点六：企业债券（☆☆）

### 一、企业债券的定义

（一）广义的企业债券包含以下几种

1. 公司债券

2. 狭义的企业债券

3. 银行间市场发行的非金融企业债务融资工具

（二）狭义的企业债券

狭义的企业债券是我国存在的一种特殊法律规定的债券形式。

（三）发行主体

企业债券的发行主体可以是股份有限公司，可以是有限责任公司，也可以是尚未改制为现代公司制度的企业法人，但不包括上市公司。

### 二、企业债券的分类

（一）城投债企业债券（简称城投债）

通过设立隶属于地方政府的企业作为融资平台发行，由地方政府财政收入或地方政府信用对债券提供隐性担保，募集资金用于地方基础设施建设的债券，有时也被称为“准市政债”。

（二）产业类企业债券（简称产业债）

产业债是由具有自主经营能力、盈利能力及现金流产生能力，对政府及政策依赖性相对较弱的大中型国有及民营企业发行的、募集资金投向与其生产经营相关领域的企业债券。

（三）集合类企业债券（简称集合债券）

集合债券是以多个发行人作为联合发行主体，按照“统一组织、分别负债、统一担保、集合发行”的原则共同发行的企业债券。

### 三、我国企业债的品种和管理规定

（一）普通企业债券

企业债券发行受多个法律法规和规范性文件的约束。

（二）中小企业集合债券

目前，对中小企业集合债券的管理规定散见于一些国家政策性文件和国家发改委通知中，还未形成专门的中小企业集合债券管理规定。

（三）小微企业增信集合债券与创投企业债券

对单个委贷对象发放的委贷资金累计余额不得超过1 000万元，且不得超过小微债募集资金规模的3%。同一控制人下的企业，合计获得委贷资金不得超过上述规定数额和比例。

（四）可续期企业债券

可续期企业债券是指在约定的计息周期（一般3～5年）到期时，发行人可按约定的利率调整机制调整利率后，继续延长一个周期的企业债券，可续期企业债券的管理规定同普通企业债券相同，国家发改委并未对该类债券制定专门的规定。

（五）项目收益债券

（1）只能用于该项目建设、运营或设备购置，不得置换项目资本金或偿还与项目有关的其他债务，但偿还已使用的超过项目融资安排约定规模的银行贷款除外。

（2）可以以招标或簿记建档形式公开发行，也可以面向机构投资者非公开发行。

（3）非公开发行的项目收益债券的债项评级应达到AA级及以上。

（六）专项债券

募集资金主要用于支持节能减排技术改造、绿色城镇化、能源清洁高效利用、新能源开发利用、循环经济发展、水资源节约和非常规水资源开发利用、污染防治、生态农林业、节能环保产业、低碳产业、生态文明先行示范试验、低碳试点示范等绿色循环低碳发展项目的企业债券。

（七）债贷组合

按照“融资统一规划、信贷统一授信、动态长效监控、全程风险管理”模式，由银行为企业制定系统性融资规划，根据项目建设融资需求，将企业债券和贷款统一纳入银行综合授信管理体系，对企业债务融资实施全程管理。

## 四、我国非金融企业债务融资工具的品种和管理规定

（一）短期融资券/超级短期融资券

（1）短期融资券是指具有法人资格的非金融企业在银行间债券市场发行的，约定在1年内还本付息的债务融资工具。

（2）超级短期融资券是指具有法人资格的非金融企业在银行间债券市场发行的，约定在270天以内还本付息的债务融资工具。

（二）中期票据

（1）中期票据是指具有法人资格的非金融企业在银行间债券市场发行的，约定在一定期限还本付息的债务融资工具。

（2）中期票据的期限一般为1年以上、10年以下，我国中期票据的期限通常为3年或者5年。

（3）中期票据待偿还余额不得超过企业净资产的40%。

（4）企业发行中期票据所募集的资金应用于企业生产经营活动，并在发行文件中明确披露资金具体用途；企业在中期票据存续期内变更募集资金用途应提前披露。

（三）非公开定向债务融资工具

非公开定向债务融资工具是指“具有法人资格的非金融企业，向银行间市场特定机构投资人发行债务融资工具，并在特定机构投资人范围内流通转让的行为”。

（四）中小非金融企业集合票据

中小非金融企业集合票据是指“2个（含）以上、10个（含）以下具有法人资格的企业，在银行间债券市场以统一产品设计、统一券种冠名、统一信用增进、统一发行注册方式共同发行的，约定在一定期限还本付息的债务融资工具”。

**【例题21】**中小非金融企业集合票据是由（　　）个以上、（　　）个以下具有法人资格的企业共同发行的，约定在一定期限还本付息的债务融资工具。

A. 5，10　　B. 2，5　　C. 3，15　　D. 2，10

**【答案】**D

**【解析】**中小非金融企业集合票据是指2个（含）以上、10个（含）以下具有法人资格的企业，在银行间债券市场以统一产品设计、统一券种冠名、统一信用增进、统一发行注册方式共同发行的，约定在一定期限还本付息的债务融资工具。

## 考点七：我国公司债券和企业债券的区别（☆☆）

| 对比项 | 公司债券 | 企业债券 |
|---|---|---|
| 发行主体 | 所有公司制法人 | 不包括上市公司 |
| 发行制度 | 注册制 | 注册制 |
| 监管机构 | 受理、审核：证券交易所<br>履行发行注册程序：证监会 | 注册机关：国家发改委<br>受理机构：中央国债登记结算有限责任公司<br>审核机构：中央国债登记结算有限责任公司、中国银行间市场交易商协会 |
| 资金用途 | 发行人自行决定 | 固定资产投资和技术革新改造 |
| 发行期限 | 3～10年，5年为主 | 3～20年，10年为主 |
| 定价方式 | 市场询价确定 | 利率≤同期存款利率的140% |
| 担保要求 | 大部分是无担保信用债 | 较多采取担保的方式 |
| 发行市场 | 证券交易所 | 银行间债券市场、证券交易所市场 |

## 考点八：国际债券（☆☆☆）

### 一、国际债券的定义

国际债券是指一国借款人在国际证券市场上以外国货币为面值、向外国投资者发行的债券。国际债券的发行人主要是各国政府、政府所属机构、银行或其他金融机构、工商企业及一些国际组织等。国际债券的投资者主要是银行或其他金融机构、各种基金会、工商财团和自然人。

### 二、国际债券的特征

1. 资金来源广、发行规模大

2. 存在汇率风险

3. 有国家主权保障

在国际债券市场上筹集资金，有时可以得到一个主权国家政府最终偿债的承诺保证。

4. 以自由兑换货币作为计量货币

一般以美元、英镑、欧元、日元和瑞士法郎为主。

**小贴士：** 并非所有国际债券都有国家主权保障，做题时易被误导。

### 三、国际债券的分类

（一）外国债券

某一国家借款人在本国以外的某一国家发行以该国货币为面值的债券。它的特点是债券发行人属于一个国家，债券的面值货币和发行市场属于另一个国家。

外国债券是一种传统的国际债券。在美国发行的外国债券被称为“扬基债券”；在日本发行的外国债券被称为“武士债券”；在中国发行的以人民币计价的外国债券被称为“熊猫债券”；在英国发行的以英镑计价的外国债券被称为“猛犬债券”。

（二）欧洲债券

借款人在本国境外市场发行的、不以发行市场所在国货币为面值的国际债券。大多数欧洲债券仍然以美元为面值发行。欧洲债券的特点是债券发行者、债券发行地点和债券面值所使用的货币可以分别属于不同的国家，故也被称为无国籍债券。

### 四、欧洲债券和外国债券差异

| 差异项 | 外国债券 | 欧洲债券 |
|---|---|---|
| 发行承销方式 | 发行地所在国的证券公司、金融机构承销 | 一家或几家大银行牵头，组织十几家或几十家国际性银行在一个国家或几个国家同时承销 |
| 发行法律 | 发行受发行地所在国有关法规的管制和约束，并且必须经官方主管机构批准 | 比外国债券宽松得多，不需要官方主管机构的批准，也不受货币发行国有关法令的管制和约束 |
| 发行纳税 | 受发行地所在国的税法管制 | 一般可豁免 |

## 五、我国国际债券的发行概况

(一) 政府债券

1987 年 10 月，财政部在德国法兰克福发行了 3 亿德国马克的公募债券，这是我国经济体制改革后政府首次在国外发行债券。

(二) 金融债券

1982 年 1 月，中国国际信托投资公司在日本东京资本市场上发行了 100 亿日元的武士债券，期限为 12 年，利率 8.7%，采用私募方式发行。

(三) 公司债券（中国企业发行境外债券的三类）

1. 在境外市场以非人民币发行和结算的债券，被称为非人民币债券
2. 以人民币发行、以人民币结算的债券，被称为点心债券
3. 以人民币发行、以其他国货币结算的债券，被称为合成型债券

**【例题 22】** 欧洲债券是指借款人（　　）。

A. 在欧洲国家发行，以该国货币标明面值的外国债券

B. 在本国境外市场发行，不以发行市场所在国货币为面值的国际债券

C. 在欧洲国家发行，以欧元标明面值的外国债券

D. 在本国发行，以欧元标明面值的外国债券

**【答案】** B

**【解析】** 欧洲债券是指借款人在本国境外市场发行的、不以发行市场所在国货币为面值的国际债券。以这种方式发行的债券最早出现在欧洲，故被称为欧洲债券。

**【例题 23】** 国外金融机构在我国发行的人民币债券称为（　　）。

A. 熊猫债券　　B. 扬基债券　　C. 武士债券　　D. 龙债券

**【答案】** A

**【解析】** 在中国发行的以人民币计价的外国债券被称为“熊猫债券”。

**【例题 24】** 下列不属于国际债券的主要投资者的是（　　）。

A. 自然人　　B. 各国政府

C. 银行或其他金融机构　　D. 工商财团

**【答案】** B

**【解析】** 国际债券是指一国借款人在国际证券市场上以外国货币为面值、向外国投资者发行的债券。国际债券的发行人主要是各国政府、政府所属机构、银行或其他金融机构、工商企业及一些国际组织等。国际债券的投资者主要是银行或其他金融机构、各种基金会、工商财团和自然人。

**【例题 25】** 以下关于我国利用国际债券市场筹集资金的说法，错误的是（　　）。

A. 我国政府曾经成功地在美国发行过扬基债券

B. 我国在国际债券市场发行的债券品种仅是政府债券

C. 财政部在国外发行的债券属于政府债券

D. 我国发行国际债券始于20世纪80年代

【答案】B

【解析】1982年1月，中国国际信托投资公司在日本东京资本市场上发行了100亿日元的武士债券，期限为12年，利率8.7%，这个不属于政府债券。B项错误。

## 考点九：资产证券化（☆☆☆）

### 一、资产证券化的定义、主要种类和业务要求

（一）资产证券化的定义

资产证券化是以特定资产组合或特定现金流为支持，发行可交易证券的一种融资形式。传统的证券发行是以企业为基础，而资产证券化是以特定的资产池为基础发行证券。

（二）资产证券化的种类与范围

1. 根据基础资产

（1）不动产证券化。

（2）应收账款证券化。

（3）信贷资产证券化。

（4）未来收益证券化（如高速公路收费）。

（5）债券组合证券化。

2. 根据资产证券化的地域

（1）境内资产证券化。

（2）离岸资产证券化。

3. 根据证券化产品的属性

（1）股权型证券化。

（2）债权型证券化。

（3）混合型证券化。

（三）证券公司和基金管理公司子公司开展资产证券化业务的要求

（1）开展资产证券化业务的证券公司须具备客户资产管理业务资格。

（2）基金管理公司子公司须由证券投资基金管理公司设立且具备特定客户资产管理业务资格。

（3）证券公司、基金管理公司子公司通过设立特殊目的载体开展资产证券化业务。

（4）“特殊目的载体”，是指证券公司、基金管理公司子公司为开展资产证券化业务专门设立的资产支持专项计划或者中国证监会认可的其他特殊目的载体。

（5）因专项计划资产的管理、运用、处分或者其他情形而取得的财产，归入专项计

划资产。

（6）因处理专项计划事务所支出的费用、对第三人所负债务，以专项计划资产承担。

（7）专项计划资产独立于原始权益人、管理人、托管人及其他业务参与人的固有财产。

（8）原始权益人、管理人、托管人及其他业务参与人因依法解散、被依法撤销或者宣告破产等原因进行清算的，专项计划资产不属于其清算财产。

## 二、资产证券化参与者

### （一）发起人

资产证券化的发起人是资产证券化的起点，是基础资产的原始权益人，也是基础资产的卖方。发起人的作用首先是发起贷款等基础资产，这是资产证券化的基础和来源；其次在于组建资产池，然后将其转移给特殊目的机构（SPV）。

### （二）特殊目的机构（SPV）

特殊目的机构是以资产证券化为目的而特别组建的独立法律主体，其负债主要是发行的资产支持债券，资产则是向发起人购买的基础资产。SPV 是一个法律上的实体，可以采取信托、公司或者有限合伙形式。

### （三）信用增级机构

此类机构负责提升证券化产品的信用等级，因此要向特定目的机构收取相应费用，并在证券违约时承担赔偿责任。第三方信用增级机构包括政府机构、保险公司、金融担保公司、金融机构、大型企业的财务公司等。

### （四）信用评级机构

如果发行的证券化产品属于债券，发行前必须经过评级机构进行信用评级。目前世界上规模最大、具有较强影响力的三大信用评级机构为标准普尔、穆迪公司和惠誉公司。

### （五）承销商

承销商是指负责证券设计和发行承销的投资银行。如果证券化交易涉及金额较大，可能会组成承销团。

### （六）服务商（服务商对资产项目及其所产生的现金流进行监督和保管）

1. 负责收取这些资产到期的本金和利息，将其交付予受托人

2. 对过期欠账服务机构进行催收，确保资金及时、足额到位

3. 定期向受托管理人和投资者提供有关特定资产组合的财务报告

注意：服务机构通常由发起人担任，为上述服务收费，以及通过在定期汇出款项前用所收款项进行短期投资而获益。

### （七）受托人（托管资产组合以及与之相关的一切权利，代表投资者行使以下职能）

1. 把服务机构存入 SPV 账户中的现金流转付给投资者

2. 对没有立即转付的款项进行再投资

3. 监督证券化中交易各方的行为，定期审查有关资产组合情况的信息，确认服务机构提供的各种报告的真实性，并向投资者披露

4. 公布违约事宜，并采取保护投资者利益的法律行为

5. 当服务机构不能履行其职责时，替代服务人担当其职责

**三、资产证券化的具体操作要求**

1. 重组现金流，构造证券化资产

2. 组建特殊目的机构，实现真实出售，达到破产隔离

3. 完善交易结构，进行信用增级

4. 资产支持证券的信用评级

5. 安排证券销售，向发起人支付

6. 挂牌上市交易及到期支付

**四、资产支持证券概念及分类**

（一）资产支持证券概念

在资产证券化过程中发行的以资产池为基础的证券被称为“资产支持证券”。通过资产证券化，将流动性较低的资产（如银行贷款、应收账款、房地产等）转化为具有较高流动性的可交易证券，提高了基础资产的流动性，便于投资者进行投资。

（二）资产支持证券的基本分类

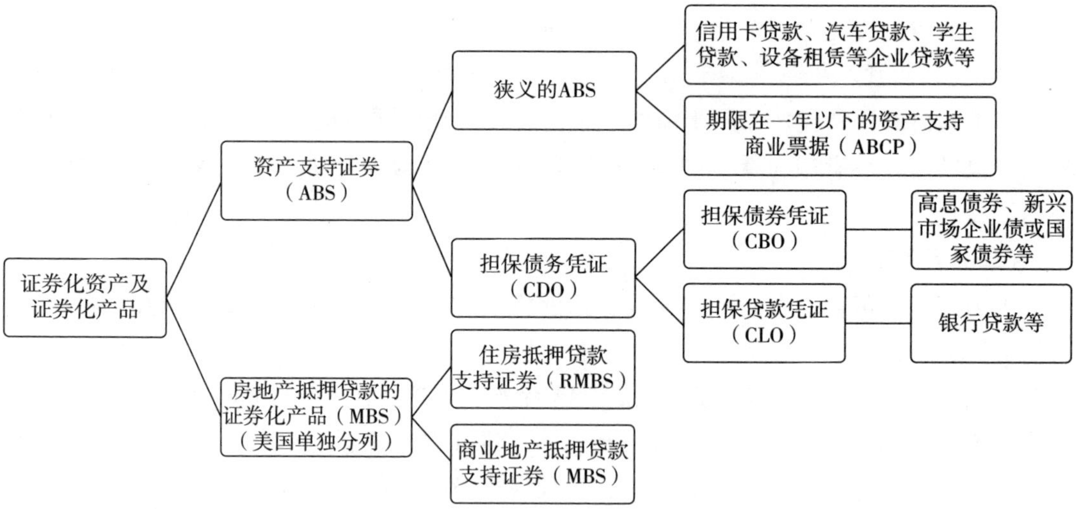


**五、资产证券化兴起的经济动因**

（一）从发起人的角度

1. 增加资产的流动性，提高资本使用效率

资产证券化作为一种融资手段，使得发起人在获得资金的同时并没有增加负债，而

是促进了资金的周转，从而提高了资本的利用效率。

2. 提升资产负债管理能力，改善财务状况

资产证券化对发起人的资产负债管理的提升作用体现在它可以解决资产和负债的不匹配性。以银行为例，其资产和负债的不匹配性主要表现在两个方面：一是流动性和期限的不匹配；二是利率的不匹配。

3. 实现低成本融资

4. 增加收入来源

（二）从投资者的角度

1. 提供多样化的投资品种

2. 提供更多的合规投资

3. 降低资本要求，扩大投资规模

**六、我国资产证券化的发展历史**

我国自20世纪90年代就开始探索资产证券化业务。2005年我国信贷资产证券化和房地产证券化都取得新进展，引起国内外广泛关注。

目前，我国资产证券化根据监管机构的不同可分为：受央行和原中国银监会监管的信贷资产证券化、银行间市场交易商协会主导的资产支持票据（ABN）、受中国证监会监管的企业资产证券化业务、受原中国保监会监管的保险资产证券化。

**小贴士：**我国资产证券化元年是2005年。

**【例题26】**资产证券化的有关当事人包括（　　）。

Ⅰ. 发起人

Ⅱ. 信用增级机构

Ⅲ. 承销人

Ⅳ. 特定目的机构

A. Ⅰ、Ⅱ、Ⅲ　　B. Ⅰ、Ⅱ、Ⅲ、Ⅳ

C. Ⅱ、Ⅲ　　D. Ⅰ、Ⅳ

**【答案】**B

**【解析】**资产证券化交易比较复杂，涉及的当事人较多，一般下列当事人在证券化过程中具有重要作用：1. 发起人；2. 特殊目的机构（SPV）；3. 信用增级机构；4. 信用评级机构；5. 承销商；6. 服务商；7. 受托人。

**【例题27】**资产支持证券的基础资产不包括（　　）。

A. 房地产　　B. 货币资金　　C. 银行贷款　　D. 应收账款

**【答案】**B

**【解析】**在资产证券化发展较为成熟的欧美市场，传统的证券化资产包括银行的债权资产，如住房抵押贷款、商业地产抵押贷款、信用卡贷款、汽车贷款、企业贷款等；

企业的债权资产，如应收账款、设备租赁等。这些传统的证券化产品一般被统称为资产支持证券，但美国通常将基于房地产抵押贷款的证券化产品称为 MBS，而将其余的证券化产品称为 ABS。

**【例题 28】**下列关于 ABS 产品的说法，错误的是（　　）。

A. 狭义的 ABS 主要以某一类同质资产为标的资产

B. 期限在一年以下的资产支持商业票据属于担保债务凭证 CDO 的基础资产

C. 担保债务凭证 CDO 的基础资产是一系列的债务工具

D. ABS 产品可以分为狭义的 ABS 和担保债务凭证 CDO

**【答案】**B

**【解析】**ABS 产品的分类更为繁杂，大致可以分为狭义的 ABS 和担保债务凭证 CDO 两类。前者主要是基于某一类同质资产，如汽车贷款、信用卡贷款、学生贷款、设备租赁等为标的资产的证券化产品，也有期限在一年以下的资产支持商业票据；后者对应的基础资产则是一系列的债务工具，如高息债券、新兴市场企业债或国家债券、银行贷款，甚至传统的 MBS 等证券化产品。

**【例题 29】**根据证券化的基础资产不同，可以将资产证券化分为（　　）。

A. 不动产证券化、应收账款证券化、信贷资产证券化、未来收益证券化、债券组合证券化

B. 境内资产证券化和离岸资产证券化

C. 股权型证券化、债权型证券化和混合型证券化

D. 应收账款证券化、债权型证券化和股权型证券化

**【答案】**A

**【解析】**资产证券化的种类：

（1）根据证券化的基础资产不同，可以把资产证券化分为不动产证券化、应收账款证券化、信贷资产证券化、未来收益证券化（如高速公路收费）、债券组合证券化等。

（2）根据资产证券化发起人、发行人或投资者所属地域不同，可以把资产证券化分为境内资产证券化和离岸资产证券化。

（3）根据证券化产品的金融属性不同，可以把资产证券化分为股权型证券化、债权型证券化和混合型证券化。

故选 A。

**【本节学习提示】**考查重点：

①债券的基本概念、特征、性质。

②债券不同分类及区别，尤其是国债、金融债券和资产支持证券。

③资产证券化产品的分类以及主要参与者的职能。

本节比对表

一、储蓄国债（凭证式）与储蓄国债（电子式）的区别

| 比对项 | 储蓄国债（凭证式） | 储蓄国债（电子式） |
|---|---|---|
| 发行 | 商业银行柜台 | |
| 上市流通 | 否 | |
| 购买手续 | 可现金直接购买 | 开立个人国债托管账户并指定对应资金账户后购买 |
| 记录方式 | 填制凭证 | 电子记账 |
| 付息方式 | 到期一次还本付息 | 按年付息或息随本清 |
| 兑付方式 | 承销网点办理 | 自动转入资金账户 |
| 发行对象 | 个人、部分机构 | 仅限于个人 |
| 承办机构 | 商业银行邮储营业网点 | 柜台和部分网上银行 |

二、储蓄国债（电子式）与记账式国债的异同

| 比对项 | 储蓄国债（电子式） | 记账式国债 |
|---|---|---|
| 债权记录 | 电子 | |
| 发行对象 | 个人 | 个人和机构 |
| 利率确定 | 财政部参照同期<br>银行存款利率及市场供求关系 | 承销团成员投标 |
| 流通变现 | 不上市流通、可提前兑取 | 可上市流通、提前兑取 |
| 价格 | 确定提前兑取条件，<br>收益可预知 | 二级市场决定，<br>收益不可预知 |

# 第二节　债券的发行

## 考点一：我国国债的发行方式（☆☆☆）

### 一、历史沿革

1. 1988 年以前，我国国债发行采用行政分配方式

2. 1988 年，财政部首次通过商业银行和邮政储蓄柜台销售了一定数量的国债

3. 1991 年，我国开始以承购包销方式发行国债

4. 1996 年起，公开招标方式被广泛采用

5. 目前国债发行方式

（1）记账式国债发行采用竞争性招标方式。

（2）储蓄国债发行采用代销方式。

## 二、竞争性招标方式

（一）概念

竞争性招标方式是通过投标人的直接竞价来确定发行价格（或利率）水平。

（二）利率格式

1. 票面利率：保留2位小数

2. 发行价格

（1）一年以下（含）期限国债发行价格保留3位小数。

（2）一年以上（不含）期限国债发行价格保留2位小数。

（三）竞标时间

招标日上午10:35—11:35。

（四）招标方式

| 项目 | 标的为利率 | 标的为价格 |
| --- | --- | --- |
| 单一价格招标 | 1. 全场最高中标利率为当期（次）国债票面利率<br>2. 各中标国债承销团成员（以下简称中标机构）均按面值承销<br>小贴士：我不能吃亏，利率要最高 | 1. 全场最低中标价格为当期（次）国债发行价格<br>2. 各中标机构均按发行价格承销<br>小贴士：我不能吃亏，价格要最低 |
| 修正的多重价格招标 | 1. 全场加权平均中标利率四舍五入后为当期（次）国债票面利率<br>2. 低于或等于票面利率的中标标位，按面值承销<br>3. 高于票面利率的中标标位，按各中标标位的利率与票面利率折算的价格承销<br>小贴士：我不能吃亏，我要的利率是5%，给我的票面利率是6%，我赚了，国债按面值给我；但我要的利率是7%，给我的票面利率是6%，比我要的少，国债就折价便宜点给我 | 1. 全场加权平均中标价格四舍五入后为当期（次）国债发行价格<br>2. 高于或等于发行价格的中标标位，按发行价格承销<br>3. 低于发行价格的中标标位，按各中标标位的价格承销<br>小贴士：我不能吃亏，我愿意出价99元，发行价格98元，给我的价格最终98元；我愿意出价97元，发行价格98元，给我的最终价格还是97元 |

**【记忆技巧】**采取投标人不吃亏原则。

（五）投标限定

1. 投标标位变动幅度

（1）利率招标：0.01%。

（2）价格招标。

| 债券期限 | 变动幅度（元） |
|---|---|
| 91 天 | 0.002 |
| 182 天 | 0.005 |
| 1 年 | 0.01 |
| 2 年 | 0.02 |
| 3 年 | 0.03 |
| 5 年 | 0.05 |
| 7 年 | 0.06 |
| 10 年 | 0.08 |
| 30 年 | 0.18 |
| 50 年 | 0.21 |

2. 投标标位差

每一国债承销团成员最高、最低投标标位差不得大于当期（次）国债发行文件规定的投标标位差。

3. 投标剔除

背离全场加权平均投标利率或价格一定数量的标位为无效投标，全部落标，不参与全场加权平均中标利率或价格的计算。

4. 中标剔除

（1）标的为利率：高于全场加权平均中标利率一定数量以上的标位，全部落标。

（2）标的为价格：低于全场加权平均中标价格一定数量以上的标位，全部落标。

5. 投标限额

（1）单一标位最低投标限额为 0.1 亿元，最高投标限额为 50 亿元。投标量变动幅度为 0.1 亿元的整数倍。

（2）国债承销团甲类成员最高投标限额为当期（次）国债竞争性招标额的 35%。国债承销团乙类成员最高投标限额为当期（次）国债竞争性招标额的 25%。上述比例均计算至 0.1 亿元，0.1 亿元以下四舍五入。

（六）中标原则

按照低利率或高价格优先的原则对有效投标逐笔募入，直到募满招标额或将全部有效标位募完为止。最高中标利率标位或最低中标价格标位上的投标额大于剩余招标额，以国债承销团成员在该标位投标额为权重平均分配，取整至 0.1 亿元，尾数按投标时间优先原则分配。

（七）追加投标

如无特殊规定，10 年期以下期限（含）记账式国债可以追加发行。竞争性招标结束后 20 分钟内，国债承销团甲类成员有权通过投标追加承销当期（次）国债。

（八）国债承销团成员应承担最低投标、承销义务

以下比例均计算至0.1亿元，0.1亿元以下四舍五入。国债承销团甲类成员最低投标为当期（次）国债竞争性招标额的4%，乙类为1.5%。国债承销团甲类成员最低承销额（含追加承销部分）为当期（次）国债竞争性招标额的1%，乙类为0.2%。

（九）债权确立

国债承销团成员于招标日后1个工作日内缴纳发行款。财政部收到发行款后，托管机构为认购人办理债权登记、托管手续。

（十）应急投标

如果发行系统客户端出现技术问题，国债承销团成员可以将内容齐全的“记账式国债发行应急投标书”或“记账式国债债权托管应急申请书”传真至国债登记公司，委托国债登记公司代为投标或债权托管。

**三、代销方式**

（一）概念

代销方式，指由国债发行主体委托代销者代为向社会出售债券的方式。

（二）国债（电子式）发行额度管理

1. 额度分配

（1）发行开始前，财政部会同中国人民银行将当期储蓄国债（电子式）最大发行额的全部或部分，作为基本代销额度，按照各承销团成员基本代销额度比例分配给承销团成员，其余发行额度作为机动代销额度在发行期内供各承销团成员抓取。

（2）承销团成员申请机动代销额度的单笔上限为自身当期国债基本代销额度的15%，同一期国债两次申请时间间隔不少于1分钟。

2. 额度调整

（1）国债发行通知中规定基本代销额度统一调整日期。

调整日次日营业开始前，已通过调整日账务总量核查的承销团成员应在其业务系统中，将其剩余基本代销额度调减为零；国债登记公司在国债系统中将已通过调整日账务总量数据核查的承销团成员基本代销额度调减为零，并等额调增未分配机动代销额度。

（2）不定期调整。

财政部会同中国人民银行根据各承销团成员销售情况，决定调减部分承销团成员剩余基本代销额度的日期和比例，并通知被调减的承销团成员和国债登记公司。

（三）储蓄国债（凭证式）发行额度管理

1. 额度分配

发行开始前，财政部会同中国人民银行将当期储蓄国债（凭证式）最大发行额按发行通知中规定的代销额度分配比例分配给承销团成员。发行期间，原则上不调整承销团成员的发行额度。发行期结束后，各承销团成员应准确计算当期储蓄国债（凭证式）的

实际发售金额，将未售出的发行额度注销。

2. 额度调整

（1）调整后代销额度比例合计大于100%时：

从代销额度比例调增幅度最大的机构开始，从高至低依次调减0.1个百分点，直至承销团成员代销额度比例合计为100%止。如调增幅度相同，上一年度综合排名居后的承销团成员先调减。

（2）调整后代销额度比例合计小于100%时：

从代销额度比例调增幅度最大的机构开始，从高至低依次调增0.1个百分点，直至承销团成员代销额度比例合计为100%止。如调增幅度相同，上一年度综合排名居前的承销团成员先调增。

**【例题30】**国债利率招标时，规定的标位变动幅度为（　　）。

A. 0.001%　　B. 0.03%　　C. 0.05%　　D. 0.01%

**【答案】**D

**【解析】**利率招标时，标位变动幅度为0.01%。

**【例题31】**1988年以前，我国国债采用（　　）方式发行。

A. 通过商业银行销售　　B. 通过邮政储蓄柜台销售

C. 行政分配　　D. 承购包销

**【答案】**C

**【解析】**1988年以前，我国国债发行采用行政分配方式。1988年，财政部首次通过商业银行和邮政储蓄柜台销售了一定数量的国债；1991年，开始以承购包销方式发行国债；1996年起，公开招标方式被广泛应用。

**【例题32】**记账式国债发行采用（　　）方式。

A. 承购包销　　B. 承购代销　　C. 承购分销　　D. 竞争性招标

**【答案】**D

**【解析】**目前，记账式国债发行采用竞争性招标方式，储蓄国债发行采用代销方式。

## 考点二：记账式国债和凭证式国债的承销程序（☆☆）

### 一、记账式国债的承销程序

（一）招标发行

记账式国债是一种无纸化国债，主要通过银行间债券市场向具备全国银行间债券市场国债承购包销团资格的商业银行、证券公司、保险公司、信托投资公司等机构，以及通过证券交易所的交易系统向具备交易所国债承购包销团资格的证券公司、保险公司和信托投资公司及其他投资者发行。

（二）分销

1. 交易所市场发行国债的分销

（1）场内挂牌分销。

①承销商在分得包销的国债后，向证券交易所提供一个自营账户托管账户，将在证券交易所注册的记账式国债全部托管于该账户中。

②证券交易所为每一承销商确定当期国债各自的承销代码，以便于场内挂牌。

③发行期中，承销商按自己的意愿确定挂牌卖出国债的数量和价格，进行分销。

④投资者在买入债券时，可免缴佣金，证券交易所也不向代理机构收取买卖国债的经手费用。

⑤买卖成交后，客户认购的国债自动过户至客户的账户内，并完成国债的认购登记手续。客户的认购款通过证券交易所锁定，于当日划入承销商在证券交易所的清算账户中，资金回收安全、迅速。

⑥发行结束后，承销商在规定的缴款日前将发行款一次性划入财政部在中国人民银行的指定账户内，托管账户中分销的国债余额转为由承销商持有。

⑦财政部在收到承销商缴纳的发行款后，将国债发行手续费拨付至各承销商的指定银行账户。

（2）场外分销。

①在发行期内，承销商在场外确定分销商或客户，并在当期国债的上市交易日前向证券交易所申请办理非交易过户。

②证券交易所根据承销商的要求，将原先注册在承销商托管账户中的国债依据承销商指定的数量过户至分销商或客户的账户内，完成债券的认购登记手续。

③国债认购款的支付时间和方式由买卖双方在场外协商确定。

2. 银行间债券市场发行国债的分销

（1）在债券分销期间，承销人应按照债券发行办法的规定办理债券分销手续，并与分销认购人签订分销认购协议。分销认购人应是全国银行间债券市场参与者，并已在中央国债登记结算有限责任公司开立债券托管账户。

（2）由承销人根据与分销认购人签订协议所确定的分销价格和数量，填制《债券发行分销过户指令一览表》，加盖预留印章、填写分销密押后传真至中央国债登记结算有限责任公司，同时将原件寄至中央国债登记结算有限责任公司。中央国债登记结算有限责任公司收到分销过户指令一览表传真件，审核密押和印章无误后，根据一览表中的过户指令办理分销过户。

（3）中央国债登记结算有限责任公司利用中央债券簿记系统中的交易过户功能，办理承销商与分销认购人之间的分销债券过户。过户后，承销商和分销认购人可以从联网终端输出“非交易过户通知单”，过户原因注明为“分销过户”。

（4）在发行过程中，承销人的分销总额以其承销总额为限。如发生超卖，中央国债登记结算有限责任公司将不予办理过户，并书面报中国人民银行和发行人。

**二、凭证式国债的承销程序**

凭证式国债由具备凭证式国债承销团资格的机构承销。财政部和中国人民银行一般每年确定一次凭证式国债承销团资格，各类商业银行、邮政储蓄银行均有资格申请加入凭证式国债承销团。财政部一般委托中国人民银行分配承销数额。承销商在分得所承销的国债后，通过各自的代理网点发售。

**【例题 33】**在我国，凭证式国债由具备凭证式国债承销团资格的机构承销，（　　）一般每年确定一次凭证式国债承销团资格。

A. 财政部和中国人民银行

B. 财政部和中国证监会

C. 中国证监会和中国人民银行

D. 财政部、中国人民银行和中国证监会

**【答案】**A

**【解析】**凭证式国债由具备凭证式国债承销团资格的机构承销。财政部和中国人民银行一般每年确定一次凭证式国债承销团资格，各类商业银行、邮政储蓄银行均有资格申请加入凭证式国债承销团。

## 考点三：国债销售的价格和影响国债销售价格的因素（☆☆）

### 一、国债销售价格

（一）传统的行政分配和承购包销的发行方式

国债按规定以面值出售，不存在承销商确定销售价格的问题。

（二）现行多种价格的公开招标方式

每个承销商的中标价格与财政部按市场情况和投标情况确定的发售价格有差异，按发售价格向投资者销售国债，承销商就可能发生亏损，因此，财政部允许承销商在发行期内自定销售价格，随行就市发行。

### 二、影响国债销售价格的因素

1. 市场利率

2. 承销商承销国债的中标成本

3. 流通市场中可比国债的收益率水平

4. 国债承销的手续费收入

5. 承销商所期望的资金回收速度

6. 其他国债分销过程中的成本

【例题 34】下列属于国债销售价格影响因素的有（　　）。

Ⅰ. 承销商所期望的资金回收速度

Ⅱ. 承销商承销国债的中标成本

Ⅲ. 流通市场中可比国债的收益率水平

Ⅳ. 其他国债分销过程中的成本

A. Ⅰ、Ⅱ、Ⅲ、Ⅳ　　B. Ⅰ、Ⅲ　　C. Ⅰ、Ⅱ　　D. Ⅱ、Ⅲ、Ⅳ

【答案】A

【解析】影响国债销售价格的因素：

（1）市场利率。

（2）承销商承销国债的中标成本。

（3）流通市场中可比国债的收益率水平。

（4）国债承销的手续费收入。

（5）承销商所期望的资金回收速度。

（6）其他国债分销过程中的成本。

## 考点四：财政部代理发行地方政府债券和地方政府自行发债的异同（☆）

### 一、财政部代理发行地方政府债券

（一）发行方式

（1）通过全国银行间债券市场和证券交易所债券市场面向社会各类投资者发行。

（2）地方政府债券面向记账式国债承销团招标发行，采用单一价格招标方式，招标标的为利率，全场最高中标利率为当期地方债票面利率，各中标承销团成员按面值承销。

（二）投标限定

（1）投标标位限定。

投标标位变动幅度为0.01%。每一承销团成员最高、最低标值差为30个标位，无须连续投标。

（2）投标量和承销量限定。

①最高投标量。

承销团甲类、乙类成员最高投标限额分别为当期地方债招标额的30%、10%。

②最低投标量。

承销团甲类、乙类成员最低投标量分别为当期地方债招标额的4%、1%；承销团甲类、乙类成员最低承销额分别为当期地方债招标额的1%、0.2%。

单一标位投标量。单一标位最低投标限额为0.2亿元，投标量最小变动幅度为0.1亿元，最高投标限额为30亿元。

注意：上述比例计算均四舍五入精确到0.1亿元。

（三）债权登记和托管

1. 托管机构

在招标结束后15分钟内，各中标承销团成员应通过招标系统填制债权托管申请书，在中央国债登记结算有限责任公司和中国证券登记结算有限责任公司上海分公司、深圳分公司选择托管。逾时未填制的，系统默认全部在中央国债登记结算有限责任公司托管。

2. 券种注册和承销额度注册

中央国债登记结算有限责任公司和中国证券登记结算有限责任公司上海分公司、深圳分公司根据招标结果办理券种注册，根据各中标承销团成员选择的债券托管数据为各中标机构办理承销额度注册。

3. 债权确立

地方债债权确立实行见款付券方式。承销团成员不迟于缴款日将发行款缴入国家金库××省（自治区、直辖市、计划单列市）分库。地方财政部门不迟于债权登记日（缴款日次一个工作日）中午12:00，将发行款入库情况告知财政部（国库司）。

（四）债券分销

1. 分销方式

地方债采取场内挂牌、场外签订分销合同的方式分销。

2. 分销对象

地方债分销对象为在中央国债登记结算有限责任公司开立债券账户及在中国证券登记结算有限责任公司开立股票和基金账户的各类投资者。债券承销团成员间不得分销。非债券承销团成员通过分销获得的地方债债券额度，在分销期内不得转让。

3. 分销价格

债券承销团成员根据市场情况自定价格分销。

## 二、地方政府自行发债

| | 一般债券 | 专项债券 |
|---|---|---|
| 债券期限（年） | 1、3、5、7、10 | 1、2、3、5、7、10 |
| 限额要求 | 单一期限债券的发行规模不得超过一般债券当年发行规模的30% | 7年和10年期债券的合计发行规模不得超过专项债券全年发行规模的50% |
| 债券承销 | 各地组建承销团，承销团成员应当是在中国境内依法成立的金融机构 | |
| 债券发还 | 按照市场化原则自发自还 | |
| 信用评级 | 各地按照有关规定开展债券信用评级 | |
| 债券托管 | 在中央国债登记结算有限责任公司办理总登记托管，在国家规定的证券登记结算机构办理分登记托管 | |

## 考点五：我国金融债券的发行条件、申报文件、操作要求、登记、托管与兑付的有关规定（☆）

### 一、金融债券的发行条件

（一）政策性银行和开发性金融机构

按年向中国人民银行报送金融债券发行申请，并经中国人民银行核准后便可发行。

（二）商业银行

1. 具有良好的公司治理机制
2. 核心资本充足率不低于 4%
3. 最近 3 年连续盈利
4. 贷款损失准备计提充足
5. 风险监管指标符合监管机构的有关规定
6. 最近 3 年没有重大违法、违规行为
7. 中国人民银行要求的其他条件

注意：根据商业银行的申请，中国人民银行可以豁免前款所规定的个别条件。

（三）企业集团财务公司

（1）具有良好的公司治理结构、完善的投资决策机制、健全有效的内部管理和风险控制制度及相应的管理信息系统。

（2）具有从事金融债券发行的合格专业人员。

（3）依法合规经营，符合原中国银监会有关审慎监管的要求，风险监管指标符合监管机构的有关规定。

（4）财务公司已发行、尚未兑付的金融债券总额不得超过其净资产总额的 100%，发行金融债券后，资本充足率不低于 10%。

（5）财务公司设立 1 年以上，经营状况良好。

（6）申请前 1 年符合下列条件：

①利润率不低于行业平均水平，且有稳定的盈利预期。

②不良资产率低于行业平均水平，资产损失准备拨备充足。

③注册资本金不低于 3 亿元，净资产不低于行业平均水平。

（7）近 3 年无重大违法违规记录。

（8）无到期不能支付债务。

（9）中国人民银行和原中国银监会规定的其他条件。

（四）金融租赁公司和汽车金融公司

1. 具有良好的公司治理结构和完善的内部控制体系
2. 具有从事金融债券发行和管理的合格专业人员

3. 金融租赁公司注册资本金不低于5亿元或等值的自由兑换货币，汽车金融公司注册资本金不低于8亿元或等值的自由兑换货币

4. 资产质量良好，最近1年不良资产率低于行业平均水平，资产损失准备计提充足

5. 无到期不能支付债务

6. 净资产不低于行业平均水平

7. 经营状况良好，最近3年连续盈利，最近1年利润率不低于行业平均水平，且有稳定的盈利预期

8. 最近3年平均可分配利润足以支付所发行金融债券1年的利息

9. 风险监管指标达到监管要求

10. 最近3年没有重大违法、违规行为

11. 中国人民银行和原中国银监会要求的其他条件

注意：金融租赁公司和汽车金融公司发行金融债券后，资本充足率均应不低于8%。

（五）其他金融机构

其他金融机构发行金融债券应具备的条件由中国人民银行另行规定。

## 二、申请金融债券发行申报文件

（一）政策性银行和开发性金融机构

1. 金融债券发行申请报告

2. 发行人近3年经审计的财务报告及审计报告

3. 金融债券发行办法

4. 承销协议

5. 中国人民银行要求的其他文件

（二）除政策性银行和开发性金融机构外的其他金融机构

1. 金融债券发行申请报告

2. 发行人公司章程或章程性文件规定的权力机构的书面同意文件

3. 监管机构同意金融债券发行的文件

4. 发行人近3年经审计的财务报告及审计报告

5. 募集说明书

6. 发行公告或发行章程

7. 承销协议

8. 发行人关于本期债券偿债计划及保障措施的专项报告

9. 信用评级机构出具的金融债券信用评级报告及有关持续跟踪评级安排的说明

10. 发行人律师出具的法律意见书

11. 中国人民银行要求的其他文件

## 三、金融债券发行的操作要求

（一）发行方式

金融债券可在全国银行间债券市场公开发行或定向发行，可以采取一次足额发行或限额内分期发行的方式。

（二）担保要求

1. 商业银行——没有强制性担保要求

2. 财务公司——由母公司或其他有担保能力的成员单位提供相应担保

3. 商业银行设立的金融租赁公司，资质良好但成立不满 3 年的具有担保能力的担保人提供担保

（三）信用评级

金融债券的发行应由具有债券评级能力的信用评级机构进行信用评级。

（四）发行的组织

发行金融债券时，发行人应组建承销团，承销人可以在发行期内向其他投资者分销其所承销的金融债券。

（五）异常情况处理（应在向中国人民银行报送备案文件时进行书面报告并说明原因的事项）

1. 发行人业务、财务等经营状况发生重大变化

2. 高级管理人员、控制人变更

3. 发行人作出新的债券融资决定

4. 发行人变更承销商、会计师事务所、律师事务所或信用评级机构等专业机构

5. 是否分期发行、每期发行安排等金融债券发行方案变更

6. 其他可能影响投资人作出正确判断的重大变化

（六）其他相关事项

1. 发行人不得认购或变相认购自己发行的金融债券

2. 发行人应在中国人民银行核准金融债券发行之日起 60 个工作日内开始发行金融债券

3. 金融债券发行结束后 10 个工作日内，发行人应向中国人民银行书面报告金融债券发行情况

## 四、金融债券的登记、托管与兑付

中央国债登记结算有限责任公司为金融债券的登记、托管机构。

**【例题 35】**下列关于金融债券发行的操作要求的说法，正确的是（　　）。

Ⅰ. 金融债券可在全国银行间债券市场公开发行或定向发行，可以采取一次足额发行或限额内分期发行

Ⅱ. 商业银行、财务公司发行金融债券没有强制性担保要求

Ⅲ. 发行人应在中国人民银行核准金融债券发行之日起60个工作日内开始发行金融债券

A. Ⅰ、Ⅱ　　B. Ⅱ、Ⅲ　　C. Ⅰ、Ⅱ、Ⅲ　　D. Ⅰ、Ⅲ

【答案】D

【解析】Ⅰ项正确，金融债券可在全国银行间债券市场公开发行或定向发行，可以采取一次足额发行或限额内分期发行的方式。

Ⅱ项错误，财务公司发行金融债券需要由财务公司的母公司或其他有担保能力的成员单位提供相应担保，经原中国银监会批准免予担保的除外。

Ⅲ项正确，发行人应在中国人民银行核准金融债券发行之日起60个工作日内开始发行金融债券，并在规定期限内完成发行。

**【例题36】**关于企业集团财务公司发行金融债券应该具备的条件，下列说法错误的有（　　）。

Ⅰ. 已发行、尚未兑付的金融债券总额不得超过其净资产总额的150%

Ⅱ. 发行金融债券后，资本充足率不低于10%

Ⅲ. 财务公司成立6个月以上

Ⅳ. 申请前1年注册资本金不低于2亿元人民币

A. Ⅰ、Ⅱ、Ⅲ、Ⅳ　　B. Ⅰ、Ⅲ　　C. Ⅰ、Ⅲ、Ⅳ　　D. Ⅱ、Ⅳ

【答案】C

【解析】企业集团财务公司发行金融债券应具备的条件有：

财务公司已发行、尚未兑付的金融债券总额不得超过其净资产总额的100%；Ⅰ项错误。

发行金融债券后，资本充足率不低于10%；Ⅱ项正确。

财务公司设立一年以上，经营状况良好，申请前1年利润率不低于行业平均水平，且有稳定的盈利预期等条件；Ⅲ项错误。

申请前一年，注册资本金不低于3亿元人民币，净资产不低于行业平均水平；Ⅳ项错误。

故选择的是Ⅰ、Ⅲ、Ⅳ项。

## 考点六：次级债务、混合资本债券的概念、募集方式（☆）

### 一、次级债务

（一）商业银行次级债务

商业银行次级债务是指由银行发行的，固定期限不低于5年（含5年），除非银行倒闭或清算，不用于弥补银行日常经营损失，且该项债务的索偿权排在存款和其他负债之后的商业银行长期债务。

次级定期债务的募集方式为商业银行向目标债权人定向募集，目标债权人为企业法人。

商业银行不得向目标债权人指派，不得在对外营销中使用“储蓄”字样。次级定期债务不得与其他债权相抵销；原则上不得转让、提前赎回。特殊情况下，由商业银行报原中国银监会审批。商业银行应当对次级定期债务进行必要的披露。

（二）保险公司次级债务

是指保险公司为了弥补临时性或阶段性资本不足，经批准募集，期限在 5 年以上（含 5 年），且本金和利息的清偿顺序列于保单责任和其他负债之后，先于保险公司股权资本的保险公司债务。保险公司次级债务的偿还只有在确保偿还次级债务本息后偿付能力充足率不低于 100% 的前提下，募集人才能偿付本息。

（三）证券公司次级债务

（1）证券公司经批准向股东或其他符合条件的机构投资者定向借入的，清偿顺序在普通债务之后，先于证券公司股权资本的债务。

（2）证券公司借入期限在 1 年以上（不含 1 年）的次级债务为长期次级债务；借入期限在 3 个月以上（含 3 个月）、1 年以下（含 1 年）的次级债务为短期次级债务。

（3）短期次级债务不计入净资本，到期期限在 3 年、2 年、1 年以上的，原则上分别按 100%、70%、50% 的比例计入净资本。

**二、混合资本债券**

我国的混合资本债券是指商业银行为补充附属资本发行的、清偿顺序位于股权资本之前但列在一般债务和次级债务之后、期限在 15 年以上、发行之日起 10 年内不可赎回的债券。

混合资本债券可以公开发行，也可以定向发行。但无论是公开发行还是定向发行，均应进行信用评级。

**【例题 37】**我国的混合资本债券的基本特征有（　　）。

Ⅰ. 补充商业银行核心资本而发行

Ⅱ. 清偿顺序位于股权资本之前但列在一般债务和次级债务之后

Ⅲ. 期限在 10 年以上

Ⅳ. 发行之日起 10 年内不可赎回

A. Ⅱ、Ⅳ　　B. Ⅰ、Ⅱ　　C. Ⅰ、Ⅲ、Ⅳ　　D. Ⅰ、Ⅱ、Ⅲ、Ⅳ

**【答案】**A

**【解析】**我国的混合资本债券，是指商业银行为补充附属资本发行的、清偿顺序位于股权资本之前但列在一般债务和次级债务之后、期限在 15 年以上、发行之日起 10 年内不可赎回的债券。

**【例题 38】**下列关于商业银行次级债务的说法，错误的是（　　）。

A. 次级定期债务不得与其他债权相抵销

B. 次级定期债务原则上不得转让、提前赎回

C. 次级债务是指由银行发行的，固定期限不低于五年，索偿权排在存款和其他负债之前的商业银行长期债务

D. 次级定期债务的募集方式为商业银行向目标债权人定向募集

**【答案】** C

**【解析】** 根据原中国银监会于2003年发布的《关于将次级定期债务计入附属资本的通知》，次级债务是指由银行发行的，固定期限不低于5年（含5年），除非银行倒闭或清算，不用于弥补银行日常经营损失，且该项债务的索偿权排在存款和其他负债之后的商业银行长期债务。次级定期债务的募集方式为商业银行向目标债权人定向募集，目标债权人为企业法人。商业银行不得向目标债权人指派，不得在对外营销中使用“储蓄”字样。次级定期债务不得与其他债权相抵销；原则上不得转让、提前赎回。特殊情况下，由商业银行报原中国银监会审批。商业银行应当对次级定期债务进行必要的披露。

**【例题39】** 证券公司借入的次级债务如果期限为（　　）以上，则为长期次级债务。

A. 六个月（不含）　B. 一年（不含）　C. 三个月（含）　D. 九个月（含）

**【答案】** B

**【解析】** 证券公司借入期限在1年以上（不含1年）的次级债务为长期次级债务。

## 考点七：我国企业债券和公司债券发行的基本条件、募集资金投向和不得再次发行的情形（☆☆）

### 一、企业债券

（一）发行的基本条件

1. 企业规模达到国家规定的要求

2. 企业财务会计制度符合国家规定

3. 具有偿债能力

4. 企业经济效益良好，发行企业债券前连续3年盈利

5. 企业发行企业债券的总面额不得大于该企业的自有资产净值

6. 所筹资金用途符合国家产业政策

7. 发行人应当具备健全且运行良好的组织机构，最近3年平均可分配利润足以支付企业债券1年的利息，应当具有合理的资产负债结构和正常的现金流量

（二）募集资金的投向

用于本企业的生产经营，不得用于房地产买卖、股票买卖和期货交易等与本企业生产经营无关的风险性投资。

## 二、公司债券

（一）公开发行公司债券的基本条件

1. 具备健全且运行良好的组织机构

2. 最近三年平均可分配利润足以支付公司债券一年的利息

3. 具有合理的资产负债结构和正常的现金流量

4. 国务院规定的其他条件

注意：公开发行公司债券由证券交易所负责受理、审核，并报中国证监会注册。

（二）募集资金投向

1. 公开发行公司债券

（1）必须按照公司债券募集说明书所列资金用途使用。

（2）改变资金用途，必须经债券持有人会议作出决议。

（3）筹集的资金，不得用于弥补亏损和非生产性支出。

2. 非公开发行公司债券

（1）募集资金应当用于约定的用途。

（2）改变资金用途，应当履行募集说明书约定的程序。

（三）不得再次发行的情形

（1）对已公开发行的公司债券或者其他债务有违约或者延迟支付本息的事实，仍处于继续状态。

（2）违反《证券法》规定，改变公开发行公司债券所募资金的用途。

**【例题40】**公开发行公司债券，应当符合的条件包括（　　）。

Ⅰ. 具备健全且运行良好的组织机构

Ⅱ. 最近三年平均可分配利润足以支付公司债券两年的利息

Ⅲ. 具有合理的资产负债结构和正常的现金流量

Ⅳ. 国务院规定的其他条件

A. Ⅰ、Ⅱ、Ⅲ　　B. Ⅰ、Ⅲ、Ⅳ　　C. Ⅱ、Ⅲ　　D. Ⅱ、Ⅲ、Ⅳ

**【答案】**B

**【解析】**公开发行公司债券，应当符合下列条件：

①具备健全且运行良好的组织机构；

②最近三年平均可分配利润足以支付公司债券一年的利息；

③具有合理的资产负债结构和正常的现金流量；

④国务院规定的其他条件。

公开发行公司债券，由证券交易所负责受理、审核，并报中国证监会注册。

## 考点八：企业债券和公司债券发行的条款设计要求（☆）

### 一、企业债券发行的条款设计要求及其他安排

（一）信用评级

企业发行企业债券，可以向经认可的债券评级机构申请信用评级。

（二）发行规模

企业发行企业债券的总面额不得大于该企业的自有资产净值。

（三）期限

《企业债券管理条例》等没有对企业债券的期限作出明确的规定，只是说约定在一定期限内还本付息，实务操作中一般为 1 年以上。

（四）利率

企业债券的利率不得高于银行相同期限居民储蓄定期存款利率的 40%。

（五）担保

企业可发行无担保信用债券、资产抵押债券、第三方担保债券，担保并非强制要求。

（六）承销

企业发行企业债券，应当由证券经营机构承销。

（七）法律意见书

发行人应当聘请律师事务所对发行人发行企业债券的条件和合规性进行法律鉴证，并出具法律意见书。

### 二、公司债券发行的条款设计要求及其他安排

（一）发行价格

公司债券公开发行的价格或利率以询价或公开招标等市场化方式确定。

（二）发行方式

公司债券可以公开发行，也可以非公开发行。公开发行公司债券，可以申请一次注册，分期发行。中国证监会同意注册的决定自作出之日起两年内有效，发行人应当在注册决定有效期内发行公司债券，并自主选择发行时点。公开发行公司债券的募集说明书自最后签署之日起 6 个月内有效。

（三）信用评级（资信评级机构为公开发行公司债券进行信用评级应当符合的规定）

（1）将评级信息告知发行人，并及时向市场公布首次评级报告、定期和不定期跟踪评级报告；

（2）公司债券的期限为 1 年以上的，在债券有效存续期间应当每年至少向市场公布 1 次定期跟踪评级报告；

（3）应充分关注可能影响评级对象信用等级的所有重大因素，及时向市场公布信用

等级调整及其他与评级相关的信息变动情况，并向证券交易场所报告。

（四）增信

对公司债券发行没有强制性担保要求，发行人可采取内外部增信机制、偿债保障措施，提高偿债能力，控制公司债券风险。

**三、非公开发行公司债券的特殊安排**

1. 非公开发行的公司债券应当向专业投资者发行，不得采用广告、公开劝诱和变相公开方式，每次发行对象不得超过 200 人

2. 承销机构应当按照中国证监会、证券自律组织规定的投资者适当性制度，了解和评估投资者对非公开发行公司债券的风险识别和承担能力，确认参与非公开发行公司债券认购的投资者为专业投资者，并充分揭示风险

3. 非公开发行公司债券，承销机构或自行销售的发行人应当在每次发行完成后 5 个工作日内向中国证券业协会报备

4. 非公开发行公司债券，可以申请在证券交易场所、证券公司柜台转让

5. 非公开发行公司债券，募集资金应当用于约定的用途，改变资金用途，应当履行募集说明书约定的程序

注意：中国证券业协会应当制定非公开发行公司债券承销业务的风险控制管理规定，根据市场风险状况对承销业务范围进行限制并动态调整。

**【例题 41】** 下列关于公司债券的条款设计的说法，错误的是（　　）。

A. 公开发行公司债券，可以申请一次注册，分期发行

B. 公司发行债券因其高风险必须进行强制性担保

C. 公司债券公开发行的价格或利率以询价或公开招标等市场化方式确定

D. 公司债券可公开发行，也可以非公开发行

**【答案】** B

**【解析】** 对公司债券发行没有强制性担保要求。

## 考点九：企业短期融资券和中期票据的注册规则、承销的组织（☆☆）

**一、短期融资券**

（一）概念

短期融资券是指具有法人资格的非金融企业（以下简称企业）在银行间债券市场发行的，约定在 1 年内还本付息的债务融资工具。

（二）发行注册

（1）债务融资工具发行注册实行注册会议制度，由注册会议决定是否接受债务融资工具发行注册。企业发行短期融资券应在中国银行间市场交易商协会注册。

（2）交易商协会不接受注册的，企业可于 6 个月后重新提交注册文件。

（3）交易商协会向接受注册的企业出具“接受注册通知书”，注册有效期为2年。

（4）企业在注册有效期内需更换主承销商或变更注册金额的，应重新注册。

（三）发行的操作要求

1. 承销的组织

企业发行短期融资券应由符合条件的金融机构承销，企业可自主选择主承销商。需要组织承销团的，由主承销商组织承销团。

2. 信用评级

企业发行短期融资券应披露企业主体信用评级和当期融资券的债项评级。企业发行债务融资工具应由在中国境内注册且具备债券评级资质的评级机构进行信用评级。

3. 登记、托管、结算

中央结算公司负责债务融资工具登记、托管、结算的日常监测，全国银行间同业拆借中心为债务融资工具在银行间债券市场的交易提供服务。

4. 其他事项

债务融资工具发行利率、发行价格和所涉费率以市场化方式确定，任何商业机构不得以欺诈、操纵市场等行为获取不正当利益。

**二、中期票据**

（一）概念

中期票据是指具有法人资格的非金融企业在银行间债券市场按照计划分期发行的，约定在一定期限还本付息的债务融资工具。

（二）发行注册

企业发行中期票据应在交易商协会注册，在注册有效期内，企业主体信用级别低于发行注册时信用级别的，中期票据发行注册自动失效，交易商协会将有关情况进行公告。

（三）承销的组织

企业发行中期票据应由符合条件的承销机构承销。

**【例题42】**下列关于短期融资券发行注册的说法，正确的是（　　）。

A. 证监会负责受理企业债务融资工具的发行注册

B. 债务融资工具发行注册实行注册会议制度

C. 注册有效期为3年

D. 企业在注册有效期内需要更换主承销商或者变更注册金额的，不需要重新注册

**【答案】**B

**【解析】**短期融资券的发行注册。债务融资工具发行注册实行注册会议制度（B项正确）；由注册会议决定是否接受债务融资工具发行注册（A项错误）；交易商协会向接受注册的企业出具《接受注册通知书》，注册有效期为2年（C项错误）；企业在注册有

效期内需更换主承销商或变更注册金额的，应重新注册（D 项错误）。

## 考点十：中小非金融企业集合票据的特点、发行规模要求、偿债保障措施、评级要求、投资者保护机制（☆☆）

### 一、概念

中小非金融企业集合票据是指 2 个（含）以上、10 个（含）以下具有法人资格的中小非金融企业，在银行间债券市场以统一产品设计、统一券种冠名、统一信用增进、统一发行注册方式共同发行的，约定在一定期限还本付息的债务融资工具。

### 二、特点

（一）分别负债、集合发行

集合发行能够解决单个企业独立发行规模小、流动性不足的问题。

（二）发行期限灵活

中小企业经营发展具有较大的不确定性，为有效控制风险，中小企业集合票据的期限不宜过长。

（三）引入信用增进机制

中小企业集合票据发行主体通常信用级别较低，设立投资者保护机制就变得尤为必要，增信措施的使用能够在提升债项评级、熨平各发行主体之间信用差异的同时，提高投资人对中小企业集合票据的认可度，也为中小企业集合票据产品结构继续创新预留了空间。

### 三、发行规模

1. 任一企业集合票据待偿还余额不得超过该企业净资产的 40%
2. 任一企业集合票据募集资金金额不超过 2 亿元
3. 单只集合票据注册金额不超过 10 亿元

### 四、偿债保障措施

中小非金融企业发行集合票据应制定偿债保障措施，并在发行文件中披露，包括信用增进措施、资金偿付安排以及其他偿债保障措施。

### 五、评级要求

企业发行集合票据应披露集合票据债项评级、各企业主体信用评级以及专业信用增进机构（若有）主体信用评级。

### 六、投资者保护机制

在注册有效期内，对于已注册但尚未发行的集合票据，债项信用级别低于发行注册时信用级别的，集合票据发行注册自动失效，交易商协会将公告有关情况。

**【例题 43】** 属于中小非金融企业集合票据特点的有（　　）。

Ⅰ. 分别负债

Ⅱ. 发行期限灵活

Ⅲ. 集合发行

Ⅳ. 引入信用增进机制

A. Ⅰ、Ⅲ　　B. Ⅱ、Ⅲ、Ⅳ　　C. Ⅱ、Ⅳ　　D. Ⅰ、Ⅱ、Ⅲ、Ⅳ

**【答案】** D

**【解析】** 中小非金融企业集合票据的特点：

（1）分别负债、集合发行。

（2）发行期限灵活。

（3）引入信用增进机制。

**【例题 44】** 中小非金融企业集合票据如在注册之后尚未发行前，债项信用级别发生降级的，下列说法中符合法律规定的有（　　）。

Ⅰ. 集合票据发行注册自动失效

Ⅱ. 集合票据发行注册继续有效

Ⅲ. 发行人应自行公告

Ⅳ. 应由交易商协会就该事项作出公告

A. Ⅱ、Ⅲ、Ⅳ　　B. Ⅱ、Ⅲ　　C. Ⅰ、Ⅳ　　D. Ⅰ、Ⅱ、Ⅲ、Ⅳ

**【答案】** C

**【解析】** 中小非金融企业集合票据的投资者保护机制：企业应在集合票据发行文件中约定投资者保护机制，包括应对任一企业及信用增进机构主体信用评级下降或财务状况恶化、集合票据债项评级下降以及其他可能影响投资者利益情况的有效措施。在注册有效期内，对于已注册但尚未发行的集合票据，债项信用级别低于发行注册时信用级别的，集合票据发行注册自动失效，交易商协会将公告有关情况。

### 考点十一：证券公司次级债券的发行条件（☆）

1. 借入或募集资金有合理用途

2. 次级债应以现金或中国证监会认可的其他形式借入或融入

3. 长期次级债计入净资本的数额不得超过净资本（不含长期次级债累计计入净资本的数额）的 50%，净资本与负债的比例、净资产与负债的比例等各项风险控制指标不触及预警标准

4. 募集说明书内容或次级债务合同条款符合证券公司监管规定

## 考点十二：国际开发机构人民币债券的发行与承销的有关规定（☆）

### 一、相关概念

（一）国际开发机构

国际开发机构是指进行开发性贷款和投资的多边、双边以及地区国际开发性金融机构。

（二）国际开发机构人民币债券

国际开发机构人民币债券是指国际开发机构依法在中国境内发行的、约定在一定期限内还本付息的、以人民币计价的债券。

### 二、国际开发机构申请发行人民币债券审批体制

1. 国际开发机构向财政部等窗口单位递交债券发行申请

2. 由窗口单位会同中国人民银行、国家发改委、中国证监会等部门审核后，报国务院同意

3. 中国人民银行对人民币债券发行利率进行管理

4. 中国人民银行负责对与人民币债券发行和偿还有关的人民币账户和人民币跨境支付进行管理

5. 国家外汇管理局负责对与人民币债券发行和偿还有关的外汇专用账户及相关购汇、结汇进行管理

6. 财政部及国家有关外债、外资管理部门，按照国务院分工对发债所筹资金发放的贷款和投资进行管理

### 三、发债机构应具备的基本条件

1. 财务稳健，资信良好，经两家以上（含两家）评级公司评级，其中至少应有一家评级公司在中国境内注册且具备人民币债券评级能力，人民币债券信用级别为 AA 级（或相当于 AA 级）以上

2. 已为中国境内项目或企业提供的贷款和股本资金在 10 亿美元以上，经国务院批准予以豁免的除外

3. 所募集资金用于向中国境内的建设项目提供中长期固定资产贷款或提供股本资金，投资项目符合中国国家产业政策、利用外资政策和固定资产投资管理规定

### 四、申请发行人民币债券应提交的材料

1. 人民币债券发行申请报告

2. 募集说明书

3. 近 3 年经审计的财务报表及附注

4. 人民币债券信用评级报告及跟踪评级安排的说明

5. 为中国境内项目或企业提供贷款和投资情况

6. 拟提供贷款和股本资金的项目清单及相关证明文件和法律文件
7. 按照《中华人民共和国律师法》执业的律师出具的法律意见书
8. 与本期债券相关的其他重要事项

**五、会计标准与法律要求**

发行人民币债券的国际开发机构的财务报告应当经中国具有证券、期货资格的会计师事务所进行审计（除非该国际开发机构所在国家或地区与中国财政部签署了注册会计师审计公共监管等效协议），并由按照《中华人民共和国律师法》执业的律师进行法律认证，并出具法律意见书。

**六、债券的承销**

国际开发机构在中国境内公开发行人民币债券应组成承销团，承销商应为在中国境内设立的具备债券承销资格的金融机构。

**七、利率的确定**

人民币债券发行利率由发行人参照同期国债收益率水平确定，并由中国人民银行核定。

**八、其他相关事项**

人民币债券发行结束后，经相关市场监督管理部门批准，可以交易流通。

**【例题 45】**在中国境内申请发行人民币债券的国际开发机构应向（　　）等窗口单位递交债券发行申请。

A. 中国证监会　　B. 中国人民银行　　C. 财政部　　D. 中国银保监会

**【答案】**C

**【解析】**在中国境内申请发行人民币债券的国际开发机构应向财政部等窗口单位递交债券发行申请，由窗口单位会同中国人民银行、国家发改委、中国证监会等部门审核后，报国务院同意。

**【本节学习提示】**考查重点：

①我国记账式国债竞争性招标的方式及发行规则。

②我国金融债券的发行条件及金融机构次级债务的募集方式。

**本节比对表**

**各类债券发行总结**

<table>
<tr><th>债券的大类</th><th>债券种类</th><th>发行的方式</th><th>发行的条件</th><th>监管机构</th><th>发行的场所</th><th>登记托管</th></tr>
<tr><td rowspan="5">政府债券</td><td>储蓄国债<br>（凭证式）</td><td>代销</td><td rowspan="6">—</td><td rowspan="5">财政部</td><td>商业银行、<br>邮政储蓄银行等<br>代理网点</td><td>中央国债登记结算公司一级托管<br>柜台业务开办机构二级托管</td></tr>
<tr><td rowspan="2">记账式国债</td><td rowspan="2">竞争性招标<br>单一价格或修正的多重价格招标（标的为价格或利率）</td><td>证券交易所</td><td rowspan="4">中央国债登记结算公司总登记<br>证券登记结算机构分登记托管</td></tr>
<tr><td>全国银行间债券市场</td></tr>
<tr><td rowspan="2">地方政府债券</td><td rowspan="2">竞争性招标<br>单一价格招标（标的为利率）</td><td>证券交易所</td></tr>
<tr><td>全国银行间债券市场</td></tr>
<tr><td rowspan="2">金融债券</td><td>政策性银行和<br>开发性金融机构</td><td rowspan="2">一次足额发行或<br>限额内分期发行</td><td rowspan="2">中国人民银行会同银保监会</td><td rowspan="2">全国银行间债券市场</td><td rowspan="2">中央国债登记结算有限责任公司<br>（简称中央结算公司）</td></tr>
<tr><td>商业银行</td><td>1. 具有良好的公司治理机制<br>2. 核心资本充足率不低于4%<br>3. 最近3年连续盈利<br>4. 贷款损失准备计提充足<br>5. 风险监管指标符合监管机构的有关规定<br>6. 最近3年没有重大违法、违规行为<br>7. 中国人民银行要求的其他条件</td></tr>
</table>

续表

| 债券的大类 | 债券种类 | 发行的方式 | 发行的条件 | 监管机构 | 发行的场所 | 登记托管 |
|---|---|---|---|---|---|---|
| 金融债券 | 企业集团财务公司 | 一次足额发行或限额内分期发行 | 1. 具有良好的公司治理结构、完善的投资决策机制、健全有效的内部管理和风险控制制度及相应的管理信息系统<br>2. 具有从事金融债券发行的合格专业人员<br>3. 依法合规经营，符合原中国银监会有关审慎监管的要求，风险监管指标符合监管机构的有关规定<br>4. 财务公司已发行、尚未兑付的金融债券总额不得超过其净资产总额的100%，发行金融债券后，资本充足率不低于10%<br>5. 财务公司设立1年以上，经营状况良好<br>6. 申请前1年，符合下列条件<br>（1）利润率不低于行业平均水平，且有稳定的盈利预期<br>（2）不良资产率低于行业平均水平，资产损失准备拨备充足<br>（3）注册资本金不低于3亿元，净资产不低于行业平均水平<br>7. 近3年无重大违法违规记录<br>8. 无到期不能支付债务<br>9. 中国人民银行和原中国银监会规定的其他条件 | 中国人民银行会同银保监会 | 全国银行间债券市场 | 中央国债登记结算有限责任公司（简称中央结算公司） |

续表

| 债券的大类 | 债券种类 | 发行的方式 | 发行的条件 | 监管机构 | 发行的场所 | 登记托管 |
|---|---|---|---|---|---|---|
| 金融债券 | 金融租赁公司和汽车金融公司 | 一次足额发行或限额内分期发行 | 1. 具有良好的公司治理结构和完善的内部控制体系<br>2. 具有从事金融债券发行和管理的合格专业人员<br>3. 金融租赁公司注册资本金不低于5亿元或等值的自由兑换货币，汽车金融公司注册资本金不低于8亿元或等值的自由兑换货币<br>4. 资产质量良好，最近1年不良资产率低于行业平均水平，资产损失准备计提充足<br>5. 无到期不能支付债务<br>6. 净资产不低于行业平均水平<br>7. 经营状况良好，最近3年连续盈利，最近1年利润率不低于行业平均水平，且有稳定的盈利预期<br>8. 最近3年平均可分配利润足以支付所发行金融债券1年的利息<br>9. 风险监管指标达到监管要求<br>10. 最近3年没有重大违法、违规行为<br>11. 中国人民银行和原中国银监会要求的其他条件<br>（发行金融债券后，资本充足率均应不低于8%） | 中国人民银行会同银保监会 | 全国银行间债券市场 | 中央国债登记结算有限责任公司（简称中央结算公司） |

续表

| 债券的大类 | 债券种类 | 发行的方式 | 发行的条件 | 监管机构 | 发行的场所 | 登记托管 |
|---|---|---|---|---|---|---|
| 企业债券和公司债券（证券公司等同公司债券） | 公司债券（公募） | 可以一次注册，分期发行 | 1. 具备健全且运行良好的组织机构<br>2. 最近三年平均可分配利润足以支付公司债券一年的利息<br>3. 具有合理的资产负债结构和正常的现金流量<br>4. 国务院规定的其他条件 | 中国证监会 | 证券交易所 | 中国证券登记结算机构 |
| | 公司债券（私募） | | 发行对象为合格投资者，每次发行对象不得超过 200 人 | | 证券交易所/证券公司柜台 | 中国证券登记结算机构/柜台业务开办机构 |
| | 企业债券 | 可以采取代销、余额包销或全额包销方式 | 1. 企业规模达到国家规定的要求<br>2. 企业财务会计制度符合国家规定<br>3. 具有偿债能力<br>4. 企业经济效益良好，发行企业债券前连续 3 年盈利<br>5. 企业发行企业债券的总面额不得大于该企业的自有资产净值<br>6. 所筹资金用途符合国家产业政策<br>7. 发行人应当具备健全且运行良好的组织机构，最近 3 年平均可分配利润足以支付企业债券 1 年的利息，应当具有合理的资产负债结构和正常的现金流量 | 国家发改委 | 全国银行间债券市场 | 中央国债登记结算有限责任公司 |

续表

| 债券的大类 | 债券种类 | 发行的方式 | 发行的条件 | 监管机构 | 发行的场所 | 登记托管 |
|---|---|---|---|---|---|---|
| 非金融企业债务融资工具 | 中小非金融企业集合票据 | 一次注册、一次发行 | — | 中国人民银行 | 全国银行间债券市场 | 中央国债登记结算有限责任公司 |
| 国际开发机构人民币债券发行 | | — | 1. 财务稳健，资信良好，经两家以上（含两家）评级公司评级，其中至少应有一家评级公司在中国境内注册且具备人民币债券评级能力，人民币债券信用级别为 AA 级（或相当于 AA 级）以上<br>2. 已为中国境内项目或企业提供的贷款和股本资金在 10 亿美元以上，经国务院批准予以豁免的除外<br>3. 所募集资金用于向中国境内的建设项目提供中长期固定资产贷款或提供股本资金，投资项目符合中国国家产业政策、利用外资政策和固定资产投资管理规定 | 财政部<br>中国人民银行<br>证监会<br>发改委审核<br>报国务院 | — | |

# 第三节　债券交易

## 考点一：债券交易的概念及流程（☆☆☆）

### 一、债券现券交易、回购交易、远期交易和期货交易的基本概念

（一）现券交易

现券交易也被称为债券的即期交易，是指证券买卖双方在成交后就办理交收手续，买入者付出资金并得到证券，卖出者交付证券并得到资金，也就是所谓二级市场的债券交易。

（二）回购交易

回购交易是指债券买卖双方（资金融入方和资金融出方）在成交的同时，约定于未来某一时间以某一约定价格双方再进行反向交易的行为。

**小贴士：**此处可以理解为“债券典当”，即有人去当铺把债券典当给当铺老板，过一段时间以后用更多的钱把典当品（债券）赎回来。

（三）远期交易

远期交易是双方约定在未来某一时刻（或时间段内）按照现在确定的价格买卖标的债券的行为。

（四）期货交易

期货交易是在交易所进行的标准化的远期交易，即交易双方在集中性的市场以公开竞价方式所进行的期货合约的交易。

### 二、债券回购交易、现券交易、远期交易和期货交易的流程和区别

（一）回购交易

（1）回购交易是质押贷款的一种方式，通常用在政府债券上。

（2）债券经纪人向投资者临时出售一定的债券，同时签约在一定的时间内以稍高价格买回来，债券经纪人从中取得资金再用来投资，而投资者从价格差中得利。

（3）回购交易长的有几周，但通常情况下只有 24 小时，是一种超短期的金融工具。

（4）回购交易结合了现货交易和远期交易的特点，通常在债券交易中运用。

（二）现券交易与远期交易

1. 现券交易

交易双方以约定的价格在当日或次日转让债券所有权的交易行为。实际上它就是一种债券的买卖行为。

2. 远期交易与现券交易的比较特点

| 比对项 | 远期交易 | 现券交易 |
| --- | --- | --- |
| 远期合同 | 必须签订 | 无此必要 |
| 商品交收或交割的时间与达成交易的时间 | 较长（几个月甚至到一年以上） | 即时交收或交割，间隔较短 |
| 交易程序 | 磋商、谈判、达成一致，签约 | 随机性大，方便灵活<br>没有严格程序 |

3. 远期交易与期货交易的区别

| 比对项 | 期货 | 远期 |
| --- | --- | --- |
| 交易场所 | 交易所（具有公开性） | 场外 |
| 合约规范性 | 标准化（除了价格外，都统一规定） | 双方一一协商确定 |
| 交易风险 | 结算公司结算，不存在信用风险 | 无价格风险，存在信用风险 |
| 保证金 | 按规定比例缴纳 | 双方确定，无统一性 |
| 履约责任 | 具备对冲机制，实物交割比例极低 | 取消须经双方同意，实物交割比例大 |

## 三、债券报价的主要方式

### （一）公开报价

1. 参与者为表明自身交易意向而面向市场作出的、不可直接确认成交的报价

2. 公开报价的要素

（1）交易方向。

（2）债券代码。

（3）债券名称。

（4）净价。

（5）到期收益率。

（6）应计利息。

（7）全价。

（8）券面总额。

（9）净价金额。

（10）全价金额。

（11）清算速度。

（12）结算方式。

（13）清算账户。

### （二）对话报价

1. 参与者为达成交易而直接向交易对手方作出的、对手方确认即可成交的报价

2. 对话报价是在询价交易方式下特有的“讨价还价”过程

3. 对话报价的要素比公开报价多了债券待偿期、对手方和对手交易员三个要素

（三）双边报价

（1）银行间债券市场开展双边报价业务的交易员进行现券买卖报价时，在中国人民银行核定的债券买卖差价范围内连续报出该券种的买卖实价，并同时报出该券种的买卖数量、清算速度等交易要素。

（2）进行双边报价的交易员为双边报价商，有义务在报价范围内与对手方达成交易，并维持市场的流动性。

（3）双边报价可以点击确认成交，即报价发出后，应答方只需要填入成交券面总额并选择本方清算账户即可直接确认成交，无须与报价方交谈。

（四）小额报价

小额报价是在交易系统中，一次报价、规定交易数量范围和对手范围的现券单向撮合交易方式。如果满足交易数量和交易对手方的要求，其他市场成员可以直接通过点击确认、单向撮合方式成交，无须经过询价过程。

**【记忆技巧】**公开报价可以看成房东去中介挂牌出租名下房产，就算报了价格，也有挑选租客的权利，所以不能直接确认成交；对话报价可以看成二手交易平台上求购或出售物品价格，双方讨价还价，对手方确认，价格一改，即可成交；双边报价和小额报价报出的是一口价，点击确认成交，不谈价。

**四、债券的开户、交易、清算、交割的概念及有关规定**

（一）开户

STEP1：订立开户合同。

STEP2：开立账户。

（二）交易

1. 信息传输方式

证券公司在接受投资者的有效委托后，通过卫星直接传至交易所主机进行撮合成交。

2. 成交的原则

（1）价格优先。

证券公司按照交易最有利于投资委托人利益的价格买进或卖出债券。

（2）时间优先。

在相同的价格申报时，应该与最早提出该价格的一方成交。

（3）客户委托优先。

证券公司在自营买卖和代理买卖之间，首先进行代理买卖。

3. 竞价的方式

证券交易所的交易价格按竞价的方式进行，竞价方式包括口头报唱、板牌竞价以及计算机终端申报竞价三种。

（三）清算

债券的清算是指对在同一交割日对同一种债券的买和卖相互抵销，确定应当交割的债券数量和应当交割的价款数额，然后按照“净额交收”原则办理债券和价款的交割。

（四）交割

债券的交割就是将债券由卖方交给买方，将价款由买方交给卖方。在证券交易所交易的债券，按照不同的交割日期，可分为当日交割、普通日交割和约定日交割三种。目前，深圳证券交易所和上海证券交易所规定为当日交割，即在买卖成交当天办理券款交割手续。

**五、债券登记、托管、兑付及付息的有关规定**

（一）债券登记

债券登记是指债券登记结算机构为债券发行人建立和维护债券持有人名册的行为。

（二）债券托管

1. 中华人民共和国境内开立债券托管账户的主体（投资人）

（1）商业银行及授权分行。

（2）信托投资公司。

（3）企业集团财务公司。

（4）金融租赁公司。

（5）农村信用社。

（6）城市信用社。

（7）证券公司。

（8）基金管理公司及其管理的各类基金。

（9）保险公司。

（10）外资金融机构。

（11）经金融监管当局批准可投资于债券资产的其他金融机构。

2. 托管账户开立点

（1）中央国债登记结算有限责任公司（中央结算公司）。

（2）银行间市场清算所股份有限公司（上海清算所）。

（3）中国证券登记结算公司（中国结算公司）。

注意：投资人须按实名制原则以自己名义开立债券托管账户。

（三）债券兑付和付息

1. 兑付（偿还本金）方式

（1）到期兑付。

（2）提前兑付。

（3）债券替换。

（4）分期兑付。

（5）转换为普通股兑付。

2. 付息（支付利息）方式

（1）息票方式。

（2）折扣利息。

（3）本息合一。

**【例题 46】**下列不属于证券交易所内债券竞价方式的是（　　）。

A. 柜台竞价　　B. 板牌竞价

C. 计算机终端申报竞价　　D. 口头报唱

**【答案】**A

**【解析】**证券交易所的交易价格按竞价的方式进行。竞价方式包括口头报唱、板牌竞价以及计算机终端申报竞价三种。

**【例题 47】**不属于债券买卖交易报价方式的是（　　）。

A. 大额报价　　B. 双边报价　　C. 对话报价　　D. 公开报价

**【答案】**A

**【解析】**债券买卖交易中有公开报价、对话报价、双边报价和小额报价四种报价方式，没有大额报价。

**【例题 48】**回购交易通常情况下只有（　　）小时，是一种超短期的金融工具。

A. 6　　B. 12　　C. 18　　D. 24

**【答案】**D

**【解析】**回购交易通常情况下只有 24 小时，是一种超短期的金融工具。

**【例题 49】**可以开立债券托管账户的机构是（　　）。

Ⅰ. 中国银行

Ⅱ. 上海清算所

Ⅲ. 中央国债登记结算有限责任公司

Ⅳ. 陆金所

A. Ⅱ、Ⅳ　　B. Ⅰ、Ⅲ　　C. Ⅲ、Ⅳ　　D. Ⅱ、Ⅲ

**【答案】**D

**【解析】**中华人民共和国境内的商业银行及授权分行、信托投资公司、企业集团财务公司、金融租赁公司、农村信用社、城市信用社、证券公司、基金管理公司及其管理的各类基金、保险公司、外资金融机构以及经金融监管当局批准可投资于债券资产的其他金融机构均可在中央国债登记结算有限责任公司（中央结算公司）、银行间市场清算所股份有限公司（上海清算所）和中国证券登记结算公司（中国结算公司）按实名制原则以自己名义开立债券托管账户。

【例题 50】下列关于期货交易的说法，正确的有（　　）。

Ⅰ. 期货合约在交易所内交易，具有公开性

Ⅱ. 期货合约是标准化合约

Ⅲ. 期货合约的结算通过专门的结算公司，投资者需要对对方负责

Ⅳ. 期货合约具备对冲机制，履约回旋余地较大，实物交割比例极低

A. Ⅲ、Ⅳ　　B. Ⅰ、Ⅱ、Ⅳ　　C. Ⅰ、Ⅳ　　D. Ⅱ、Ⅲ

【答案】B

【解析】期货合约是在交易所内进行交易的标准化合约，并且具备对冲机制，履约回旋余地较大，实物交割比例极低，期货合约的结算通过专门的结算公司，独立于买卖双方的第三方，投资者无须对对方负责，不存在信用风险。

【例题 51】下列关于债券报价的说法，错误的是（　　）。

A. 双边报价是交易所债券市场开展双边报价业务的交易员进行现券报价时，在任意的债券买卖差价范围内连续报出该券种的买卖实价

B. 对话报价是指参与者为达成交易而直接向交易对手方作出的、对手方确认即可成交的报价

C. 公开报价是指参与者为表明自身交易意向而面向市场作出的、不可直接确认成交的报价

D. 债券买卖交易中有公开报价、对话报价、双边报价和小额报价四种报价方式

【答案】A

【解析】双边报价是银行间债券市场开展双边报价业务的交易员进行现券买卖报价时，在中国人民银行核定的债券买卖差价范围内连续报出该券种的买卖实价，并同时报出该券种的买卖数量、清算速度等交易要素。

【例题 52】下列关于债券交易的说法，错误的是（　　）。

A. 时间优先是要求相同的价格申报时，应该与最早提出该价格的一方成交

B. 客户委托优先主要是证券公司在自营买卖和代理买卖之间，首先进行自营买卖

C. 债券交易的竞价原则包括价格优先、时间优先、客户委托优先

D. 价格优先就是证券公司按照交易最有利于投资委托人利益的价格买进或卖出债券

【答案】B

【解析】在证券交易所内，债券成交就是要使买卖双方在价格和数量上达成一致。这一程序必须遵循特殊的原则即竞价原则。这种竞价原则的主要内容是“三先”，即价格优先、时间优先、客户委托优先。C 项正确。

价格优先就是证券公司按照交易最有利于投资委托人利益的价格买进或卖出债券。D 项正确。

时间优先就是要求在相同的价格申报时，应该与最早提出该价格的一方成交。A 项

正确。

客户委托优先主要是要求证券公司在自营买卖和代理买卖之间，首先进行代理买卖。B 项错误。

**【例题 53】**债券兑付方式包括（　　）。

Ⅰ. 到期兑付

Ⅱ. 债券替换

Ⅲ. 提前兑付

Ⅳ. 分期兑付

A. Ⅰ、Ⅱ　　B. Ⅱ、Ⅲ、Ⅳ　　C. Ⅲ、Ⅳ　　D. Ⅰ、Ⅱ、Ⅲ、Ⅳ

**【答案】**D

**【解析】**一般情况下，债券有五种兑付方式：到期兑付、提前兑付、债券替换、分期兑付和转换为普通股兑付。

## 考点二：债券评级（☆☆☆）

### 一、债券评级的定义与内涵

（一）债券信用评级

1. 定义

债券信用评级是以企业或经济主体发行的有价债券为对象进行的信用评级。

2. 意义

信用评级，是为投资者购买债券和证券市场债券的流通转让活动提供信息服务。

（二）资信评级机构应向中国证监会备案的评级业务

1. 经中国证监会依法注册发行的债券、资产支持证券

2. 在证券交易所或者经中国证监会认可的其他证券交易场所上市交易或者挂牌转让的债券、资产支持证券，国债除外

3. 前两项规定的证券的发行人、发起机构、上市公司、非上市公众公司、证券期货经营机构

4. 中国证监会规定的其他评级对象

注意：经中国证监会备案的资信评级机构从事证券评级业务，应当遵循独立、客观、公正和审慎性原则。

（三）鼓励开展证券评级业务的资信评级机构应具备的条件

1. 实收资本与净资产均超过人民币 2 000 万元

2. 有 20 名以上证券从业人员，其中 10 名以上具有 3 年以上资信评级业务经验、3 名以上具备中国注册会计师资格

3. 有 3 名以上熟悉资信评级业务有关的专业知识，且通过资质测试的高级管理人员

4. 最近5年未受到刑事处罚，最近3年未因违法经营受到行政处罚，不存在因涉嫌违法经营、犯罪正在被调查的情形

5. 最近3年在税务、工商、金融等行政管理机关，以及自律组织、商业银行等机构无重大不良诚信记录

6. 中国证监会基于保护投资者、维护社会公共利益规定的其他条件

## 二、资信评级机构备案

资信评级机构向中国证监会备案，应当报送的材料：

1. 证券评级机构备案表

2. 营业执照复印件

3. 全球法人机构识别编码

4. 股权结构说明，包括注册资本、股东名单及其出资额或者所持股份，股东在本机构以外的实体持股情况，实际控制人、受益所有人情况

5. 董事、监事、高级管理人员以及资信评级分析人员的情况说明和证明文件

6. 主要股东、实际控制人、受益所有人、董事、监事、高级管理人员未因犯有贪污、贿赂、侵占财产、挪用财产罪或者破坏社会主义市场经济秩序罪，被判处刑罚，或者因犯罪被剥夺政治权利的声明，以及主要股东、实际控制人、受益所有人的信用报告

7. 营业场所、组织机构设置及公司治理情况

8. 独立性、信息披露以及业务制度说明

9. 中国证监会基于保护投资者、维护社会公共利益考虑，合理要求的与证券评级机构及其相关自然人有关的其他材料

## 三、债券评级的程序

（一）评级准备

1. 项目组组建

（1）根据受评级机构或受评级证券发行人所处行业特点、企业规模及复杂程度组建。

（2）实行组长负责制，至少由两名评级分析人员组成。

（3）组长应当具备证券业从业资格，且从事资信评级业务3年以上。

2. 证券评级机构应对项目组成员进行利益冲突审查，项目组成员应签署利益冲突回避承诺书

3. 项目组按照评级项目需要，制订完善的评级工作计划

（二）实地调查（尽职调查内容）

（1）对受评级机构或受评级证券发行人的董事、监事、高级管理人员以及主要业务和管理部门负责人进行访谈。

（2）实地考察受评级机构或受评级证券发行人主要生产经营现场，进一步核实其生产经营现状、资产状况、在建项目等。

（3）必要时，对其他相关机构进行调研访谈，包括金融机构、行政主管部门、工商税务部门、关联公司、主要业务往来单位等。

（三）初评阶段

STEP1：汇总整理所有评级相关资料，建立完备、规范的工作底稿。

STEP2：对评级所依据的文件资料内容的真实性、准确性和完整性进行核查和验证。

STEP3：形成初评报告并给出建议的信用等级。

（四）评定等级

信用等级评审会议由评级委员会主任或其书面委托的其他委员主持。参会评审委员不得少于5人。

（五）结果反馈与复评

（1）信用等级确定后，证券评级机构应及时将评级结果书面告知受评级机构或受评级证券发行人。

（2）受评级机构或受评级证券发行人对评级结果有异议的，应当在5个工作日内向证券评级机构书面提出复评申请，并提供补充材料。

（六）结果发布

（1）证券评级机构应根据有关法律、法规和中国证券业协会自律规则的规定，公布评级结果。

（2）在下列情形下，证券评级机构可以终止评级：

①受评级机构或受评级证券发行人拒不提供评级所需关键材料或提供的材料存在虚假记载、误导性陈述或重大遗漏的。

②委托人不按约定支付评级费用的。

③因受评级机构被收购兼并、重组或受评级证券被转股、回购等，导致评级对象不再存续的。

（七）文件存档

评级项目完成或终止后，评级项目组应将项目资料及时分类整理，存档并填写存档资料清单。

（八）跟踪评级

证券评级机构应当在受评证券存续期内每年至少出具一次定期跟踪评级报告。

## 四、债券评级的等级标准及主要内容

### （一）银行间债券市场中长期债券信用评级（三等九级）

| 等级符号 | 含义 |
| --- | --- |
| AAA | 偿还债务的能力极强，基本不受不利经济环境的影响，违约风险极低 |
| AA | 偿还债务的能力很强，受不利经济环境的影响不大，违约风险很低 |
| A | 偿还债务的能力较强，较易受不利经济环境的影响，违约风险较低 |
| BBB | 偿还债务的能力一般，受不利经济环境影响较大，违约风险一般 |
| BB | 偿还债务的能力较弱，受不利经济环境影响很大，违约风险较高 |
| B | 偿还债务的能力较大地依赖于良好的经济环境，违约风险很高 |
| CCC | 偿还债务的能力极度依赖于良好的经济环境，违约风险极高 |
| CC | 在破产或重组时可获得保护较小，基本不能保证偿还债务 |
| C | 不能偿还债务 |

注意：除 AAA 级、CCC 级（含）以下等级外，每一个信用等级可用“+”“-”符号进行微调，表示略高或略低于本等级。

### （二）银行间债券市场短期债券信用评级（四等六级）

| 等级符号 | 含义 |
| --- | --- |
| A-1 | 还本付息能力最强，安全性最高 |
| A-2 | 还本付息能力较强，安全性较高 |
| A-3 | 还本付息能力一般，安全性易受不良环境变化的影响 |
| B | 还本付息能力较低，有一定的违约风险 |
| C | 还本付息能力很低，违约风险较高 |
| D | 不能按期还本付息 |

注意：每一个信用等级均不进行微调。

### （三）主要内容

1. 企业素质：法人代表素质、员工素质、管理素质、发展潜力

2. 经营能力：销售收入增长率、流动资产周转次数、应收账款周转率、存货周转率

3. 获利能力：资本金利润率、成本费用利润率、销售利润率、总资产利润率

4. 偿债能力：资产负债率、流动比率、速动比率、现金流

5. 履约情况：贷款到期偿还率、贷款利息偿还率

6. 发展前景：宏观经济形势、行业产业政策对企业的影响；行业特征、市场需求对企业的影响；企业成长性和抗风险能力

**【例题 54】**我国银行间债券市场中长期债券信用等级划分为（　　）。

A. 四等六级　　B. 四等九级　　C. 三等六级　　D. 三等九级

**【答案】**D

【解析】银行间债券市场中长期债券信用评级该评级等级划分为三等九级，符号表示为：AAA、AA、A、BBB、BB、B、CCC、CC、C。

【例题 55】下列关于债券评级的说法，错误的是（ ）。

A. 评级标准或者工作程序有调整的，不需要充分披露

B. 国内评级机构还没有统一的准入标准

C. 债券信用评级大多是对企业债券信用评级

D. 债券信用评级是以企业或经济主体发行的有价债券为对象进行的信用评级

【答案】A

【解析】债券信用评级是以企业或经济主体发行的有价债券为对象进行的信用评级。债券信用评级大多是企业债券信用评级，是对具有独立法人资格企业所发行某一特定债券、按期还本付息的可靠程度进行客观公正的评估，并标示其信用程度的等级。这种信用评级，是为投资者购买债券和证券市场债券的流通转让活动提供信息服务。评级标准或者工作程序有调整的，应当充分披露。

【例题 56】某公司发行的银行间债券市场中长期债券的信用评级为 AA。其含义和可能发生的情况有（ ）。

Ⅰ. 企业素质很好，偿债能力很强，违约风险很低

Ⅱ. 企业的经营能力和获利很强，偿债能力一般，违约风险一般

Ⅲ. 企业偿还债务的能力很强，如果行业发生意料之外的不利变化，受不利环境的影响不大

Ⅳ. 如果遇到预料之外的流动性收紧，债券发生违约风险很低

A. Ⅱ、Ⅲ B. Ⅰ、Ⅲ、Ⅳ C. Ⅰ、Ⅲ D. Ⅰ、Ⅳ

【答案】B

【解析】中长期债券评级在 AA 级表示该企业偿还债务的能力很强，受不利经济环境的影响不大，违约风险很低。

## 考点三：债券市场（☆）

### 一、银行间债券市场的发展情况

（1）银行间债券市场是指依托于中国外汇交易中心暨全国银行间同业拆借中心和中央国债登记结算有限责任公司的，包括商业银行、农村信用联社、保险公司、证券公司等金融机构以及一些非金融机构合格投资人进行债券买卖和回购的市场。大部分记账式国债和政策性金融债券在该市场发行并上市交易。

（2）银行间债券市场发展现状表现在以下几个方面。

①市场规模快速扩大，直接融资比例不断上升；

②市场成员不断扩容，参与主体日渐多元；

③市场功能逐步显现，兼具投资和流动性管理功能；

④发行主体以国有企业为主，其他主体积极参与；

⑤投资者结构持续优化，市场风险不断分散；

⑥与国际市场相比较，市场流动性仍然较低。

## 二、交易所债券市场的发展情况

作为集中性市场，上海证券交易所是最早开办债券交易的场所，1990 年底上海证券交易所开办第一笔国债交易，深圳证券交易所在 1993 年才开办国债业务。交易所市场实行的是集中撮合竞价与经纪商制度，采用电脑集合竞价、连续竞价和大宗交易的方式。中国证券登记结算公司上海分公司和深圳分公司分别托管上海证券交易所和深圳证券交易所的债券。

## 三、商业银行柜台债券市场的发展情况

商业银行柜台债券市场是银行间债券市场的延伸，该市场只进行现券交易，参与者也限定为个人投资者，属于场外零售市场。商业银行柜台市场采用二级托管体制，中央结算公司为一级托管机构，柜台业务开办机构为二级托管机构。

## 四、银行间债券市场与交易所债券市场的交易方式、托管方式及结算方式

### （一）交易方式

1. 银行间债券市场

（1）询价交易。

①交易双方自行协商确定交易价格以及其他交易要素的交易方式，包括报价、格式化询价和确认成交三个步骤。

②询价交易方式下，最低交易量为券面总额 10 万元，交易量最小变动单位为券面总额 10 万元。

（2）点击成交交易。

①报价方发出具名或匿名的要约报价，受价方点击该报价后成交或由限价报价直接与之匹配成交的交易方式。

②点击成交交易方式下，最低交易量为券面总额 100 万元，交易量最小变动单位为券面总额 10 万元。

（3）现券买卖。

交易成员约定以某一价格转让其持有债券的交易行为。现券买卖按净价交易，全价结算；资产支持证券按每百元面额对应的本金进行报价。现券买卖可采用询价交易方式和点击成交交易方式。

2. 交易所债券市场交易

（1）传统的交易所债券市场通常只采用竞价撮合的交易方式，我国上海证券交易所和深圳证券交易所近年也在相应的平台上引入了场外交易方式。

（2）交易所的固定收益电子平台定位于机构投资者，为大额现券交易提供服务。该平台包括两层市场：一层为交易商之间的市场，采用报价制和询价制；另一层为交易商与普通投资者之间的市场，采用协议交易的模式，通过成交申报进行交易。

（3）交易所市场的竞价和询价系统之间也可以进行交易，但本系统内债券采用T+0交易模式，跨系统采用T+1交易模式。

（二）托管方式

1. 银行间债券市场

（1）中央国债登记结算有限责任公司是指定的中央债券存管机构，负责对在银行间债券市场发行和流通的国债、政策性金融债、次级债、企业债、中期票据、短期融资券、资产支持证券等券种进行登记与托管。

（2）上海清算所主要托管短融、中票等公司信用债券，同业存单、大额存单等货币市场工具以及金融机构债券和结构性产品等创新金融产品。

2. 交易所债券市场

（1）国债由中国证券登记结算有限责任公司在中央国债登记结算有限责任公司开立名义托管账户，交易所投资者在中国证券登记结算有限责任公司开立托管账户。

（2）中国证券登记结算有限责任公司承担在交易所交易的其他债券的登记、托管职责，并承担和管理相应的风险。

（3）交易所市场实行“中央登记、二级托管”的制度，所有的证券在中国证券登记结算有限责任公司登记，投资者将资产事实上托管给证券公司代理交易结算。

（三）结算方式

1. 银行间市场

我国银行间市场的债券结算采用实时全额逐笔结算机制，统一通过中央国债登记结算有限责任公司的中央债券综合业务系统完成，各笔结算之间不得相互抵销。

2. 交易所市场

交易所市场的债券清算和结算主要采取的是中央对手方的净额结算机制，由中国证券登记结算有限公司负责债券交易的清算、结算，并作为交易双方共同的对手方提供交收担保。

## 五、债券市场转托管的定义及条件

（一）债券市场转托管的定义

债券市场转托管是指同一投资人开立的两个托管账户之间的托管债券的转移。

（二）债券市场转托管的条件

1. 跨市场交易的债券

除了国债（包括附息国债和地方债）和企业债可以跨市场转托管，其他债券品种都不能跨市场转托管。

2. 转托管时间

银行间市场可在工作日内的8:30—16:30实时办理转出、转入业务，但交易所市场必须在15:00前完成转入或转出指令的录入，才能保证客户在下一个工作日可以使用转入或转出的债券。

3. 债券转托管的收费

（1）从银行间转到交易所，转托管费按转出国债面值金额的0.005%计算，单笔（单只）转托管费用最低为10元，最高为10 000元。

（2）从交易所转到银行间，参考上海证券交易所债券交易收费标准为国债面值的0.01%。

4. 转托管的速度

（1）国债转托管，T+1日到账。

（2）其他大部分债券，T+2日或T+3日到账。

**六、债券市场互联互通与对外开放**

“债券通”是开展内地与香港地区债券市场互联互通合作的全新计划，让中国境内与境外投资者通过在香港地区建立的基础设施连接，在对方市场买卖债券。买卖两个市场交易流通债券的机制安排，包括北向通及南向通。

**【例题57】**我国交易所债券市场的托管方式实行（　　）制度。

A. 交易所登记、一级托管

B. 中央登记、二级托管

C. 交易所登记、二级托管

D. 中央登记、一级托管

**【答案】**B

**【解析】**我国交易所债券市场实行“中央登记、二级托管”的制度。

**【例题58】**下列关于银行间债券市场结算方式的说法，正确的有（　　）。

Ⅰ. 银行间债券市场采用实时全额逐笔结算机制

Ⅱ. 银行间债券市场的债券结算通过中央国债登记结算有限责任公司的中央债券综合业务系统完成

Ⅲ. 全额结算也被称为逐笔结算

Ⅳ. 全额结算采用券款对付的结算方式，同步办理券和款的交割和清算、结算

A. Ⅰ、Ⅲ　　B. Ⅰ、Ⅱ、Ⅲ、Ⅳ

C. Ⅰ、Ⅱ、Ⅲ　　D. Ⅱ、Ⅳ

**【答案】**B

**【解析】**我国银行间市场的债券结算采用实时全额逐笔结算机制，统一通过中央国债登记结算有限责任公司的中央债券综合业务系统完成。全额结算也被称为逐笔结算，

指每笔结算单独交收，各笔结算之间不得相互抵销。全额结算采用券款对付的方式，同步办理券和款的交割和清算、结算。故答案选 B。

【例题 59】下列关于债券市场的说法，正确的有（　　）。

Ⅰ. 银行间债券市场已经成为我国债券市场的主体

Ⅱ. 作为集中性市场，深圳证券交易所是最早开办债券交易的场所

Ⅲ. 交易所市场实行的是集中撮合竞价和经纪商制度

Ⅳ. 所有记账式国债、政策性金融债券的大部分在银行间债券市场发行并上市交易

A. Ⅰ、Ⅲ　　B. Ⅰ、Ⅱ、Ⅳ　　C. Ⅱ、Ⅲ、Ⅳ　　D. Ⅱ、Ⅳ

【答案】A

【解析】作为集中性市场，上海证券交易所是最早开办债券交易的场所。Ⅱ项错误。大部分记账式国债和政策性金融债券在该市场发行并上市交易。Ⅳ项错误。

【例题 60】下列关于银行间债券与交易所债券市场，说法正确的是（　　）。

Ⅰ. 银行间债券市场的交易方式包括询价交易方式和点击成交交易方式

Ⅱ. 银行间债券市场是场外市场，实行一级、二级综合托管账户模式

Ⅲ. 交易所市场的债券清算和结算主要采取的是中央对手方的净额结算机制

Ⅳ. 交易所债券市场根据不同券种，实行的是不同的托管体制

A. Ⅰ、Ⅲ　　B. Ⅰ、Ⅱ、Ⅲ、Ⅳ

C. Ⅰ、Ⅱ、Ⅲ　　D. Ⅱ、Ⅳ

【答案】B

【解析】银行间债券市场与交易所债券市场的区别：

交易方式

（1）银行间债券市场的交易方式包括询价和点击成交；

（2）我国上海证券交易所和深圳证券交易所除了沿用传统的竞价撮合交易方式外，近年也在相应的平台上引入了场外交易方式。

托管方式

（1）银行间债券市场是场外市场，实行一级、二级综合托管账户模式；

（2）交易所债券市场根据不同的券种，实行的是不同的托管体制。

结算方式

（1）我国银行间市场的债券结算采用实时全额逐笔结算机制，统一通过中央国债登记结算有限责任公司的中央债券综合业务系统完成；

（2）交易所市场的债券清算和结算主要采取的是中央对手方的净额结算机制，由中国证券登记结算有限公司负责债券交易的清算、结算，并作为交易双方共同的对手方提供交收担保。

【本节学习提示】考查重点：

①债券现券交易、回购交易、远期交易和期货交易的概念和区别。

②债券主要的报价方式和区别。

③银行间债券市场中长期债券和短期债券信用评级的不同级别和对应的具体含义。

# 第四节 债券估值

## 考点一：债券估值的基本原理（☆☆）

### 一、估值原理

债券估值的基本原理就是现金流贴现。债券投资者把现金流入用适当的贴现率进行贴现并求和，便可得到债券的理论价格。

### 二、债券现金流（利息和本金）的确定

（一）债券的面值和票面利率

1. 多数债券在到期日按面值还本，票面利率通常采用年单利表示，票面利率乘以付息间隔和债券面值即得到每期利息支付金额

2. 短期债券一般不付息，而是到期一次性还本，因此要折价交易

（二）计付息间隔

1. 我国发行的各类中长期债券通常每年付息一次

2. 欧美国家一般半年付息一次

（三）债券的嵌入式期权条款

1. 发行人提前赎回权

2. 债券持有人提前返售权

3. 转股权

4. 转股修正权

5. 偿债基金条款等

注意：有利于发行人的条款都会降低债券价值，有利于持有人的条款则会提高债券价值。

（四）债券的税收待遇

投资者拿到的实际上是税后现金流，因此，免税债券价值大一些。

（五）其他因素

1. 债券的利率类型（浮动利率、固定利率）

2. 债券的币种（单一货币、双币债券）

### 三、债券贴现率的确定

债券必要回报率 = 真实无风险收益率 + 预期通货膨胀率 + 风险溢价

真实无风险收益率——由社会资本平均回报率决定。

预期通货膨胀率——对未来通货膨胀率的估计值。

风险溢价——违约风险（信用风险）、流动性风险、汇率风险等风险而获得的补偿。

**【例题 61】**债券投资的主要风险因素包括（　　）。

Ⅰ. 信用风险

Ⅱ. 操作风险

Ⅲ. 汇率风险

Ⅳ. 流动性风险

A. Ⅰ、Ⅱ、Ⅳ　　B. Ⅱ、Ⅲ　　C. Ⅰ、Ⅲ、Ⅳ　　D. Ⅰ、Ⅱ、Ⅲ、Ⅳ

**【答案】**C

**【解析】**债券投资的主要风险因素包括违约风险（信用风险）、流动性风险、汇率风险等。

**【例题 62】**债券的必要回报率等于（　　）。

A. 实际无风险收益率与预期通货膨胀率之和

B. 名义无风险收益率与风险溢价之和

C. 实际无风险收益率与风险溢价之和

D. 名义无风险收益率与预期通货膨胀率之和

**【答案】**B

**【解析】**债券必要回报率 = 真实无风险收益率 + 预期通货膨胀率 + 风险溢价。

投资学中，通常把前两项之和称为名义无风险收益率，一般用相同期限零息国债的到期收益率［被称为即期利率（Spot Rates）或零利率（Zero Rates）］来近似表示。

## 考点二：债券报价与实付价格（☆）

### 一、报价与结算

债券买卖报价分为净价和全价两种，结算为全价结算。所报价格为每 100 元面值债券的价格。净价是指不含应计利息的债券价格，单位为“元/百元面值”。全价 = 净价 + 应计利息。

### 二、利息计算

（一）短期债券

通常全年天数定为 360 天，半年定为 180 天，利息累计天数则分为按实际天数计算和每个月按 30 天计算。

**案例：**2018 年 3 月 5 日，某年息 6%、面值 100 元、每半年付息 1 次的 1 年期债券，上次付息为 2017 年 12 月 31 日，如市场净价报价为 96 元，求实际支付价格。

STEP1：计算累计天数

累计天数算头不算尾（按实际天数计算）：2018年1月1日为头，2018年3月5日为尾，1月份31天，2月份28天，3月份4天，合计63天。

累计天数算头不算尾（每个月按30天计算）：2018年1月1日为头，2018年3月5日为尾，1月份30天，2月份30天，3月份4天，合计64天。

STEP2：计算累计利息

累计利息（按实际天数计算）$=100\times6\%\times63/360=1.05$ 元。

累计利息（每个月按30天计算）$=100\times6\%\times64/360=1.07$ 元。

STEP3：计算支付价格

支付价格（按实际天数计算）$=96+1.05=97.05$ 元。

支付价格（每个月按30天计算）$=96+1.07=97.07$ 元。

（二）中长期附息债券

我国交易所市场对附息债券的计息规定是全年天数统一按365天计算；利息累计天数规则是按实际天数计算，算头不算尾、闰年2月29日不计息。

**案例：** 2016年3月5日，某年息8%、每年付息1次，面值为100元的国债，上次付息日为2015年12月31日。如市场净价报价为103.45元，求按实际天数计算的实际支付价格。

STEP1：计算累计天数。

累计天数算头不算尾：2016年1月1日为头，2016年3月5日为尾，1月份31天，2月份28天，3月份4天，合计63天。

STEP2：计算累计利息。

累计利息 $=100\times8\%\times63/365=1.38$ 元。

STEP3：计算支付价格。

支付价格 $=103.45+1.38=104.83$ 元。

（三）贴现式债券

我国目前对于贴现发行的零息债券按照实际天数计算累计利息，闰年2月29日也计利息，公式为：

$$\text{应计利息额}=\frac{\text{到期总付额}-\text{发行价格}}{\text{起息日至到期日的天数}}\times\text{起息日至结算日的天数}$$

**案例：** 2008年1月10日，财政部发行3年期贴现式债券，面值为100元，2011年1月10日到期，发行价格为85元。2010年3月5日，该债券净价报价为87元，求实际支付价格。

STEP1：计算总天数和累计天数。

总天数 $=365\times3+1=1\ 096$ 天（3年再加2008年为闰年，多1天）。

累计天数：2008 年——366 - 9 = 357 天（闰年 366 天，1 月 1 日到 1 月 9 日合计 9 天）

2009 年——365 天

2010 年——31 + 28 + 4 = 63 天

357 + 365 + 63 = 785 天。

STEP2：计算累计利息。

累计利息 = （100 - 85） × 785/1 096 = 10.74 元。

STEP3：计算实际支付价格。

实际支付价格 = 87 + 10.74 = 97.74 元。

**【例题 63】** 下列关于债券报价与结算的说法，正确的有（　　）。

Ⅰ. 债券买卖报价分为净价和全价两种

Ⅱ. 所报价格为每 100 元面值债券的价格

Ⅲ. 债券买卖结算分为净价结算和全价结算

Ⅳ. 净价是指不含应计利息的债券价格

A. Ⅰ、Ⅱ、Ⅲ、Ⅳ　　B. Ⅰ、Ⅱ、Ⅳ

C. Ⅱ、Ⅲ　　D. Ⅰ、Ⅲ、Ⅳ

**【答案】** B

**【解析】** 债券买卖报价分为净价和全价两种，结算为全价结算。所报价格为每 100 元面值债券的价格。净价是指不含应计利息的债券价格，单位为“元/百元面值”。全价 = 净价 + 应计利息。应计利息为上一付息日（或起息日）至结算日之间累计的按百元面值计算的债券发行人应付给债券持有人的利息。

### 考点三：债券估值模型（☆）

#### 一、零息债券定价

$$P = \frac{FV}{(1 + y_T)^T}$$

*FV*——零息债券的面值

**案例：** 2011 年 1 月 1 日，中国人民银行发行 2 年期中央银行票据，每张面值为 100 元人民币，年贴现率为 4%，则理论价格为：

$$100/(1 + 4\%)^2 = 92.46 \text{ 元。}$$

#### 二、附息债券定价（案例）

2011 年 3 月 31 日，财政部发行的某期国债距到期日还有 3 年，面值 100 元，票面利率年息为 3.75%，每年付息 1 次，下次付息日在 1 年以后。1 年期、2 年期、3 年期贴现率分别为 4%、4.5%、5%。该债券理论价格（*P*）为：

$$P = \frac{3.75}{(1 + 4\%)} + \frac{3.75}{(1 + 4.5\%)^2} + \frac{103.75}{(1 + 5\%)^3} = 96.66(\text{元})$$

### 三、累计债券定价（案例）

2011 年 3 月 31 日，财政部发行的 3 年期国债，面值 100 元，票面利率年息为 3.75%，按单利计息，到期利随本清。3 年期贴现率 5%。计算如下：

$$到期还本付息 = 100 \times (1 + 3 \times 3.75\%) = 111.25(元)$$

$$理论价格(P) = \frac{111.25}{(1 + 5\%)^3} = 96.10(元)$$

【例题 64】2011 年 1 月 1 日，中国人民银行发行 1 年期中央银行票据，每张面值 100 元，年贴现率 3.5%，2011 年 6 月 30 日该中央银行票据的理论价格约为（　　）元。

A. 96.6　　B. 98.3　　C. 100.0　　D. 101.1

【答案】B

【解析】理论价格约为（100/1.035）×（1 +0.035/2）=98.3 元。

## 考点四：债券收益率（☆）

### 一、当期收益率

在投资学中，当期收益率被定义为债券的年利息收入与买入债券的实际价格的比率，公式为：

$$Y = \frac{C}{P} \times 100\%$$

式中：$Y$——当期收益率；

$C$——每年利息收益；

$P$——债券价格。

**案例：** 假定某投资者以 940 元的价格购买了面额为 1 000 元、票面利率为 10%、剩余期限为 6 年的债券，那么该投资者的当期收益率（$Y$）为

$$Y = 1\,000 \times 10\% / 940 \times 100\% = 11\%$$（此处结果四舍五入取整）

注意：当期收益率度量的是债券年利息收益占购买价格的百分比，反映每单位投资能够获得的债券年利息收益，但不反映每单位投资的资本损益。

### 二、到期收益率

债券的到期收益率（YTM）是使债券未来现金流现值等于当前价格所用的相同的贴现率，也就是金融学中所谓的内部报酬率（Internal Return Rate，IRR）。公式为：

$$P = \sum_{t=1}^{T} \frac{C_t}{(1 + y)^t} + \frac{F}{(1 + y)^T}$$

式中：$P$——债券价格；

$C$——现金流金额；

$y$——到期收益率；

$T$——债券期限（期数）；

$t$——现金流到达时间；

$F$——债券面值。

**案例：** 某剩余期限为5年的国债，票面利率8%，面值100元，每年付息1次，当前市场价格为102元，则其到期收益率满足

$$102=\frac{8}{1+y}+\frac{8}{(1+y)^2}+\frac{8}{(1+y)^3}+\frac{8}{(1+y)^4}+\frac{108}{(1+y)^5}$$

$$y=7.5056\%$$

注意：在年息票相等的情况下，每半年付息一次的债券比每年付息一次债券的到期收益率略高。

**三、即期利率**

即期利率也被称为零利率，是零息票债券到期收益率的简称。在债券定价公式中，即期利率就是用来进行现金流贴现的贴现率。

**四、持有期收益率**

持有期收益率，是指买入债券到卖出债券期间所获得的年平均收益，它与到期收益率的区别仅仅在于末笔现金流是卖出价格而非债券到期偿还金额。计算公式为：

$$P=\sum_{t=1}^{T}\frac{C_t}{(1+y_h)^t}+\frac{P_T}{(1+y_h)^T}$$

式中：$P$——债券买入时价格；

$P_T$——债券卖出时价格；

$y_h$——持有期收益率；

$c$——债券每期付息金额；

$T$——债券期限（期数）；

$t$——现金流到达时间。

**案例：** 某投资者按100元价格平价购买了年息8%、每年付息1次的债券，持有2年后按106元价格卖出，该投资者持有期收益率计算为：

$$100=8/(1+y_h)+(8+106)/(1+y_h)^2$$

$$y_h=10.85\%$$

**五、赎回收益率**

可赎回债券是指允许发行人在债券到期以前按某一约定的价格赎回已发行的债券，公式为：

$$P=\sum_{t=1}^{n}\frac{C}{(1+y)^t}+\frac{M}{(1+y)^n}$$

式中：$P$——发行价格；

$n$——直到第一个赎回日的年数；

$M$——赎回价格；

$C$——每年利息收益。

**案例：** 某债券的票面价值为 1 000 元，息票利率为 5%，期限为 4 年，现以 950 元的发行价向全社会公开发行，2 年后债券发行人以 1 050 元的价格赎回，第一赎回日为付息日后的第一个交易日，则赎回收益率计算如下：

$$950 = \sum_{t=1}^{2} \frac{50}{(1+y)^t} + \frac{1\,050}{(1+y)^2}\ y = 10.25\%$$

【例题 65】下列关于债券收益率，说法正确的是（　　）。

Ⅰ. 债券当期收益率是使债券未来现金流现值等于当前价格所用的相同的贴现率

Ⅱ. 债券的到期收益率是内部报酬率

Ⅲ. 债券持有期收益率是指买入债券到卖出债券期间所获得的年平均收益

Ⅳ. 在债券定价公式中，附息债券可以视为一组零息债券的组合

A. Ⅰ、Ⅱ　　B. Ⅲ、Ⅳ　　C. Ⅱ、Ⅲ　　D. Ⅱ、Ⅲ、Ⅳ

【答案】D

【解析】Ⅰ项说法错误，债券的到期收益率是使债券未来现金流现值等于当前价格所用的相同的贴现率，也就是金融学中所谓的内部报酬率。

【例题 66】下列关于债券收益率的说法，正确的有（　　）。

Ⅰ. 通常预期市场利率上升时，债券发行人应发行可赎回债券

Ⅱ. 在年息票相等的情况下，付息频率越高到期收益率也越高

Ⅲ. 赎回收益率的计算与其他收益率相同，是计算使预期现金流量的现值等于债券价格的利率

Ⅳ. 当期收益率不反映每单位投资的资本损益

A. Ⅱ、Ⅲ、Ⅳ　　B. Ⅰ、Ⅱ　　C. Ⅰ、Ⅲ、Ⅳ　　D. Ⅰ、Ⅱ、Ⅲ、Ⅳ

【答案】A

【解析】通常在预期市场利率下降时，发行人会发行可赎回债券，以便未来用低利率成本发行的债券替代成本较高的已发债券。

在年息票相等的情况下，付息频率越高到期收益率也越高。

赎回收益率的计算与其他收益率相同，是计算使预期现金流量的现值等于债券价格的利率。当期收益率度量的是债券年利息收益占购买价格的百分比，反映每单位投资能够获得的债券年利息收益，但不反映每单位投资的资本损益。

## 考点五：可转换债券的要素（☆☆）

### 一、有效期限和转换期限

可转换债券的期限最短为1年，最长为6年，自发行结束之日起6个月后方可转换为公司股票。

### 二、票面利率或股息率

1. 可转换债券的票面利率（或可转换优先股票的股息率），是指可转换债券作为一种债券的票面年利率（或优先股票股息率）

2. 票面利率（或股息率）由发行人根据当前市场利率水平、公司债券资信等级和发行条款确定，一般低于相同条件的不可转换债券（或不可转换优先股票）

3. 可转换债券应半年或1年付息1次，到期后5个工作日内应偿还未转股债券的本金及最后1期利息

### 三、转换比例或转换价格

转换比例，是指一定面额可转换债券可转换成普通股票的股数。用公式表示：

转换比例 = 可转换债券面值/转换价格。

**案例：** 如果某可转换债券面额为1 000元，规定其转换价格为25元，则转换比例为40，即1 000元债券可按25元1股的价格转换为40股普通股票。

### 四、赎回条款与回售条款

1. 赎回，是指发行人在发行一段时间后，可以提前购回未到期的发行在外的可转换债券

2. 赎回条件一般是当公司股票价格在一段时间内连续高于转换价格达到一定幅度时，公司可按照事先约定的赎回价格买回发行在外尚未转股的可转换债券

3. 回售是指公司股票在一段时间内连续低于转换价格达到某一幅度时，可转换债券持有人按事先约定的价格将所持可转换债券卖给发行人的行为

4. 赎回条款和回售条款是可转换债券在发行时规定的赎回行为和回售行为发生的具体市场条件

### 五、转换价格修正条款

转换价格修正，是指发行公司在发行可转换债券后，由于公司的送股、配股、增发股票、分立、合并、拆细及其他原因导致发行人股份发生变动，引起公司股票名义价格下降时而对转换价格所进行的必要调整。

**【例题67】** 如果某可转换债券面额为1 000元，规定其转换价格为25元，则转换比例为（　　）。

A. 1 025　　B. 975　　C. 25 000　　D. 40

**【答案】** D

【解析】转换价格 = 可转换债券面值/转换比例 = 1 000/25 = 40。

## 考点六：利率的风险结构和期限结构（☆）

### 一、利率风险结构

不同发行人发行的相同期限和票面利率的债券，其市场价格会不相同，从而计算出的债券收益率也不一样。反映在收益率上的这种区别，被称为利率的风险结构。实践中，通常采用信用评级来确定不同债券的违约风险大小，不同信用等级债券之间的收益率差则反映了不同违约风险的风险溢价，因此也被称为信用利差。

在经济繁荣时期，低等级债券与无风险债券之间的收益率差通常比较小；而一旦进入经济衰退期或者萧条期，信用利差就会急剧扩大，导致低等级债券价格暴跌。

### 二、利率期限结构

（一）期限结构与收益率曲线

收益率曲线是由不同期限的即期利率的组合所形成的曲线。在实践中，由于即期利率计算较为烦琐，也有相当多教科书和业者采用到期收益率来反映利率的期限结构。

（二）收益率曲线的基本类型

1. 正向的利率曲线表示期限越长的债券利率越高

2. 反向的利率曲线表示期限越长的债券利率越低

3. 水平的利率曲线表示不同期限的债券利率相等

4. 拱形利率曲线表示期限相对较短的债券，利率与期限呈正向关系；期限相对较长的债券，利率与期限呈反向关系

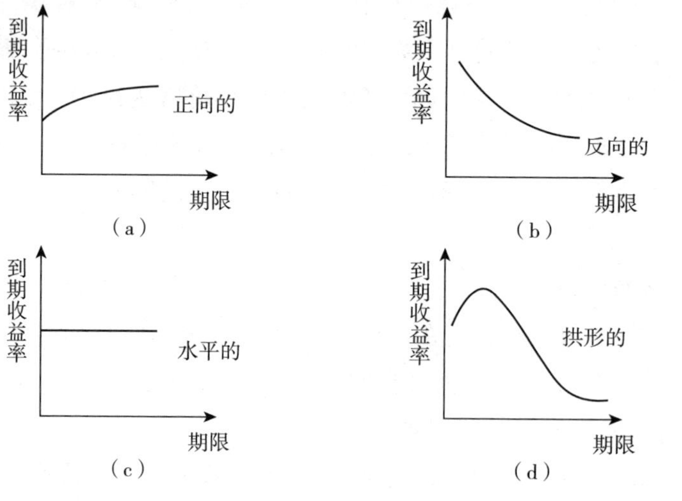


（三）利率期限结构的理论

1. 市场预期理论

（1）市场预期理论又被称为无偏预期理论，认为利率期限结构完全取决于对未来即

期利率的市场预期。

（2）如果预期未来即期利率上升，则利率期限结构呈上升趋势；如果预期未来即期利率下降，则利率期限结构呈下降趋势。

（3）长期债券是一组短期债券的理想替代物，长、短期债券取得相同的利率，即市场是均衡的。

2. 流动性偏好理论

（1）投资者并不认为长期债券是短期债券的理想替代物，因为投资者意识到他们对资金的需求可能会比预期的早，因此他们有可能在预期的期限前被迫出售债券。

（2）如果投资于长期债券，基于债券未来收益的不确定性，他们要承担较高的价格风险。

投资者在接受长期债券时就会要求补偿与较长偿还期限相联系的风险，这便导致了流动性溢价的存在。在这里，流动性溢价便是远期利率和未来的预期即期利率之间的差额。

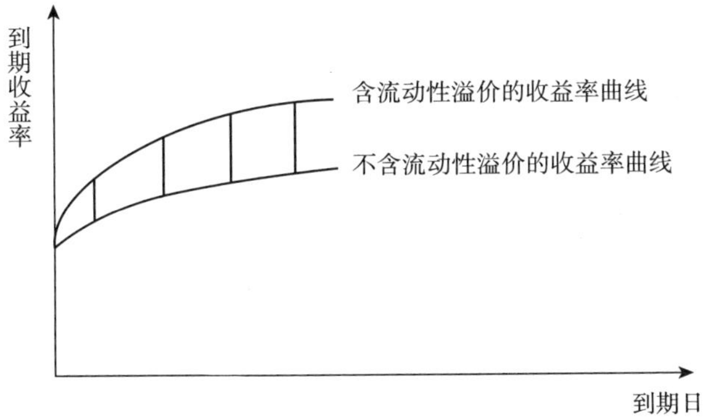


3. 市场分割理论

在市场存在分割的情况下，投资者和借款人由于偏好或者某种投资期限习惯的制约，他们的贷款或融资活动总是局限于一些特殊的偿还期部分。投资者和借款人不会离开自己的市场而进入另一个市场。

市场划分为两大部分：一部分是短期资金市场；另一部分是长期资金市场。利率期限结构取决于短期资金市场供求状况与长期资金市场供求状况的比较，或者说取决于短期资金市场供需曲线交叉点的利率与长期资金市场供需曲线交叉点的利率对比。如果短期资金市场供需曲线交叉点利率高于长期资金市场供需曲线交叉点利率，利率期限结构则呈现向下倾斜的趋势；如果短期资金供需曲线交叉点利率低于长期资金市场供需曲线交叉点利率，利率期限结构则呈现向上倾斜的趋势。

**【例题 68】** 下列关于利率期限结构理论的说法，正确的有（　　）。

Ⅰ. 市场预期理论认为利率期限结构取决于短期资金市场供求状况与长期资金市场

供求状况的比较

Ⅱ. 流动性偏好理论认为流动性溢价是远期利率和未来的预期即期利率之间的差额

Ⅲ. 市场分割理论认为利率期限结构完全取决于对未来即期利率的市场预期

Ⅳ. 流动性偏好理论认为利率曲线的形状是由对未来利率的预期和延长偿还期所必需的流动性溢价共同决定

A. Ⅱ、Ⅲ、Ⅳ　　B. Ⅱ、Ⅳ　　C. Ⅰ、Ⅲ　　D. Ⅰ、Ⅱ、Ⅳ

**【答案】** B

**【解析】** Ⅰ项错误，在市场分割理论（并非市场预期理论）下，利率期限结构取决于短期资金市场供求状况与长期资金市场供求状况的比较，或者说取决于短期资金市场供需曲线交叉点的利率与长期资金市场供需曲线交叉点的利率对比。Ⅱ、Ⅳ项正确，在流动性偏好理论中，利率曲线的形状是由对未来利率的预期和延长偿还期所必需的流动性溢价共同决定的，其中，流动性溢价便是远期利率和未来的预期即期利率之间的差额。Ⅲ项错误，市场预期理论（并非市场分割理论），又被称为无偏预期理论，认为利率期限结构完全取决于对未来即期利率的市场预期。综上所述，Ⅱ、Ⅳ项符合题意，故本题选B选项。

**【本节学习提示】** 考查重点：

①必要回报率的计算方法。

②债券当期收益率的计算以及其与到期收益率和持有期收益率的区别。

③上升、下降、水平和拱形四种不同的收益率曲线的内涵。

④利率期限结构三种理论的含义。

## 同步真题练习

1. 债券票面利率是债券年利息与债券票面价值的比率，又称为（　　）。

A. 到期收益率　　B. 实际收益率　　C. 持有期收益率　　D. 名义利率

2. 在资本市场上占有重要地位的国债是（　　）。

A. 无期限国债　　B. 长期国债　　C. 国库券　　D. 短期国债

3. 下列关于可转换债券和可交换债券的异同和适用监管规定的说法，正确的有（　　）。

Ⅰ. 可转换债券和可交换债券相同之处是发行要素相似，比如票面利率、期限等

Ⅱ. 可转换债券和可交换债券都是嵌入期权等形成的衍生金融产品

Ⅲ. 可转换债券和可交换债券的用于转股的股份来源不同

Ⅳ. 可转换债券和可交换债券的发行主体不同

A. Ⅱ、Ⅲ　　B. Ⅰ、Ⅱ、Ⅲ、Ⅳ

C. Ⅰ、Ⅳ　　D. Ⅰ、Ⅲ、Ⅳ

4. 下列不属于我国国际债券品种的是（　　）。

A. 政府债券　　B. 金融债券　　C. 公司债券　　D. 次级债券

5. 下列关于信用增级机构的说法，正确的有（　　）。

Ⅰ. 信用增级机构向发行人收取相应费用

Ⅱ. 信用增级机构在证券违约时不承担赔偿责任

Ⅲ. 信用增级可以通过内部增级和外部增级

Ⅳ. 第三方信用增级机构包括政府机构、保险公司、金融担保公司、金融机构、大型企业的财务公司等

A. Ⅲ、Ⅳ　　B. Ⅱ、Ⅲ　　C. Ⅰ、Ⅱ　　D. Ⅰ、Ⅲ

6. 下列关于资产证券化运作程序的说法，错误的是（　　）。

A. 特设信托机构在对证券化资产进行风险分析后，对一定的资产集合进行风险结构的重组

B. 特殊目的机构除开展资产证券化业务之外，还可以通过其他业务获得收入

C. 原始权益人根据自身的资产证券化融资要求，确定资产证券化目标

D. 承销商负责向投资者销售资产支持证券，包括包销和代销两种方式

7. 根据证券化的基础资产不同，不属于该分类的是（　　）。

A. 不动产证券化　　B. 应收账款证券化

C. 信贷资产证券化　　D. P2P 资产证券化

8. 下列关于凭证式国债的说法，错误的是（　　）。

A. 凭证式国债是一种可上市流通的储蓄型债券

B. 商业银行可以申请加入凭证式国债承销团

C. 发售采取开具凭证式国债收款凭证式的方式

D. 承销商发售数量不得突破所承销的国债量

9. 经中国证监会备案的资信评级机构从事证券评级业务，应当遵循（　　）原则。

Ⅰ. 独立

Ⅱ. 客观

Ⅲ. 公开

Ⅳ. 公正

A. Ⅰ、Ⅱ、Ⅲ、Ⅳ　　B. Ⅰ、Ⅱ、Ⅳ

C. Ⅱ、Ⅲ　　D. Ⅰ、Ⅲ、Ⅳ

10. 关于商业银行次级债务，下列说法中正确的有（　　）。

Ⅰ. 商业银行次级债务可由银行发行

Ⅱ. 商业银行次级债务固定期限不低于5年（含5年）

Ⅲ. 除非银行倒闭或清算，次级债务不用于弥补银行日常经营损失

Ⅳ. 商业银行次级债务是长期债务

A. Ⅰ、Ⅲ、Ⅳ　　B. Ⅰ、Ⅱ　　C. Ⅱ、Ⅳ　　D. Ⅰ、Ⅱ、Ⅲ、Ⅳ

11. 在现行的具体操作中，企业债券的期限原则上不能低于（　　）年。

A. 1　　B. 3　　C. 5　　D. 10

12. 发行公司债券，发行人应当按照《公司法》或者公司章程相关规定对（　　）作出决议。

Ⅰ. 发行债券的金额

Ⅱ. 债券期限

Ⅲ. 募集资金的用途

Ⅳ. 发行方式

A. Ⅱ、Ⅳ　　B. Ⅰ、Ⅱ、Ⅲ、Ⅳ

C. Ⅰ、Ⅱ、Ⅲ　　D. Ⅲ、Ⅳ

13. 回购交易通常在（　　）交易中运用。

A. 远期　　B. 现货　　C. 债券　　D. 股票

14. 下列关于交易所债券现券交易的说法，错误的是（　　）。

A. 现券交易买卖双方成交后可约定在未来的某一时刻办理交收手续

B. 现券交易也称为债券的即期交易

C. 现券买入者付出资金并得到证券

D. 现券卖出者交付证券并得到资金

15. 远期交易与期货交易的区别主要体现在（　　）。

Ⅰ. 价格形成方式不同

Ⅱ. 交易场所不同

Ⅲ. 交易风险不同

Ⅳ. 期限不同

A. Ⅰ、Ⅱ、Ⅲ、Ⅳ　　B. Ⅱ、Ⅲ

C. Ⅰ、Ⅱ、Ⅲ　　D. Ⅰ、Ⅳ

16. 下列关于证券公司债券信息披露的说法，错误的是（　　）。

A. 证券公司债券募集资金的用途应当在债券募集说明书中披露

B. 资信评级机构为公开发行证券公司债券进行信用评级，在债券有效存续期间，应当每年至少向市场公布两次定期跟踪评级报告

C. 证券公司及其他信息披露义务人应当按照中国证监会及证券自律组织的相关规定履行信息披露义务

D. 公开发行公司债券的证券公司应当按照规定及时披露债券募集说明书

17. 下列关于银行间债券市场信用等级的说法，错误的是（　　）。

A. 中长期债券信用评级划分为三等九级

B. 短期债券信用评级可用“+”“-”符号对信用等级进行微调

C. 中长期债券信用评级可用“+”“-”符号对信用等级进行微调

D. 短期债券信用评级划分为四等六级

18. 下列关于债券收益率的说法正确的是（　　）。

Ⅰ. 持有期收益率与到期收益率的区别仅仅在于末笔现金流是卖出价格而非债券到期偿还金额

Ⅱ. 到期收益率也就是内部报酬率

Ⅲ. 当期收益率也就是内部报酬率

Ⅳ. 当期收益率可用于期限和发行人均较为接近的债券之间进行比较

A. Ⅰ、Ⅱ、Ⅳ　　B. Ⅰ、Ⅲ、Ⅳ

C. Ⅲ、Ⅳ　　D. Ⅰ、Ⅱ、Ⅲ、Ⅳ

## 答案与解析

1. **【答案】** D

**【解析】** 债券的票面利率也被称为名义利率，是债券年利息与债券票面价值的比率，通常年利率用百分数表示。

2. **【答案】** B

**【解析】** 长期国债是指偿还期限在10年以上的国债。长期国债因为期限长，政府短期内无偿还的负担，而且可以较长时间地占用国债认购者的资金，所以常被用作政府投资的资金来源。长期国债在资本市场上有着重要地位。

3. **【答案】** B

**【解析】** 可转换债券和可交换债券都是嵌入期权等形成的衍生金融产品。

可交换债券与可转换债券的相同之处是发行要素相似，也包括票面利率、期限、换股价格和换股比率、换股期限等。对投资者来说，与持有标的上市公司的可转换债券相同，投资价值与上市公司价值相关，在约定期限内可以以约定的价格交换为标的股票。

可交换债券与可转换债券具有类似的特征，也有以下明显的区别：

（1）发行主体不同；

（2）用于转股的股份来源不同；

（3）转股对公司股本的影响不同。

4. **【答案】** D

【解析】为利用国外资金，加快我国的建设步伐，我国开始利用国际债券市场筹集资金，主要的债券品种有以下几种：1. 政府债券；2. 金融债券；3. 公司债券。

5. 【答案】A

【解析】信用增级机构负责提升证券化产品的信用等级，为此要向特定目的机构收取相应费用，并在证券违约时承担赔偿责任。信用增级可以通过内部增级和外部增级两种方式，对应这两种方式，信用增级机构分别是发起人和独立的第三方。第三方信用增级机构包括政府机构、保险公司、金融担保公司、金融机构、大型企业的财务公司等。

6. 【答案】B

【解析】特殊目的机构是一个以资产证券化为唯一目的、独立的信托实体，有时也可以由发起人设立。注册后的特殊目的机构的活动受法律的严格限制，其资本化程度很低，资金全部来源于发行证券的收入。

7. 【答案】D

【解析】根据证券化的不同基础资产，可以将资产证券化划分为不动产证券化、应收账款证券化、信贷资产证券化、未来收益证券化（如高速公路收费）、债券组合证券化等类别。

8. 【答案】A

【解析】凭证式国债是一种不可上市流通的储蓄型债券，由具备凭证式国债承销团资格的机构承销。财政部和中国人民银行一般每年确定一次凭证式国债承销团资格，各类商业银行、邮政储蓄银行均有资格申请加入凭证式国债承销团。财政部一般委托中国人民银行分配承销数额。承销商在分得所承销的国债后，通过各自的代理网点发售。发售采取向购买人开具凭证式国债收款凭证的方式，发售数量不能突破所承销的国债量。

9. 【答案】B

【解析】经中国证监会备案的资信评级机构从事证券评级业务，应当遵循独立、客观、公正和审慎性原则。

10. 【答案】D

【解析】商业银行次级债务是指由银行发行的，固定期限不低于 5 年（含 5 年），除非银行倒闭或清算，不用于弥补银行日常经营损失，且该项债务的索偿权排在存款和其他负债之后的商业银行长期债务。

11. 【答案】A

【解析】《企业债券管理条例》等没有对企业债券的期限作出明确的规定，只是说约定在一定期限内还本付息，实务操作中一般为 1 年以上。

12. 【答案】B

【解析】发行公司债券，发行人应当按照《公司法》或者公司章程相关规定对以下事项作出决议：发行债券的金额；发行方式；债券期限；募集资金的用途；其他按照法律法规及公司章程规定需要明确的事项。发行公司债券，如果对增信机制、偿债保障措施作出安排的，也应当在决议事项中载明。

13. 【答案】C

【解析】回购交易长的有几周，但通常情况下只有24小时，是一种超短期的金融工具，具有短期融资的属性。从运作方式看，它结合了现货交易和远期交易的特点，通常在债券交易中运用。

14. 【答案】A

【解析】现券交易，也被称为债券的即期交易，是指证券买卖双方在成交后就办理交收手续，买入者付出资金并得到证券，卖出者交付证券并得到资金，也就是所谓二级市场的债券交易。

15. 【答案】B

【解析】远期交易和期货交易的区别主要表现在以下几个方面：

（1）交易场所不同。

（2）合约的规范性不同。

（3）交易风险不同。

（4）保证金制度不同。

（5）履约责任不同。

16. 【答案】B

【解析】证券评级机构应当在受评证券存续期内每年至少出具一次定期跟踪评级报告。如果未能及时公布跟踪评级结果，证券评级机构应当披露其原因，并说明跟踪评级结果的公布时间。B项错误。

17. 【答案】B

【解析】短期债券的每一个信用等级均不进行微调。

18. 【答案】A

【解析】债券的到期收益率是使债券未来现金流现值等于当前价格所用的相同的贴现率，也就是金融学中所谓的内部报酬率。Ⅱ项正确，Ⅲ项错误。

持有期收益率，是指买入债券到卖出债券期间所获得的年平均收益，它与到期收益率的区别仅仅在于末笔现金流是卖出价格而非债券到期偿还金额。Ⅰ项正确。

在投资学中，当期收益率被定义为债券的年利息收入与买入债券的实际价格的比率。当期收益率的优点在于简便易算，可以用于期限和发行人均较为接近的债券之间进行比较。Ⅳ项正确。

## 本章总结

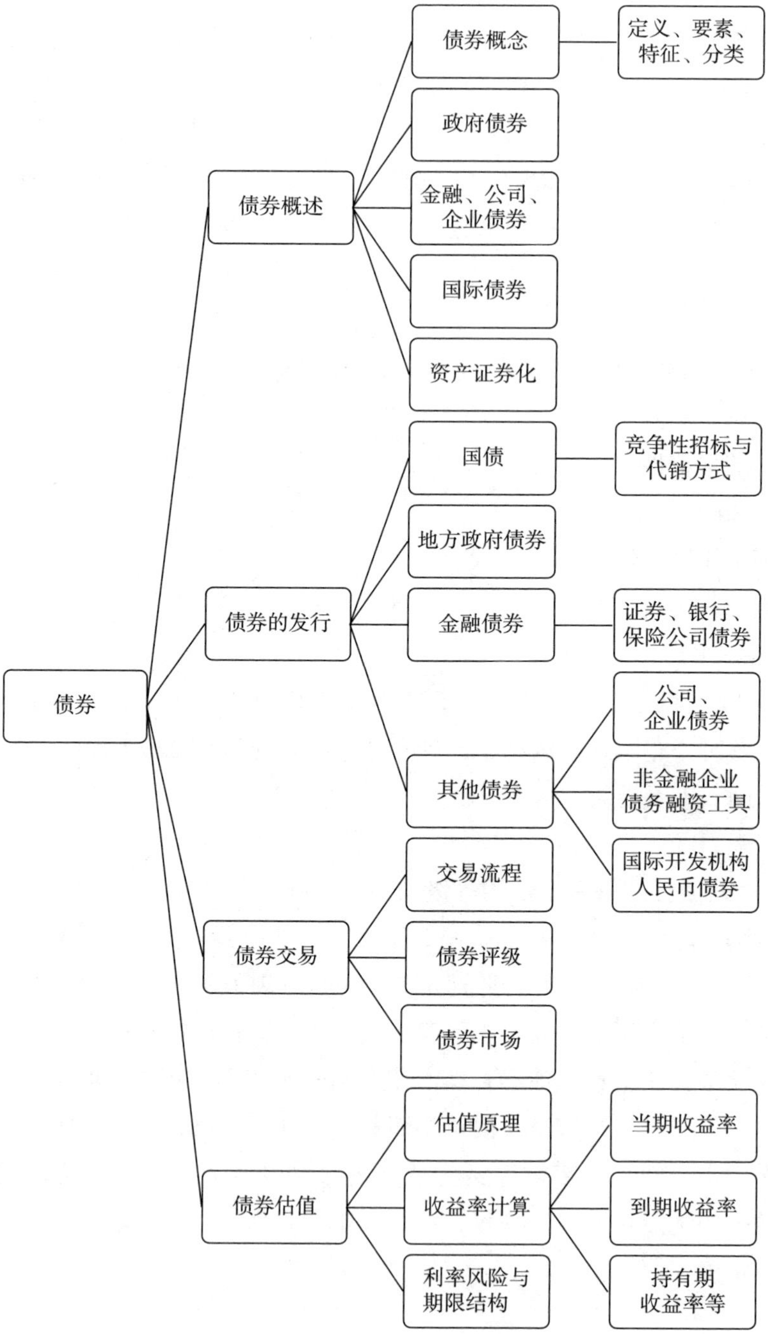
债券
债券概述
债券概念
定义、要素、特征、分类
政府债券
金融、公司、企业债券
国际债券
资产证券化
债券的发行
国债
竞争性招标与代销方式
地方政府债券
金融债券
证券、银行、保险公司债券
其他债券
公司、企业债券
非金融企业债务融资工具
国际开发机构人民币债券
债券交易
交易流程
债券评级
债券市场
债券估值
估值原理
收益率计算
当期收益率
到期收益率
持有期收益率等
利率风险与期限结构

# 第六章 证券投资基金

## 考情早知道

本章主要讲述基金的基本概念、特征、分类、监管、运作流程、税收、利润分配、绩效衡量等，其中除了绩效衡量外，均较为容易，通过一般字面意思即可理解，但因为知识点较杂，考点较细，建议复习时仔细阅读文字，绩效衡量三大指数可以配合视频学习，会使用有关金融工程学和数学的拓展概念讲述，更为容易理解，本章分值占比约为15%。

## 本章知识概览

| 小节 | 考点 | 备考指数 |
|---|---|---|
| 第一节 证券投资基金概述 | 证券投资基金的概念和特点 | ☆☆☆ |
| | 证券投资基金的分类 | ☆☆☆ |
| | 证券投资基金的起源与发展 | ☆ |
| 第二节 证券投资基金的运作与市场参与主体 | 证券投资基金的运作 | ☆☆ |
| | 基金市场参与主体 | ☆☆ |
| 第三节 基金的募集、认购、申购、赎回与交易 | 基金的募集与认购 | ☆☆ |
| | 开放式基金份额的转换、非交易过户、转托管与冻结 | ☆☆ |
| | 封闭式基金的交易 | ☆☆ |
| 第四节 基金的估值、费用与利润分配 | 基金资产估值 | ☆☆ |
| | 基金的费用 | ☆☆ |
| | 基金利润与利润分配 | ☆☆ |
| | 基金的税收 | ☆☆ |
| 第五节 基金的管理 | 基金的投资理念与投资风格 | ☆ |
| | 基金投资管理 | ☆☆ |
| | 基金的业绩评估 | ☆☆ |
| 第六节 证券投资基金的监管与信息披露 | 基金监管 | ☆☆ |
| | 基金信息披露 | ☆☆ |

续表

| 小节 | 考点 | 备考指数 |
|---|---|---|
| 第七节　私募证券投资基金 | 私募证券投资基金的基本规范 | ☆☆☆ |
| | 私募基金的募集程序 | ☆☆ |
| | 私募基金财产投资要求 | ☆☆ |
| | 私募基金管理人及从业人员等主体规范要求 | ☆☆ |
| | 私募基金的信息披露 | ☆ |

注：本书中“☆”表示知识点的重要程度，其中☆代表了解；☆☆代表理解；☆☆☆代表掌握。

# 考点详解

## 第一节　证券投资基金概述

### 考点一：证券投资基金的概念和特点（☆☆☆）

#### 一、证券投资基金的概念

（一）定义

投资基金是指通过向投资者募集资金，形成独立基金财产，由专业投资机构（基金管理人）进行基金投资与管理，由基金托管人进行资产托管，由基金投资人共享投资收益、共担投资风险的一种集合投资方式。

（二）称谓

1. 美国——共同基金
2. 英国和我国香港地区——单位信托基金
3. 欧洲一些国家——“集合投资基金”或“集合投资计划”
4. 日本和我国台湾地区——证券投资信托基金

#### 二、证券投资基金的特点

1. 集合理财、专业管理
2. 组合投资、分散风险
3. 利益共享、风险共担
4. 严格监管、信息透明
5. 独立托管、保障安全

**小贴士：**此处考法可能给予相应文字，根据文字判断属于哪一类特点，只需按字面意思理解即可。

### 三、证券投资基金与股票、债券的区别

| 比对项 | 股票 | 债券 | 基金 |
|---|---|---|---|
| 经济关系 | 所有权关系 | 债权债务关系 | 信托（公司型除外） |
| 资金投向 | 实业 | | 有价证券等金融工具 |
| 收益风险水平 | 风险较大 | 风险较小 | 风险适中 |

**【例题 1】**证券投资基金的特征不包括（　　）。

A. 集合理财　　B. 分散风险　　C. 专业管理　　D. 分散投资

**【答案】**D

**【解析】**证券投资基金的特点：

（1）集合理财、专业管理。

（2）组合投资、分散风险。

（3）利益共享、风险共担。

（4）严格监管、信息透明。

（5）独立托管、保障安全。

**【例题 2】**证券投资基金在我国香港地区称为（　　）。

A. 证券投资信托基金　　B. 投资基金

C. 共同基金　　D. 单位信托基金

**【答案】**D

**【解析】**证券投资基金在不同国家和地区的称谓不尽相同，如证券投资基金在美国主要指共同基金（Mutual Fund），在英国和我国香港地区被称为单位信托基金（U－nit Trust），在欧洲一些国家被称为“集合投资基金”或“集合投资计划”（Collective Investment Scheme），在日本和我国台湾地区被称为证券投资信托基金（Securities Investment Trust）等。

## 考点二：证券投资基金的分类（☆☆☆）

### 一、按照组织形式——契约型基金和公司型基金

| 比对项 | 契约型 | 公司型 |
|---|---|---|
| 资金性质 | 信托资产 | 法人资本 |
| 投资者地位 | 委托人、受益人 | 股东 |
| 营运依据 | 基金合同 | 公司章程 |

## 二、按照运作方式——封闭式基金和开放式基金

| 比对项 | 封闭式 | 开放式 |
| --- | --- | --- |
| 期限 | 5 年以上，一般 10 ~ 15 年 | 没有固定期限 |
| 发行规模 | 总规模固定 | 没有发行规模限制 |
| 份额交易方式 | 只能在交易场所交易，不能赎回 | 可以向管理人或销售机构提出赎回 |
| 价格形成方式 | 受供求关系影响，常出现溢价或折价，并不必然反映单位基金份额净资产值 | 每一基金份额净资产值为基础，不受供求关系影响 |
| 激励约束机制 | 因投资者无法赎回，面临的直接压力较小 | 面临赎回压力，被迫调整投资，因此激励约束机制更好 |
| 投资策略 | 可长期投资 | 预留现金以备赎回 |

## 三、按基金的投资标的划分——股票基金、债券基金、混合型基金、货币市场基金

（一）股票基金

1. 定义

根据中国证监会对基金类别的分类标准，80% 以上的基金资产投资于股票的，为股票基金。

2. 特点

股票基金的风险较高，但预期收益也较高，其投资目标侧重于追求资本利得和长期资本增值，比较适合长期投资。

3. 根据所投资股票性质的不同，可作进一步分类

（1）按投资市场。

①国内股票基金。

②国外股票基金。

（2）按所持股票性质。

①价值型股票基金——主要投资于收益稳定、价值被低估、安全性较高的股票。

②成长型股票基金——主要投资于收益增长速度快、未来发展潜力大的股票。

③平衡型股票基金——同时投资于价值型股票和成长型股票的基金。

（二）债券基金

根据中国证监会对基金类别的分类标准，80% 以上的基金资产投资于债券的，为债券基金。这类基金的风险较低，适合于稳健型投资者，当市场利率下调时，收益会上升；当市场利率上调时，收益将下降。

（三）混合型基金

1. 偏股型基金

2. 偏债型基金

3. 股债平衡型基金

4. 灵活配置型基金

（四）货币市场基金

货币市场基金是仅以货币市场工具为投资对象的一种基金，其投资对象期限较短，一般在1年以内，包括银行短期存款、国库券、公司短期债券、银行承兑票据及商业票据等货币市场工具。

## 四、按基金投资目标划分——成长型基金、收入型基金和平衡型基金

| 差异项 | 成长型基金 | 收入型基金 | 平衡型基金 |
| --- | --- | --- | --- |
| 目标 | 追求基金资产的长期增值 | 获取当期的最大收入 | 从其投资组合的债券中得到适当的利息收益，与此同时又可以获得普通股的升值收益 |
| 投资标的 | 信誉度较高、有长期成长前景或长期盈余的所谓成长公司的股票 | 可带来现金收入的有价证券 | 债券、优先股、以资本增值为目的的普通股 |
| 分类 | 1. 稳健成长型<br>2. 积极成长型 | 1. 固定收入型<br>（债券、优先股）<br>2. 股票收入型 | — |

## 五、按基金的投资理念划分——主动型基金和被动型基金

（一）主动型基金

主动型基金是指通过积极的选股和择时，力图取得超越基准组合表现的基金。

（二）被动型基金

被动型基金通常被称为指数基金，是指以特定指数作为跟踪对象，力图复制指数表现的一类基金。优势是管理费、交易费较低，同时可以有效降低非系统性风险。

（三）指数增强型基金

指数增强型基金是一类介于主动型基金和被动型基金之间的基金，它通过指数增强策略，以期获得高于标的指数回报水平的投资业绩。衡量指数增强型基金运作的一个重要标准是其投资回报能否优于同期跟踪同一标的指数的纯被动型基金。

## 六、按基金的募集方式——公募基金和私募基金

（一）公募基金

公募基金可以向社会公众公开发售基金份额，适合中小投资者参与，必须遵守有关的法律法规，接受监管机构的监管并定期公开相关信息。

（二）私募基金

私募基金不能公开发售和宣传推广，投资金额较高，风险较大，监管机构对投资者的资格和人数会加以限制，在基金运作和信息披露方面逐步向公募基金看齐。

## 七、特殊类型基金

（一）交易所交易基金（ETF）

（1）ETF是英文“Exchange Traded Funds”的简称，常被译为“交易所交易基金”。

（2）ETF 是一种在交易所上市交易的、基金份额可变的基金。

（3）ETF 结合了封闭式基金与开放式基金的运作特点。

（4）ETF 通常是以某一选定的指数所包含的成分证券为投资对象，依据构成指数的证券种类和比例，采用完全复制或抽样复制的方法进行被动投资的指数型基金。

（5）ETF 最大的特点是实物申购、赎回机制。

（6）ETF 有“最小申购、赎回份额”的规定，通常最小申购、赎回单位在 30 万份、50 万份或 100 万份。

（7）ETF 实行一级市场和二级市场并存的交易制度，一级、二级市场的价差会产生套利机会，而套利交易会使二级市场价格恢复到基金份额净值附近，因此 ETF 的二级市场价格不会过度偏离基金份额净值。

（8）ETF 联结基金是指将大部分基金资产（90% 以上）投资于跟踪同一标的指数的 ETF，密切跟踪标的指数表现。

（9）还有一些与特殊标的挂钩的 ETF，如黄金 ETF 是指将绝大部分基金财产投资于黄金交易所挂盘交易的黄金品种，紧密跟踪黄金价格。

（二）上市开放式基金（LOF）

上市开放式基金是一种既可以在场外市场进行基金份额申购、赎回，又可以在交易所进行基金份额交易和基金份额申购或赎回，并通过份额转托管机制将场外市场与场内市场有机地联系在一起的开放式基金。与 ETF 不同，LOF 不一定采用指数基金模式，也可以是主动管理型基金；同时，申购和赎回均以现金进行，对申购和赎回没有规模上的限制，可以在交易所申购、赎回，也可以在代销网点进行。

**小贴士：**当产生套利机会时，假设二级市场价格高于一级市场份额净值。

ETF 套利如下：

二级市场用货币买入对应股票→一级市场用股票换取（申购）ETF 份额→将 ETF 份额卖掉得到货币。

LOF 套利如下：

一级市场用货币申购基金份额→二级市场卖出基金份额得到货币。

（三）避险策略基金

避险策略基金是通过一定的避险投资策略进行运作，同时引入相关保障机制，以便在避险策略周期到期时，力求避免基金份额持有人投资本金出现亏损的公开募集证券投资基金。因避险策略基金在极端情况下仍然存在本金损失的风险。目前，我国于 2017 年将基金市场中的“保本基金”正式更名为“避险策略基金”。

（四）QDII 基金

QDII 基金是指在一国境内设立，该国有关部门批准从事境外证券市场的股票、债券等有价证券投资的基金。根据中国证监会的规定，QDII 基金投资目的地为与中国证监会签署了双边监管合作谅解备忘录的国家或地区，投资工具为股票、基金、债券、金融衍生品等。

（五）基金中基金（FOF）

基金中基金是以其他基金为投资对象的基金。在中国，根据中国证监会对基金类别的分类标准，80%以上的基金资产投资于其他基金份额的，为基金中基金。

（六）管理人中管理人（MOM）

1. 概念

MOM产品，是指母管理人将资产管理产品部分或者全部资产委托给多个子管理人进行管理的资产管理产品。

2. 角色定位

（1）母管理人是产品管理人，履行法定的受托职责。

（2）子管理人是母管理人的投资顾问，属于基金服务机构，受母管理人委托提供投资建议等基金服务。

注意：母管理人依法应承担的责任不因委托而免除。

3. MOM管理人中管理人产品的定义

（1）证券期货经营机构（管理人）管理。

（2）同时符合以下两方面特征的公募基金或私募资管产品。

①部分或全部资产委托给两个或两个以上符合条件的第三方资产管理机构（投资顾问）提供投资建议服务。

②资产划分成两个或两个以上资产单元，每一个资产单元单独开立证券期货账户。

注意：MOM产品可以通过公开募集方式或者非公开募集方式设立。

（七）伞形基金

伞形基金又被称为系列基金，是指多个基金共用一个基金合同，子基金独立运作并直接可以相互转换的一种基金结构形式。我国暂无该品类。

（八）养老目标基金

（1）养老目标基金是指以追求养老资产的长期稳健增值为目的，鼓励投资人长期持有，采用成熟的资产配置策略，合理控制投资组合波动风险的公开募集证券投资基金。

（2）养老目标基金应当采用基金中基金形式或中国证监会认可的其他形式运作。

（九）不动产投资信托基金（REITs）

1. 概念

基础设施资产支持证券，是指依据《证券公司及基金管理公司子公司资产证券化业务管理规定》等有关规定，以基础设施项目产生的现金流为偿付来源，以基础设施资产支持专项计划为载体，向投资者发行的代表基础设施财产或财产权益份额的有价证券。

2. 基础设施分类

①仓储物流。

②收费公路。

③机场港口等交通设施。

④水电气热等市政设施。

⑤污染治理。

⑥信息网络。

⑦产业园区等其他基础设施（不含住宅和商业地产）。

3. 根据《公开募集基础设施证券投资基金指引（试行）》，公募 REITs 产品须同时符合的特征

（1）80% 以上基金资产投资于基础设施资产支持证券，并持有其全部份额，基金通过基础设施资产支持证券持有基础设施项目公司全部股权；

（2）基金通过资产支持证券和项目公司等载体取得基础设施项目完全所有权或经营权利；

（3）基金管理人主动运营管理基础设施项目，以获取基础设施项目租金、收费等稳定现金流为主要目的；

（4）采取封闭式运作，收益分配比例不低于合并后基金年度可供分配金额的 90%。

**【例题 3】**依所筹资金的不同投向，下列关于股票、债券、基金的说法，正确的有（　　）。

Ⅰ. 股票是直接投资工具

Ⅱ. 债券是间接投资工具

Ⅲ. 基金主要投向有价证券

Ⅳ. 基金是间接投资工具

A. Ⅰ、Ⅲ、Ⅳ　　B. Ⅱ、Ⅲ、Ⅳ　　C. Ⅰ、Ⅱ、Ⅳ　　D. Ⅰ、Ⅲ

**【答案】**A

**【解析】**股票和债券是直接投资工具，筹集的资金主要投向实业，而基金是间接投资工具，筹集的资金主要投向有价证券等金融工具。

**【例题 4】**开放式基金的特点有（　　）。

Ⅰ. 没有固定期限

Ⅱ. 没有发行规模限制

Ⅲ. 基金份额资产净值每周公布一次

Ⅳ. 高度重视投资组合的流动性，因此会预留一定比例的现金，不会进行全额投资

A. Ⅱ、Ⅲ、Ⅳ　　B. Ⅰ、Ⅱ、Ⅳ　　C. Ⅲ、Ⅳ　　D. Ⅰ、Ⅳ

**【答案】**B

**【解析】**开放式基金是指基金份额总额不固定，可以在基金合同约定的时间和场所申购及赎回基金份额。

开放式基金没有固定期限，投资者可向基金管理人申购、赎回基金份额。

开放式基金没有发行规模限制，投资者可提出申购或赎回申请，基金规模随之增加或减少。

开放式基金在操作上常常会受到不可预测的资金流进、流出的干扰，特别是为应对投资者赎回的需要，必须高度重视投资组合的流动性，因此会预留一定比例的现金，不会进行全额投资，这也会在一定程度上对投资业绩带来不利影响。

我国的开放式基金于每个交易日估值，并不晚于下一交易日公告份额净值；封闭式基金和定期开放式基金的封闭期每个交易日都进行估值，但每周披露一次基金份额净值。Ⅲ项错误。

**【例题5】**股票基金的投资目标侧重于追求（　　）。

Ⅰ. 公司控股权

Ⅱ. 长期资本增值

Ⅲ. 资本利得

Ⅳ. 优先认股权

A. Ⅰ、Ⅱ　　B. Ⅱ、Ⅲ　　C. Ⅱ、Ⅳ　　D. Ⅰ、Ⅲ、Ⅳ

**【答案】**B

**【解析】**股票基金的风险较高，但预期收益也较高，其投资目标侧重于追求资本利得和长期资本增值，比较适合长期投资。

**【例题6】**货币市场基金的投资对象包括（　　）。

Ⅰ. 银行短期存款

Ⅱ. 公司短期债券

Ⅲ. 银行承兑票据

Ⅳ. 长期国债

A. Ⅰ、Ⅱ、Ⅲ　　B. Ⅱ、Ⅲ

C. Ⅰ、Ⅱ、Ⅲ、Ⅳ　　D. Ⅰ、Ⅳ

**【答案】**A

**【解析】**货币市场基金是仅以货币市场工具为投资对象的一种基金，其投资对象期限较短，一般在1年以内，包括银行短期存款、国库券、公司短期债券、银行承兑票据及商业票据等货币市场工具。

**【例题7】**下列关于上市开放式基金（LOF）的说法，错误的是（　　）。

A. LOF仅能在交易所申购、赎回　　B. LOF申购和赎回均以现金进行

C. LOF可以是主动管理型基金　　D. LOF不会出现大幅度折价交易

**【答案】**A

**【解析】**上市开放式基金（Listed Open-ended Funds，LOF）是一种既可以在场外市

场进行基金份额申购、赎回，又可以在交易所进行基金份额交易和基金份额申购或赎回，并通过份额转托管机制将场外市场与场内市场有机地联系在一起的开放式基金。

**【例题8】**公司型基金在组织形式上与（　　）类似，由股东选举董事会，由董事会选聘基金管理公司，基金管理公司负责管理基金的投资业务。

A. 合资公司　　B. 有限责任公司　　C. 股份有限公司　D. 集团公司

**【答案】**C

**【解析】**公司型基金在组织形式上与股份有限公司类似，由股东选举董事会，由董事会选聘基金管理公司，基金管理公司负责管理基金的投资业务。

**【例题9】**在一级市场，通常ETF的最小申购，赎回单位是（　　）。

A. 50万份或70万份　　B. 50万份或100万份

C. 60万份或100万份　　D. 60万份或150万份

**【答案】**B

**【解析】**ETF有“最小申购、赎回份额”的规定，通常最小申购、赎回单位在30万份、50万份或100万份，申购、赎回必须以最小申购、赎回单位的整数倍进行。

**【例题10】**投资者在申购和赎回ETF时，使用的是（　　）。

A. 其他基金份额　　B. 一篮子股票　　C. 股票和债券　　D. 现金

**【答案】**B

**【解析】**ETF最大的特点是实物申购、赎回机制，即它的申购是用一篮子股票换取ETF份额，赎回时是以基金份额换回一篮子股票而不是现金。

## 考点三：证券投资基金的起源与发展（☆）

### 一、证券投资基金的起源与发展历程

1. 世界上第一只封闭式投资基金——荷兰人1774年创立的“团结就是力量”

2. 世界上第一只开放式基金——1924年哈佛大学教授出资的“马萨诸塞投资信托基金”

### 二、全球证券投资基金业发展概况

美国开放式基金资产占全球基金总资产的47%，是全球第一大基金市场。

### 三、我国证券投资基金的发展概况

（一）早期探索阶段（1990—1997年）

（1）1992年11月，经深圳市人民银行批准成立了深圳市投资基金管理公司，设立了国内最早的封闭式基金——天骥基金。

（2）1992年11月，国内第一只经中国人民银行批准的公司型封闭式投资基金——淄博乡镇企业投资基金正式设立，并于1993年8月在上海证券交易所挂牌上市，成为我国首只在证券交易所上市交易的投资基金。

（3）中国人民银行是基金的审批和管理部门，相对1997年《证券投资基金管理暂行办法》实施后发展起来的证券投资基金，习惯上将1997年之前设立的基金称为“老基金”。

（二）规范发展阶段（1998—2003年）

（1）1997年11月，当时的国务院证券委员会颁布了《证券投资基金管理暂行办法》，为我国证券投资基金的规范发展奠定了基本的法律基础。

（2）1998年3月27日，经中国证监会批准，新成立的南方基金管理公司与国泰基金管理公司分别发起设立的两只封闭式基金——基金开元与基金金泰，由此拉开了中国证券投资基金业发展的序幕。

（3）2001年9月诞生了我国第一只开放式基金——华安创新。

（4）2003年12月首只货币市场基金诞生。

（三）创新发展阶段（2004—2012年）

（1）2003年10月28日，《证券投资基金法》颁布并于2004年6月1日施行，我国基金业的法律规范得到重大完善，引导基金业进入创新发展阶段。

（2）2003—2004年，基金产品创新层出不穷，先后出现了上市开放式基金（LOF）（2004年10月）、ETF基金（2004年12月）、分级基金（2007年7月）、QDII基金（2007年9月）等主要基金创新品种。

（3）公募基金在2006—2007年“大牛市”中跨越式发展，2008年以后，由于全球金融危机的影响，基金行业进入了平稳发展时期。

（四）稳步发展阶段（2013年至今）

（1）2012年12月，修订后的《证券投资基金法》颁布并于2013年6月1日正式实施，使我国基金业的发展环境进一步优化，我国基金业进入全新的发展阶段。

（2）2015年7月，内地与香港地区开启基金互认，香港地区成立的基金可以向内地销售，内地成立的基金也可以进入中国香港市场。

（3）2020年7月10日，中国证监会发布《公开募集证券投资基金侧袋机制指引（试行）》，于2020年8月1日起开始执行，其主要作用是：

①明确侧袋机制是在符合法定条件下将难以合理估值的风险资产从基金组合资产中分离出来进行处置清算，确保剩余基金资产正常运作的机制。

②规定侧袋机制的启用条件、实施程序和主要实施环节的操作要求。

③压实基金管理人的风险管控主体责任，着力规范费用收取、信息披露等投资运作环节及相关内部控制，并明确托管人和会计师事务所职责，形成管理人内部约束、公众监督、外部专业机构相互制衡的机制。

注意：有关侧袋机制的内容。

1. 概念

侧袋机制，是将基金投资组合中的特定资产从原有账户分离至一个专门账户进行处置清算，目的是有效隔离并化解风险，确保投资者得到公平对待，属于流动性风险管理工具。侧袋机制实施期间，原有账户被称为主袋账户，专门账户被称为侧袋账户。

2. 侧袋中的特定资产包含

（1）无可参考的活跃市场价格且采用估值技术仍导致公允价值存在重大不确定性的资产。

（2）按摊余成本计量且计提资产减值准备仍导致资产价值存在重大不确定性的资产。

（3）其他资产价值存在重大不确定性的资产。

**【例题 11】**经中国人民银行总行批准设立，于 1993 年 8 月在上海证券交易所挂牌交易的我国第一只上市交易的投资基金是（　　）。

A. 武汉证券投资基金　　B. 建业基金

C. 淄博乡镇企业投资基金　　D. 富岛基金

**【答案】**C

**【解析】**1992 年 11 月，国内第一只经中国人民银行批准的公司型封闭式投资基金——淄博乡镇企业投资基金正式设立，并于 1993 年 8 月在上海证券交易所挂牌上市，成为我国首只在证券交易所上市交易的投资基金。

**【例题 12】**下列关于证券投资资金起源的说法，正确的有（　　）。

Ⅰ. 早期的投资基金都是封闭的，投资范围广泛

Ⅱ. 1929 年的股市危机给普遍采用高杠杆投资策略的封闭式基金毁灭性打击

Ⅲ. 2007—2008 年国际金融危机爆发基金业的规模因资金净流出出现了短暂的下跌

Ⅳ. 受国际金融危机影响，美国共同基金的规模位居全球第三

A. Ⅰ、Ⅱ、Ⅲ、Ⅳ

B. Ⅱ、Ⅲ、Ⅳ

C. Ⅰ、Ⅱ、Ⅲ

D. Ⅲ、Ⅳ

**【答案】**C

**【解析】**Ⅰ项正确，早期的投资基金都是封闭式的，投资范围广泛，并不以证券投资为主要投资方向。

Ⅱ项正确，1929 年的股市危机给普遍采用高杠杆投资策略的封闭式基金毁灭性打击，几乎导致封闭式基金全军覆没，而开放式基金则得以幸存。

Ⅲ项正确、Ⅳ项错误，2007—2008 年国际金融危机爆发后，基金业的规模因资金净流出出现了短暂的下跌，之后又迅速恢复到危机前的水平。截至 2020 年年底，美国共同基金以 23.9 万亿美元（不含 ETF）的规模位居全球第一。

【本节学习提示】考查重点：

①基金的基本概念和特点。

②基金不同分类的区别，尤其是公司型和契约型以及封闭式与开放式基金。

③我国基金业不同发展阶段。

# 第二节　证券投资基金的运作与市场参与主体

## 考点一：证券投资基金的运作（☆☆）

### 一、基金运作概述

（一）基金运作包含的内容

1. 基金的募集

2. 基金投资管理

3. 基金资产托管

4. 基金份额的登记与交易

5. 基金资产的估值与会计核算

6. 基金的信息披露

7. 其他相关环节

（二）在基金运作中，基金管理人居主导与核心位置

（三）从基金管理人的角度看，基金运作可分为

1. 基金的市场营销——主要涉及基金份额的募集与客户服务

2. 投资管理——体现了管理人的价值

3. 后台管理——包含份额的注册登记、基金资产的估值、会计核算、信息披露等后台管理服务

### 二、运作关系

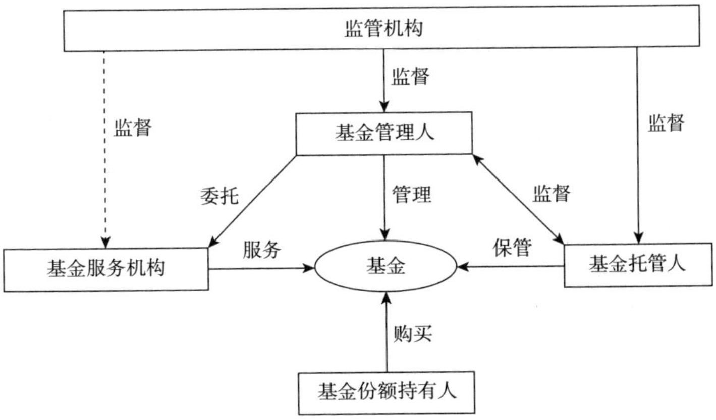

【例题13】基金的运作包括（　　）。

Ⅰ. 基金的设计

Ⅱ. 基金资产的估值与会计核算

Ⅲ. 基金资产托管

Ⅳ. 基金份额的登记和交易

A. Ⅱ、Ⅳ　　B. Ⅱ、Ⅲ、Ⅳ　　C. Ⅰ、Ⅲ　　D. Ⅰ、Ⅱ、Ⅲ、Ⅳ

【答案】B

【解析】基金的运作包括基金的募集、基金投资管理、基金资产托管、基金份额的登记与交易、基金资产的估值与会计核算、基金的信息披露以及其他相关环节。

### 考点二：基金市场参与主体（☆☆）

#### 一、基金当事人

（一）基金份额持有人

1. 定义

基金份额持有人即基金投资者，是基金的出资人、基金资产的所有者和基金投资收益的受益人，基金份额持有人是基金一切活动的中心。

2. 权利

（1）分享基金财产收益；

（2）参与分配清算后的剩余基金财产；

（3）依法转让或者申请赎回其持有的基金份额；

（4）按照规定要求召开基金份额持有人大会；

（5）对基金份额持有人大会审议事项行使表决权；

（6）查阅或者复制公开披露的基金信息资料；

（7）对基金管理人、基金托管人、基金销售机构损害其合法权益的行为依法提起诉讼。

（二）基金管理人

（1）基金管理人是基金的募集者和管理者，在整个基金的运作中起着核心的作用。

（2）负责基金的投资管理，承担着产品设计、基金营销、基金注册登记、基金估值、会计核算等多方面的职责。

（3）在我国，公开募集基金的基金管理人，由基金公司或者经国务院证券监督管理机构按照规定核准的其他机构担任。

（三）基金托管人

（1）《证券投资基金法》规定，基金资产必须由独立于基金管理人的基金托管人保管，从而使得基金托管人成为基金的当事人之一。

（2）基金托管人的职责主要体现在资产保管、资金清算、会计复核以及对投资运作的监督等方面。

（3）在我国，基金托管人只能由依法设立并取得基金托管资格的商业银行或其他金融机构承担。

## 二、基金市场服务机构

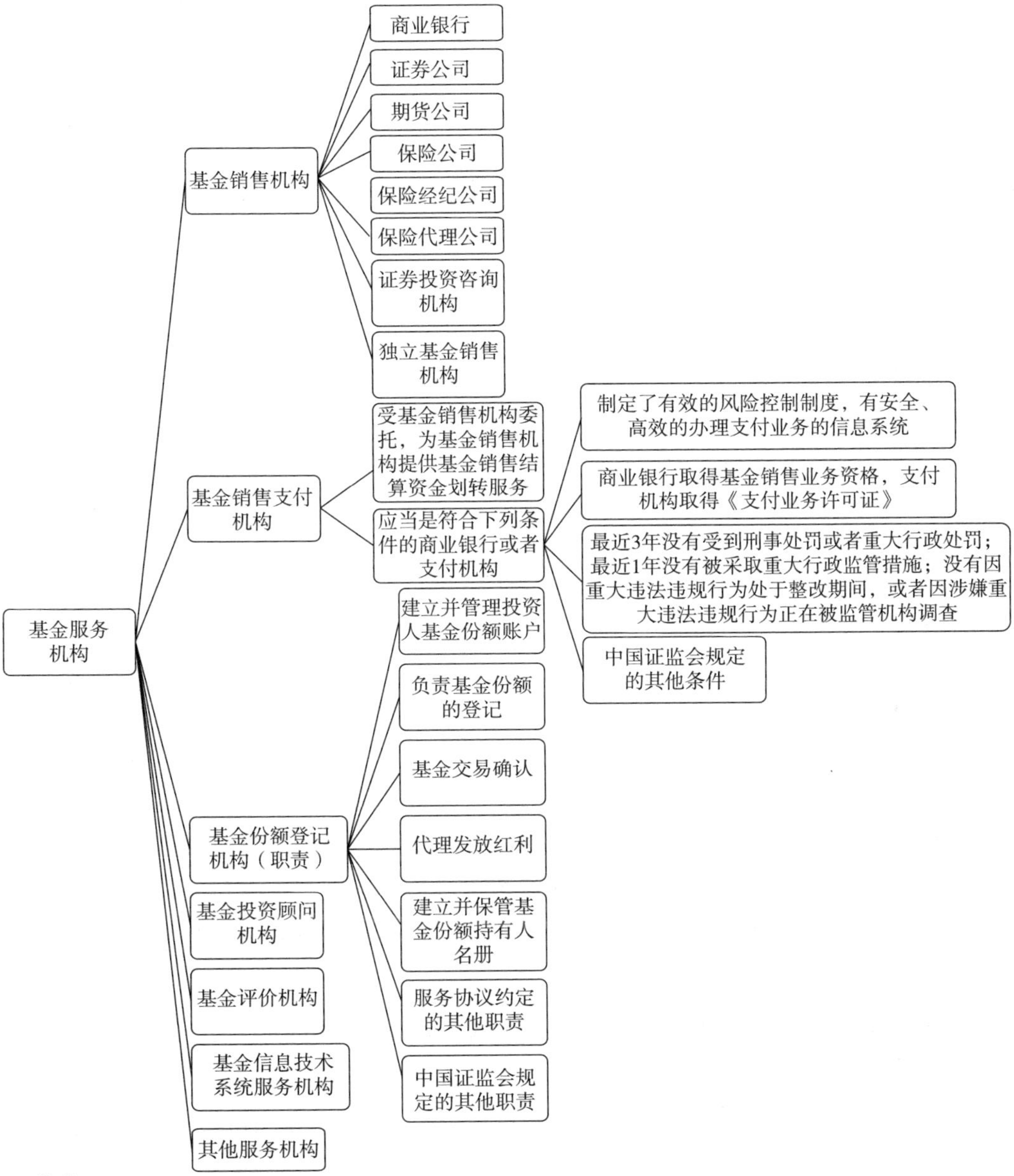


注意：

①基金管理人、基金托管人既是基金的当事人，又是基金的主要服务机构。

②基金服务机构应当向住所地中国证监会派出机构申请注册基金销售业务资格，并申领“经营证券期货业务许可证”。

③基金销售支付机构从事基金销售支付业务，应当向中国证监会备案。

④基金评价机构从事公募基金评价业务并以公开形式发布基金评价结果的，应向中国证券投资基金业协会申请注册。

## 三、基金的监管机构和自律组织

（一）基金的监管机构

在我国，国务院证券监督管理机构，即中国证监会依法对证券投资基金活动实施监督管理。

（二）基金的自律组织

1. 基金的自律组织主要有基金行业自律组织和证券交易所

2. 中国证券投资基金业协会是我国基金行业的自律性组织

3. 证券交易所对基金的投资交易行为还承担着重要的一线监控管理职责

**【例题 14】** 下列关于证券投资基金的说法中，错误的是（　　）。

A. 基金管理人可以由依法设立的基金公司担任

B. 基金份额持有人、基金管理人与基金托管人是基金合同的当事人

C. 基金管理人是基金的募集者和管理者

D. 基金持有人是基金运营的核心

**【答案】** D

**【解析】** D 项，在证券投资基金运作中，基金管理人居主导与核心位置。

**【例题 15】** 基金服务机构主要包括（　　）。

Ⅰ. 基金销售支付机构

Ⅱ. 基金估值核算机构

Ⅲ. 律师事务所

Ⅳ. 基金自律组织

A. Ⅰ、Ⅱ、Ⅳ　　B. Ⅱ、Ⅲ、Ⅳ　　C. Ⅰ、Ⅲ、Ⅳ　　D. Ⅰ、Ⅱ、Ⅲ

**【答案】** D

**【解析】** 除基金管理人与基金托管人外，基金市场上还有许多面向基金提供各类服务的其他服务机构。这些机构主要包括基金销售机构、基金销售支付机构、基金份额登记机构、基金估值核算机构、基金投资顾问机构、基金评价机构、律师事务所、会计师事务所、信息技术系统服务机构等。

**【例题 16】** 既是基金的当事人，又是基金的主要服务机构是（　　）。

A. 基金评价机构　　B. 基金份额持有人

C. 基金托管人　　D. 基金投资顾问机构

**【答案】** C

**【解析】** 基金管理人、基金托管人既是基金的当事人，又是基金的主要服务机构。

【本节学习提示】考查重点：

①基金运作中管理、托管人和投资者之间的关系。

②基金当事人的权利与义务以及基金服务机构的类型。

## 第三节　基金的募集、认购、申购、赎回与交易

### 考点一：基金的募集与认购（☆☆）

#### 一、基金的募集

（一）概念

基金的募集是指基金管理公司根据有关规定向中国证监会提交募集申请文件、发售基金份额、募集基金的行为。

（二）申请募集基金，拟募集的基金应当具备的条件

1. 有明确、合法的投资方向

2. 有明确的基金运作方式

3. 符合中国证监会关于基金品种的规定

4. 基金合同、招募说明书等法律文件草案符合法律、行政法规和中国证监会的规定

5. 基金名称表明基金的类别和投资特征，不存在损害国家利益、社会公共利益，欺诈、误导投资者，或者其他侵犯他人合法权益的内容

6. 招募说明书真实、准确、完整地披露了投资者作出投资决策所需的重要信息，不存在虚假记载、误导性陈述或者重大遗漏，语言简明、易懂、实用，符合投资者的理解能力

7. 有符合基金特征的投资者适当性管理制度，有明确的投资者定位、识别和评估等落实投资者适当性安排的方法，有清晰的风险警示内容

（三）基金募集的步骤

1. 基金募集申请（提交下列材料）

（1）募集基金的申请报告。

（2）基金合同草案。

（3）基金托管协议草案。

（4）招募说明书草案。

（5）法律意见书。

2. 基金注册

根据《证券投资基金法》的规定，国务院证券监督管理机构应当自受理公开募集基金的募集注册申请之日起六个月内依照法律、行政法规及国务院证券监督管理机构的规

定进行审查，作出注册或者不予注册的决定。

3. 基金份额的发售

基金管理人应当自收到准予注册文件之日起6个月内进行基金份额的发售。基金的募集期限自基金份额发售日开始计算，募集期限不得超过3个月。基金管理人应当在基金份额发售的3日前公布招募说明书、基金合同及其他有关文件。

4. 基金合同生效

（1）基金募集期限届满，基金募集份额总额不少于两亿份，基金募集金额不少于两亿元人民币。

（2）基金份额持有人的人数不少于二百人。

（3）基金管理人应当自募集期限届满之日起十日内聘请法定验资机构验资。

（4）基金备案自中国证监会书面确认之日起，基金合同生效。

（5）基金管理人应当在收到中国证监会确认文件的次日发布基金合同生效公告。

（6）基金募集失败，基金管理人应在基金募集期限届满后30日内返还投资者已缴纳的款项，并加计银行同期存款利息。

## 二、开放式基金的认购

### （一）开放式基金的认购步骤

1. 开户

（1）投资人认购开放式基金，一般通过基金管理人或管理人委托的商业银行、证券公司等基金销售机构办理。

（2）拟进行基金投资的投资人，必须先开立基金账户和资金账户。

①基金账户是基金注册登记人为基金投资人开立的、用于记录其持有的基金份额及其变动情况的账户。

②资金账户是投资人在基金代销银行、证券公司开立的用于基金买卖的资金结算账户。

2. 认购

投资者在募集期内可以多次认购基金份额，一般情况下，已经正式受理的认购申请不得撤销。

3. 确认

投资者于T日提交认购申请后，可于T+2日起到办理认购的网点查询认购申请的受理情况。

### （二）开放式基金的认购方式

开放式基金的认购采取金额认购的方式。

### （三）开放式基金的认购费率和收费模式

（1）基金管理人会针对不同的基金类型、不同的认购金额设置不同的认购费率。

（2）我国股票型基金的认购费率大多在1% ~1.5%，债券型基金的认购费率通常在1%以下，货币市场基金一般不收取认购费。

（3）基金份额的认购通常有前端收费和后端收费两种模式，前端收费是指在认购基金份额时就支付认购费用的付费模式，后端收费是指在认购基金份额时不收费，在赎回基金份额时才支付认购费用的收费模式。

（四）开放式基金认购份额的计算

基金认购费用统一按净认购金额为基础收取，相应的计算公式为：

净认购金额 = 认购金额/(1 + 认购费率)

认购费用 = 认购金额 - 净认购金额

认购份额 = (净认购金额 + 认购利息)/基金份额初始面值

**案例：**某投资者投资100 000.00元认购本基金，对应认购费率为1.20%，在募集期间产生利息50.00元，则其可得到的认购份额计算方法为：

净认购金额 =100 000.00/（1 +1.20%） =98 814.23（元）

认购费用 =100 000.00 −98 814.23 =1 185.77（元）

认购份额 =（98 814.23 +50.00）/1.00 =98 864.23（份）

## 三、开放式基金申购、赎回的概念

（一）申购、赎回的概念

（1）申购：投资者在开放式基金合同生效后，申请购买基金份额的行为通常被称为基金的申购。

（2）赎回：开放式基金的赎回是指基金份额持有人要求基金管理人购回其所持有的开放式基金份额的行为。

（二）认购与申购的区别

| 比对项 | 认购 | 申购 |
|---|---|---|
| 申请购买时间 | 基金设立募集期内 | 合同生效后 |
| 费率 | 认购费率更优惠 | |
| 价格 | 1元/份 | 未知价，通常T+2日内确认 |

注意：基金申购份额确认后的下一个工作日就可以赎回基金份额。

（三）申购、赎回的原则

1. 对固定净值型货币基金

份额价格固定为1元人民币，投资者按固定价格进行申购、赎回。

2. 对一般开放式基金

申购、赎回时则遵循“未知价”交易原则。

3. “金额申购、份额赎回”（货币基金也遵循）

（四）申购、赎回费用及销售服务费

1. 申购费用

（1）基金管理人可以对选择前端收费方式的投资人根据其申购金额的数量适用不同的前端申购费率标准。

（2）基金管理人可以对选择后端收费方式的投资人根据其持有期限适用不同的后端申购费率标准，对于持有期低于3年的投资人，基金管理人不得免收其后端申购费用。

2. 赎回费用

基金管理人可以根据基金份额持有人持有基金份额的期限适用不同的赎回费标准。通常，持有时间越长，适用的赎回费率越低（货币市场基金除外）。

3. 销售服务费

基金管理人可以从开放式基金财产中计提一定比例的销售服务费，例如我国的货币市场基金，通常申购和赎回费为0，一般从基金财产中计提不高于0.25%的销售服务费，用于基金的持续销售和为基金份额持有人提供服务。

【例题17】在我国，基金设立的两个重要法律文件包括（　　）。

Ⅰ. 基金合同

Ⅱ. 基金财务报告

Ⅲ. 基金招募说明书

Ⅳ. 基金年度报告

A. Ⅰ、Ⅳ　　B. Ⅱ、Ⅲ　　C. Ⅰ、Ⅱ　　D. Ⅰ、Ⅲ

【答案】D

【解析】基金合同与基金招募说明书是基金设立的两个重要法律文件。

【例题18】基金的募集一般要经过（　　）等步骤。

Ⅰ. 注册

Ⅱ. 申请

Ⅲ. 基金合同生效

Ⅳ. 发售

A. Ⅰ、Ⅱ、Ⅲ、Ⅳ　　B. Ⅰ、Ⅱ、Ⅲ

C. Ⅱ、Ⅳ　　D. Ⅰ、Ⅲ、Ⅳ

【答案】A

【解析】基金的募集一般要经过申请、注册、发售、基金合同生效四个步骤。

【例题19】我国的货币市场基金通常的申购费率为（　　）。

A. 0.1%　　B. 0.15%　　C. 0　　D. 0.05%

【答案】C

【解析】我国的货币市场基金，通常申购和赎回费为0。一般是从基金财产中计提不高于 0.25% 的销售服务费，用于基金的持续销售和为基金份额持有人提供服务。故本题选 C 选项。

**【例题 20】** 下列关于开放式基金的申购与赎回的说法，正确的有（　　）。

Ⅰ. 开放式基金的申购与赎回均可以通过基金管理人的直销中心与基金销售代理人的代销网点办理

Ⅱ. 在开放式基金合同生效后，申请购买基金份额的行为是基金申购

Ⅲ. 开放式基金遵循份额申购、金额赎回的原则

Ⅳ. 固定净值型货币基金份额均按 1 元人民币的固定价格申购与赎回

A. Ⅰ、Ⅱ、Ⅳ　　B. Ⅰ、Ⅳ　　C. Ⅱ、Ⅲ　　D. Ⅰ、Ⅱ、Ⅲ、Ⅳ

**【答案】** A

**【解析】** 开放式基金的申购和赎回与认购一样，可以通过基金管理人的直销中心与基金销售机构的代销网点办理。“金额申购、份额赎回”原则，即申购以金额申请，赎回以份额申请。这是适应未知价下进行申购、赎回最方便、安全的方式。货币基金也遵循一样的原则。认购指在基金设立募集期内，投资者申请购买基金份额的行为。申购指在基金合同生效后，投资者申请购买基金份额的行为。对固定净值型货币基金而言，基金份额价格固定为 1 元人民币，因此投资者在申购、赎回货币基金时，按固定价格进行申购、赎回。

**【例题 21】** 下列关于开放式基金份额的认购模式的说法，正确的有（　　）。

Ⅰ. 前端收费是指在认购基金份额时就支付认购费用的付费模式

Ⅱ. 后端收费是指只在赎回基金份额时才支付认购费用的收费模式

Ⅲ. 前端收费模式有助于鼓励投资者长期持有基金

Ⅳ. 后端收费的认购费率一般设计为随着基金份额持有时间的延长而递减

A. Ⅰ、Ⅱ、Ⅳ　　B. Ⅱ、Ⅲ

C. Ⅰ、Ⅱ、Ⅲ、Ⅳ　　D. Ⅰ、Ⅳ

**【答案】** A

**【解析】** 基金份额的认购通常有前端收费和后端收费两种模式。前端收费是指在认购基金份额时就支付认购费用的付费模式；后端收费是指在认购基金份额时不收费，在赎回基金份额时才支付认购费用的收费模式。后端收费模式设计的目的是鼓励投资者能长期持有基金，所以后端收费的认购费率一般设计为随着基金份额持有时间的延长而递减，甚至不再收取认购费用。

**【例题 22】** 关于开放式基金申购、赎回的原则，下列说法正确的有（　　）。

Ⅰ. 一般开放式基金的申赎价格以申赎日交易时间结束后基金管理人公布的基金份额总值为基础计算

Ⅱ. 股票基金，债券基金和货币基金均遵循“金额申购、份额赎回”原则

Ⅲ. 投资者按固定价格申购、赎回货币基金

Ⅳ. 一般开放式基金申购，赎回时遵循“未知价”交易原则

A. Ⅱ、Ⅲ　　B. Ⅰ、Ⅳ

C. Ⅱ、Ⅲ、Ⅳ　　D. Ⅰ、Ⅱ、Ⅲ、Ⅳ

**【答案】** C

**【解析】** Ⅰ项错误，申购、赎回价格只能以申购、赎回日交易时间结束后基金管理人公布的基金份额净值为基准进行计算，这与股票、封闭式基金等金融产品按“已知价”原则进行买卖不同。

Ⅱ项正确，“金额申购、份额赎回”原则，即申购以金额申请，赎回以份额申请。这是适应未知价下进行申购、赎回最方便、安全的方式。货币基金也遵循一样的原则。

Ⅲ项正确，对固定净值型货币基金而言，基金份额价格固定为1元人民币，因此投资者按固定价格申购、赎回货币基金。

Ⅳ项正确，一般开放式基金（股票基金、债券基金、混合基金等）而言，在申购、赎回时则遵循“未知价”交易原则，投资者在申购、赎回一般开放式基金份额时并不能即时获知成交价格。

## 考点二：开放式基金份额的转换、非交易过户、转托管与冻结（☆☆）

### 一、开放式基金份额的转换

（一）概念

开放式基金份额转换是指投资者将其所持有的某一只基金份额转换为另一只基金份额的行为。

（二）规则

（1）基金转换业务所涉及的基金，必须是由同一基金管理人管理的、在同一注册登记人处注册登记的基金。

（2）投资者采用“份额转换”的原则提交申请，即在销售人处以“份额”为单位提交转换申请，以转出和转入基金申请当日的份额净值为基础计算转入份额。

（3）当转出基金申购费率低于转入基金申购费率时，费用补差为按照转出基金金额计算的申购费用差额；当转出基金申购费率高于转入基金申购费率时，不收取费用补差。

注意：由于基金份额转换不需要先赎回已持有的基金再购买另一只基金，综合费用仍有优势。

### 二、开放式基金的非交易过户

开放式基金非交易过户是指不采用申购、赎回等交易方式，将一定数量的基金份额按照一定规则从某一投资者基金账户转移到另一投资者基金账户的行为，主要包括在继承、捐赠、司法强制执行和经注册登记机构认可的其他情况下的非交易过户。

**三、开放式基金份额的转托管**

开放式基金份额转托管是指基金份额持有人申请将其托管在某一交易账户中的全部或部分基金份额转出并转入另一交易账户的行为。

**四、开放式基金份额的冻结**

（1）基金注册登记机构只受理相关有权部门或机关本身提出的基金份额冻结与解冻业务申请。

（2）有权部门或机关提出的份额冻结和解冻应按照国家相关法律、法规和规章进行，注册登记机构对于其冻结和解冻的后果不承担责任。

（3）基金份额冻结期间，冻结部分不能进行除份额解冻、基金收益分配之外的基金交易。被冻结基金份额的现金红利自动转成基金份额且该再投资部分一并予以冻结，直至份额解冻。

（4）对于同一基金份额，如当事人 T 日同时提交份额冻结或解冻申请和一般申购、赎回交易申请，注册登记机构将优先处理基金份额冻结与解冻申请，而拒绝一般交易申请。

**【例题 23】**开放式基金的非交易过户主要包括（　　）。

Ⅰ. 捐赠

Ⅱ. 继承

Ⅲ. 投资人需要将自己的开放式基金赎回

Ⅳ. 司法强制执行

A. Ⅲ、Ⅳ　　B. Ⅰ、Ⅱ

C. Ⅰ、Ⅱ、Ⅳ　　D. Ⅰ、Ⅱ、Ⅲ、Ⅳ

**【答案】**C

**【解析】**开放式基金的非交易过户是指不采用申购、赎回等交易方式，将一定数量的基金份额按照一定规则从某一投资者基金账户转移到另一投资者基金账户的行为，主要包括在继承、捐赠、司法强制执行和经注册登记机构认可的其他情况下的非交易过户。

**【例题 24】**投资人可通过办理（　　）实现其变更办理基金业务销售渠道的需要。

A. 份额转换　　B. 非交易过户

C. 变更管理人业务　　D. 转托管业务

**【答案】**D

**【解析】**投资人可通过办理转托管业务，实现其变更办理基金业务销售渠道（或网点）的需要。

## 考点三：封闭式基金的交易（☆☆）

### 一、交易规则

（一）交易账户

投资者买卖封闭式基金必须开立深、沪证券账户或深、沪基金账户及资金账户。基金账户只能用于基金、国债及其他债券的认购及交易。

（二）交易时间

封闭式基金的交易时间是每周一至周五（法定公众节假日除外），9:30—11:30、13:00—15:00。

（三）竞价原则

封闭式基金的交易遵从"价格优先、时间优先"的原则。（与交易所股票交易相同）

（四）报价规则

封闭式基金的报价单位为每份基金价格。基金的申报价格最小变动单位为0.001元人民币，买入与卖出封闭式基金份额申报数量应当为100份或其整数倍，单笔最大数量应低于100万份。

（五）涨跌幅度

沪、深证券交易所对封闭式基金交易实行与对A股交易同样的10%的涨跌幅限制。

（六）交割速度

封闭式基金与A股一样实行T+1交割、交收。

### 二、交易费用

我国基金交易佣金不得高于成交金额的0.5%（深圳证券交易所特别规定该佣金水平不得低于代收的证券交易监管费和证券交易经手费，上海证券交易所无此规定），起点5元，由证券公司向投资者收取。目前，封闭式基金交易不收取印花税。

**【例题25】**在我国，封闭式基金的交割与资金交收实行（　　）制度。

A. T+2　　B. T+0　　C. T+7　　D. T+1

**【答案】**D

**【解析】**沪、深证券交易所对封闭式基金交易实行与对A股交易同样的10%的涨跌幅限制。同时，与A股一样实行T+1交割、交收，即达成交易后，相应的基金交割与资金交收在交易日的下一个营业日（T+1）完成。

**【本节学习提示】**考查重点：

①基金募集阶段的主要流程和需要提供的主要材料。

②基金认购与申购的区别。

③基金非交易过户的主要类型。

# 第四节　基金的估值、费用与利润分配

## 考点一：基金资产估值（☆☆）

### 一、基金资产估值的概念

（一）定义

基金资产估值是指通过对基金所拥有的全部资产及所有负债按一定的原则和方法进行估算，进而确定基金资产公允价值的过程。

（二）估值公式

基金资产净值 = 基金资产总值 − 基金负债

基金份额净值 = 基金资产净值/基金总份额

注意：基金份额净值是计算投资者申购基金份额、赎回资金金额的基础，也是评价基金投资业绩的基础指标之一。

### 二、基金资产估值的重要性

基金份额净值是开放式基金申购份额、赎回金额计算的基础，直接关系到基金投资者的利益，这就要求基金份额净值的计算必须准确。

### 三、基金资产估值需考虑的因素

（一）估值频率

（1）我国的开放式基金于每个交易日估值，并不晚于下一交易日公告份额净值。

（2）封闭式基金和定期开放式基金的封闭期每个交易日都进行估值，但每周披露一次基金份额净值。

（二）交易价格的公允性

（1）当基金投资标的为交易活跃的证券时，对其资产进行估值较为容易，直接采用市场交易价格就可以对标的资产估值。

（2）当基金投资交易不活跃的证券时，基金持有的证券要么没有交易价格，要么交易价格不可信，需要根据不同的情况采取不同的方法，谨慎估值。

注意：我国 2020 年 8 月 1 日起执行的《公开募集证券投资基金侧袋机制指引（试行）》，是对不活跃证券估值问题的针对性解决方案，相关内容已在第一节阐述。

（三）估值方法的一致性及公开性

1. 一致性

估值方法的一致性是指基金在进行资产估值时均应采用同样的估值方法，遵守同样的估值规则。

2. 公开性

估值方法的公开性是指基金采用的估值方法需要在法定募集文件中公开披露，若基金变更了估值方法，必须及时进行披露。

## 四、我国基金资产估值的原则

### （一）基金资产估值的责任人及其义务

根据《证券投资基金法》的规定，我国基金资产估值的责任人是基金管理人，但基金托管人对基金管理人的估值及净值计算结果负有复核义务。

### （二）估值的基本原则

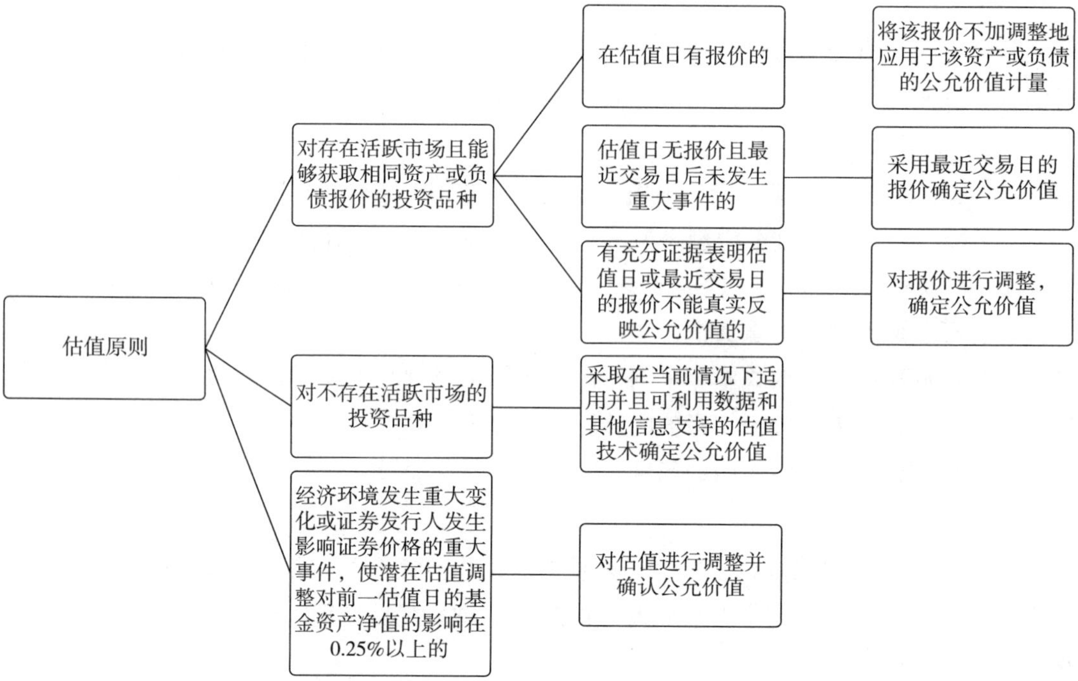


举例：某券商股属于存在活跃市场的，估值时采用其收盘价，但如果当天停牌，原则上属于最近交易日未发生重大事件的，那么当天估值时采用其前收盘价，但如果已经停牌将近半年，且其间发生重大事件，那么可以参考其他券商板块的股票在近半年的价格变化估值。

**【例题 26】**给出有关（　　）的数据，可以计算出基金份额净值。

Ⅰ. 基金资产总值和基金负债

Ⅱ. 基金资产净值和基金总份额

Ⅲ. 基金总份额、基金总资产和基金负债

Ⅳ. 基金负债和基金总份额

A. Ⅲ、Ⅳ　　B. Ⅱ、Ⅲ　　C. Ⅰ、Ⅱ　　D. Ⅰ、Ⅳ

**【答案】**B

**【解析】**基金资产净值除以基金当前的总份额，就是基金的份额净值。

基金资产净值 = 基金资产总值 − 基金负债。

基金份额净值 = 基金资产净值/基金总份额。

已知Ⅰ的指标，求不出份额净值；已知Ⅱ的指标，可以得到份额净值；已知Ⅲ的指标，可以得到份额净值；已知Ⅳ的指标，求不出份额净值。

**【例题27】**目前，我国的开放式基金的估值频率为（　　）估值。

A. 每个交易日　　B. 每三个交易日　　C. 每两个交易日　D. 每五个交易日

**【答案】**A

**【解析】**基金一般都按照固定的时间间隔对基金资产进行估值，通常相关法规会规定一个最小的估值频率。我国的开放式基金于每个交易日估值，并不晚于下一交易日公告份额净值；封闭式基金和定期开放式基金的封闭期每个交易日都进行估值，但每周披露一次基金份额净值。

**【例题28】**对存在活跃市场且能够获取相同资产或负债报价的投资品种，下列关于基金资产估值原则的说法中，正确的有（　　）。

Ⅰ. 如果估值日有报价的，除会计准则规定的例外情况外，应当采用报价确定公允价值

Ⅱ. 估值日无报价且最近交易日后未发生影响公允价值计量的重大事件的，应采用最近交易日的报价确定公允价值

Ⅲ. 估值日无报价且最近交易日后发生影响公允价值计量的重大事件的，应采用最近交易日的报价确定公允价值

Ⅳ. 有充分证据表明估值日或最近交易日的报价不能真实反映公允价值的，应对报价进行调整，确定公允价值

A. Ⅰ、Ⅳ　　B. Ⅰ、Ⅲ、Ⅳ　　C. Ⅰ、Ⅱ、Ⅳ　　D. Ⅰ、Ⅱ、Ⅲ

**【答案】**C

**【解析】**对存在活跃市场且能够获取相同资产或负债报价的投资品种，在估值日有报价的，除会计准则规定的例外情况外，应将该报价不加调整地应用于该资产或负债的公允价值计量。估值日无报价且最近交易日后未发生影响公允价值计量的重大事件的，应采用最近交易日的报价确定公允价值。有充分证据表明估值日或最近交易日的报价不能真实反映公允价值的，应对报价进行调整，确定公允价值。

**【例题29】**某基金总资产为100亿元，总负债为30亿元，发行在外的基金份数为50亿份，则该基金的基金份额净值为（　　）。

A. 1.4元　　B. 2元　　C. 0.6元　　D. 2.6元

**【答案】**A

**【解析】**基金份额净值 =（基金资产总值 - 基金负债）/基金总份额 =（100 - 30）/50 = 1.4（元）。

## 考点二：基金的费用（☆☆）

### 一、基金费用的种类

（一）销售过程中发生的由投资者承担的费用（不参与基金的会计核算）

1. 申购费（认购费）
2. 赎回费
3. 基金转换费等

（二）基金管理过程中发生的由基金资产承担的费用（直接从基金资产中列支）

1. 基金管理费
2. 基金托管费
3. 持有人大会费用
4. 信息披露费
5. 合同生效后的会计师费和律师费
6. 基金的证券交易费用
7. 按国家规定或基金合同规定可以在基金财产中列支的其他费用

### 二、各种费用的标准及计提方式

（一）基金管理费、基金托管费和基金销售服务费

1. 概念

（1）基金管理费是指基金管理人管理基金资产而向基金收取的费用。

（2）基金托管费是指基金托管人为基金提供托管服务而向基金收取的费用。

（3）基金销售服务费是用于基金的持续销售和为基金份额持有人提供服务而收取的费用。

2. 计提方式

我国的基金管理费、基金托管费及基金销售服务费均是按照前一日基金资产净值的一定比例逐日计提的，按月支付。

3. 计提标准

（1）计提原则——与基金规模成反比，与风险成正比。

（2）计提费率。

| 基金类型 | 管理费（率） | 托管费（率） | 销售服务费（率） |
|---|---|---|---|
| 股票型基金 | 1.5% | 0.25% | 可以收取不高于0.8% |
| 指数型基金和债券型基金 | 0.3%～1.0% | 0.1%～0.25% | |
| 货币市场基金 | 0.15%～0.33% | 0.05%～0.1% | |

注意：基金管理人可以按照法律法规及基金合同的约定，将与侧袋账户有关的费用从侧袋账户资产中列支，但应待特定资产变现后方可列支，且不得收取管理费及业绩报酬。

（二）基金交易费

1. 定义

基金交易费是指基金在进行证券买卖交易时所发生的相关交易费用。

2. 证券公司按成交金额一定比例收取的费用：佣金

3. 登记公司或交易所按有关规定收取的印花税、过户费、经手费、证管费

4. 其他费用：参与银行间债券交易的，还需向中央国债登记结算有限责任公司支付银行间账户服务费，向全国银行间同业拆借中心支付交易手续费等服务费用

（三）基金运作费

基金运作费是指为保证基金正常运作而发生的应由基金承担的费用，包括审计费、律师费、上市年费、信息披露费、分红手续费、持有人大会费、开户费、银行汇划手续费等。

**三、不列入基金管理过程中发生费用的项目**

1. 基金管理人和基金托管人因未履行或未完全履行义务导致的费用支出或基金财产的损失

2. 基金管理人和基金托管人因处理与基金运作无关的事项发生的费用

3. 基金合同生效前的相关费用，包括但不限于验资费、会计师和律师费、信息披露费等费用

**【例题30】**基金管理费费率的大小，通常（　　）。

A. 与基金规模成反比，与风险成正比　　B. 与基金规模成反比，与风险成反比

C. 与基金规模成正比，与风险成正比　　D. 与基金规模成正比，与风险成反比

**【答案】**A

**【解析】**基金管理费率通常与基金规模成反比，与风险成正比。基金规模越大，风险程度越低，基金管理费率越低。

**【例题31】**基金托管费通常按（　　）的一定比例提取。

A. 基金总收益　　B. 基金资产市值　　C. 基金资产总值　D. 基金资产净值

**【答案】**D

**【解析】**我国的基金管理费、基金托管费及基金销售服务费均是按照前一日基金资产净值的一定比例逐日计提的，按月支付。

**【例题32】**下列不参与基金会计核算的是（　　）。

Ⅰ. 管理费

Ⅱ. 托管费

Ⅲ. 申购费

Ⅳ. 认购费

A. Ⅰ、Ⅱ　　B. Ⅱ、Ⅳ　　C. Ⅲ、Ⅳ　　D. Ⅰ、Ⅱ、Ⅲ

**【答案】**C

【解析】在基金运作过程中发生的费用可以分为两大类：一类是基金销售过程中发生的由基金投资者承担的费用，主要包括申购费（认购费）、赎回费及基金转换费等；另一类是基金管理过程中发生的费用，主要包括基金管理费、基金托管费、持有人大会费用、信息披露费等，这些费用由基金资产承担。上述两大类费用的性质是不同的。第一类费用并不参与基金的会计核算，而第二类费用则需要直接从基金资产中列支，其种类及计提标准需在基金合同及基金招募说明书中明确规定。根据有关规定，下列与基金有关的费用可以从基金财产中列支：基金管理人的管理费、基金托管人的托管费、基金合同生效后的会计师费和律师费、基金份额持有人大会费用、基金的证券交易费用、按照国家有关规定和基金合同规定可以在基金财产中列支的其他费用。

## 考点三：基金利润与利润分配（☆☆）

### 一、基金利润

（一）基金收入

1. 利息收入

（1）债券利息收入。

（2）资产支持证券利息收入。

（3）存款利息收入。

（4）买入返售金融资产收入。

2. 投资收益（买卖差价收入）

（1）股票投资收益。

（2）债券投资收益。

（3）资产支持证券投资收益。

（4）基金投资收益。

（5）衍生工具收益。

（6）股利收益。

3. 其他收入

（1）赎回费扣除基本手续费后的余额。

（2）手续费返还。

（3）ETF 替代损益。

（4）基金管理人等机构为弥补基金财产损失而支付给基金的赔偿款项。

（二）公允价值变动损益

公允价值变动损益是指基金持有的采用公允价值模式计量的交易性金融资产、交易性金融负债等公允价值变动形成的应计入当期损益的利得或损失。

## 二、基金利润分配

### （一）封闭式基金的利润分配

封闭式基金的收益分配每年不得少于一次，封闭式基金年度收益分配比例不得低于基金年度可供分配利润的90%。基金分配后，基金份额净值不得低于面值。封闭式基金只能采用现金方式分红。

### （二）一般开放式基金的利润分配

在基金合同和招募说明书中约定每年基金收益分配的最多次数和每次基金收益分配的最低比例，利润分配后基金份额净值不得低于面值。

一般开放式基金的分红方式有两种：

（1）现金分红——根据基金利润情况，基金管理人根据投资者持有基金份额数量的多少，将利润分配给投资者。这是基金分配最普遍的形式。

（2）红利再投资——红利再投资是指将投资人应分配的净利润折算为等值的新的基金份额记入投资人基金账户的分红方式。

注意：开放式基金的基金份额持有人可以事先选择分红再投资，基金份额持有人事先未作出选择的，默认的方式应当采用现金分红。封闭式基金只能采用现金分红。

### （三）货币市场基金的利润分配

货币市场基金在每日进行利润分配时，当日申购的基金份额自下一个工作日起享有基金的分配权益，当日赎回的基金份额自下一个工作日起不享有基金的分配权益。

**【例题33】**关于一般开放式基金的分红方式，下列说法正确的有（　　）。

Ⅰ. 两种分红方式：现金分红和红利再投资

Ⅱ. 现金分红是默认的分红方式，基金投资人无须事先选择

Ⅲ. 红利再投资是将投资人应分配的净利润折算为等值的新的基金份额分配

Ⅳ. 每年基金收益分配的最多次数不需要在基金合同和招募说明书中的约定

A. Ⅰ、Ⅱ、Ⅲ、Ⅳ

B. Ⅰ、Ⅳ

C. Ⅱ、Ⅲ、Ⅳ

D. Ⅰ、Ⅱ、Ⅲ

**【答案】**D

**【解析】**我国一般开放式基金按规定需在基金合同和招募说明书中约定每年基金收益分配的最多次数和每次基金收益分配的最低比例，同时要求基金利润分配后基金份额净值不得低于面值。

一般开放式基金的分红方式有两种：

（1）现金分红。根据基金利润情况，基金管理人根据投资者持有基金份额数量的多少，将利润分配给投资者。这是基金分配最普遍的形式。

（2）红利再投资。红利再投资是指将投资人应分配的净利润折算为等值的新的基金份额记入投资人基金账户的分红方式。

根据有关规定，一般开放式基金利润分配默认的方式应当采用现金分红。开放式基金的基金份额持有人可以事先选择分红再投资。基金份额持有人事先未作出选择的，基金管理人应当支付现金。

**【例题 34】**下列关于不同类型基金的利润分配原则的说法，正确的是（　　）。

A. 基金利润分配后基金份额净值可以低于面值

B. 封闭式基金年度收益分配比例不得低于基金年度可供分配利润的 80%

C. 货币基金应当每日进行收益分配

D. 开放式基金按规定需在基金合同和招募说明书中约定每次基金收益分配的最高比例

**【答案】**C

**【解析】**《货币市场基金监督管理办法》规定：“对于每日按照面值进行报价的货币市场基金，可以在基金合同中将收益分配的方式约定为红利再投资，并应当每日进行收益分配。”

根据有关规定，封闭式基金的收益分配每年不得少于一次，封闭式基金年度收益分配比例不得低于基金年度可供分配利润的 90%。基金分配后，基金份额净值不得低于面值。

我国一般开放式基金按规定需在基金合同和招募说明书中约定每年基金收益分配的最多次数和每次基金收益分配的最低比例，同时要求基金利润分配后基金份额净值不得低于面值。

### 考点四：基金的税收（☆☆）

详见下表。

<table>
<tr><th colspan="2">税种</th><th>基金自身投资活动产生税收</th><th>个人投资者的税收</th><th>机构投资者的税收</th></tr>
<tr><td colspan="2">印花税</td><td>只在卖出股票时按照 0.1% 的税率征收</td><td rowspan="7">免征或暂不征收</td><td>暂免征收</td></tr>
<tr><td rowspan="6">所得税</td><td rowspan="2">企业所得税</td><td rowspan="2">暂不征收</td><td>基金分配收入不征收</td></tr>
<tr><td>买卖差价征收</td></tr>
<tr><td rowspan="4">个人所得税</td><td>基金取得的储蓄存款利息收入，暂免征收</td><td rowspan="4">—</td></tr>
<tr><td>基金取得的债券利息收入，发行债券的企业和银行在向基金支付上述收入时代扣代缴 20% 的个人所得税，铁路债减半，国债及央行票据，政策性金融债券免征</td></tr>
<tr><td>持股期限超过 1 年的，股息红利免征</td></tr>
<tr><td>持股期限在 1 个月以内（含）的，股息红利所得全额计入应纳税额（税率 20%）</td></tr>
</table>

续表

<table>
<tr><th colspan="2">税种</th><th>基金自身投资活动产生税收</th><th>个人投资者的税收</th><th>机构投资者的税收</th></tr>
<tr><td>所得税</td><td>个人所得税</td><td>持股期限在1个月以上、1年以内（含）的，暂减按50%计入应纳税额（税率20%）</td><td rowspan="3">免征或暂不征收</td><td>—</td></tr>
<tr><td colspan="2" rowspan="2">增值税</td><td>证券投资基金管理人运用基金买卖股票、债券转让收入免征增值税</td><td>按卖出价扣除买入价后的余额为销售额计征</td></tr>
<tr><td>资管产品管理人运营资管产品过程中发生的增值税应税行为，按照3%缴纳增值税</td><td>持有资管产品到期不计征</td></tr>
</table>

**【例题35】**关于机构投资者投资基金所涉及的税收，下列说法正确的是（　　）。

Ⅰ. 机构投资者购入基金、信托和理财产品等各类资产管理产品持有至到期，不属于金融商品转让

Ⅱ. 机构投资者买卖基金份额暂免征收印花税

Ⅲ. 机构投资者在境内买卖基金份数获得的差价收入，应并入企业的应纳税所得额

Ⅳ. 机构投资者从基金分配中获得的收入，暂不征收所得税

A. Ⅰ、Ⅱ、Ⅲ　　B. Ⅰ、Ⅱ、Ⅲ、Ⅳ

C. Ⅰ、Ⅳ　　D. Ⅱ、Ⅲ、Ⅳ

**【答案】**B

**【解析】**（1）机构投资者买卖基金份额属于金融商品转让，应按照卖出价扣除买入价后的余额为销售额计征增值税。但机构投资者购入基金、信托、理财产品等各类资产管理产品持有至到期，不属于金融商品转让。

（2）机构投资者买卖基金份额暂免征收印花税。

（3）机构投资者在境内买卖基金份额获得的差价收入，应并入企业的应纳税所得额，征收企业所得税。机构投资者从基金分配中获得的收入，暂不征收所得税。

**【本节学习提示】**考查重点：

①基金资产估值的主要原则以及估值的方法。

②基金费用的种类，特别是管理费和托管费的费率，收费方式。

③基金利润分配的方式，包含现金分红和分红再投资。

④基金自身运作、机构投资者以及个人投资者的税收政策。

# 第五节　基金的管理

## 考点一：基金的投资理念与投资风格（☆）

### 一、投资理念

1. 为什么要投资，即投资的目的是什么

2. 怎样投资，即投资的方法是什么

### 二、投资风格

基金投资风格是指基金经理在资产组合管理过程中所采用的某一特定方式或投资目标，是严格按照承诺对资产进行配置以获取预期收益的投资战略或计划。不同的投资风格往往形成不同的风险和收益水平。

## 考点二：基金投资管理（☆☆）

### 一、投资管理的概念

基金投资管理，是指基金管理人按照基金合同的约定，在规定的投资范围内，按照既定的投资策略，实现基金投资目标的过程。

### 二、基金投资管理过程

（一）职责范围

（1）目前，我国大部分基金公司的基金投资管理实行投资决策委员会领导下的基金经理负责制。

（2）投资决策委员会负责决定公司所管理基金的投资计划、投资策略、投资原则、投资目标、资产配置以及投资权限等。

（3）具体的投资细节则由各基金经理自行掌握。

（二）投资管理流程

1. 研究部门提供研究报告，为基金的投资管理提供决策依据

2. 投资决策委员会决定基金总体投资计划

3. 基金经理拟订投资组合具体方案，向交易部门下达投资指令

4. 交易部门依据基金经理的投资指令执行交易

注意：基金经理不得直接向交易员下达投资指令或者直接进行交易，投资指令经风险控制部门的审核，确认其合法、合规与完整后方可执行。

### 三、基金投资风险管理

（一）风险类型

1. 外部风险

（1）系统风险：市场风险、政策风险。

（2）非系统风险：信用风险、经营风险。

2. 内部风险

（1）合规风险。

（2）操作风险。

（3）职业道德风险。

（二）风险管理

（1）风险管理委员会，定期召开会议讨论公司的各项风险问题。

（2）风险控制部门具体负责对投资风险进行事前识别、事中监控和事后检查。

（3）督察长和监察稽核部门负责对投资、研究环节的全面事前、事中和事后的合规情况进行监督检查，及时向公司管理层和董事会上报发现的合规性问题并持续督促相关部门予以解决。

**【例题 36】**下列属于基金管理人的投资管理活动中的系统风险的是（　　）。

Ⅰ. 市场风险

Ⅱ. 政策风险

Ⅲ. 信用风险

Ⅳ. 经营风险

A. Ⅰ、Ⅲ、Ⅳ　　B. Ⅰ、Ⅱ、Ⅲ、Ⅳ

C. Ⅰ、Ⅱ　　D. Ⅱ、Ⅲ、Ⅳ

**【答案】**C

**【解析】**选项Ⅲ、Ⅳ属于非系统风险。

在基金管理人的投资管理活动中，基金投资面临外部风险与内部风险，其中，外部风险包括市场风险、政策风险等系统性风险和信用风险、经营风险等非系统性风险；内部风险包括基金管理人的合规风险、操作风险和职业道德风险等。

**【例题 37】**目前，我国大部分基金公司的基金投资管理实行投资决策委员会领导下的基金经理负责制，一般来讲，基金投资管理不包括以下（　　）环节。

A. 投资决策委员会决定基金总体投资计划

B. 交易部门依据基金经理的投资指令执行交易

C. 基金经理拟订投资组合具体方案

D. 风险控制部门对基金经理拟订的投资组合进行风险测量和评估

**【答案】**D

**【解析】**一般而言，基金投资管理包括以下环节：

（1）研究部门提供研究报告。

（2）投资决策委员会决定基金总体投资计划。

（3）基金经理拟订投资组合具体方案。

（4）交易部门依据基金经理的投资指令执行交易。

## 考点三：基金的业绩评估（☆☆）

### 一、基金业绩评估概述（应该考虑的因素）

（一）投资目标与范围

投资目标与范围不同的基金，其投资策略、业绩比较基准都可能不同，进行业绩比较时，必须考虑投资目标、投资范围的不同。

（二）基金风险水平

市场上一些平均收益率高的基金，可能仅仅是因为它们承担了较高的风险，而与基金经理的能力无关，在基金业绩评价的过程中，要对其风险进行调整。

（三）基金规模

基金存在一些固定成本，如研究费用和信息获得费用等。与小规模基金相比，规模较大的基金的平均成本更低。

（四）时期选择

同一基金在不同时间段内的表现可能有很大的差距。业绩计算开始与结束时间不同，基金回报率和业绩排名可能会有较大的差异。

### 二、基金业绩评价指标

（一）衡量风险的指标

1. 衡量投资收益的总风险指标（历史收益率标准差）：$\sigma$

2. 系统性风险指数：$\beta$

（二）业绩评价指标

1. 特雷诺指数

$$T_i = \frac{\overline{R}_i - \overline{R}_f}{\beta_i}$$

$T_i$——特雷诺绩效指标；

$\overline{R}_i$——$i$ 基金在样本期内的平均收益率；

$\overline{R}_f$——样本期内的平均无风险收益率；

$\overline{R}_i - \overline{R}_f$——基金在样本期内的平均风险溢酬；

$\beta_i$——基金投资组合所承担的系统风险。

注意：特雷诺指数越大，基金的绩效表现越好，$\beta$ 值并不会因为组合中所包含的证券数量的增加而降低，当基金分散程度提高时，特雷诺指数可能并不会变大。因此，特雷诺指数不能评估基金经理分散和降低非系统性风险的能力。

2. 夏普指数

$$S_i = \frac{\overline{R}_i - \overline{R}_f}{\sigma_i}$$

$S_i$——夏普绩效指标；

$\overline{R}_i$——$i$ 基金在样本期内的平均收益率；

$\overline{R}_f$——样本期内的平均无风险收益率；

$\overline{R}_i-\overline{R}_f$——基金在样本期内的平均风险溢酬；

$\sigma_i$——$i$ 基金收益率的标准差，即基金投资组合所承担的总风险。

注意：夏普指数同时考虑了系统风险和非系统性风险。因此，夏普指数还能够反映基金经理分散和降低非系统性风险的能力。

3. 詹森指数（一种绝对绩效度量方法）

$$\alpha_J=\overline{R}_i-[\overline{R}_f+\beta_{iM}(\overline{R}_M-\overline{R}_f)]$$

$\alpha_J$——詹森绩效指标；

$\overline{R}_i$——$i$ 基金在样本期内的平均收益率；

$\overline{R}_f$——样本期内的平均无风险收益率；

$\overline{R}_M$——市场平均收益率。

注意：当 $\alpha_J=0$ 时，说明基金组合的收益率与处于相同风险水平的被动组合的收益率不存在显著差异。当 $\alpha_J>0$ 时，说明基金表现要优于市场指数表现。当 $\alpha_J<0$ 时，说明基金表现要弱于市场指数的表现，因此，詹森指数能评估基金的业绩优于基准的程度。

**【例题 38】** 下列关于基金业绩评价指数詹森指数的说法，错误的是（　　）。

A. 詹森指数是以资本资产定价模型为基础的评价基金业绩的相对指标

B. 在比较不同基金的投资收益时，詹森指数要优于特雷诺指数和夏普指数

C. 詹森指数是一种在风险调整基础上的绝对绩效度量方法

D. 詹森指数能评估基金的业绩优于基准的程度

**【答案】** A

**【解析】** 1968 年，迈克尔·詹森（Michael C. Jensen）在《财务学刊》上发表了《1945—1964 年间共同基金的业绩》一文，提出了一种以资本资产定价模型（CAPM）为基础的评价基金业绩的绝对指标，通常被称为詹森 α。

**【本节学习提示】** 考查重点：

①基金投资管理的流程。

②基金业绩评估的三大指标：夏普指数、特雷诺指数、詹森指数。

## 第六节　证券投资基金的监管与信息披露

### 考点一：基金监管（☆☆）

**一、基金监管的含义与作用**

（一）含义

基金监管是指监管部门运用法律的、经济的以及必要的行政手段，对基金市场参与者行为进行的监督与管理。

（二）作用

1. 维护证券市场的良好秩序

2. 提高证券市场效率

3. 保护基金份额持有人的利益

**二、基金监管目标（我国）**

1. 保护投资人及相关当事人的合法权益

2. 规范基金活动，保证市场的公平、效率和透明，降低系统风险

3. 促进证券投资基金和资本市场的健康发展

**三、我国基金监管机构和自律组织**

（一）监管体系

（1）中国证监会是我国基金市场的监管主体，依法对基金市场参与者的行为进行监督管理。

（2）中国证券投资基金业协会作为我国证券业的自律性组织，对基金业实施行业自律管理。

（3）证券交易所负责组织和监督基金的上市交易，并对上市交易基金的信息披露进行监督。

（二）中国证监会对基金市场的监管

1. 中国证监会监管的主要职责

（1）制定有关证券投资基金活动监督管理的规章、规则，并行使审批、核准或者注册权。

（2）办理基金备案。

（3）对基金管理人、基金托管人及其他从事证券投资基金活动的机构进行监督管理，对违法行为进行查处。

（4）制定基金从业人员的资格标准和行为准则，并监督实施。

（5）监督检查基金信息的披露情况。

（6）指导和监督中国证券投资基金业协会的活动。

注意：中国证监会通过内部基金监管部门具体施行基金市场准入监管与日常持续监管。

2. 地方证监局辖区监管的机构

（1）注册地在辖区的证券公司（含证券业务子公司）、公募基金销售机构。

（2）证券公司、公募基金销售机构设立在辖区的分支机构。

（3）主要运营地在辖区的基金管理公司及其全部分支机构、各类子公司，主要运营地在辖区的具有公募基金管理资格的其他机构（证券公司除外）、公募基金托管机构（证券公司除外）及其全部分支机构。

（4）注册地在辖区的证券公司在辖区内外设立的各类非证券业务子公司（含其下设机构），以及注册地在辖区的公募基金的销售支付、份额登记、估值、投资顾问、评价、信息技术系统服务机构等服务机构及其全部分支机构。

（5）按规定负责监管的其他证券基金经营机构。

第（3）项所称主要运营地，是指经营机构受监管业务的主要办公地。

（三）协会的行业自律管理

中国证券投资基金业协会是我国证券投资基金行业的自律性组织，对会员及其从业人员实施自律管理，制定和实施行业自律规则、行业执业标准和业务规范，监督、检查会员及其从业人员的执业行为。

（四）证券交易所的自律管理

证券交易所作为自律管理的法人，依法对基金上市及相关信息披露等活动进行管理，对基金在交易所的投资交易实行监控。

**四、基金监管内容**

（一）对基金机构的监管（对管理人、托管人、服务机构等监管）

（1）担任公募基金的基金管理人只能由基金管理公司或者中国证监会按照规定核准的其他机构担任。

（2）基金托管人由依法设立的商业银行或者其他金融机构担任。

（3）从事公募基金的销售、销售支付、份额登记、估值、投资顾问、评价、信息技术系统服务等基金服务业务的机构，应按照中国证监会的规定进行注册或者备案。

（二）对公募基金募集的监管

公开募集基金应当经中国证监会注册，基金募集期满，达到设立标准的，应向中国证监会办理基金备案手续。

（三）对公募基金销售活动的监管

（1）中国证监会及其派出机构按照审慎监管原则，可以要求基金销售相关机构及其股东、实际控制人报送相关信息、材料，定期或者不定期对基金销售相关机构从事基金销售业务及相关服务业务的情况进行非现场或者现场检查。

（2）基金销售相关机构及其股东、实际控制人、从业人员等应当配合检查、调查，提供的信息、资料应当及时、真实、准确、完整。

（3）独立基金销售机构发生下列事项的，应当在5个工作日内向住所地中国证监会派出机构备案：

①变更公司章程、名称、住所、组织形式、经营范围、注册资本、高级管理人员；

②新增持有5%以上股权的股东，变更控股股东、实际控制人；

③持有5%以上股权的股东变更姓名、名称，或者质押所持独立基金销售机构的股权；

④设立、撤销分支机构，变更分支机构的名称、营业场所；

⑤对外进行股权投资或者提供担保；

⑥中国证监会规定的其他事项。

（四）对公募基金投资与交易行为的监管

1. 目前我国的基金主要可投资的对象

（1）国内依法公开发行上市的股票。

（2）非公开发行股票。

（3）国债。

（4）企业债券和金融债券。

（5）公司债券。

（6）货币市场工具。

（7）资产支持证券等。

2. 基金财产不得参与的投资或活动

（1）承销证券。

（2）向他人贷款或者提供担保。

（3）从事承担无限责任的投资。

（4）买卖其他基金份额，但是国务院另有规定的除外。

（5）向其基金管理人、基金托管人出资。

（6）从事内幕交易、操纵证券交易价格及其他不正当的证券交易活动。

（7）依照法律、行政法规有关规定，由国务院证券监督管理机构规定禁止的其他活动。

3. 基金管理人运用基金财产进行证券投资，不得有以下情形

（1）一只基金持有一家公司发行的证券，其市值超过基金资产净值的10%；

（2）同一基金管理人管理的全部基金持有一家公司发行的证券，其市值超过该证券的10%；

（3）基金财产参与股票发行申购，单只基金所申报的金额超过该基金的总资产，单只基金所申报的股票数量超过拟发行股票公司本次发行股票的总量；

（4）一只基金持有其他基金（不含货币市场基金），其市值超过基金资产净值的

10%，但基金中基金除外；

（5）基金中基金持有其他单只基金，其市值超过基金资产净值的20%，或者投资于其他基金中的基金；

（6）基金总资产超过基金净资产的140%；

（7）违反基金合同关于投资范围、投资策略和投资比例等约定；

（8）中国证监会规定禁止的其他情形。

注意：完全按照有关指数的构成比例进行证券投资的基金品种可以不受前款（1）项、（2）项规定的比例限制。

（五）对公募基金信息披露的监管

基金管理人、基金托管人和其他基金信息披露义务人应当依法披露基金信息，并保证所披露信息的真实性、准确性和完整性。

**【例题39】**基金管理人运用基金财产进行证券投资，若一只基金持有一家上市公司的股票，则其市值不得超过基金资产净值的（　　）。

A. 5%　　B. 10%　　C. 30%　　D. 50%

**【答案】**B

**【解析】**基金管理人运用基金财产进行证券投资，不得有下列情形：一只基金持有一家公司发行的证券，其市值超过基金资产净值的10%。

**【例题40】**按照《中华人民共和国证券投资基金法》和其他相关法规的规定，基金财产不得用于投资或活动包括（　　）。

Ⅰ. 承销证券

Ⅱ. 从事承担有限责任的投资

Ⅲ. 从事内幕交易、操纵证券交易价格及其他不正当的证券交易活动

Ⅳ. 向其基金管理人、基金托管人出资

A. Ⅰ、Ⅱ、Ⅲ　　B. Ⅱ、Ⅲ、Ⅳ　　C. Ⅰ、Ⅱ、Ⅳ　　D. Ⅰ、Ⅲ、Ⅳ

**【答案】**D

**【解析】**按照《证券投资基金法》和其他相关法规的规定，基金财产不得用于下列投资或者活动：承销证券；向他人贷款或者提供担保；从事承担无限责任的投资；买卖其他基金份额，但是国务院另有规定的除外；向其基金管理人、基金托管人出资；从事内幕交易、操纵证券交易价格及其他不正当的证券交易活动；依照法律、行政法规有关规定，由国务院证券监督管理机构规定禁止的其他活动。

**【例题41】**公开募集基金应当经（　　）注册。

A. 中国证券业协会　　B. 中国证券投资基金业协会

C. 中国证监会　　D. 证券交易所

**【答案】**C

**【解析】**公开募集基金应当经中国证监会注册。未经注册，不得公开或者变相公开

募集基金。基金募集期满，达到设立标准的，应向中国证监会办理基金备案手续。

【例题 42】关于基金监管的意义，下列说法正确的有（　　）。

Ⅰ. 维护证券市场的良好秩序

Ⅱ. 提高证券市场效率

Ⅲ. 促进基金市场规模扩大，结构的日益完善优化

Ⅳ. 保护基金份额持有人的利益

A. Ⅰ、Ⅱ、Ⅲ、Ⅳ　　B. Ⅰ、Ⅱ、Ⅳ

C. Ⅱ、Ⅲ、Ⅳ　　D. Ⅰ、Ⅲ

【答案】B

【解析】基金监管是指监管部门运用法律的、经济的以及必要的行政手段，对基金市场参与者行为进行的监督与管理。基金监管对于维护证券市场的良好秩序、提高证券市场效率、保护基金份额持有人利益均具有重大意义。

## 考点二：基金信息披露（☆☆）

### 一、基金信息披露的含义与作用

（一）含义

基金的信息披露是指基金信息披露义务人按照法律、行政法规和中国证监会的规定披露基金信息，并保证所披露信息的真实性、准确性和完整性的活动。

（二）基金信息披露义务人

1. 基金管理人

2. 基金托管人

3. 召集基金份额持有人大会的基金份额持有人

4. 法律、行政法规和中国证监会规定的自然人、法人和其他组织

（三）强制性信息披露的作用

1. 有利于培育和完善市场运行机制

2. 有利于防止利益冲突与利益输送，增强市场参与各方对市场的理解和信心

### 二、基金信息披露的禁止性规定

1. 禁止进行虚假记载、误导性陈述或者重大遗漏

2. 禁止对基金的证券投资业绩进行预测

3. 禁止违规承诺收益或者承担损失

4. 禁止诋毁其他基金管理人、托管人或者基金销售机构

5. 禁止登载任何自然人、法人或者其他组织的祝贺性、恭维性或推荐性的文字

## 三、基金信息披露的分类

### （一）基金募集信息披露

1. 首次募集与存续期信息披露

<table>
<tr><th>阶段</th><th>时间</th><th>披露人</th><th>披露文本</th><th>披露渠道</th></tr>
<tr><td rowspan="8">首次募集<br>信息披露</td><td rowspan="7">证监会注册后<br>份额发售三日前</td><td rowspan="5">管理人</td><td>基金份额发售公告</td><td>指定报刊、指定网站</td></tr>
<tr><td>基金招募说明书提示性公告</td><td rowspan="2">指定报刊</td></tr>
<tr><td>基金合同提示性公告</td></tr>
<tr><td>基金招募说明书</td><td rowspan="4">指定网站</td></tr>
<tr><td>基金产品资料概要</td></tr>
<tr><td rowspan="2">管理人<br>托管人</td><td>基金合同</td></tr>
<tr><td>基金托管协议</td></tr>
<tr><td>合同生效次日</td><td rowspan="3">管理人</td><td>基金合同生效公告</td><td>指定报刊、指定网站</td></tr>
<tr><td rowspan="2">存续期募集<br>信息披露</td><td rowspan="2">合同生效后，基金招募说明书、基金产品资料概要的信息发生重大变更 3 个工作日内</td><td>更新的招募说明书</td><td rowspan="2">指定网站</td></tr>
<tr><td>更新的基金产品资料概要</td></tr>
</table>

2. 基金管理人应当在基金合同、招募说明书等法律文件中针对侧袋机制明确约定的事项

（1）实施条件、实施程序和特定资产范围；

（2）侧袋账户运作安排，包括但不限于特定资产处置清算、对基金赎回的影响、信息披露、费用列支等；

（3）主袋账户的投资安排；

（4）基金份额持有人大会表决权等安排；

（5）相关风险揭示；

（6）其他对投资者权益有重大影响的事项。

### （二）基金运作信息披露

1. 定义

基金运作信息披露主要指在基金合同生效后至基金合同终止前，基金信息披露义务人依法定期披露基金的上市交易、投资运作及经营业绩等信息。

2. 信息披露文件类型

（1）基金份额上市交易公告书（封闭式基金）。

（2）基金净值公告（货币市场基金披露收益公告，包括每万份基金收益和最近 7 日年化收益率）。

（3）定期报告。

①基金年度报告——会计年度结束后 3 个月内经过审计后予以公告。

②中期报告——上半年结束后 2 个月内编制。

③季度报告——每个季度结束之日起 15 个工作日内编制。

（三）基金临时信息披露（基金发生可能对基金份额持有人权益或者基金份额的价格产生重大影响的事件）

1. 基金份额持有人大会的召开及决定的事项

2. 基金终止上市交易、基金合同终止、基金清算

3. 基金扩募、延长基金合同期限

4. 转换基金运作方式、基金合并

5. 更换基金管理人、基金托管人、基金份额登记机构，基金改聘会计师事务所

6. 基金管理人委托基金服务机构代为办理基金的份额登记、核算、估值等事项，基金托管人委托基金服务机构代为办理基金的核算、估值、复核等事项

7. 基金管理人、基金托管人的法定名称、住所发生变更

8. 基金管理公司变更持有 5% 以上股权的股东、变更公司的实际控制人

9. 基金募集期延长或提前结束募集

10. 基金管理人高级管理人员、基金经理和基金托管人专门基金托管部门负责人发生变动

11. 基金管理人的董事在最近 12 个月内变更超过 50%，基金管理人、基金托管人专门基金托管部门的主要业务人员在最近 12 个月内变动超过 30%

12. 涉及基金财产、基金管理业务、基金托管业务的诉讼或仲裁

13. 基金管理人或其高级管理人员、基金经理因基金管理业务相关行为受到重大行政处罚、刑事处罚，基金托管人或其专门基金托管部门负责人因基金托管业务相关行为受到重大行政处罚、刑事处罚

14. 基金管理人运用基金财产买卖基金管理人、基金托管人及其控股股东、实际控制人或者与其有重大利害关系的公司发行的证券或者承销期内承销的证券，或者从事其他重大关联交易事项，中国证监会另有规定的情形除外

15. 基金收益分配事项，货币市场基金等中国证监会另有规定的特殊基金品种除外

16. 管理费、托管费、销售服务费、申购费、赎回费等费用计提标准、计提方式和费率发生变更

17. 基金份额净值计价错误达基金份额净值 0. 5%

18. 开放式基金开始办理申购、赎回

19. 开放式基金发生巨额赎回并延期办理

20. 开放式基金连续发生巨额赎回并暂停接受赎回申请或延缓支付赎回款项

21. 开放式基金暂停接受申购、赎回申请或重新接受申购、赎回申请

22. 基金信息披露义务人认为可能对基金份额持有人权益或者基金份额的价格产生重大影响的其他事项或中国证监会规定的其他事项

注意：召开基金份额持有人大会的，召集人应当至少提前30日在指定报刊和指定网站上公告基金份额持有人大会的召开时间、会议形式、审议事项、议事程序和表决方式等事项。

**【例题43】**基金信息披露义务人不包括（　　）。

A. 召集基金份额持有人大会的基金份额持有人

B. 基金销售机构

C. 基金管理人

D. 基金托管人

**【答案】**B

**【解析】**基金信息披露义务人包括基金管理人、基金托管人、召集基金份额持有人大会的基金份额持有人等法律、行政法规和中国证监会规定的自然人、法人和其他组织。

**【例题44】**关于基金运作信息披露、下列说法正确的有（　　）。

Ⅰ. 开放式基金在开放申购和赎回后，会披露每个开放日的份额净值和份额累计净值

Ⅱ. 货币基金不必披露每个开放日的份额净值，但需要披露每万份基金收益和最近7日年化收益率

Ⅲ. 基金投资组合报告需要披露基金资产组合，按行业分类的股票投资组合，前10名股票明细等

Ⅳ. 基金年度报告是基金各类信息披露文件中信息量最大的文件

A. Ⅰ、Ⅳ　　B. Ⅱ、Ⅳ　　C. Ⅰ、Ⅲ、Ⅳ　　D. Ⅰ、Ⅱ、Ⅲ、Ⅳ

**【答案】**D

**【解析】**对开放式基金而言，在开放申购和赎回后，会披露每个开放日的份额净值和份额累计净值。对货币基金而言，货币基金每日分配收益，份额净值保持1元不变，因此货币基金不像一般开放式基金那样披露每个开放日的份额净值，而是需要披露收益公告，包括每万份基金收益和最近7日年化收益率。

投资组合报告需要披露基金资产组合，按行业分类的股票投资组合，前10名股票明细，按券种分类的债券投资组合，前5名债券明细，投资贵金属、股指期货、国债期货等情况。

基金年度报告是基金的各类信息披露文件中信息量最大的文件，在会计年度结束后3个月内经过审计后予以公告。

**【例题45】**下列关于基金信息披露的说法，正确的有（　　）。

Ⅰ. 基金的信息披露必须保证所披露信息的真实性、准确性和完整性

Ⅱ. 基金的信息披露制度有利于防止利益冲突和利益输送

Ⅲ. 基金的信息披露不具有强制性

Ⅳ. 与市场上其他理财产品相比，基金的一个突出特点就是透明度较高

A. Ⅰ、Ⅲ、Ⅳ

B. Ⅰ、Ⅱ、Ⅳ

C. Ⅰ、Ⅱ、Ⅲ、Ⅳ

D. Ⅰ、Ⅱ、Ⅲ

**【答案】**B

**【解析】**基金的信息披露是指基金信息披露义务人按照法律、行政法规和中国证监会的规定披露基金信息，并保证所披露信息的真实性、准确性和完整性的活动。Ⅰ项正确。

强制性的基金信息披露制度，有利于培育和完善市场运行机制，有利于防止利益冲突与利益输送，增强市场参与各方对市场的理解和信心。Ⅱ项正确。

在我国，基金的信息披露具有强制性，《证券投资基金法》《公开募集证券投资基金信息披露管理办法》及一系列配套法规对基金信息披露的原则、内容、禁止行为等方面作出了明确、严格的规定。因此，与市场上其他理财产品相比，基金的一个突出特点就是透明度较高。Ⅲ项错误，Ⅳ项正确。

**【本节学习提示】**考查重点：

①基金的监管主体，包含监督管理和自律管理。

②基金募集信息披露、运作信息披露和临时信息披露的内容及要求。

## 第七节　私募证券投资基金

### 考点一：私募证券投资基金的基本规范（☆☆☆）

**一、人数要求**

在我国非公开募集证券投资基金（简称私募基金）的合格投资者累计不得超过200人。

**二、合格投资者应具备的条件**

1. 具备相应风险识别和承担能力

2. 投资于单只私募基金的金额不低于100万元人民币

3. 净资产不低于1 000万元的单位

4. 金融资产不低于300万元或者最近3年个人年均收入不低于50万元的个人

注意：

①前述金融资产包括银行存款、股票、债券、基金份额、资产管理计划、银行理财产品、信托计划、保险产品、期货权益等。

②社会保障基金、企业年金等养老基金、慈善基金等社会公益基金，依法设立并在中国证券投资基金业协会备案的投资计划，投资于所管理私募基金的私募基金管理人及其从业人员视为合格投资者。

③非公开募集基金不得通过报刊、电台、电视台、互联网等公众传播媒体或者讲座、报告会、分析会等方式向不特定对象宣传推介。

### 三、私募基金可采用的组织形式

1. 公司型

2. 合伙型

3. 契约型

### 四、私募基金的名称要求

私募基金管理人应当在名称中标明“私募基金”“私募基金管理”“创业投资”字样，并在经营范围中标明“私募投资基金管理”“私募证券投资基金管理”“私募股权投资基金管理”“创业投资基金管理”等体现受托管理私募基金特点的字样。

**【例题 46】**合格投资者是指具备相应风险识别和承担能力，投资单只私募基金的金额不低于 100 万元人民币且符合下列标准的单位和个人（　　）。

Ⅰ. 总资产不低于 1 亿元的单位

Ⅱ. 净资产不低于 1 000 万元的单位

Ⅲ. 金融资产不低于 100 万元的个人

Ⅳ. 最近三年个人年收入不低于 50 万元的个人

A. Ⅰ、Ⅱ、Ⅲ、Ⅳ　　　B. Ⅰ、Ⅲ

C. Ⅰ、Ⅱ、Ⅳ　　　D. Ⅱ、Ⅳ

**【答案】**D

**【解析】**本题考查合格投资者的规定。合格投资者是指具备相应风险识别和承担能力，投资于单只私募基金的金额不低于 100 万元人民币且符合下列标准的单位和个人：

（1）净资产不低于 1 000 万元的单位，Ⅱ项符合题意；

（2）金融资产不低于 300 万元或者最近 3 年个人年均收入不低于 50 万元的个人，Ⅳ项符合题意。

## 考点二：私募基金的募集程序（☆☆）

### 一、特定对象确定

募集机构应当采取问卷调查等方式履行特定对象确定程序，对投资者风险识别能力和风险承担能力进行评估，投资者的评估结果有效期最长不得超过 3 年。

## 二、投资者适当性匹配

募集机构应当自行或者委托第三方机构对私募基金进行风险评级，向投资者推介与其风险识别能力和风险承担能力相匹配的私募基金。

## 三、基金风险揭示

在投资者签署基金合同之前，募集机构应当向投资者说明有关法律法规，说明投资冷静期、回访确认等程序性安排以及投资者的相关权利，重点揭示私募基金风险，并与投资者签署风险揭示书。

## 四、合格投资者确认

## 五、投资冷静期

基金合同应当约定给投资者设置不少于 24 小时的投资冷静期，冷静期内不得主动联系投资者。

## 六、回访确认

募集机构应当在投资冷静期满后，指令本机构从事基金销售推介业务以外的人员以录音电话、电邮、信函等适当方式进行投资回访。

**【例题 47】**私募基金募集应当履行的程序有（　　）。

Ⅰ. 特定对象确定和合格投资者确认

Ⅱ. 路演和答疑

Ⅲ. 基金风险揭示和投资者适当性匹配

Ⅳ. 投资冷静期和回访确认

A. Ⅰ、Ⅲ　　B. Ⅱ、Ⅳ

C. Ⅰ、Ⅱ、Ⅲ、Ⅳ　　D. Ⅰ、Ⅲ、Ⅳ

**【答案】**D

**【解析】**私募基金募集应当履行下列程序：

（1）特定对象确定。

（2）投资者适当性匹配。

（3）基金风险揭示。

（4）合格投资者确认。

（5）投资冷静期。

（6）回访确认。

## 考点三：私募基金财产投资要求（☆☆）

## 一、私募基金投资活动应遵循“利益共享、风险共担”原则

## 二、严禁使用基金财产从事下列事项

1. 借（存）贷、担保、名股实债等非私募基金投资活动

2. 投向类信贷资产或其收（受）益权

3. 承担无限责任的投资

4. 国家禁止投资、限制投资以及不符合国家产业政策、环保政策、土地管理政策的项目等

**三、遵从商业惯例，允许私募基金以股权投资为目的，为被投企业提供短期借款、担保，借款或者担保余额不得超过该私募基金实缴金额的20%**

### 考点四：私募基金管理人及从业人员等主体规范要求（☆☆）

**一、规范对象**

1. 私募基金管理人

2. 私募基金托管人

3. 私募基金销售机构

4. 其他服务机构及从业人员

**二、原则**

践行诚实信用、谨慎勤勉的义务，秉承投资者合法利益优先原则从事私募基金业务。

**三、禁止从事的行为**

1. 未对不同私募基金单独管理、单独建账、单独核算，将其固有财产、他人财产混同于私募基金财产，将不同私募基金财产混同运作，或者不公平对待不同私募基金财产

2. 使用私募基金管理人及其关联方名义、账户代私募基金收付基金财产

3. 开展或者参与具有滚动发行、集合运作、期限错配、分离定价等特征的资金池业务

4. 以套取私募基金财产为目的，使用私募基金财产直接或者间接投资私募基金管理人、控股股东、实际控制人及其实际控制的企业或项目等自融行为

5. 不公平对待同一私募基金的不同投资者，损害投资者的合法权益

6. 私募基金收益不与投资项目的资产、收益、风险等情况挂钩，包括不按照投资标的实际经营业绩或者收益情况向投资者分红、支付收益等

7. 直接或者间接侵占、挪用私募基金财产

8. 不按照合同约定进行投资运作或者向投资者进行信息披露

9. 利用私募基金财产或者职务之便，以向私募基金、私募基金投资标的及其关联方收取咨询费、手续费、财务顾问费等名义，为自身或者投资者以外的人牟取非法利益、进行利益输送

10. 泄露因职务便利获取的未公开信息、利用该信息从事或者明示、暗示他人从事相关的交易活动

11. 从事内幕交易、操纵证券期货市场及其他不正当交易活动

12. 玩忽职守，不按照监管规定或者合同约定履行职责

13. 法律、行政法规和中国证监会禁止的其他行为

私募基金管理人的出资人和实际控制人，私募基金托管人、私募基金销售机构及其他私募基金服务机构及其出资人、实际控制人，不得有前款所列行为或者为前款行为提供便利。

### 考点五：私募基金的信息披露（☆）

私募基金管理人应当按照规定通过中国证券投资基金业协会指定的私募基金信息披露备份平台报送信息。私募基金运行期间，信息披露义务人应当在每季度结束之日起 10 个工作日以内向投资者披露基金净值、主要财务指标以及投资组合情况等信息。单只私募证券投资基金管理规模金额达到 5 000 万元以上的，应当持续在每月结束之日起 5 个工作日以内向投资者披露基金净值信息。

**【例题 48】**私募证券投资基金运行期间，单只私募证券投资基金管理规模金额达到 5 000万元以上的，信息披露义务人应当在（　　）以内向投资者披露基金净值信息。

A. 每月结束之日起 5 个工作日

B. 每季度结束之日起 5 个工作日

C. 每季度结束之日起 10 个工作日

D. 每个完整年度结束之日起一个月

**【答案】**A

**【解析】**单只私募证券投资基金管理规模金额达到 5 000 万元以上的，信息披露义务人应当持续在每月结束之日起 5 个工作日以内向投资者披露基金净值信息。

**【本节学习提示】**考查重点：

①私募基金的募集程序，尤其是投资冷静期要求和合格投资者标准。

②私募基金财产的投资要求。

## 同步真题练习

1. 基金一般反映的是（　　）。

A. 债权债务关系　　B. 信托关系　　C. 借贷关系　　D. 所有权关系

2. 证券投资基金筹集的资金主要投向（　　）。

A. 实业　　B. 有价证券　　C. 房地产　　D. 第三产业

3. 开放式基金的特点有（　　）。

Ⅰ. 没有固定期限

Ⅱ. 没有发行规模限制

Ⅲ. 基金份额资产净值每周公布一次

Ⅳ. 全部资金可用于长期投资

A. Ⅱ、Ⅲ、Ⅳ　　B. Ⅰ、Ⅱ　　C. Ⅲ、Ⅳ　　D. Ⅰ、Ⅳ

4. 债券基金收益与市场利率的关系具体表现为（　　）。

Ⅰ. 市场利率下调，基金收益下降

Ⅱ. 市场利率上调，基金收益下降

Ⅲ. 市场利率上调，基金收益上升

Ⅳ. 市场利率下调，基金收益上升

A. Ⅰ、Ⅱ、Ⅲ、Ⅳ　　B. Ⅱ、Ⅳ

C. Ⅱ、Ⅲ　　D. Ⅰ、Ⅱ

5. 封闭式基金的存续期通常在（　　）以上。

A. 10 年　　B. 2 年　　C. 15 年　　D. 5 年

6. 下列关于公司型基金的说法，正确的有（　　）。

Ⅰ. 基金是独立的法人机构

Ⅱ. 基金不是独立的法人机构

Ⅲ. 投资者是基金公司的股东

Ⅳ. 投资者不享有股东权益

A. Ⅱ、Ⅲ　　B. Ⅰ、Ⅳ　　C. Ⅱ、Ⅳ　　D. Ⅰ、Ⅲ

7. 下列关于证券投资基金的说法中，正确的是（　　）。

Ⅰ. 在我国，公开募集基金的基金管理人，由基金公司或者经国务院证券监督管理机构按照规定核准的其他机构担任

Ⅱ. 基金份额持有人即基金投资者

Ⅲ. 基金管理人是基金的募集者和管理者

Ⅳ. 基金持有人是基金运营的核心

A. Ⅰ、Ⅱ、Ⅳ B. Ⅲ、Ⅳ

C. Ⅰ、Ⅱ、Ⅲ D. Ⅰ、Ⅱ、Ⅲ、Ⅳ

8. 下列属于基金行业自律组织的有（　　）。

Ⅰ. 中国证监会

Ⅱ. 地方证监局

Ⅲ. 中国证券投资基金业协会

Ⅳ. 证券交易所

A. Ⅲ、Ⅳ B. Ⅰ、Ⅱ、Ⅲ、Ⅳ

C. Ⅰ、Ⅱ、Ⅲ D. Ⅰ、Ⅱ

9. 投资者在开放式基金（　　）申请购买基金份额的行为通常被称为基金的申购。

A. 基金账户开立后 B. 资金账户开立后

C. 基金合同生效后 D. 招募说明书生效后

10. 下列关于开放式基金申购、赎回概念的说法，正确的有（　　）。

Ⅰ. 基金的申购是指投资者在开放式基金合同生效后，申请购买基金份额的行为

Ⅱ. 基金的赎回是指基金份额持有人要求基金管理人购回其所持有的开放式基金份额的行为

Ⅲ. 开放式基金的赎回不能通过基金管理人的直销中心办理

Ⅳ. 开放式基金的申购可以通过基金销售机构的代销网点办理

A. Ⅰ、Ⅱ、Ⅳ B. Ⅱ、Ⅲ

C. Ⅰ、Ⅱ、Ⅲ、Ⅳ D. Ⅰ、Ⅲ、Ⅳ

11. 基金一般按照（　　）的时间间隔对基金资产进行估值。

A. 固定 B. 绝对 C. 相对 D. 变动

12. 下列关于基金资产估值需考虑的估值频率，估值方法的一致性及公开性等因素的说法，正确的是（　　）。

A. 开放式基金于每个交易日估值，并不晚于下一交易日公告份额净值

B. 基金的估值方法不需要在法定募集文件中公开披露

C. 封闭式基金每周估值一次，且每周披露一次基金份额净值

D. 基金一般都不是按照固定的时间间隔对基金资产进行估值

13. 衡量一只证券投资基金投资业绩的主要指标是（　　）。

A. 基金资产总值 B. 基金负债

C. 基金份额净值 D. 基金资产净值

14. 基金托管费通常是（　　）。

A. 逐日计算，按月支付 B. 逐日计算，按周支付

C. 逐月计算，按月支付 D. 逐日计算，按日支付

15. 根据有关规定，封闭式基金年度收益分配比例不得低于基金年度可供分配利润的（　　）。

A. 70%　　B. 50%　　C. 60%　　D. 90%

16. 基金管理人在基金管理过程中产生的风险称为（　　）。

A. 内部风险　　B. 政策风险　　C. 期权风险　　D. 基金风险

17. 关于证券交易所，下列说法正确的有（　　）。

Ⅰ. 自律管理的法人

Ⅱ. 依法对基金在交易所的投资者交易实行监控

Ⅲ. 依法对基金上市及相关信息披露等活动进行管理

Ⅳ. 指导和监督中国证券投资基金业协会的活动

A. Ⅲ、Ⅳ　　B. Ⅰ、Ⅱ、Ⅲ、Ⅳ

C. Ⅰ、Ⅱ、Ⅲ　　D. Ⅰ、Ⅱ、Ⅳ

18. 强制性的基金信息披露制度的作用包括（　　）。

Ⅰ. 有利于培育和完善市场运行机制

Ⅱ. 有利于防止利益冲突和利益输送

Ⅲ. 有利于投资者提高操作水平和盈利能力

Ⅳ. 有利于增强市场参与各方对市场的理解和信心

A. Ⅱ、Ⅲ　　B. Ⅰ、Ⅱ、Ⅲ、Ⅳ

C. Ⅰ、Ⅱ、Ⅳ　　D. Ⅰ、Ⅲ、Ⅳ

19. 担任非公开募集基金的基金管理人，应当按照规定向（　　）履行登记手续，报送基本情况。

A. 中国信托业协会　　B. 中国证券投资基金业协会

C. 中国证券业协会　　D. 中国证监会

## 答案与解析

1. **【答案】** B

**【解析】** 股票反映的是所有权关系，债券反映的是债权债务关系，而基金反映的则是信托关系。

2. **【答案】** B

**【解析】** 股票和债券是直接投资工具，筹集的资金主要投向实业，而基金是间接投资工具，筹集的资金主要投向有价证券等金融工具。

3. 【答案】B

【解析】Ⅲ选项错误；我国的开放式基金于每个交易日估值，并不晚于下一交易日公告份额净值。

Ⅳ选项错误；开放式基金在操作上常常会受到不可预测的资金流进、流出的干扰，特别是为应对投资者赎回的需要，必须高度重视投资组合的流动性，因此会预留一定比例的现金，不会进行全额投资，这也会在一定程度上对投资业绩带来不利影响。

4. 【答案】B

【解析】债券基金的收益会受市场利率的影响，若市场利率下调，其收益会上升；反之，若市场利率上调，其收益将下降。故Ⅱ、Ⅳ项正确。

5. 【答案】D

【解析】封闭式基金有固定的存续期，通常在 5 年以上，一般为 10 年或者 15 年，经持有人大会通过并经监管机构同意可以适当延长存续期。

6. 【答案】D

【解析】公司型基金依据基金公司章程设立，是在法律上具有独立法人地位的股份投资公司。基金投资者是公司的股东，凭其持有的股份依法享有投资收益。

7. 【答案】C

【解析】Ⅳ项错误，基金管理人是基金的募集者和管理者，在整个基金的运作中起着核心的作用。

8. 【答案】A

【解析】基金行业的自律组织主要有中国证券投资基金业协会和证券交易所。

9. 【答案】C

【解析】投资者在开放式基金合同生效后，申请购买基金份额的行为通常被称为基金的申购。开放式基金的赎回是指基金份额持有人要求基金管理人购回其所持有的开放式基金份额的行为。开放式基金的申购和赎回与认购一样，可以通过基金管理人的直销中心与基金销售代理人的代销网点办理。

10. 【答案】A

【解析】投资者在开放式基金合同生效后，申请购买基金份额的行为通常被称为基金的申购。开放式基金的赎回，是指基金份额持有人要求基金管理人购回其所持有的开放式基金份额的行为。开放式基金的申购和赎回与认购一样，可以通过基管理人的直销中心与基金销售机构的代销网点办理。

11. 【答案】A

【解析】基金一般按照固定的时间间隔对基金资产进行估值，通常相关法规会规定一个最小的估值频率。

12【答案】A

【解析】基金一般都按照固定的时间间隔对基金资产进行估值，通常相关法规会规定一个最小的估值频率。我国的开放式基金于每个交易日估值，并不晚于下一交易日公告份额净值；封闭式基金和定期开放式基金的封闭期每个交易日都进行估值，但每周披露一次基金份额净值。估值方法的公开性是指基金采用的估值方法需要在法定募集文件中公开披露。若基金变更了估值方法，必须及时披露。

13.【答案】C

【解析】基金份额净值是计算投资者申购基金份额、赎回资金金额的基础，也是评价基金投资业绩的基础指标之一。

14.【答案】A

【解析】我国的基金管理费、基金托管费及基金销售服务费均是按照前一日基金资产净值的一定比例逐日计提，按月支付。

15.【答案】D

【解析】根据有关规定，封闭式基金的收益分配每年不得少于一次，封闭式基金年度收益分配比例不得低于基金年度可供分配利润的90%。基金分配后，基金份额净值不得低于面值。封闭式基金只能采用现金方式分红。

16.【答案】A

【解析】内部风险主要指来自基金管理人方面的风险，是指基金管理人在基金管理过程中产生的风险。基金管理人的管理水平、管理手段和管理技术都将影响基金的收益水平。内部风险多属于非系统性风险，通过采取针对性的措施，内部风险大多能够得到有效的控制。

17.【答案】C

【解析】Ⅳ选项错误，中国证监会指导和监督中国证券投资基金业协会的活动，不是交易所。

18.【答案】C

【解析】强制性的基金信息披露制度，有利于培育和完善市场运行机制，有利于防止利益冲突与利益输送，增强市场参与各方对市场的理解和信心。

19.【答案】B

【解析】担任非公开募集基金的基金管理人，应当按照规定向中国证券投资基金业协会履行登记手续，报送基本情况。

## 本章总结

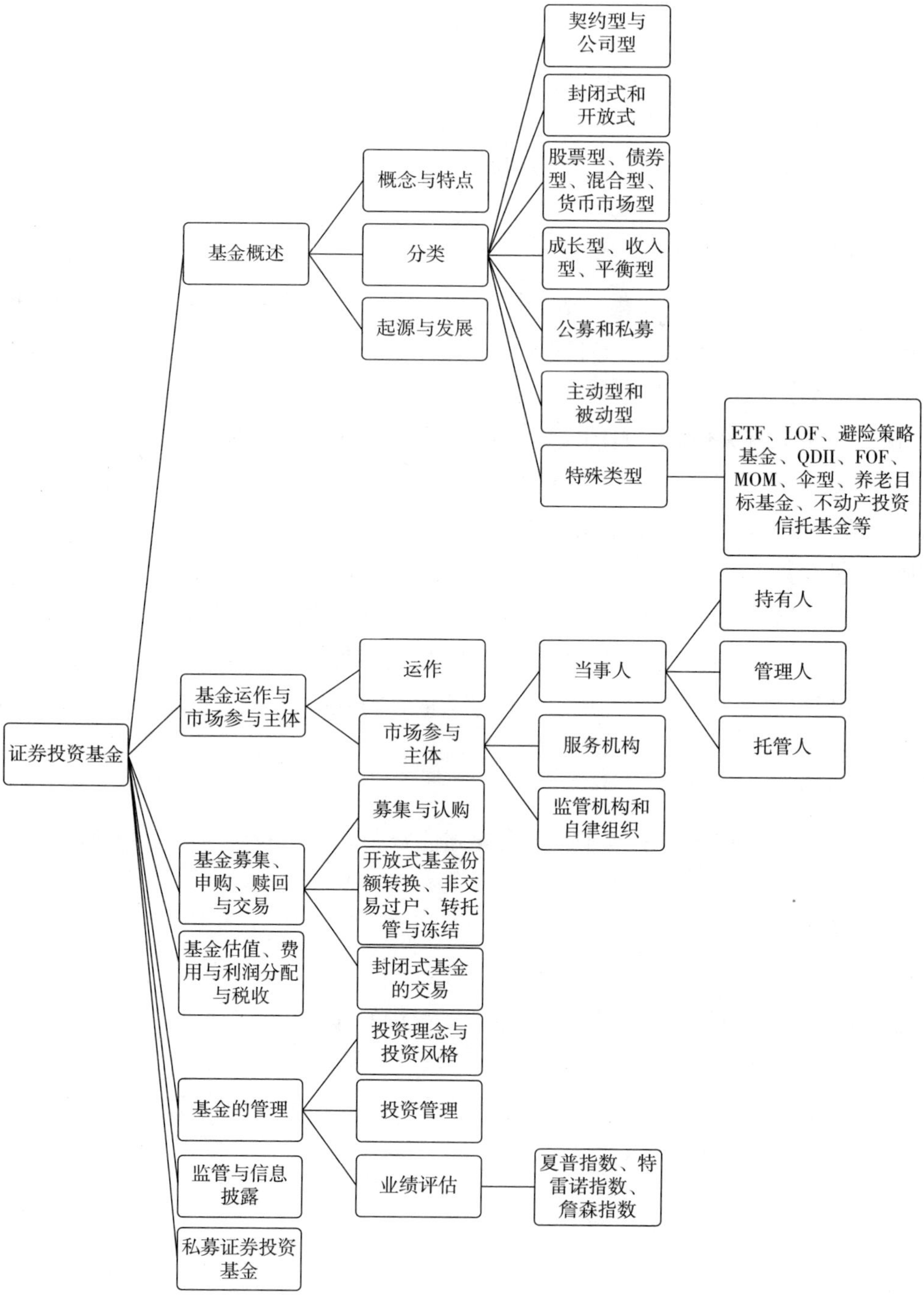
证券投资基金
基金概述
概念与特点
分类
起源与发展
契约型与公司型
封闭式和开放式
股票型、债券型、混合型、货币市场型
成长型、收入型、平衡型
公募和私募
主动型和被动型
特殊类型
ETF、LOF、避险策略基金、QDII、FOF、MOM、伞型、养老目标基金、不动产投资信托基金等
基金运作与市场参与主体
运作
市场参与主体
当事人
持有人
管理人
托管人
服务机构
监管机构和自律组织
基金募集、申购、赎回与交易
募集与认购
开放式基金份额转换、非交易过户、转托管与冻结
封闭式基金的交易
基金估值、费用与利润分配与税收
基金的管理
投资理念与投资风格
投资管理
业绩评估
夏普指数、特雷诺指数、詹森指数
监管与信息披露
私募证券投资基金

# 第七章 金融衍生工具

## 考情早知道

本章节为难度最大的章节，主要讲述金融衍生工具的种类，包含远期交易、期货交易、期权交易、互换、结构化衍生工具等，重点主要是期货与期权，有较多需要理解的考点，文字少，信息量大，专业性强，没有金融基础的学员很难通过字面意思真正理解内容，必须结合视频观看，不懂的地方需要重复观看，尤其是期货与期权的区别以及互换的概念。本章分值约占 15%。

## 本章知识概览

| 小节 | 考点 | 备考指数 |
| --- | --- | --- |
| 第一节　金融衍生工具概述 | 金融衍生工具的概念和特征 | ☆☆☆ |
| | 金融衍生工具的分类 | ☆☆☆ |
| | 金融衍生工具的发展及现状 | ☆ |
| 第二节　金融远期、期货与互换 | 现货交易、远期交易与期货交易 | ☆☆☆ |
| | 金融远期合约与远期合约市场 | ☆☆ |
| | 金融期货合约与金融期货市场 | ☆☆☆ |
| | 金融互换交易 | ☆ |
| 第三节　金融期权与期权类金融衍生产品 | 金融期权的定义和特征 | ☆☆☆ |
| | 金融期权的分类 | ☆ |
| | 金融期权的主要功能 | ☆☆ |
| | 金融期权的主要风险指标 | ☆ |
| | 我国主要期权品种 | ☆ |
| 第四节　其他衍生工具简介 | 存托凭证 | ☆☆ |
| | 结构化金融衍生产品 | ☆☆ |

注：本书中“☆”表示知识点的重要程度，其中☆代表了解；☆☆代表理解；☆☆☆代表掌握。

## 考点详解

# 第一节　金融衍生工具概述

### 考点一：金融衍生工具的概念和特征（☆☆☆）

#### 一、金融衍生工具的概念

1. 金融衍生工具又被称为金融衍生产品，是与基础金融产品相对应的一个概念，指建立在基础产品或基础变量之上，其价格取决于基础金融产品价格（或数值）变动的派生金融产品

2. 基础产品是一个相对的概念，不仅包括现货金融产品（如债券、股票、银行定期存款单等），也包括金融衍生工具。近些年来，某些自然现象（如气温、降雪量、霜冻、飓风）甚至人类行为（如选举、温室气体排放）也逐渐成为金融衍生工具的基础变量

**小贴士：**由 2. 可以知道，金融衍生工具的基础变量不一定是金融变量。

3. 金融衍生工具按产品形态分类

（1）独立衍生工具（包括远期合同、期货合同、互换合同和期权合同等）的特征。

①其价值随着特定利率、金融工具价格、商品价格、汇率、价格指数、费率指数、信用等级、信用指数或其他类似变量的变动而变动。

②不要求初始净投资，或与对市场情况变化有类似反应的其他类型合同相比，要求很少的初始净投资。

③在未来某一日期结算。

（2）嵌入式衍生工具。

嵌入非衍生工具（主合同）中，使混合工具的全部或部分现金流量随着特定利率、金融工具价格、商品价格、汇率、价格指数、费率指数、信用等级、信用指数或其他类似变量的变动而变动的衍生工具，如可转换公司债券。

**小贴士：**公司债券是主合同，不是衍生工具，是基础金融工具，把转换权融入债券，就形成了嵌入式衍生工具。

#### 二、金融衍生工具的基本特征

（一）跨期性

金融衍生工具是交易双方通过对利率、汇率、股价等因素变动趋势的预测，约定在未来某一时间按照一定条件进行交易或选择是否交易的合约。

（二）杠杆性

金融衍生工具交易一般只需要支付少量的保证金或权利金就可签订远期大额合约或

互换不同的金融工具。例如，若期货交易保证金为合约金额的 5%，则期货交易者可以控制 20 倍于所交易金额的合约资产，实现以小博大的效果。

（三）联动性

联动关系既可以是简单的线性关系，也可以为非线性函数或者分段函数。

（四）不确定性或高风险性

1. 不确定性

金融衍生工具的交易后果取决于交易者对基础工具（变量）未来价格（数值）的预测和判断的准确程度。

2. 高风险性

（1）交易中对方违约，没有履行承诺造成损失的信用风险。

（2）因资产或指数价格不利变动可能带来损失的市场风险。

（3）因市场缺乏交易对手而导致投资者不能平仓或变现所带来的流动性风险。

（4）因交易对手无法按时付款或交割可能带来的结算风险。

（5）因交易或管理人员的人为错误或系统故障、控制失灵而造成的操作风险。

（6）因合约不符合所在国的法律，无法履行或合约条款遗漏及模糊导致的法律风险。

**三、大宗商品类金融衍生工具的概念及分类**

（一）概念

大宗商品类金融衍生工具，是指标的资产为大宗商品或者商品价格指数及相关指数的远期、期货、期权以及互换。

（二）常见标的

农产品、金属、原油和其他石油产品、天然气、电力、海运费和天气指数。

（三）分类

1. 按自身交易方法及特点

（1）商品期货。

（2）商品期权。

（3）商品远期。

（4）商品互换。

2. 按交易场所

（1）交易所交易的衍生工具。

（2）场外交易市场交易的衍生工具（OTC）。

**【例题 1】**下列不属于金融衍生工具特征的是（　　）。

A. 跨期性　　B. 杠杆性　　C. 确定性　　D. 联动性

**【答案】**C

**【解析】**金融衍生工具的特征有：跨期性、杠杆性、联动性、不确定性或高风险性。

【例题 2】若期货交易保证金为合约金额的 5%，则期货交易者可以控制的合约资产为所交易金额的（　　）倍。

A. 5　　B. 10　　C. 20　　D. 50

【答案】C

【解析】金融衍生工具具有杠杆性，金融衍生工具交易一般只需要支付少量的保证金或权利金就可签订远期大额合约或互换不同的金融工具。例如，若期货交易保证金为合约金额的 5%，则期货交易者可以控制 20 倍于所交易金额的合约资产，实现以小博大的效果。

【例题 3】下列选项中，不属于嵌入式的衍生工具的是（　　）。

A. 公司债券条款中包含的赎回条款　　B. 公司债券条款中包含的返售条款

C. 公司债券条款中包含的转股条款　　D. 在期货交易所交易的期货合约

【答案】D

【解析】嵌入式衍生工具指嵌入非衍生合同（简称主合同）中的衍生金融工具，该衍生工具使主合同的部分或全部现金流量将按照特定利率、金融工具价格、汇率、价格或利率指数、信用等级或信用指数，或类似变量的变动而发生调整，例如目前公司债券条款中包含的赎回条款、返售条款、转股条款、重设条款等。

## 考点二：金融衍生工具的分类（☆☆☆）

| 分类维度 | 分类品种 | 描述 |
|---|---|---|
| 产品形态 | 独立衍生工具 | 本身即为独立存在的金融合约 |
| | 嵌入式衍生工具 | 嵌入非衍生合同（简称主合同）中的衍生金融工具 |
| 交易方式及特点 | 金融远期 | 场外市场、协商定价、约定未来日期、买卖合约 |
| | 金融期权 | 买方支付期权费、约定日期内、事先约定的价格 |
| | 金融期货 | 集中的交易场所、标准化金融期货合约 |
| | 金融互换 | 当事人商定，在约定的时间内定期交换现金流 |
| | 结构化衍生工具 | 利用结构化特性，相互结合或与基础金融工具结合 |
| 基础工具 | 股权类 | 股票期货、股票期权、股票指数期货、股票指数期权 |
| | 货币类 | 外汇合约、货币期货、货币期权、货币互换 |
| | 利率类 | 远期利率协议、利率期货、利率期权、利率互换 |
| | 信用类 | 信用互换、信用联结票据、信用风险缓释合约、信用风险缓释凭证 |
| | 其他 | 气温变化风险、管理政治风险等 |
| 交易场所 | 交易所 | 期货合约、期权合约 |
| | 场外（OTC） | 远期、互换 |

注意：具体品种在随后章节会详细介绍。

**【例题4】**下列选项中，属于股权类产品衍生工具的是（　　）。

Ⅰ. 远期外汇合约

Ⅱ. 股票期权

Ⅲ. 股票指数期货

Ⅳ. 股票指数期权

A. Ⅰ、Ⅲ、Ⅳ　　B. Ⅰ、Ⅱ、Ⅲ、Ⅳ

C. Ⅰ、Ⅱ、Ⅲ　　D. Ⅱ、Ⅲ、Ⅳ

**【答案】**D

**【解析】**股权类产品的衍生工具是指以股票或股票指数为基础工具的金融衍生工具，主要包括股票期货、股票期权、股票指数期货、股票指数期权以及上述合约的混合交易合约。

**【例题5】**通过各种通信方式，不通过集中的交易所，实行分散的、一对一交易的金融衍生工具属于（　　）。

A. 嵌入式衍生工具　　B. 交易所交易的衍生工具

C. 结构化金融衍生工具　　D. OTC 交易的衍生工具

**【答案】**D

**【解析】**场外交易市场（简称 OTC）交易的衍生工具是指通过各种通信方式，不通过集中的交易所，实行分散的、一对一交易的衍生工具。

**【例题6】**下列金融衍生工具中，属于货币衍生工具的是（　　）。

A. 股票期货　　B. 股票指数期权　　C. 远期外汇合约　　D. 利率互换

**【答案】**C

**【解析】**货币衍生工具是指以各种货币作为基础工具的金融衍生工具，主要包括远期外汇合约、货币期货、货币期权、货币互换，以及上述合约的混合交易合约。A、B 两项属于股权类产品的衍生工具；D 项属于利率衍生工具。

### 考点三：金融衍生工具的发展及现状（☆）

#### 一、金融衍生工具的产生与发展

1848 年，芝加哥期货交易所（CBOT）成立。

1865 年前后，CBOT 推出了标准化的商品期货合约交易。

1972 年，芝加哥商业交易所（CME）首次推出外汇期货合约。

1975 年，芝加哥期货交易所推出首个以按揭贷款为基础资产的利率期货合约。

1982 年，美国堪萨斯交易所推出全球首个股票指数期货合约——价值线指数期货合约。

1973 年，芝加哥期权交易所（CBOE）成立，这是全球第一家期权交易所。

## 二、金融衍生工具的发展动因

1. 金融衍生工具产生的最基本原因是避险

2. 20世纪80年代以来的金融自由化进一步推动了金融衍生工具的发展，金融自由化主要内容有

（1）取消对存款利率的最高限额，逐步实现利率自由化。如美国《1980年银行法》废除了Q条例。

（2）打破金融机构经营范围的地域和业务种类限制，允许各金融机构业务交叉、互相自由渗透，鼓励银行综合化发展。

（3）放松外汇管制。

（4）开放各类金融市场，放宽对资本流动的限制。

3. 金融机构的利润驱动是金融衍生工具产生和迅速发展的又一个重要原因

1988年国际清算银行（简称BIS）制定的《巴塞尔协议》规定：开展国际业务的银行必须将其资本对加权风险资产的比率维持在8%以上，其中核心资本至少为总资本的50%。

**小贴士：** 根据上段文字描述，资本充足率 = 资本/加权风险资产，维持在8%以上，那么 = 核心资本/加权风险资产 = 8% × 50% = 4%。

4. 新技术革命为金融衍生工具的产生与发展提供了物质基础与手段

## 三、金融衍生工具的发展现状

1. 金融衍生工具以场外交易为主

2. 按基础产品比较，利率衍生品是名义金额最大的衍生品种类

3. 按产品形态比较，远期和互换这两类具有对称性收益的衍生产品比收益不对称的期权类产品市场规模大得多

4. 场外衍生品整体呈下降趋势，而场内衍生品却大幅增长

## 四、我国衍生工具市场的发展状况

### （一）金融衍生工具的交易所市场

（1）1921年由上海金业交易所推出的标金期货实际上已经具有了外汇期货的性质，按照这个说法，它是近现代全球首例金融期货交易。

（2）1991年8月1日，非上市公司海南新能源股份有限公司（简称琼能源）首次发行可转换债券，于1993年6月在深圳证券交易所上市。

（3）1992年11月，中国宝安企业（集团）股份有限公司（简称深宝安）发行3年期可转换债券，并于1993年2月在深圳证券交易所上市交易，这是中国第一家上市公司发行的可转换债券。

（4）1992年6月3日，上海飞乐股份有限公司（简称大飞乐）向其股东以无纸化方式发行配股权证，是我国首例权证。

（5）1993 年 3 月 10 日，海南证券交易中心推出股票指数期货交易，这是中国第一只股票指数期货合约。

（6）2006 年 9 月 8 日，中国金融期货交易所成立，并于 2010 年 4 月 16 日正式上市交易沪深 300 指数期货。

（7）经中国证监会批准，上海证券交易所于 2015 年 2 月 9 日上市交易了上证 50ETF 期权合约品种，这是内地交易市场第一只期权品种。

（二）金融衍生工具的场外交易市场

（1）银行间与银行柜台衍生工具市场。

（2）证券公司机构间与证券公司柜台衍生工具市场。

机构间市场又被称为机构间私募产品报价与服务系统（简称报价系统），是经中国证监会批准设立的为机构投资者提供私募产品报价、发行、转让及相关服务的专业化电子平台。

报价系统四大定位：

①定位于私募市场，服务于私募产品的报价、发行和转让，是私募市场的基础设施。

②定位于机构间市场，服务于专业投资机构。

③定位于互联互通市场，致力于搭建市场中的市场。

④定位于互联网市场。

报价系统的五大功能：

①开放的市场互联互通功能。

②多样的私募产品报价、发行、转让功能。

③适应私募市场需要的登记结算功能。

④分层次、多维度的信息展示功能。

⑤灵活的投融资项目对接功能。

根据中国证监会的规定，获得场外期权、互换业务资格的证券公司，可以在证券公司柜台开展相关衍生产品业务。

**【例题 7】**1988 年的《巴塞尔协议》规定：开展国际业务的银行必须将其资本对加权风险资产的比率维持在 8% 以上，其中核心资本至少为总资本的（　　）。

A. 40%　　B. 50%　　C. 60%　　D. 70%

**【答案】**B

**【解析】**1988 年国际清算银行制定的《巴塞尔协议》规定：开展国际业务的银行必须将其资本对加权风险资产的比率维持在 8% 以上，其中核心资本至少为总资本的 50%。这一要求促使各国银行大力拓展表外业务，相继开发了既能增进收益又不扩大资产规模的金融衍生工具，如期权、互换、远期利率协议等。

【例题 8】金融自由化的主要内容包括（　　）。

Ⅰ. 取消对存款利率的最高限额

Ⅱ. 打破金融机构经营范围的地域和业务种类限制

Ⅲ. 放松外汇管制

Ⅳ. 开放各类金融市场，放宽对资本流动的限制

A. Ⅱ、Ⅲ、Ⅳ　　B. Ⅰ、Ⅱ

C. Ⅰ、Ⅱ、Ⅲ、Ⅳ　　D. Ⅰ、Ⅲ

【答案】C

【解析】金融自由化的主要内容包括：

（1）取消对存款利率的最高限额，逐步实现利率自由化。

（2）打破金融机构经营范围的地域和业务种类限制，允许各金融机构业务交叉、互相自由渗透，鼓励银行综合化发展。

（3）放松外汇管制。

（4）开放各类金融市场，放宽对资本流动的限制。

【例题 9】场外交易市场，即业界所称的 OTC 市场，它主要由（　　）组成。

Ⅰ. 银行间与银行柜台衍生工具市场

Ⅱ. 证券公司机构间与证券公司柜台衍生工具市场

Ⅲ. 上海证券交易所

Ⅳ. 深圳证券交易所

A. Ⅲ、Ⅳ　　B. Ⅰ、Ⅱ、Ⅳ

C. Ⅰ、Ⅱ、Ⅲ　　D. Ⅰ、Ⅱ

【答案】D

【解析】我国金融衍生工具市场分为交易所交易市场、场外交易市场，其中场外交易市场包括银行间与银行柜台衍生工具市场、证券公司机构间与证券公司柜台衍生工具市场两大部分。

【本节学习提示】考查重点：

①金融衍生工具的特征：跨期性、杠杆性、联动性、不确定性或高风险性。

②金融衍生工具主要分为远期、期货、期权、互换和结构化衍生工具。

# 第二节　金融远期、期货与互换

## 考点一：现货交易、远期交易与期货交易（☆☆☆）

### 一、现货交易

现货交易是“一手交钱，一手交货”，即以现款买现货方式进行的交易。

### 二、远期

远期交易是双方约定在未来某个时刻（或时间段内）按照现在确定的价格进行交易。

### 三、期货

期货交易是在交易所内或者通过交易所的交易系统进行的标准化期货合约的买卖交易。

注意：期货交易是在现货交易、远期交易的基础上发展起来的。

**【例题 10】**下列关于期货合约说法正确的是（　　）。

A. 期货在集中的交易场所以协商议价的方式进行标准化合约的交易

B. 期货交易的合约可以是标准化合约和非标准化合约

C. 期货合约由期货的卖方订立

D. 期货的买卖双方可以根据合约约定在未来某日期按成交时约定的价格交割一定数量的某种商品

**【答案】**D

**【解析】**期货交易必须采用标准化合约，合约为双方约定，且在交易所内以集中竞价方式进行交易。

## 考点二：金融远期合约与远期合约市场（☆☆）

### 一、定义

金融远期合约是最基础的金融衍生产品。它是交易双方在场外市场上通过协商，按约定价格（被称为远期价格）在约定的未来日期（交割日）买卖某种标的金融资产（或金融变量）的合约。

### 二、分类

（一）股权类资产的远期合约

1. 单只股票的远期合约

2. 一篮子股票的远期合约

3. 股票价格指数的远期合约

（二）债权类资产的远期合约

1. 定期存款单
2. 短期债券
3. 长期债券
4. 商业票据
5. 其他固定收益证券

（三）远期利率协议

（1）远期利率协议是指交易双方约定在未来某一日交换协议期间在一定名义本金基础上分别以合同利率和参考利率计算的利息的金融合约。

（2）远期利率协议的参考利率应为经中国人民银行授权的全国银行间同业拆借中心等机构发布的银行间市场具有基准性质的市场利率或中国人民银行公布的基准利率，具体由交易双方约定。

（四）远期汇率协议

（1）远期汇率协议是指按照约定的汇率，交易双方在约定的未来日期买卖约定数量的某种外币的远期协议。

（2）目前，与我国证券市场直接相关的金融远期交易是全国银行间债券市场的债券远期交易。

（3）债券远期交易数额最小为债券面额 10 万元，交易单位为债券面额 1 万元。债券远期交易共有 8 个期限品种，期限最短为 2 天，最长为 365 天。

**【例题 11】**债券远期交易数额最小为债券面额（　　）万元，交易单位为债券面额（　　）万元。

A. 10；2　　B. 8；1　　C. 10；1　　D. 8；2

**【答案】**C

**【解析】**债券远期交易数额最小为债券面额 10 万元，交易单位为债券面额 1 万元。

**【例题 12】**股权类资产的远期合约不包含（　　）。

A. 单只股票的远期合约　　B. 一篮子股票的远期合约

C. 股票价格指数的远期合约　　D. 人民币远期合约

**【答案】**D

**【解析】**人民币远期合约属于远期汇率协议。

## 考点三：金融期货合约与金融期货市场（☆☆☆）

### 一、金融期货的定义和特征

（一）金融期货是期货交易的一种

1. 期货交易

期货交易是在交易所内或者通过交易所的交易系统进行的标准化远期合同（期货合约）的买卖交易。

2. 期货合约

期货合约是指由期货交易场所统一制定的、将来在某一特定的时间和地点交割一定数量标的物的标准化合约。

（二）金融期货的特征

1. 与金融现货交易相比

| 比对项 | 金融现货 | 金融期货 |
| --- | --- | --- |
| 交易对象 | 具体形态的金融工具 | 金融期货合约 |
| 交易目的 | 筹资或投资 | 风险管理<br>（不能创造价值，不是投资工具） |
| 交易价格的含义 | 实时的成交价 | 对金融现货未来价格的预期 |
| 交易方式 | 成交后的几个交易日内结算 | 保证金交易和逐日盯市制度 |
| 结算方式 | 基础金融工具与货币转手结束 | 对大多数对冲平仓 |

2. 与普通远期相比

| 比对项 | 金融期货 | 普通远期 |
| --- | --- | --- |
| 交易场所和交易组织形式 | 有组织的交易所 | 场外市场 |
| 交易的监管程度 | 受到一家以上的监管机构监管 | 较少受到监管 |
| 合约条款 | 标准化 | 双方协商确定 |
| 保证金和每日结算制度 | 实行 | 不实行 |
| 违约风险 | 不用担心 | 存在一定的违约风险 |

### 二、金融期货的各类主要交易制度

（一）集中交易制度

金融期货在期货交易所或证券交易所进行集中交易，期货交易所是期货市场的核心。

（二）标准化的期货合约和对冲机制

（1）期货合约是由交易所设计、经监管机构批准后向市场公布的标准化合约。

（2）期货交易中的对冲是指交易者利用期货合约标准化的特征，在开仓和平仓的时候分别做两笔品种、数量、期限相同但方向相反的交易，并且不进行实物交割，而是以结清差价的方式结束交易的独特交易机制。

（三）保证金制度

为了控制期货交易的风险，期货交易双方在成交后都要通过经纪人向交易所或结算所缴纳一定数量的保证金。

（四）结算所和无负债结算制度

结算所实行无负债的每日结算制度，又被称为“逐日盯市制度”，就是以每种期货合约在交易日收盘前规定时间内的平均成交价作为当日结算价，与每笔交易成交时的价格作对照，计算每个结算所会员账户的浮动盈亏，进行随市清算。

举例：由交易者当日以3 000元/单位的价格买入合约，当日结算价3 100元/单位，那么直接将盈利的100元/单位打入交易者对应账户，算其盈利，而交易者的成本从3 000元/单位变成3 100元/单位，第二个交易日如果结算价下跌到3 050元/单位，则会从账户扣除50元/单位。

（五）限仓制度

限仓制度是交易所为了防止市场风险过度集中和防范操纵市场的行为，而对交易者持仓数量加以限制的制度。交易所可以根据市场风险状况调整持仓限额标准。

（六）大户报告制度

大户报告制度是当会员或客户的持仓量达到交易所规定的数量时，必须向交易所申报有关情况，以便交易所审查大户是否有过度投机和操纵市场行为。

**小贴士：**大户报告制度和限仓制度往往配合实施。

（七）每日价格波动限制

为防止期货价格出现过大的非理性变动，交易所通常对每个交易时段允许的最大波动范围作出规定，一旦达到涨（跌）幅限制，则高于（低于）该价格的买入（卖出）委托无效。

（八）强行平仓制度

1. 概念

强行平仓制度是指按照有关规定对会员或客户的持仓进行平仓的一种强制措施，包括交易所对会员持仓、客户持仓进行的强行平仓及期货公司对其客户持仓进行的强行平仓。

2. 中国金融期货交易所强行平仓情形

（1）会员结算准备金余额小于零，并未能在规定时限内补足的。

（2）持仓超出持仓限额标准，并未能在规定时限内平仓的。

（3）因违规受到中金所强行平仓处罚的。

（4）根据中金所的紧急措施应予以强行平仓的。

（5）其他应予以强行平仓的。

（九）强制减仓制度

强制减仓制度是指交易所将当日以涨跌停板价格申报的未成交平仓报单，以当日涨跌停板价格与该合约净持仓盈利客户按照持仓比例自动撮合成交。

**小贴士：**强行平仓原因是交易者本身存在错误，强制减仓原因并不是交易者本身存在错误。

**三、金融期货的种类**

（一）外汇期货

外汇期货又被称为货币期货，是以外汇为基础工具的期货合约，是金融期货中最早产生的品种，主要用于规避外汇风险。

（二）利率期货

利率期货是继外汇期货之后产生的又一个金融期货类别，其基础资产是一定数量的与利率相关的某种金融工具，主要是各类固定收益金融工具。利率期货主要是为了规避利率风险而产生的。固定利率有价证券的价格受到现行利率和预期利率的影响，价格变化与利率变化一般呈反向关系。利率期货品种主要包括债券期货和主要参考利率期货。

（三）股权类期货

1. 股票价格指数期货

比如：A 股指数期货。

2. 单只股票期货

单只股票期货是以单只股票作为基础工具的期货，买卖双方约定，以约定的价格在合约到期日买卖规定数量的股票。

3. 股票组合的期货

股票组合的期货是金融期货中最新的一类，是以标准化的股票组合为基础资产的金融期货。

**四、中国金融期货交易所与期货合约**

（一）中国金融期货交易所

（1）中国金融期货交易所于 2006 年 9 月 8 日在上海成立。

（2）中国金融期货交易所是经国务院同意、中国证监会批准，由上海期货交易所、郑州商品交易所、大连商品交易所、上海证券交易所和深圳证券交易所共同发起设立的中国首家公司制交易所。

（3）注册资本为 5 亿元人民币。

（4）中国金融期货交易所实行会员分级结算制度，会员分为结算会员和交易会员，结算会员按照业务范围分为交易结算会员、全面结算会员和特别结算会员。

### （二）期货合约

#### 1. 股指期货合约

| 合约标的 | 沪深300指数 | 上证50指数 | 中证500指数 |
|---|---|---|---|
| 合约乘数 | 300元 | | 200元 |
| 报价单位 | 指数点 | | |
| 最小变动价位 | 0.2点 | | |
| 合约月份 | 当月、下月及随后两个季月 | | |
| 交易时间 | 9:30—11:30，13:00—15:00 | | |
| 最大涨跌幅 | 上一交易日结算价±10% | | |
| 最低交易保证金 | 合约价值的8% | | |
| 最后交易日 | 到期月第三个周五，遇国家法定节假日顺延 | | |
| 交割日 | 同最后交易日 | | |
| 交易代码 | IF | IH | IC |
| 交割方式 | 现金交割 | | |

#### 2. 国债期货合约

| | 2年期 | 5年期 | 10年期 |
|---|---|---|---|
| 交易代码 | TS | TF | T |
| 合约标的面值 | 200万元 | 100万元 | |
| 合约标的票面利率 | 3% | | |
| 可交割国债 | 发行期限不高于5年，合约到期月份首日剩余期限为1.5～2.25年的记账式附息国债 | 合约到期月份首日剩余期限为4～5.25年的记账式附息国债 | 发行期限不高于10年、合约到期月份首日剩余期限不低于6.5年的记账式附息国债 |
| 最小变动价位 | 0.005元 | | |
| 合约月份 | 最近3个季月 | | |
| 交易时间 | 9:30—11:30，13:00—15:15 | | |
| 最后交易日交易时间 | 9:30—11:30 | | |
| 价格波动限制 | 上一交易日结算价±0.5% | 上一交易日结算价±1.2% | 上一交易日结算价±2% |
| 最低交易保证金 | 0.5% | 1% | 2% |
| 最后交易日 | 合约到期月份第二个周五 | | |
| 交割日 | 最后交易日后第三个交易日 | | |
| 交割方式 | 实物交割 | | |

### （三）投资者适当性制度

为保护投资者合法权益，中国证监会、中国期货业协会、中国金融期货交易所分别制定了相关法规和规则，符合规定的投资者方能办理股指期货开户和相关交易。

（四）交易规则

1. 交易编码

投资者可以根据不同投资目的，分别申请套期保值、套利和投机用途的客户号。

2. 保证金

（1）结算准备金：是指未被合约占用的保证金。

（2）交易保证金：是指已被合约占用的保证金。

3. 竞价交易

股指期货竞价交易采用集合竞价交易和连续竞价交易两种方式。连续竞价交易按照价格优先、时间优先的原则撮合成交。集合竞价交易以当前价格波动限制申报的指令，按照平仓优先、时间优先的原则撮合成交。

4. 结算价

结算价是指某一合约当日一定时间内成交价格按照成交量的加权平均价。

5. 最大波动限制

如国债期货合约表格所示，不同合约最大波动限制不同。

6. 持仓限额制度（投机）

（1）沪深300股指期货合约：5 000手。

（2）中证500、上证50合约：1 200手。

（3）2年期、5年期国债期货合约：2 000手（交割月份之前一个交易日起：600手）。

（4）某一股指期货合约结算后单边总持仓量超过10万手的，结算会员下一交易日该合约单边持仓量不得超过该合约单边总持仓量的25%。

某一国债期货合约结算后单边总持仓量超过60万手的，结算会员下一交易日该合约单边持仓量不得超过该合约单边总持仓量的25%。

7. 大户报告制度

交易所可以根据市场风险状况，公布持仓报告标准。

8. 若干重要风险控制手段

交易所有权根据市场情况采取提高交易保证金标准、限制开仓、限制出仓、限期平仓、强行平仓、暂停交易、调整涨跌停板幅度、强制减仓或者其他风险控制措施。

**五、金融期货的基本功能**

（一）套期保值功能

1. 套期保值原理

（1）某一特定商品或金融工具的期货价格和现货价格受相同经济因素的制约和影响，从而它们的变动趋势大致相同。

（2）现货价格与期货价格在走势上具有收敛性。

2. 套期保值的基本做法

在现货市场买进或卖出某种金融工具的同时，做一笔与现货交易品种、数量、期限相当但方向相反的期货交易，以期在未来某一时间通过期货合约的对冲，以一个市场的盈利来弥补另一个市场的亏损，从而规避现货价格变动带来的风险，实现保值的目的。

3. 套期保值的种类

（1）多头套期保值。

（2）空头套期保值。

注意：在现实中，投资者还要利用投资组合的贝塔系数对股指期货的头寸进行修正。

（二）价格发现功能

期货价格具有预期性、连续性和权威性的特点，能够比较准确地反映出未来商品价格的变动趋势。

（三）投机功能

与所有有价证券交易相同，期货市场上的投机者也会利用对未来期货价格走势的预期进行投机交易，预计价格上涨的投机者会建立期货多头，反之，则建立空头。

注意：目前我国股票市场实行 T+1 清算制度，而期货市场是 T+0，可以进行日内投机。

（四）套利功能

套利的理论基础在于经济学中的一价定律，即忽略交易费用的差异，同一商品只能有一个价格。严格意义上的期货套利是指利用同一合约在不同市场上可能存在的短暂价格差异进行买卖，赚取价差，被称为“跨市场套利”。

**小贴士：**

1. 关于套期保值的理解。

假设某投资者持有一组股票，担心这组股票未来价格下跌，那么可以卖出对应的股票期货合约，未来股票果真下跌了，那么股票期货也会下跌，现货持有的股票出现了亏损，然而期货合约可以通过买入平仓的方式赚取期货收益，弥补了现货的亏损，这就是套期保值。

2. 关于套利的理解。

某套利者买入 5 月份股指期货合约同时卖出 9 月份同一股指对应的期货合约，由于 5 月份和 9 月份合约同涨同跌，对冲平仓时，一定有一份合约盈利，一份合约亏损，套利就是为了获取两份合约盈利超过亏损的部分。

## 六、商品期货

（一）定义

商品期货，是指标的物为实物商品的期货合约。

（二）分类

1. 农产品期货

（1）1848 年芝加哥期货交易所诞生。

（2）1865 年标准化合约推出。

2. 金属期货

（1）最早的金属期货交易发生于英国。

（2）1876 年伦敦金属交易所（LME）成立（主要标的铜和锡）。

3. 能源化工期货

纽约商业交易所（NYMEX））和位于伦敦的洲际交易所（ICE）是世界上最具影响力的能源期货交易所。

**【例题 13】** 金融期货交易与普通远期交易的区别有（　　）。

Ⅰ. 两者交易场所和交易组织方式不同

Ⅱ. 两者交易的监管程度不同

Ⅲ. 远期交易是标准化交易，金融期货的内容可以协商确定

Ⅳ. 两者违约风险不同

A. Ⅱ、Ⅳ　　B. Ⅰ、Ⅱ　　C. Ⅰ、Ⅱ、Ⅳ　　D. Ⅰ、Ⅲ、Ⅳ

**【答案】** C

**【解析】** 金融期货交易与普通远期交易的区别包括：（1）交易场所和交易组织形式不同；（2）交易的监管程度不同；（3）金融期货交易是标准化交易，远期交易的内容可协商确定；（4）保证金制度和每日结算制度导致违约风险不同。因此，Ⅰ、Ⅱ、Ⅳ项符合题意，故本题选 C 选项。

**【例题 14】** 利率期货品种主要包括（　　）。

Ⅰ. 债券期货

Ⅱ. 主要参考利率期货

Ⅲ. 股票组合期货

Ⅳ. 货币期货

A. Ⅰ、Ⅱ、Ⅲ　　B. Ⅰ、Ⅱ、Ⅳ　　C. Ⅱ、Ⅲ、Ⅳ　　D. Ⅰ、Ⅱ

**【答案】** D

**【解析】** Ⅰ、Ⅱ项符合题意，利率期货品种主要包括债券期货和主要参考利率期货。Ⅲ项不符合题意，股票组合期货属于股权类期货。Ⅳ项不符合题意，货币期货又被称为外汇期货，是以外汇为基础工具的期货合约，是金融期货中最先产生的品种，主要用于规避外汇风险。

**【例题 15】** 在期货市场上的投机者会利用对未来期货价格走势的预期进行投机交易，下列说法正确的是（　　）。

A. 预计价格上涨的投机者会建立期货多头

B. 预计价格上涨的投机者会建立期货空头

C. 预计价格下降的投机者会建立期货多头

D. 预计价格下降的投机者不会采取措施

**【答案】**A

**【解析】**与所有有价证券交易相同，期货市场上的投机者也会利用对未来期货价格走势的预期进行投机交易，预计价格上涨的投机者会建立期货多头，反之则建立空头。

**【例题 16】**沪深 300 股指期货合约交易代码为（　　）。

A. SZ　　B. IH　　C. IF　　D. IC

**【答案】**C

**【解析】**沪深 300 股指期货合约交易代码为 IF。

**【例题 17】**两年期国债期货合约可交割国债剩余期限不包括（　　）。

A. 18 个月　　B. 24 个月　　C. 26 个月　　D. 30 个月

**【答案】**D

**【解析】**两年期国债期货合约可交割国债剩余期限为 1.5 ~2.25 年。

**【例题 18】**下列关于限仓制度以及大户报告制度的说法中，不正确的是（　　）。

A. 限仓制度能防止市场风险过度集中

B. 限仓制度是对交易者持仓数量加以限制的制度

C. 限仓制度能有效防范操纵市场的行为

D. 大户报告制度不能判断大户交易风险状况

**【答案】**D

**【解析】**限仓制度是交易所为了防止市场风险过度集中和防范操纵市场的行为，而对交易者持仓数量加以限制的制度。

大户报告制度是交易所建立限仓制度后，当会员或客户的持仓量达到交易所规定的数量时，必须向交易所申报有关开户、交易、资金来源、交易动机等情况，以便交易所审查大户是否有过度投机和操纵市场行为，并判断大户交易风险状况的风险控制制度。

**【例题 19】**新加坡交易所（简称 SGX）于（　　）年 9 月 5 日推出以新华富时 50 指数为基础变量的全球首个中国 A 股指数期货。

A. 1996　　B. 2010　　C. 2006　　D. 2000

**【答案】**C

**【解析】**新加坡交易所（简称 SGX）于 2006 年 9 月 5 日推出以新华富时 50 指数为基础变量的全球首个中国 A 股指数期货。

**【例题 20】**股票价格指数期货的交易单位等于基础指数的数值与交易所规定的每点价值之（　　）。

A. 和　　B. 差　　C. 乘积　　D. 商

**【答案】**C

**【解析】**股票价格指数期货的交易单位等于基础指数的数值与交易所规定的每点价值之乘积，采用现金结算。

### 考点四：金融互换交易（☆）

**一、互换的概念**

互换是指两个或两个以上的当事人按共同商定的条件，在约定的时间内定期交换现金流的金融交易。从交易结构上看，可以将互换交易视为一系列远期交易的组合。

**二、互换的分类**

（一）利率互换

1. 利率互换是一种最普遍的互换类型

2. 利率互换采用同一币种，互换时间一般为 2 ~ 15 年

3. 利率互换存在两种交易需求

（1）存在不同的筹资意向。

例如，一方可以得到固定利率贷款，但希望以浮动利率筹集资金，另一方可以得到浮动利率贷款，但希望以固定利率筹集资金。通过互换交易，双方均可以获得希望的融资方式。

（2）存在比较优势，通过互换可以降低资金成本。

某些公司在固定利率市场借款时具有比较优势，而其他公司在浮动利率市场借款时具有比较优势。这样，比较优势可以通过利率互换发挥出来。

（二）货币互换

（1）货币互换是将一种货币的本金和固定利息与几乎等价的另一种货币的本金和固定利息进行交换。

（2）互换交易的主要用途是改变交易者资产或负债的风险结构（比如利率或汇率结构），从而规避相应的风险。

（3）中国外汇交易中心人民币利率互换参考利率包括：

① 上海银行间同业拆放利率（Shibor，含隔夜、1 周、3 个月期等品种）。

② 国债回购利率（7 天）。

③ 1 年期定期存款利率。

（4）人民币利率互换期限从 7 天到 3 年不等。

（三）股权类互换

股票收益互换，是指证券公司与客户根据协议约定，在未来某一期限内针对特定股票的收益表现与固定利率进行现金流交换。

（四）信用违约互换（CDS）

（1）违约互换购买者将定期向违约互换出售者支付一定费用（称为信用违约互换点差），而一旦出现信用类事件（主要指债券主体无法偿付），违约互换购买者将有权利将债券以面值递送给违约互换出售者，从而有效规避信用风险。

（2）在2007年发生的全球性金融危机中，导致大量金融机构陷入危机的最重要一类金融衍生产品就是信用违约互换，它的危险来自三个方面：

①具有较高的杠杆性。

②信用保护的买方并不需要真正持有作为参考的信用工具。

③场外市场缺乏充分的信息披露和监管，交易者并不清楚自己的交易对手卷入了多少此类交易。

（五）其他类型互换

除了上述几种类型的互换外，还有一些创新型互换品种，例如，本金增长型互换、本金减少型互换和过山车型互换、可延长型互换和可赎回型互换等。

**【例题21】**下列关于信用违约互换（CDS）的说法中错误的是（　　）。

A. 在2007年以来发生的全球性金融危机中，导致大量金融机构陷入危机的最重要一类衍生金融产品是信用违约互换

B. 信用违约一方当事人向另一方出售的是信誉

C. 最基本的信用违约互换涉及两个当事人

D. 若参考工具发生规定的信用违约事件，则信用保护出售方必须向购买方支付赔偿

**【答案】**B

**【解析】**在2007年以来发生的全球性金融危机中，导致大量金融机构陷入危机的最重要一类衍生金融产品是信用违约互换（简称CDS）。最基本的信用违约互换涉及两个当事人，双方约定以某一信用工具为参考，一方向另一方出售信用保护，若参考工具发生规定的信用违约事件，则信用保护出售方必须向购买方支付赔偿。

**【例题22】**两个或两个以上的当事人按共同商定的条件，在约定的时间内定期交换现金流的金融交易，称之为（　　）。

A. 结构化金融衍生工具　　B. 金融互换

C. 金融期权　　D. 金融期货

**【答案】**B

**【解析】**金融互换是指两个或两个以上的当事人按共同商定的条件，在约定的时间内定期交换现金流的金融交易。

【本节学习提示】考查重点：

①期货的基本概念与作用，尤其是对套期保值的理解。

②期货市场的各类交易规则，包含保证金制度、每日无负债结算制度等。

③我国股指期货与国债期货的交易规则。

## 第三节　金融期权与期权类金融衍生产品

### 考点一：金融期权的定义和特征（☆☆☆）

**一、金融期权的定义**

（1）期权又被称为“选择权”，是指规定买方有权在将来某一时间以特定价格买入或者卖出约定标的物的标准化或非标准化合约。期权交易就是对这种选择权的买卖。

（2）金融期权是指以金融工具或金融变量为基础工具的期权交易形式。

（3）期权交易实际上是一种权利的单方面有偿让渡。期权的买方以支付一定数量的期权费为代价而拥有了这种权利，但不承担必须买进或卖出的义务；期权的卖方则在收取一定数量的期权费后，在一定期限内必须无条件服从买方的选择并履行成交时的允诺。

**二、金融期权的特征**

与金融期货相比，金融期权的主要特征在于它仅仅是买卖权利的交换。

**三、金融期货与金融期权的区别**

| 比对项 | 金融期货 | 金融期权 |
| --- | --- | --- |
| 基础资产 | 可作期权交易的金融工具未必可作期货交易 | 可作期货交易的金融工具都可作期权交易 |
| 权利与义务对称性 | 买卖双方权利义务对称 | 买方只有权利，卖方只有义务 |
| 履约保证 | 双方均须缴纳保证金 | 只有出售者需按规定缴纳保证金 |
| 现金流转 | 逐日结算制度，每天都有现金流产生 | 到期履约时产生现金流 |
| 盈亏特点 | 买卖双方盈亏都是无限的 | 买方盈利无限，亏损有限，卖方相反 |
| 套期保值作用与效果 | 比期权更有效，更便宜 | 不放弃价格有利变动可获得的收益 |

**【例题23】**通常在金融期权交易中，（　　）需要开立保证金账户，并按照规定缴纳保证金。

A. 期权买卖双方均　　　　B. 期权买卖双方均不

C. 期权购入者　　　　D. 期权出售者

**【答案】**D

**【解析】**在金融期权交易中，只有期权出售者，尤其是无担保期权的出售者才需开立保证金账户，并按规定缴纳保证金，以保证其履约的义务。

【例题24】下列关于金融期货与金融期权差异的说法，错误的是（　　）。

A. 现金流转不同　　B. 基础资产不同

C. 套利的作用与效果不同　　D. 履约的保证不同

【答案】C

【解析】金融期货与金融期权的区别：（1）基础资产不同；（2）交易者权利与义务的对称性不同；（3）履约保证不同；（4）现金流转不同；（5）盈亏特点不同；（6）套期保值的作用与效果不同。

## 考点二：金融期权的分类（☆）

### 一、按照选择权的性质

（一）认购期权

认购期权也称为看涨期权，指期权的买方具有在约定期限内（或合约到期日）按行权价格（也被称为敲定价格或执行价格）向期权的卖方买入一定数量标的资产的权利。

（二）认沽期权

认沽期权也称为看跌期权，指期权的买方具有在约定期限内按行权价格向期权的卖方卖出一定数量标的资产的权利。

### 二、按照合约所规定的履约时间的不同

1. 欧式期权——只能在期权到期日执行

2. 美式期权——到期日或到期日之前的任何一个营业日执行

3. 修正的美式期权——也被称为百慕大期权或大西洋期权，可以在期权到期日之前的一系列规定日期执行

**小贴士：** 对于按履约时间分类可以这样理解，即日起至今年12月31日均可行权为美式，仅今年12月31日当日可行权为欧式，即日起至今年12月31日每周一至周三可行权为修正的美式。

### 三、按照金融期权基础资产性质的不同

1. 股权类期权

（1）单只股票期权。

（2）股票组合期权。

（3）股价指数期权。

2. 利率期权

3. 货币期权（又称为外币期权、外汇期权）

货币期权合约主要以美元、欧元、日元、英镑、瑞士法郎、加拿大元及澳大利亚元等为基础资产。

4. 金融期货期权

5. 互换期权

**【例题 25】** 只能在期权到期日执行的期权属于（　　）。

A. 美式期权　　B. 欧式期权　　C. 看跌期权　　D. 看涨期权

**【答案】** B

**【解析】** 按照合约所规定的履约时间的不同，金融期权可以分为欧式期权、美式期权和修正的美式期权。欧式期权只能在期权到期日执行；美式期权则可在期权到期日或到期日之前的任何一个营业日执行；修正的美式期权也称为“百慕大期权”或“大西洋期权”，可以在期权到期日之前的一系列规定日期执行。

**【例题 26】** 按照金融期权基础资产性质的不同，金融期权可分为（　　）。

Ⅰ. 利率期权

Ⅱ. 货币期权

Ⅲ. 股权类期权

Ⅳ. 金融期货期权

A. Ⅰ、Ⅲ　　B. Ⅱ、Ⅲ、Ⅳ

C. Ⅰ、Ⅱ、Ⅲ、Ⅳ　　D. Ⅰ、Ⅲ、Ⅳ

**【答案】** C

**【解析】** 按照金融期权基础资产性质的不同，金融期权可以分为股权类期权、利率期权、货币期权、金融期货期权、互换期权等。

### 考点三：金融期权的主要功能（☆☆）

#### 一、套期保值

利用金融期权进行套期保值，若价格发生不利变动，套期保值者可通过行权来保护利益，若价格发生有利变动，套期保值者通过放弃来保护利益。

#### 二、价格发现

价格发现功能是指在一个公开、公平、高效、竞争的市场中，通过集中竞价形成期权价格的功能。

#### 三、投机

金融期权市场上的投机者利用对未来价格走势的预期进行投机交易。

#### 四、套利

金融期权交易可以构成丰富多彩的套利策略。除了期权产品之间的套利策略，还可以构成期权产品与标的资产之间的组合套利策略。

**【例题 27】** 金融期权的主要功能包括（　　）。

Ⅰ. 套期保值功能

Ⅱ. 价格发现功能

Ⅲ. 投机功能

Ⅳ. 套利功能

A. Ⅰ、Ⅱ、Ⅳ　　B. Ⅰ、Ⅱ

C. Ⅰ、Ⅱ、Ⅲ、Ⅳ　　D. Ⅲ、Ⅳ

【答案】C

【解析】金融期权具有四项基本功能：套期保值功能、价格发现功能、投机功能和套利功能。

### 考点四：金融期权的主要风险指标（☆）

| 风险指标 | 反映的经济意义 | 公式 | 相关关系 |
|---|---|---|---|
| Delta 值 | 期权标的证券价格变化对期权价格的影响程度 | 期权价格变化/期权标的证券价格变化 | 标的证券价格与认购期权价值为正相关关系，与认沽期权价值为负相关关系 |
| Gamma 值 | 期权标的证券价格变化对 Delta 值的影响程度 | Delta 的变化/期权标的证券价格变化 | — |
| Rho 值 | 无风险利率变化对期权价格的影响程度 | 期权价格变化/无风险利率变化 | 市场无风险利率与认购期权价值为正相关关系，与认沽期权为负相关关系 |
| Theta 值 | 到期时间变化对期权价值的影响程度 | 期权价值变化/到期时间变化 | 到期期限与认购、认沽期权价值均为正相关关系 |
| Vega 值 | 合约标的证券价格波动率变化对期权价值的影响程度 | 期权价值变化/波动率的变化 | 波动率与认购、认沽期权价值均为正相关关系 |

【例题 28】下列关于金融期权主要风险指标的说法，错误的是（　　）。

A. 认购期权的 Delta 值为正　　B. 认沽期权的 Vega 值为正

C. 认购期权的 Rho 值为正　　D. 认沽期权的 Delta 值为正

【答案】D

【解析】Delta 值反映期权标的证券价格变化对期权价格的影响程度。标的证券价格与认购期权价值为正相关关系，与认沽期权价值为负相关关系。Rho 值反映无风险利率变化对期权价格的影响程度。市场无风险利率与认购期权价值为正相关关系，与认沽期权为负相关关系。Vega 值反映合约标的证券价格波动率变化对期权价值的影响程度。波动率与认购、认沽期权价值均为正相关关系。

### 考点五：我国主要期权品种（☆）

#### 一、上证 50ETF 期权

（一）合约要素

（1）经中国证监会批准，上海证券交易所于 2015 年 2 月 9 日上市交易了上证 50ETF

期权合约品种。

（2）合约标的为上证 50 交易型开放式指数证券投资基金。

（3）上证 50ETF 期权包括认购期权、认沽期权两类。

（4）到期月份分别为当月、下月及随后的两个季月。

（5）采用实物交易方式。

（二）个人投资者参与上交所期权交易，应当符合的条件

（1）申请开户前 20 个交易日日均托管在其委托的期权经营机构的证券市值与资金账户可用余额（不含通过融资融券交易融入的证券和资金），合计不低于人民币 50 万元；

（2）指定交易在证券公司 6 个月以上并具备融资融券业务参与资格或者金融期货交易经历或者在期货公司开户 6 个月以上并具有金融期货交易经历等。

（三）普通机构投资者参与期权交易，应当符合的条件

（1）申请开户前 20 个交易日日均托管在其委托的期权经营机构的证券市值与资金账户可用余额（不含通过融资融券交易融入的证券和资金），合计不低于人民币 100 万元；

（2）净资产不低于人民币 100 万元等。

**二、沪深 300ETF 期权**

经中国证监会批准，深圳证券交易所于 2019 年 12 月 23 日又上市了沪深 300ETF 期权合约品种。沪深 300ETF 期权交易规则大体上与上证 50ETF 期权交易规则一致，只是跟踪的标的物不一样。沪深 300ETF 期权以 300ETF 指数为标的物。

**三、沪深 300 股指期权**

（1）沪深 300 指数是由上海和深圳证券市场中市值大、流动性好的 300 只 A 股作为样本编制而成的成分股指数，具有良好的市场代表性。

（2）沪深 300 股指期权合约要素。

| | |
|---|---|
| 合约标的 | 沪深 300 指数 |
| 合约乘数 | 100 元 |
| 报价单位 | 指数点 |
| 最小变动价位 | 0.2 点 |
| 合约月份 | 当月、下 2 个月及随后 3 个季月 |
| 交易时间 | 9:30—11:30，13:00—15:00 |
| 最大涨跌幅 | 上一交易日沪深 300 指数收盘价 ±10% |
| 行权方式 | 欧式 |
| 合约类型 | 看涨/看跌 |

（3）沪深300股指期权合约行权价格间距。

| 行权价格范围 | 当月和下2个月合约 | 随后3个季月合约 |
|---|---|---|
| 行权价格≤2 500 | 25点 | 50点 |
| 2 500点<行权价格范围≤5 000点 | 50点 | 100点 |
| 5 000点<行权价格范围≤10 000点 | 100点 | 200点 |
| 行权价格>10 000点 | 200点 | 400点 |

**四、商品期权**

标的资产为实物资产的期权称为商品期权，也称为实物期权。我国大连商品交易所豆粕期权的上市填补了我国商品期权的空白，完善了衍生品市场结构和体系，为玉米、铁矿石等后续期权品种上市提供了借鉴，不断拓展了商品期权市场发展空间。

**五、场外期权**

证券公司场外期权业务是指证券公司在机构间市场或在柜台，根据与交易对手达成的协议，与交易对手直接开展的期权交易。场外期权业务自2013年开始试点，合约标的为以沪深300、中证500、上证50为主的股指，A股个股，黄金期现货及部分境外标的。

**【例题29】**上证50ETF期权的合约到期月份有（　　）。

Ⅰ. 当月

Ⅱ. 下月

Ⅲ. 随后两个季月

Ⅳ. 随后三个季月

A. Ⅱ、Ⅲ　　B. Ⅰ、Ⅳ　　C. Ⅰ、Ⅱ、Ⅳ　　D. Ⅰ、Ⅱ、Ⅲ

**【答案】**D

**【解析】**上证50ETF期权的合约到期月份有当月、下月及随后两个季月。

**【例题30】**沪深300股指期权的合约到期月份有（　　）。

Ⅰ. 当月

Ⅱ. 下2个月

Ⅲ. 随后两个季月

Ⅳ. 随后三个季月

A. Ⅱ、Ⅲ　　B. Ⅰ、Ⅳ　　C. Ⅰ、Ⅱ、Ⅳ　　D. Ⅰ、Ⅱ、Ⅲ

**【答案】**C

**【解析】**沪深300股指期权的合约到期月份有当月、下2个月及随后三个季月。

【本节学习提示】考查重点：

①金融期权的概念，特别是记得权利的单方面有偿让渡。

②金融期权的种类以及和期货的区别，重点在于买卖双方的盈亏特点和权利义务对称性。

③金融期权的功能。

## 第四节　其他衍生工具简介

### 考点一：存托凭证（☆☆）

**一、存托凭证的定义**

存托凭证（Depositary Receipts，DR）是指在一国证券市场流通的代表外国公司有价证券的可转让凭证。存托凭证通常代表外国公司股票，有时也代表债券。存托凭证首先由 J. P. 摩根首创。

**二、存托凭证的优点**

（一）对发行人而言

1. 市场容量大，筹资能力强

2. 避开直接发行股票与债券的法律要求，上市手续简单，发行成本低

（二）对投资者的优点（以 ADR 为例）

1. 以美元交易，且通过投资者熟悉的美国清算公司进行清算

2. 上市交易的 ADR 须经 SEC 注册，有助于保障投资者的权益

3. 上市公司发放股利时，ADR 投资者能及时获得，而且以美元支付

4. 某些机构投资者受投资政策限制，不能投资非美国上市证券，ADR 可以规避这些限制

**三、美国存托凭证的有关业务机构**

（一）存券银行（提供的服务）

1. 作为 ADR 的发行人，在 ADR 基础证券的发行国安排托管银行

2. 负责 ADR 的注册和过户，安排 ADR 在存券信托公司的保管和清算，向 ADR 的持有者派发美元红利或利息，代理 ADR 持有者行使投票权股东权益

3. 为 ADR 持有者和基础证券发行人提供信息和咨询服务

（二）托管银行

1. 由存券银行在基础证券发行国安排的银行

2. 负责保管 ADR 所代表的基础证券

3. 根据存券银行的指令领取红利或利息，用于再投资或汇回 ADR 发行国

4. 向存券银行提供当地市场信息

（三）中央存托公司

中央存托公司是指美国的证券中央保管和清算机构，负责 ADR 的保管和清算。

**四、美国存托凭证的种类**

（一）无担保的存托凭证

无担保的存托凭证由一家或多家银行根据市场的需求发行，基础证券发行人不参与，存券协议只规定存券银行与存托凭证持有者之间的权利义务关系。无担保的存托凭证目前已很少应用。

（二）有担保的存托凭证

有担保的存托凭证由基础证券发行人的承销商委托一家存券银行发行。

1. 公开募集存托凭证

一级：允许外国公司无须改变现行的报告制度就可以享受公开交易证券的好处。

二级：在一家美国交易所上市。

三级：在美国市场上筹集资本。

2. 144A 规则下的私募存托凭证

**五、我国公司在海外发行存托凭证的进程**

（一）我国公司发行的存托凭证

1. 一级

（1）含 B 股的国内上市公司：如氯碱化工、二纺机、轮胎橡胶和深深房。

（2）在我国香港上市的内地公司：如青岛啤酒和平安保险等。

2. 二级

2004 年以后，二级存托凭证成为中国网络股进入 NASDAQ 的主要形式。

3. 三级

发行三级存托凭证的公司多在我国香港交易所上市。

4. 144A 私募存托凭证

早期寻求境外上市的境内企业使用得较多，近年来较少使用。

**小贴士：**我国四类存托凭证都发行过。

（二）我国公司在海外发行存托凭证分为四个阶段

1. 1993—1995 年，中国企业在美国发行存托凭证

2. 1996—1998 年，基础设施类存托凭证渐成主流

3. 2000—2001 年，高科技公司及大型国有企业成功上市

4. 2002 年以来，中国企业存托凭证发行出现分化现象

## 六、中国存托凭证（CDR）

（一）背景

（1）2018 年 3 月 30 日，国务院批准了中国证监会《关于开展创新企业境内发行股票或存托凭证试点的若干意见》。

（2）2018 年 5 月 4 日，中国证监会发布了《存托凭证发行与交易管理办法（征求意见稿)》，于 2018 年 6 月 6 日发布，为 CDR 的正式推出积极做好制度准备。

（二）概念

中国存托凭证是指由存托人签发、以境外证券为基础在中国境内发行、代表境外基础证券权益的证券。

（三）参与主体

1. 发行人

在境外发行基础证券。

2. 存托人

（1）持有基础证券，在境内签发相应的存托凭证。

（2）按照存托协议约定，根据存托凭证持有人意愿行使境外基础证券相应权利，办理存托凭证分红、派息等业务。

3. 持有人

依法享有存托凭证代表的境外基础证券权益，并按照存托协议约定，通过存托人行使其权利。

（四）存托协议

基础证券发行人、存托人及存托凭证持有人通过存托协议明确存托凭证所代表的权益及各方权利义务。

（五）基础资产

存托凭证基础资产包括境外基础证券及其衍生权益。

**【例题 31】**参与美国存托凭证发行与交易的中介机构包括（　　）。

Ⅰ. 美国证券交易委员会

Ⅱ. 存券银行

Ⅲ. 托管银行

Ⅳ. 中央存托公司

A. Ⅰ、Ⅲ、Ⅳ　　B. Ⅰ、Ⅱ、Ⅲ

C. Ⅱ、Ⅲ、Ⅳ　　D. Ⅰ、Ⅱ、Ⅲ、Ⅳ

**【答案】**C

**【解析】**参与美国存托凭证发行与交易的中介机构包括存券银行、托管银行、中央存托公司。

## 考点二：结构化金融衍生产品（☆☆）

### 一、结构化金融衍生产品的定义

（1）结构化金融衍生产品是运用金融工程结构化方法，将若干种基础金融商品和金融衍生产品相结合设计出的新型金融产品。

（2）目前最为流行的结构化金融衍生产品主要是由商业银行开发的各类结构化理财产品以及在交易所市场上市交易的各类结构化票据，它们通常与某种金融价格相联系，其投资收益随着该价格的变化而变化。

### 二、结构化金融衍生产品的类别

（一）按联结的基础产品分类

1. 股权联结型产品（其收益与单只股票、股票组合或股票价格指数相联系）
2. 利率联结型产品
3. 汇率联结型产品
4. 商品联结型产品

（二）按收益保障性分类

1. 收益保证型产品

（1）本金保障性产品。

（2）保证最低收益型产品。

2. 非收益保证型产品

（三）按发行方式分类

1. 公开募集的结构化产品（通常可以在交易所交易）
2. 私募结构化产品

（四）按嵌入式衍生产品分类

1. 基于互换的结构化产品
2. 基于期权的结构化产品

### 三、结构化金融衍生产品的收益与风险

结构化金融衍生产品挂钩的基础资产具有不同的风险特征，嵌入式衍生产品的种类、结构各异，导致结构化产品的收益与风险出现非常大的差异。

**【例题32】**结构化金融产品按照嵌入式衍生产品的属性不同，可以分为（　　）等类别。

Ⅰ. 基于利率的结构化产品

Ⅱ. 基于货币的结构化产品

Ⅲ. 基于期权的结构化产品

Ⅳ. 基于互换的结构化产品

A. Ⅲ、Ⅳ　　B. Ⅱ、Ⅲ、Ⅳ　　C. Ⅰ、Ⅲ、Ⅳ　　D. Ⅰ、Ⅱ

【答案】A

【解析】按照嵌入式衍生产品的属性不同，可以分为基于互换的结构化产品、基于期权的结构化产品等类别。

【例题 33】按联结的基础产品分类，结构化金融衍生产品的类别包括（　　）。

Ⅰ. 股权联结型产品

Ⅱ. 债权联结型产品

Ⅲ. 汇率联结型产品

Ⅳ. 商品联结型产品

A. Ⅰ、Ⅱ、Ⅲ、Ⅳ　　B. Ⅰ、Ⅳ

C. Ⅱ、Ⅲ　　D. Ⅰ、Ⅲ、Ⅳ

【答案】D

【解析】结构化金融衍生产品可分为股权联结型产品（其收益与单只股票、股票组合或股票价格指数相联系）、利率联结型产品、汇率联结型产品、商品联结型产品等种类。

【本节学习提示】考查重点：

①美国存托凭证的种类。

②美国存托凭证的各个参与主体。

③结构化衍生产品的种类。

## 同步真题练习

1. 下列关于金融衍生工具的说法，正确的有（　　）。

Ⅰ. 又称金融衍生产品，与基础金融产品相对应

Ⅱ. 其价格取决于基础金融产品价格（或数值）的变动

Ⅲ. 包括独立衍生工具和嵌入式衍生工具

Ⅳ. 衍生工具包括远期合同、期货合同、互换合同和期权合同等

A. Ⅰ、Ⅲ、Ⅳ　　B. Ⅱ、Ⅲ、Ⅳ　　C. Ⅰ、Ⅱ　　D. Ⅰ、Ⅱ、Ⅲ、Ⅳ

2. 以基础产品所蕴含的信用风险或违约的风险为基础变量的金融衍生工具属于（　　）。

A. 信用衍生工具　　B. 利率衍生工具

C. 股权类衍生工具　　D. 货币衍生工具

3. 金融期货是指交易双方在集中的交易场所以（　　）方式进行的标准化金融期

货合约的交易。

A. 场外协商　　B. 约定价格　　C. 公开竞价　　D. 场内大宗

4. 下列关于金融衍生工具的发展动因的说法，正确的有（　　）。

Ⅰ. 金融衍生工具产生的最基本原因是避险

Ⅱ. 20 世纪 80 年代以来的金融自由化进一步推动了金融衍生工具的发展

Ⅲ. 计算机、网络技术和通信技术的发展为金融衍生工具的发展提供了物质基础和手段

Ⅳ. 金融机构的利润驱动并不是金融衍生工具产生和迅速发展的又一重要原因

A. Ⅰ、Ⅱ、Ⅳ　　B. Ⅲ、Ⅳ　　C. Ⅰ、Ⅱ、Ⅲ　　D. Ⅰ、Ⅱ、Ⅲ、Ⅳ

5. 推出中国第一只股票指数期货合约的是（　　）。

A. 海南证券交易中心　　B. 上海证券交易中心

C. 全国银行间同业拆借中心　　D. 深圳证券交易所

6. 共同发起设立中国金融期货交易所的单位有（　　）。

Ⅰ. 上海期货交易所

Ⅱ. 郑州商品交易所

Ⅲ. 中国证监会

Ⅳ. 上海证券交易所和深圳证券交易所

A. Ⅰ、Ⅲ　　B. Ⅰ、Ⅱ、Ⅳ　　C. Ⅱ、Ⅲ、Ⅳ　　D. Ⅰ、Ⅱ、Ⅲ、Ⅳ

7. 期货价格的特点有（　　）。

Ⅰ. 预期性

Ⅱ. 间断性

Ⅲ. 连续性

Ⅳ. 权威性

A. Ⅰ、Ⅱ、Ⅲ　　B. Ⅰ、Ⅲ、Ⅳ　　C. Ⅲ、Ⅳ　　D. Ⅰ、Ⅱ、Ⅲ、Ⅳ

8. 按基础工具划分，金融期货主要有（　　）。

Ⅰ. 资产类期货

Ⅱ. 外汇期货

Ⅲ. 利率期货

Ⅳ. 股权类期货

A. Ⅰ、Ⅱ、Ⅲ、Ⅳ　　B. Ⅰ、Ⅲ、Ⅳ　　C. Ⅱ、Ⅲ、Ⅳ　　D. Ⅰ、Ⅱ、Ⅲ

9. 属于金融期货主要交易制度的有（　　）。

Ⅰ. 场外交易制度

Ⅱ. 限仓制度

Ⅲ. 大户报告制度

Ⅳ. 每日价格波动限制

A. Ⅰ、Ⅱ、Ⅲ　　B. Ⅰ、Ⅳ

C. Ⅰ、Ⅱ、Ⅲ、Ⅳ　　D. Ⅱ、Ⅲ、Ⅳ

10. 下列不属于金融期货功能的是（　　）。

A. 套期保值　　B. 价格发现　　C. 消除风险　　D. 投机

11. 下列关于金融期货的说法中，错误的是（　　）。

A. 金融期货是期货交易的一种

B. 金融期货合约的基础工具是各种金融工具

C. 与金融现货交易相比，金融期货的交易目的不同

D. 金融期货交易的对象是某一具体形态的金融工具

12. 下列有关金融期货的说法，正确的有（　　）。

Ⅰ. 金融期货交易双方的权利与义务是对称的

Ⅱ. 金融期货交易双方的权利与义务是不对称的

Ⅲ. 金融期货交易双方均需开立保证金账户

Ⅳ. 金融期货交易双方都必须在交易所保有一定的流动性较高的资产

A. Ⅰ、Ⅳ　　B. Ⅰ、Ⅲ、Ⅳ　　C. Ⅱ、Ⅲ　　D. Ⅱ、Ⅲ、Ⅳ

13. 下列有关金融期权的说法，正确的有（　　）。

Ⅰ. 期权的买方在支付期权费后，就获得了期权合约所赋予的权利

Ⅱ. 期权的买方可以选择行使他所拥有的权利

Ⅲ. 期权的卖方在收取期权费后，就承担着在规定时间内履行该期权合约的义务

Ⅳ. 期权的卖方可以有条件地履行合约规定的义务

A. Ⅰ、Ⅳ　　B. Ⅱ、Ⅲ、Ⅳ

C. Ⅰ、Ⅱ、Ⅲ　　D. Ⅰ、Ⅱ、Ⅲ、Ⅳ

14. 按（　　）分类，可以将结构化金融产品分为股权联结型产品、利率联结型产品、汇率联结型产品、商品联结型产品等种类。

A. 收益保障性　　B. 嵌入式衍生产品

C. 发行方式　　D. 联结的基础产品

## 答案与解析

1. **【答案】** D

**【解析】** 金融衍生工具又称为金融衍生产品，是与基础金融产品相对应的一个概念，指建立在基础产品或基础变量之上，其价格取决于基础金融产品价格（或数值）变动的派生金融产品。

金融衍生工具划分为独立衍生工具和嵌入式衍生工具两大类。常见的衍生工具包括远期、期货、期权、互换等。

2. 【答案】A

【解析】信用衍生工具是指以基础产品所蕴含的信用风险或违约风险为基础变量的金融衍生工具，用于转移或防范信用风险，是20世纪90年代以来发展最为迅速的一类衍生产品，主要包括信用互换、信用联结票据以及信用风险缓释合约、信用风险缓释凭证等信用风险缓释工具。

3. 【答案】C

【解析】金融期货是指交易双方在集中的交易场所以公开竞价方式进行的标准化金融期货合约的交易。

4. 【答案】C

【解析】Ⅰ项正确，金融衍生工具产生的最基本原因是避险。

Ⅱ项正确，20世纪80年代以来的金融自由化进一步推动了金融衍生工具的发展。

Ⅳ项错误，金融机构的利润驱动是金融衍生工具产生和迅速发展的又一重要原因。

Ⅲ项正确，新技术革命为金融衍生工具的产生与发展提供了物质基础与手段。

5. 【答案】A

【解析】1993年3月10日，海南证券交易中心推出股票指数期货交易，这是中国第一只股票指数期货合约。

6. 【答案】B

【解析】中国金融期货交易所于2006年9月8日在上海成立，是经国务院同意、中国证监会批准，由上海期货交易所、郑州商品交易所、大连商品交易所、上海证券交易所和深圳证券交易所共同发起设立的中国首家公司制交易所，注册资本为5亿元人民币。股东大会是公司的权力机构，公司设董事会，对股东大会负责，并行使股东大会授予的权力。

7. 【答案】B

【解析】期货价格具有预期性、连续性和权威性的特点，能够比较准确地反映出未来商品价格的变动趋势。

8. 【答案】C

【解析】按基础工具划分，金融期货主要有三种类型：外汇期货、利率期货、股权类期货。

9. 【答案】D

【解析】金融期货的主要交易制度有：

（1）集中交易制度。

（2）标准化的期货合约和对冲机制。

（3）保证金制度。

（4）结算所和无负债结算制度。

（5）限仓制度。

（6）大户报告制度。

（7）每日价格波动限制。

（8）强行平仓制度。

（9）强制减仓制度。

10.【答案】C

【解析】金融期货功能主要有：套期保值功能、价格发现功能、投机功能和套利功能。

11.【答案】D

【解析】金融现货交易的对象是某一具体形态的金融工具，而金融期货交易的对象是金融期货合约。

12.【答案】B

【解析】金融期货交易双方的权利与义务对称，即对任何一方而言，都既有要求对方履约的权利，又有自己对对方履约的义务。而金融期权交易双方的权利与义务存在着明显的不对称性，期权的买方只有权利没有义务，而期权的卖方只有义务没有权利。

金融期货交易双方均需开立保证金账户，并按规定缴纳履约保证金。而在金融期权交易中，只有期权出售者，尤其是无担保期权的出售者才需开立保证金账户，并按规定缴纳保证金，以保证其履约的义务。至于期权的购买者，因期权合约未规定其义务，无须开立保证金账户，也无须缴纳保证金。

金融期货交易双方在成交时不发生现金收付关系，但在成交后，由于实行逐日结算制度，交易双方将因价格的变动而发生现金流转，即盈利一方的保证金账户余额将增加，而亏损一方的保证金账户余额将减少。当亏损方保证金账户余额低于规定的维持保证金时，亏损方必须按规定及时缴纳追加保证金。因此，金融期货交易双方都必须保有一定的流动性较高的资产，以备不时之需。

13.【答案】C

【解析】与金融期货相比，金融期权的主要特征在于它仅仅是买卖权利的交换。期权的买方在支付期权费后，就获得了期权合约所赋予的权利，即在期权合约规定的时间内，以事先确定的价格向期权的卖方买进或卖出某种金融工具的权利，但并没有必须履行该期权合约的义务。期权的买方可以选择行使他所拥有的权利；期权的卖方在收取期权费后就承担着在规定时间内履行该期权合约的义务。即当期权的买方选择行使权利时，卖方必须无条件地履行合约规定的义务，而没有选择的权利。

14.【答案】D

【**解析**】按联结的基础产品分类。结构化金融衍生产品可分为股权联结型产品（其收益与单只股票、股票组合或股票价格指数相联系）、利率联结型产品、汇率联结型产品、商品联结型产品等种类。

## 本章总结

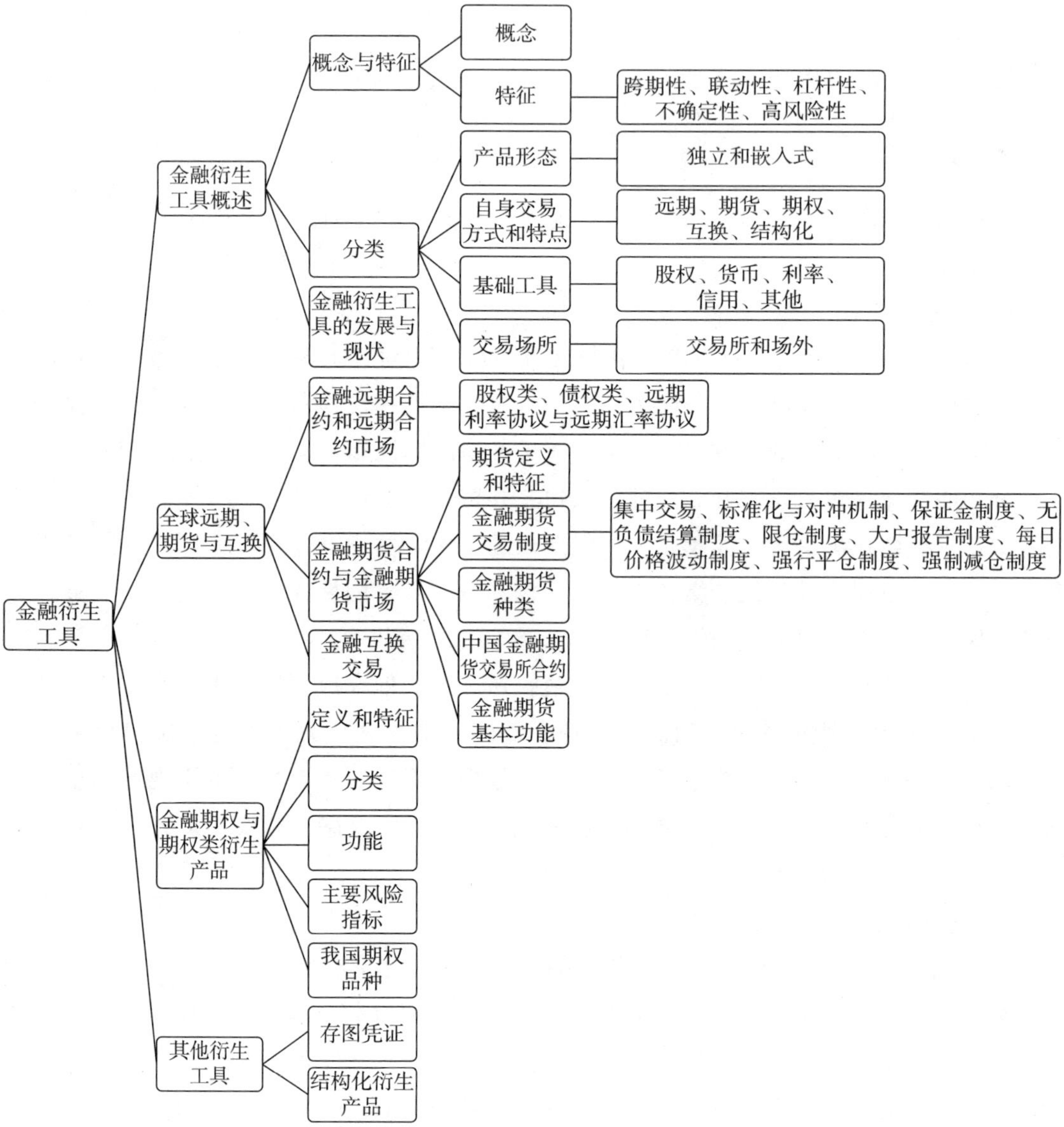

# 第八章　金融风险管理

## 考情早知道

本章节主要介绍了风险的定义、种类，以及各种不同风险的应对措施，包含应对方法，实施风险管理部门的职责分工及要求等，在风险介绍中，存在较多专有名词，但并没有进一步解释，可以结合视频学习，本章节分值占比较少，约5%。

## 本章知识概览

| 小节 | 考点 | 备考指数 |
|---|---|---|
| 第一节　概述 | 风险的内涵、金融风险概念与特征 | ☆☆☆ |
| | 金融风险管理内涵与目标 | ☆☆☆ |
| | 风险管理策略 | ☆☆ |
| | 现代风险管理基本理念 | ☆ |
| 第二节　金融风险管理基本框架 | 风险管理流程 | ☆ |
| | 风险管理的组织机构 | ☆ |
| | 风险偏好和限额 | ☆☆ |
| | 资本充足 | ☆☆☆ |
| | 压力测试 | ☆☆ |
| 第三节　市场风险管理 | 市场风险的识别 | ☆☆☆ |
| | 市场风险衡量 | ☆☆☆ |
| | 市场风险的应对 | ☆☆ |
| 第四节　信用风险管理 | 信用风险 | ☆☆☆ |
| | 信用风险的衡量 | ☆☆ |
| | 信用风险管理体系 | ☆☆ |
| | 信用风险管理工具 | ☆ |
| 第五节　流动性风险管理 | 流动性和流动性风险 | ☆☆☆ |
| | 流动性风险的衡量指标与测算模型 | ☆☆ |
| | 流动性风险管理的策略和技术 | ☆☆ |

续表

| 小节 | 考点 | 备考指数 |
| --- | --- | --- |
| 第六节　操作风险和声誉风险管理及其他 | 操作风险的管理 | ☆☆☆ |
| | 声誉风险管理 | ☆ |
| | 其他风险及其管理 | ☆ |
| 第七节　我国证券公司风险管理实践 | 我国证券公司风险管理体系建立与发展 | ☆☆ |
| | 我国证券公司风险管理基本情况 | ☆☆ |

注：本书中“☆”表示知识点的重要程度，其中☆代表了解；☆☆代表理解；☆☆☆代表掌握。

# 考点详解

## 第一节　概　述

### 考点一：风险的内涵、金融风险概念与特征（☆☆☆）

**一、风险的内涵**

金融理论界对风险定义的三类观点：

（1）风险是结果的不确定性，是一种变化，在微观与宏观经济学的教材中被广泛采用。

（2）风险是损失发生的可能性，或可能发生的损失，是最传统的定义版本，在保险、审计、内控等学科领域中被广泛采用。

（3）风险是结果对期望的偏离，是（收益的）波动性，是投资学、金融学以及金融工程学中的主流定义，是现代风险计量和管理的基础。

**二、金融风险的概念**

（一）定义

金融风险，是指包括金融机构在内的各个经济主体在金融活动或投资经营活动中，因各种因素的不确定变动而遭受损失的可能性。

（二）分类

1. 狭义

狭义的金融风险专指银行、信托投资公司、证券公司、保险公司等金融机构由于各种不确定性因素而遭受损失的可能性。

2. 广义

广义的金融风险指个人、公司、金融机构以及政府等所有参与金融活动的交易主体因不确定性而遭受损失的可能性。

注意：金融风险的本质含义都是金融资产遭受损失的不确定性。

### 三、金融风险的特征

（一）隐蔽性

金融机构经营活动的不完全透明性，在其不爆发金融危机时，可能因信用特点而掩盖金融风险不确定性损失的实质。

（二）扩散性

金融机构之间存在复杂的债权债务关系，一家金融机构出现危机可能导致多家金融机构接连倒闭的“多米诺骨牌”现象。

（三）加速性

一旦金融机构出现经营困难，就会失去信用基础，甚至出现挤兑风潮，这样会加速金融机构的倒闭。

（四）不确定性

金融风险的发生需要一定的经济条件或非经济条件，而这些条件在风险发生前都是不确定的。

（五）可管理性

通过金融理论的发展、金融市场的规范、智能性的管理媒介，金融风险可以得到有限的预测和控制。

（六）周期性

金融风险受经济循环周期和货币政策变化的影响，呈现规律、周期性的特点。

**【例题 1】**金融学以及金融工程学中对风险的主流定义为（　　）。

A. 风险是结果的不确定性　　B. 风险是损失发生的可能性

C. 风险是可能发生的损失　　D. 风险是结果对期望的偏离

**【答案】**D

**【解析】**风险是结果对期望的偏离，是（收益的）波动性，是投资学、金融学以及金融工程学中的主流定义，其重要特性体现了风险不仅包括损失的可能性，也包括对盈利可能性的覆盖，这种定义是现代风险计量和管理的基础。

## 考点二：金融风险管理内涵与目标（☆☆☆）

### 一、风险管理的内涵

（1）风险管理不等于损失管理，其本质特征是事前管理。风险管理的内涵应该是对损失（或盈利）发生以前的管理，即防止损失发生，争取盈利实现的措施。

（2）事前管理决定了风险管理是一种积极管理。事前的风险管理目标在于预防损失，这与危机管理和事后的损失处置相比，对管理的积极主动性要求更高。

（3）现代风险管理是一种全面的风险管理，以企业的股东价值和社会价值增长为总体目标，是对金融机构所有的风险因子（包括信用风险、市场风险、操作风险、流动性风险、战略风险、声誉风险等），所有的业务线路和产品，所有的分支机构和所有的人员（包括内部人员和客户）和完整的经营过程（包括决策和流程）进行的管理过程。

**二、风险管理的目标**

风险管理的目标是创造价值，而不是减少损失或降低风险。

**三、企业价值的影响因素**

1. 每期的现金流

2. 贴现率

3. 期限

**小贴士：**此处可以理解为第四章股票的价值现金流贴现的概念。

**【例题 2】**下列属于风险管理本质特征的是（　　）。

A. 损失管理　　B. 事前管理　　C. 盈利管理　　D. 事后管理

**【答案】**B

**【解析】**风险管理不等于损失管理，本质特征是事前管理。

## 考点三：风险管理策略（☆☆）

**一、风险规避**

金融机构通过拒绝或退出某一业务或市场来消除本机构对该业务或市场的风险暴露。

**二、风险控制**

金融机构采取内部控制手段降低风险事件发生的可能性和严重程度。

**三、风险分散**

根据马柯维茨组合投资理论，投资组合的多样化可以分散非系统性风险，当投资组合中的资产种类数目趋近于无穷大时，组合的非系统性风险将趋于零。有效的投资组合就是选择彼此之间相关系数小于 1 的资产组合，在不影响收益率的情况下尽可能地降低风险。

**四、风险对冲**

通过投资或购买与标的资产收益波动负相关的某种资产或衍生产品，来冲销标的资产潜在损失的一种策略性选择。与风险分散策略不同，风险对冲可以管理系统性风险和非系统性风险。常见的风险对冲手段是套期保值。

**五、风险转移**

投资者通过购买某种金融产品或采取某些合法的手段将风险转移给愿意和有能力承接的主体，可分为保险转移和非保险转移。非保险转移通常采用担保和备用信用证等方式将风险转移给第三方。

### 六、风险补偿与风险准备金

（一）风险补偿

风险补偿主要指事前（损失发生以前）的价格补偿，对于那些无法通过分散或转嫁等方法进行管理，而且又无法规避、不得不承担的风险，投资者可以采取在交易价格上加进风险因素，即风险回报的方式，获得承担风险的价格补偿。

（二）风险准备金策略

风险准备金策略指金融机构针对风险事件发生的可能性提取足够的准备性资金，以保证损失发生之后能够很快被吸收，从而保障金融机构仍然能够正常运行。

**【例题 3】**风险管理策略主要包括（　　）等。

Ⅰ. 风险规避

Ⅱ. 风险控制

Ⅲ. 风险分散

Ⅳ. 风险处置

A. Ⅱ、Ⅲ、Ⅳ　　B. Ⅰ、Ⅱ、Ⅲ　　C. Ⅰ、Ⅳ　　D. Ⅰ、Ⅱ、Ⅲ、Ⅳ

**【答案】**B

**【解析】**风险管理策略，是指金融机构面临风险时可以选择采用的应对方法，主要包括风险规避、风险控制、风险分散、风险对冲、风险转移、风险补偿与准备金。

**【例题 4】**下列关于风险控制的说法，错误的是（　　）。

A. 控制措施的目的是降低风险本身

B. 将风险转嫁给外部或从外部获得补偿

C. 实施风险控制策略的成本主要在于控制费用的支出

D. 降低损失发生的可能性或严重程度

**【答案】**B

**【解析】**风险控制策略最突出的特征是：控制措施的目的是降低风险本身，即降低损失发生的可能性或者严重程度，而不是将风险转嫁给外部或从外部获得补偿。因此，实施风险控制策略的成本主要在于控制费用的支出。

## 考点四：现代风险管理基本理念（☆）

### 一、风险与金融产品和投资

1. 任何金融产品是风险和收益的组合

2. 风险是与收益相匹配的

3. 投资是以风险换收益

### 二、风险与金融机构

1. 金融机构的本质是承担和经营风险的企业

2. 风险管理是金融机构的核心竞争力

3. 风险管理助力金融业务持续、稳定、健康发展

**【例题 5】** 根据现代风险管理基本理念，下列关于金融机构风险管理的说法，错误的是（　　）。

A. 风险管理进入现代金融机构战略管理的层面，超越了保驾护航的范畴

B. 现代金融机构的企业本质在于承担和管理风险，并实现风险换收益

C. 风险管理是现代金融机构的核心竞争力

D. 金融机构风险管理进入以内部控制为主要内容的现代风险管理阶段

**【答案】** D

**【解析】** 金融机构的企业本质和基本使命就在于承担和管理风险，并实现风险换收益。风险管理是金融机构的核心竞争力。以内部控制为主要内容的传统风险管理已经发展到包含风险的对冲、限额、定价以及风险业绩调整等更加全面的现代风险管理阶段，进而风险管理也进入金融机构战略管理的层面，超越了保驾护航的范畴，成为核心竞争力。

**【例题 6】** 下列关于风险与金融产品和投资的说法错误的是（　　）。

A. 任何金融产品都是风险和收益的组合　　B. 风险是与收益相匹配的

C. 投资是以风险换收益　　D. 以风险换收益也应无限制地承担风险

**【答案】** D

**【解析】** 风险换取收益不意味着无限制承担风险获得更高的收益。

**【本节学习提示】** 考查重点：

①金融界对风险的三种观点。

②金融风险的六大特征。

③风险是一种事前管理的理解。

④风险管理的策略及理解。

# 第二节　金融风险管理基本框架

## 考点一：风险管理流程（☆）

### 一、风险的识别

风险是指全面识别影响各类目标实现的潜在事项或因素，依据风险定义进行系统分类、鉴定风险性质，并找出风险原因的过程，包括感知风险和分析风险两个环节。

**二、风险的衡量（方法）**

1. 敏感性分析法

2. 波动性分析法

3. 压力测试

**三、风险的应对（方法）**

1. 风险偏好管理

2. 风险限额

是依据 RAROC 最大化原则，将风险指标以风险限额的形式分解至公司的不同层面、不同业务线乃至具体组合与策略，将风险控制在可以承受的合理范围，使风险大小与风险管理能力和资本实力相匹配。

3. 风险定价与拨备

拨备是指企业在经营中对可能已经构成的风险和损失作出准备。对于预期风险，金融机构可通过风险定价和适度的拨备来抵御。而风险定价是金融机构在产品开发中依据产品的风险水平要求相适应的风险溢价。

4. 风险缓释（采用相关措施来降低风险的损失频率或影响程度）

风险缓释，是指采用相关措施来降低风险的损失频率或影响程度。

5. 应急计划

**四、风险的监测、预警与报告（如逐日盯市）**

风险监测是风险偏好、风险限额以及日常风险管理得以有效实施的重要保障。风险管理部作为风险监测的部门，负责构建公司的风险监测体系，包括建立健全风险监测制度，设计风险监测指标，搭建风险监测系统，对公司范围内各项业务与管理活动中的风险进行持续监测并处理、报告监测结果，督导专管部门的风险监测工作。

**【例题 7】**风险管理的流程主要包括（　　）。

Ⅰ. 风险的识别

Ⅱ. 风险的衡量

Ⅲ. 风险的应对

Ⅳ. 风险的监测、预警与报告

A. Ⅰ、Ⅱ、Ⅲ、Ⅳ　　B. Ⅱ、Ⅲ　　C. Ⅰ、Ⅳ　　D. Ⅰ、Ⅱ、Ⅲ

**【答案】**A

**【解析】**在一般情况下，风险管理的流程主要包括：风险的识别、风险的衡量、风险的应对、风险的监测、预警与报告。

**【例题 8】**在风险管理中，风险识别的主要内容包括（　　）。

A. 感知风险和分析风险　　B. 预测风险和消除风险

C. 感知风险和消除风险　　D. 预测风险和分析风险

【答案】A

【解析】风险识别主要包含感知风险和分析风险。

### 考点二：风险管理的组织机构（☆）

**一、董事会及其委员会**

1. 证券公司董事会承担全面风险管理的最终责任

2. 履行职责

（1）推进风险文化建设。

（2）审议批准公司全面风险管理的基本制度。

（3）审议批准公司的风险偏好、风险容忍度以及重大风险限额。

（4）审议公司定期风险评估报告。

（5）任免并考核首席风险官、确定其薪酬待遇、建立与首席风险官的直接沟通机制。

**二、高级管理层**

1. 证券公司经理层对全面风险管理承担主要责任

2. 履行职责

（1）制定风险管理制度，并适时进行调整。

（2）建立健全公司全面风险管理的经营管理架构，明确全面风险管理职能部门、业务部门以及其他部门在风险管理中的职责分工，建立部门之间有效制衡、相互协调的运行机制。

（3）制订风险偏好、风险容忍度以及重大风险限额等的具体执行方案，确保其有效落实。

（4）对其进行监督，及时分析原因，并根据董事会的授权进行处理。

（5）定期评估公司整体风险和各类重要风险管理状况，解决风险管理中存在的问题并向董事会报告。

（6）建立涵盖风险管理有效性的全员绩效考核体系。

（7）建立完备的信息技术系统和数据质量控制机制。

3. 证券公司应当任命一名高级管理人员（统称首席风险官）负责全面风险管理工作，首席风险官不得兼任或者分管与其职责相冲突的职务或者部门

**三、风险管理部门**

在首席风险官的领导下推动全面风险管理工作，监测、评估、报告公司整体风险水平。

**四、子公司**

证券公司应当将子公司的风险管理纳入统一体系，对其风险管理工作实行垂直

管理。

## 五、风险管理的“三道防线”

1. 业务条线部门是第一道风险防线，是风险的承担者，应负责持续识别、评估和报告风险敞口

2. 风险管理部门和合规部门是第二道风险防线

（1）风险管理部门负责监督和评估业务部门承担风险的业务活动。

（2）合规部门负责定期监控机构对于法律、公司治理规则、监管规定、行为规范和政策的执行情况。

3. 内部审计是第三道风险防线，对机构风险治理框架的质量和有效性进行独立的审计

**【例题9】**证券公司董事会承担全面风险管理的（　　）。

A. 最终责任　　B. 主要责任　　C. 次要责任　　D. 全部责任

**【答案】**A

**【解析】**证券公司董事会承担全面风险管理的最终责任，证券公司经理层对全面风险管理承担主要责任。

## 考点三：风险偏好和限额（☆☆）

## 一、风险偏好和风险容忍度

（一）风险偏好

1. 风险偏好是企业在追求战略和业务目标过程中对风险的态度

2. 风险偏好包括愿意承担的风险的种类、大小、数量、以何种方式承担，以及为了增加每一分盈利愿意多承担多少风险等，有时候被译为“风险胃口”

3. 风险偏好是公司决策层综合考虑多种风险因素后作出的一种更高层次的承诺

4. 风险偏好是战略性的，通常以定性描述为主

5. 风险偏好是公司战略目标的一个决定因素，在风险管理体系中居于宏观的主导地位

6. 风险偏好通常从战略角度出发，采取“自上而下”的设定方法

（二）风险容忍度

1. 风险容忍度涉及风险状况的不断变化为每一个具体的风险因素设定的量化的可接受水平

2. 风险容忍度是风险偏好的具体体现，是对风险偏好的进一步量化和细化

3. 风险容忍度表现为公司在不同业务板块和不同控制维度上的总体边界

4. 风险容忍度更接近于业务单元，通常采用“自下而上”和“自上而下”相结合的方式设定

## 二、风险限额

### （一）风险限额的定义

1. 风险限额的概念

风险限额是依据 RAROC 最大化原则，将风险指标以风险限额的形式分解至公司的不同层面、不同业务线乃至具体组合与策略，将风险控制在可以承受的合理范围，使风险大小与风险管理能力和资本实力相匹配。限额管理体现了风险管理是一种积极的事前管理。

2. 风险限额的原则

（1）限额种类要覆盖风险偏好范围内的各类风险。

（2）限额指标通常包括盈利、资本、流动性或其他相关指标（如增长率、波动性）。

（3）强调集中度风险，包括全集团、业务条线或相关法人实体层面的重大风险集中度。

（4）参考最佳市场实践，但不以同业标准或以监管要求作为限额标准。

### （二）风险限额的类别

1. 信用风险限额指标

（1）单一客户贷款集中度限额。

（2）单一集团客户授信集中度限额。

（3）行业限额。

2. 市场风险限额指标

（1）VaR 限额。

（2）产品或组合敞口限额。

（3）敏感度限额。

（4）止损限额。

3. 操作风险限额指标

（1）操作风险损失率。

（2）监管处罚率。

（3）千人重大操作风险事发率。

（4）千人发案率。

（5）案件风险率。

（6）操作风险事件败诉率。

（7）信息系统主要业务时段可用率。

（8）操作风险经济资本率。

4. 流动性风险限额指标

（1）流动性比例。

（2）存贷比。

（3）流动性覆盖率。

（4）净稳定资金比率。

（5）流动性缺口率。

（6）核心负债依存度。

（7）单日现金错配限额。

（8）一个月累计现金错配限额。

（9）最大十家存款集中度。

（10）最大十家金融同业集中度。

5. 国别风险限额指标

对某一个国家的国别风险敞口。

（三）限额管理

1. 风险限额设定（四个阶段）

（1）全面风险计量，即对各类业务所包含的风险进行量化分析，以确定各类敞口的预期损失和非预期损失。

（2）利用会计信息系统，对各业务敞口的收益和成本进行量化分析，其中制订一套合理的成本分摊方案是亟待解决的一项重要任务。

（3）运用资产组合分析模型，对各业务敞口确定经济资本的增量和存量。

（4）综合考虑监管部门的政策要求以及公司战略管理层的风险偏好，最终确定各业务敞口的风险限额。

2. 风险限额监测

风险限额监测是为了检查公司的经营活动是否服从于限额，是否存在突破限额的现象。

3. 超限额处置

风险管理部门发现风险指标超限额的，应当与业务部门、分支机构、子公司及时沟通，了解情况和原因，督促业务部门、分支机构、子公司采取措施在规定时间内结合业务特点，制定超限额后的风险缓释措施，并及时向首席风险官报告。

**【例题10】**下列关于风险偏好的说法，错误的是（　　）。

A. 风险偏好是战术性的，通常以定量描述为主

B. 风险偏好是企业在追求战略和业务目标过程中对风险的态度

C. 风险偏好也称为“风险胃口”

D. 风险偏好是企业为了增加每一分盈利愿意多承担多少风险

**【答案】**A

**【解析】**风险偏好（Risk Appetite）为企业在追求战略和业务目标过程中对风险的态

度，包括愿意承担的风险的种类、大小、数量、以何种方式承担，以及为了增加每一分盈利愿意多承担多少风险等，有时候被译为“风险胃口”。风险偏好是战略性的，通常以定性描述为主；风险容忍度是风险偏好的具体体现，是对风险偏好的进一步量化和细化。

**【例题11】** 下列关于风险容忍度的说法，正确的是（　　）。

A. 风险容忍度通常采取“自下而上”和“自上而下”相结合的方式设定

B. 风险偏好是风险容忍度的进一步量化和细化

C. 风险偏好是风险容忍度的具体体现

D. 风险容忍度是战略性的

**【答案】** A

**【解析】** 风险偏好是战略性的，通常以定性描述为主；风险容忍度是风险偏好的具体体现，是对风险偏好的进一步量化和细化。风险容忍度更接近于业务单元，与实际风险特征联系紧密，通常采用“自下而上”和“自上而下”相结合的方式设定。

## 考点四：资本充足（☆☆☆）

### 一、资本定义及功能

#### （一）资本定义

资本是市场经济的基本概念，通常的定义是金融机构自身拥有的或能永久支配、使用的资金，是金融机构从事经营活动必须注入的资金。

#### （二）资本的功能

1. 为金融机构提供融资
2. 可以抵御风险损失，保证公司正常运营，为避免破产提供缓冲余地
3. 资本显示金融机构的实力和信誉，向债权人和投资者树立信心
4. 限制业务过度扩张和承担风险

注意：

①资本管理是现代风险管理的核心，决定了风险管理是金融机构核心竞争力的地位。

②证券公司资本管理应当遵循以下原则：资本水平应当与业务发展相匹配；资本水平应当与风险偏好、风险管理水平和外部环境相适应，能够充分覆盖主要风险。

### 二、资本的主要类别

#### （一）账面资本

账面资本是在资产负债表上反映出来的资本，账面资本的金额是企业合并后资产负债表中资产减去负债后的余额，包括实收资本、资本公积、盈余资本、未分配利润等，是对金融机构资本金的静态反映。

#### （二）经济资本

经济资本也被称为风险资本，通常被定义为金融机构为了吸收一定置信水平下的非

预期损失而应具备的资本。

（三）监管资本（净资本）——证券公司净资本由核心净资本和附属净资本构成

1. 核心净资本

净资产－资产项目的风险调整－或有负债的风险调整－/＋中国证监会认定或核准的其他调整项目

2. 附属净资本

长期次级债×规定比例－/＋中国证监会认定或核准的其他调整项目

**三、风险覆盖率和资本杠杆率**

（一）风险覆盖率

风险覆盖率是证券公司持有的符合规定的净资本（监管资本）与风险资本准备之间的比率。

（二）资本杠杆率

资本杠杆率一般是指权益资本与资产负债表中总资产的比率，资本杠杆率是证券公司持有的符合规定的核心净资本与表内外资产总额之间的比率。

**【例题12】**下列关于资本的说法，错误的是（　　）。

A. 资本是金融机构从事经营活动必须注入的资金

B. 资本管理是现代风险管理的核心

C. 资本是经营机构自身拥有的或者借入并具有一定使用期限的资金

D. 资本对金融机构经营和发展有约束作用，资本必须覆盖风险

**【答案】**C

**【解析】**资本是市场经济的基本概念，通常的定义是金融机构自身拥有的或能永久支配、使用的资金，是金融机构从事经营活动必须注入的资金。A 正确，C 错误。

金融机构是经营风险的机器，资本对金融机构经营与发展有约束作用，资本必须覆盖风险，资本的数量和结构与机构的风险管理能力有着密切的联系，资本管理是现代风险管理的核心，决定了风险管理是金融机构核心竞争力的地位。B、D 正确。

## 考点五：压力测试（☆☆）

**一、压力测试的定义**

（一）概念

压力测试，是指将整个金融机构或资产组合置于某一特定压力情景之下，然后测试该金融机构或资产组合在这些关键市场变量突变的压力下的表现状况，以考虑它们能否经得起这种市场的突变。

（二）证券公司压力测试的概念

采用以定量分析为主的风险分析方法，测算压力情景下净资本和流动性等风险控制

指标、财务指标、证券公司内部风险限额及业务指标的变化情况，评估风险承受能力，并采取必要应对措施的过程，也包含对风控合规有效性的定性分析。

**二、压力测试的标准（证券公司应当开展专项或综合压力测试的情形）**

（1）重大对外投资或收购、重大对外担保、重大固定资产投资、利润分配或其他资本性支出、证券公司分类评价结果负向调整、负债集中到期或赎回等可能导致净资本和流动性等风险控制指标发生明显不利变化或接近预警线的情形。

（2）确定重大业务规模和开展重大创新业务。

（3）确定经营计划和业务规模、确定自营投资规模限额、开展重大创新业务、承担重大包销责任等。

（4）预期或已经出现重大内部风险状况；自营投资大幅亏损，政府部门行政处罚、诉讼、声誉受损等。

（5）预期或已经出现重大外部风险和政策变化事件。

（6）证券市场大幅波动，监管政策发生重大变化等。

（7）其他可能或已经出现的压力情景。

**三、压力测试的原则**

1. 全面性原则

2. 实践性原则

3. 审慎性原则

4. 前瞻性原则

**四、压力测试的流程与方法**

1. 选择测试对象，制订测试方案

2. 确定压力测试方法，并设置测试情景

3. 确定风险因子，收集测试数据

4. 实施压力测试，分析报告测试结果

5. 制定和执行应对措施

**【例题 13】**将整个金融机构或资产组合置于某一特定压力情景之下，然后测试该金融机构或资产组合在这些关键市场变量突变压力下的表现状况，以考虑它们能否经得起这种市场的突变，是指（　　）。

A. 敏感性分析　　B. 压力测试　　C. 情景分析　　D. 压力情景

**【答案】**B

**【解析】**压力测试，是指将整个金融机构或资产组合置于某一特定压力情景之下，然后测试该金融机构或资产组合在这些关键市场变量突变压力下的表现状况，以考虑它们能否经得起这种市场的突变。

【本节学习提示】考查重点：

①风险管理的流程。

②风险管理组织架构中各自承担的责任。

③资本的概念，分类及要求。

# 第三节　市场风险管理

## 考点一：市场风险的识别（☆☆☆）

### 一、市场风险的定义

市场风险，是指因市场价格变量波动而给经济主体带来损益的风险，市场风险通常来源于整个经济体系，而不是交易对手或金融机构内部，因此，它具有明显的系统性风险特征。

### 二、市场风险的类型

1. 利率风险

2. 汇率风险

3. 股票价格风险

4. 商品风险

### 三、市场风险在业务中的暴露

（一）自营业务

当市场发生资产价格大幅波动时，证券公司自营账户的资产价格会随之变化，而损失则直接由证券公司自身承担。

（二）证券承销业务

在证券承销业务中，面临的市场风险主要来源于当市场低迷时，包销过程中出现不能售出全部证券的情况。

（三）融资融券业务

融资融券的交易性业务性质决定了市场风险承担的第一主体为投资者，但在极端市场情况下，担保品无法覆盖融资或融券金额，证券公司也将被动承担市场风险。

（四）场外衍生品业务

特殊情况下，由于市场对冲工具不足，流动性枯竭，风险计量模型失效或交易操作失误等，导致风险无法有效对冲，证券公司被动承担市场风险，甚至面临大额损失。

（五）资产管理业务

在开展资产管理业务的过程中，由于证券公司不能进行收益承诺或垫资兑付，而是由委托人自行承担投资风险并获得收益，证券公司并未实际承担市场风险，但市场风险管理的能力会对证券公司的资产管理水平和声誉产生影响。

【例题 14】市场风险的类型包含了（　　）。

Ⅰ. 利率风险

Ⅱ. 汇率风险

Ⅲ. 股票价格风险

Ⅳ. 流动性风险

A. Ⅰ、Ⅱ、Ⅲ、Ⅳ　B. Ⅰ、Ⅱ、Ⅲ　C. Ⅰ、Ⅱ、Ⅳ　D. Ⅰ、Ⅲ

【答案】B

【解析】市场风险包含利率风险、汇率风险、股票价格风险、商品风险。

【例题 15】因市场价格变量波动而给经济主体带来损益的风险是（　　）。

A. 信用风险　B. 市场风险　C. 法律风险　D. 结算风险

【答案】B

【解析】市场风险是证券投资类机构面临的最基本的风险之一。市场风险，是指因市场价格变量波动而给经济主体带来损益的风险。

## 考点二：市场风险衡量（☆☆☆）

### 一、敏感性分析

（一）定义

敏感性是一个变量对另外一个变量发生的变化的反应程度，也就是经济学分析中的弹性。在数学上，敏感性就是函数的一阶导数。某一金融产品对某一因子的风险敏感性是该金融产品的价值函数对某一风险因子的一阶导数。

（二）类别

1. 基点价值

基点价值是指市场利率变动一个基点（0.01%）时所引起的债券价格的变化大小。

2. 久期

久期也被称为持续期或期限弹性，是衡量利率变动对经济价值影响的一种方法，衡量利率变化一单位所引起的证券价值的百分比变化。债券的久期是指投资者收到所有现金流所要等待的平均时间。

注意：基点价值反映的是债券价格绝对变动的额度，而久期主要反映的是相对变动的幅度。

3. 凸性

凸性也被称为凸度或曲率，是利率敏感性随利率变动的变化情况，用来反映债券价格收益率曲线的曲度，可以表示为收益率变化 1% 所引起的久期的变化。

4. 希腊字母

期权的风险很大程度上取决于四个因素：基础资产的价格、离期权到期日的时间、基础资产价格波动性以及无风险利率。衡量期权对这些因素敏感性的方法被称为希腊字母法，分别用 Delta、Gamma、Vega、Theta 等表示。

## 二、波动性分析

### （一）波动率和方差

某个变量的波动率 $\sigma$ 定义为这一变量在单位时间内连续复利收益率的标准差。

### （二）VaR

1. 定义：VaR 是指在正常的市场条件和给定的置信水平下，某一投资组合在给定的持有期间可能发生的最大损失

2. 建立 VAR 模型需确定的基本要素

（1）确定持有期限。

（2）置信水平选择。

（3）举例。

$$\text{Prob}(\Delta P > \text{VaR}) = 1 - c$$

式中：$\Delta P$——证券组合在持有期内的损失；

VaR——置信水平 $c$ 下处于风险中的价值。

时间为 1 天，置信水平为 95%（概率），所持股票组合的 VaR = 10 000 元，其含义就是明天该股票组合有 95% 的把握保证其最大损失不会超过 10 000 元，或者是明天该股票组合最大损失超过 10 000 元的可能性只有 5%。

### （三）期望尾损失

期望尾损失也被称为条件 VaR，指组合处在超限区间（比如 95% 的置信水平下，尾部 5% 的部分就是超限区间）之内损失的期望值。

**【例题 16】**市场风险衡量方法有（　　）。

A. 敏感性分析和波动性分析　　B. 敏感性分析和情景分析

C. 感知分析和敏感性分析　　D. 情景分析和波动性分析

**【答案】**A

**【解析】**市场风险衡量的方法有敏感性分析和波动性分析。

## 考点三：市场风险的应对（☆☆）

## 一、限额管理

1. 交易限额——对总交易头寸或净交易头寸设定的限额

2. 风险限额——对按照一定的计量方法所计量的市场风险设定的限额

3. 止损限额——允许的最大损失额

4. 敏感度限额——在保持其他条件不变的前提下，对单个市场风险要素（利率、汇率、股票价格和商品价格）的微小变化对金融工具或资产组合收益或经济价值影响程度所设定的限额

5. 情景限额——在一个特定情景下，对投资组合预计出现的最大损失进行限制

**二、估值管理**

1. 盯市——按市场价格计值（存在活跃市场的金融工具或产品）

2. 盯模——按模型计值（按市场价格计值存在困难时）

**三、对冲管理**

风险对冲是采用远期、期货、掉期、期权等金融产品开展主动的风险对冲管理，以降低风险敞口，保障金融市场业务稳健运营。

**四、绩效和激励管理**

证券公司应当建立与风险管理效果挂钩的绩效考核及责任追究机制，保障全面风险管理的有效性。

风险调整资本收益率（RAROC）是最常用、最主要的经风险调整后的评估业务绩效指标的工具，也是经济资本配置的核心工具。RAROC 为衡量不同企业、业务、部门之间盈利能力提供了一个统一标准，公式为：

RAROC = 经风险调整的收益/经济资本 = （收入 - 费用 - 预期损失）/经济资本。

**【本节学习提示】** 考查重点：

① 市场风险的概念及分类。

② 市场风险的衡量，尤其是 VaR 的计算。

## 第四节　信用风险管理

### 考点一：信用风险（☆☆☆）

**一、信用风险的概念和内涵**

借款人不能按合同规定按期还本付息而给贷款人造成损失的风险。在传统的意义上，损失被理解为只有当违约实际发生时才会产生，因此，信用风险又被称为违约风险。

**二、信用风险构成要素**

1. 违约概率（PD）

2. 违约损失率（LGD）

3. 违约风险暴露（EAD）

以上要素决定了信用产品的预期损失（EL = LGD × PD × EAD）和非预期损失（UL，实际损失偏离预期损失的部分）。

**三、交易对手信用风险（来源）**

1. 场外衍生品，比如利率互换、汇率远期、信用违约互换

2. 证券融资交易，比如回购和逆回购、证券借贷

**四、证券类机构面临的主要信用风险（来自不同业务）**

1. 股票质押式回购交易、约定购回式证券交易、融资融券等融资类业务

2. 互换、场外期权、远期、信用衍生品等场外衍生品业务

3. 债券投资交易（现券交易、回购交易、远期交易、借贷业务）

4. 非标准化债权资产投资

5. 其他涉及信用风险的自有资金出资业务

**【例题 17】** 在信用风险的衡量中，预期损失（　　）。

A. 等于非预期损失

B. 是难以量化的

C. 等于违约概率和违约损失率与违约时的风险暴露的乘积

D. 等于实际损失加上非预期损失

**【答案】** C

**【解析】** 预期损失（Expected Loss，EL）又称为期望损失，是指事前估计到的或期望的违约损失。它是 LGD 和 PD 与 EAD 的乘积。

## 考点二：信用风险的衡量（☆☆）

### 一、传统信用风险评估

（一）专家系统与 5Cs

1. 专家系统

专家系统是金融机构在长期经营信贷业务承担信用风险过程中逐步发展并完善起来的传统信用分析方法。在分析评价各种关键要素基础上依据主观判断来综合评定信用风险的分析系统。

2. 5Cs（专家系统中对企业信用分析最广泛的方法）

（1）品德（Character）。

（2）资本（Capital）。

（3）还款能力（Capacity）。

（4）抵押（Collateral）。

（5）经营环境（Condition）。

（二）信用打分模型

1. 概念

信用打分模型是一种传统的信用风险量化模型，它用可观察到的债务人特征变量计算出一个数值（打分）来代表债务人的违约概率或者将贷款人归类于不同的违约风险类别。

信用打分模型的关键在于关键变量的选择和各自权重的确定。

2. 应用

（1）对个人。

收入、资产、年龄、执业、居住地。

（2）对企业。

现金流量、财务比率。

## 二、内部评级

（一）内部评级的概念

内部评级是指金融机构内部通过定量因素和定性因素的综合分析，对其自身的交易对手、债务人或交易项目自身用一个高度简化的等级符号来反映被评级对象的风险特征。

（二）证券公司内部评级及管理

《证券公司信用风险管理指引》规定，证券公司应当建立健全内部评级管理制度，证券公司可根据内部实际情况及管理需要确定内部评级管理制度覆盖的业务范围。

## 三、信用风险经典量化模型

（一）Credit Metrics

Credit Metrics 本质上是一个 VaR 模型，目的是计算出在一定的置信水平下，一个信用资产组合在持有期限内可能发生的最大损失。

（二）Credit Portfolio View

核心内容是等级转移矩阵，但该模型在建立等级转移矩阵时并没有考虑诸如失业率、经济增长率等宏观及周期性因素。

（三）KMV（Credit Monitor）

核心在于把企业与银行的借贷关系视为期权买卖关系借贷关系中的信用风险信息，因此隐含在这种期权交易之中，从而通过应用期权定价理论可以求解出信用风险溢价和相应的违约率。

**【例题 18】** 传统信用风险评估中信用打分模型的关键在于（　　）。

A. 关键变量的选择和各自权重的确定　　B. 合规指标的选择和总体打分的结果

C. 信用风险的确定与内部评级的打分　　D. 交易对手的选择与分配比例的确定

**【答案】** A

**【解析】** 信用打分模型的关键在于关键变量的选择和各自权重的确定。

## 考点三：信用风险管理体系（☆☆）

## 一、证券类机构主要信用风险及管理

（一）股票质押式回购

为控制股票质押式回购业务中的信用风险，股票质押率上限不得超过 60% ，其中质押率是指初始交易金额与质押标的证券市值的比率。

（二）融资融券

为控制证券公司融资融券业务的信用风险，证券公司向客户融资、融券，应当向客户收取一定比例的保证金。

（三）信用债投资

为更好地控制信用债相关业务的信用风险，证券经营机构对债券交易的标的债券和交易对手进行必要的尽职调查和内部评级，以区分不同的风险等级，建立标的债券产品库制度和交易对手白名单制度，并根据交易对手内部评级风险等级分配授信额度。

（四）非标准化债权投资

证券类机构仍需要准确评估资产管理业务中承担的信用风险，使其与客户的风险偏好相匹配。

（五）场外衍生品

对于场外交易中的信用风险，常见的风险管理办法有净额结算、抵押、引入中央交易对手等方式。

**二、交易对手信用风险管理**

1. 净额结算
2. 提高抵押品和保证金要求
3. 中央交易对手
4. 信用衍生品市场对冲
5. 交易对手信用风险的资本计量和资本监管

## 考点四：信用风险管理工具（☆）

**一、信用风险缓释**

1. 抵押品
2. 净额结算
3. 保证与担保
4. 信用衍生工具

**二、信用风险转移**

（一）传统信用风险转移

（1）信用保险。

（2）辛迪加贷款。

（3）贷款出售。

（4）资产互换。

（二）现代信用衍生品

（1）CDS。

（2）TRP。

（三）信用组合管理

与股票资产组合一样，信用组合管理的根本目的在于通过将单个信用产品纳入组合分析和管理框架，实现多样化分散风险，并在风险收益平衡的基本原则下调整和优化信用组合的结构，最终实现组合管理者既定的风险忍耐度下信用组合风险回报比率的最优化。

【本节学习提示】考查重点：

①信用风险的构成要素。

②预期损失的计算。

③信用风险的衡量，尤其是5Cs的内容。

## 第五节　流动性风险管理

### 考点一：流动性和流动性风险（☆☆☆）

**一、流动性**

1. 资产流动性（资产迅速变现而不受损失的能力）

2. 机构流动性（企业尤其是金融机构保证经营以及正常支付的能力）

（1）金融机构应该有能力满足其到期的偿债义务。

（2）当金融机构的现金流不足以满足其债务要求的时候，该现金流不足可以比较容易地通过内部或外部的多种融资渠道得到满足。

3. 市场流动性（市场使投资者迅速、低成本地交易金融资产的能力）

**二、流动性风险**

（一）定义

金融市场参与者无法以合理成本及时获得充足资金，以偿付到期债务、履行其他支付义务和满足正常业务开展的资金需求的风险。

（二）分类

1. 融资流动性

从单个机构的角度分析金融机构在面临现金需求时其融资能力随时间推移而引起的不确定波动，是指在不影响其日常经营和财务状况的条件下，金融机构难以有效满足其预期和非预期的、当前和未来的现金流和担保需求的风险。

2. 资产流动性

（1）定义。

资产流动性风险，是指资产价值不受损害而进行变现的能力，这种能力是由市场决定的，因此也被称为市场流动性风险。

（2）决定市场流动性的四个因素。

①深度——执行大规模交易而不对价格产生过度影响的能力。

②密度——买卖价格的缺口，资产的买卖价差越小，流动性越好。

③及时性——交易执行的速度。

④弹性——在受到影响后恢复的速度。

**三、证券类机构流动性风险的表现**

（一）公司层面

1. 融资来源不稳定，资产负债期限不匹配

2. 融资成本和资产负债结构不合理，无法满足业务正常开展的需要

（二）业务层面

1. 自营业务

市场价格波动带来的资产无法及时以合理成本变现、自有资金占用规模过大和配合对手行权、追加保证金等潜在资金需求。固定收益业务部门应控制融资杠杆、总资产规模以及期限错配规模敞口。

2. 资产管理业务

不能及时以合理成本应对客户赎回、产品到期无法履约支付。

3. 信用类业务

（1）资金来源为自有资金。

业务规模扩大导致自有资金占用增加，因为资金回收时间具有不确定性，客户违约可能导致信用风险转化为流动性风险。

（2）资金来源为外部时。

外部融资渠道的不稳定可能会对公司流动性造成不利影响。

4. 承销与发行业务

包销与证券的发行和交易相关，承销商需要更多资金进行包销时，流动性压力也会增加。

**【例题 19】**（　　）是指金融市场参与者无法以合理成本及时获得充足资金，以偿付到期债务、履行其他支付义务和满足正常业务开展的资金需求的风险。

A. 流动性风险　　B. 操作风险　　C. 经营风险　　D. 信用风险

**【答案】** A

**【解析】** 流动性风险是金融机构面临的基本风险之一。流动性风险，是指金融市场参与者无法以合理成本及时获得充足资金，以偿付到期债务、履行其他支付义务和满足正常业务开展的资金需求的风险，通常分为融资流动性风险和资产流动性风险。

## 考点二：流动性风险的衡量指标与测算模型（☆☆）

### 一、主要衡量指标

（一）机构层面

1. 资产负债结构指标

（1）流动比率＝流动资产/流动负债。

（2）速动比率＝速动资产/流动负债＝（流动资产－存货）/流动负债。

（3）净稳定资金率＝可用稳定资金/所需稳定资金（不得低于100%）。

（4）资产负债的久期缺口等于资产加权平均久期减去负债加权平均久期与资产负债率的乘积，即：$D_{GAP}=D_A-UD_L$。

$D_{GAP}$为久期缺口；$D_A$为资产加权平均久期；$D_L$为负债加权平均久期；$U$为负债资产系数，即总负债/总资产。

2. 现金流量匹配指标

（1）流动性覆盖率＝优质流动性资产/未来30天现金净流出量。

（2）流动性指数：资产被迫折价变现时的价格和资产在正常市场条件下变现的价格的比率。

（3）现金流量比率＝经营活动现金流量净额/流动负债。

（二）市场层面

1. 买卖价差法

买卖价差是指做市商愿意买入和卖出一项金融工具的价格之差，买卖价差越小，代表该资产流动性越好，所面临的流动性风险越小。

2. 换手率

换手率指证券在指定交易日转手买卖的频率，也被称为买卖周转率。

3. 冲击成本

冲击成本是机构大户面临的流动性成本的重要表现，是指在交易中需要迅速大规模地买进或者卖出证券，不能按照预定价位成交而多支付的成本。市场流动性越高，冲击成本越低；流动性越低，冲击成本越大。

### 二、测算模型

（一）现金流量分析模型

1. 分类

（1）经营活动现金流量。

（2）投资活动现金流量。

（3）筹资活动现金流量。

2. 分析内容

（1）流动性分析。

（2）获取现金能力分析。

（3）财务弹性分析。

（4）收益质量分析。

（二）流动性调整的 VaR（L_ VaR）

流动性调整的 VaR 是指市场正常波动下，一定时间内、一定置信水平下抛售一定数量的证券或证券组合由于市场流动性风险的存在所导致的最大可能损失。

**【例题 20】** 流动性覆盖率的计算公式为（　　）。

A. 贷款余额/存款余额 ×100%

B. 流动性资产余额/流动性负债余额 ×100%

C. 优质流动性资产/未来 30 天现金净流出量 ×100%

D. 优质流动性资产/未来 90 天现金净流出量 ×100%

**【答案】** C

**【解析】** 流动性覆盖率（LCR）指压力情景下公司持有的优质流动性资产与未来 30 天的现金净流出量之比。

### 考点三：流动性风险管理的策略和技术（☆☆）

#### 一、融资策略管理

融资策略管理是为了确保证券公司在所选择的融资市场上有持续的业务往来，并与主要资金提供者保持良好的关系，这样才能更好地促进资金来源的有效多样化。

#### 二、日间流动性管理

证券公司应加强日间流动性管理，确保具有充足的日间流动性头寸和相关融资安排，及时满足正常和压力情景下的日间支付需求。

#### 三、流动性缓冲资产

合格的流动性缓冲资产不存在变现障碍，不应被用作交易头寸的对冲资金，也不应被指定用于抵押、结构性交易中的信用增级或支付经营成本，应明确作为紧急资金来源专门管理，能够随时变现用来弥补现金流入和流出所导致的资金缺口。

#### 四、流动性风险应急计划

证券公司应根据公司业务规模、性质、复杂程度、风险水平及组织架构，充分考虑压力测试结果，制订有效的流动性风险应急计划，保证公司能够应对紧急情况下的流动性需求。

#### 五、流动性风险报告

流动性风险报告应包括管理的有效政策和程序、决策过程、规范的作用与职责调用和升级的程序等。

对于风险等级较高的风险事项，形成紧急报告和不定期报告；对于风险等级较低的事项，则通过定期报告形式进行报告。

【本节学习提示】考查重点：

①流动性风险的概念及分类。

②流动性风险的衡量指标。

③现金流分析模型中现金流的三种分类。

④流动性风险管理策略。

## 第六节　操作风险和声誉风险管理及其他

### 考点一：操作风险的管理（☆☆☆）

#### 一、操作风险的识别

操作风险是指由不完善或有问题的内部流程、人员和系统以及外部事件所造成损失的风险。

#### 二、操作风险的评估

（一）风险控制自我评估

打分卡是风险控制自我评估的常用工具。

（二）关键风险指标

资产损失率、案件发生率、失败交易数量、员工流动率、客户投诉次数、错误和遗漏的频率以及严重程度等。

（三）损失数据收集

1. 内部损失数据，其质量和内含的风险信息都要优于其他的数据来源

2. 外部损失数据，包括公开数据、行业共享数据等

3. 情景分析，即专家综合运用外部数据和情景分析来识别潜在的操作风险事件，并评估可能造成的损失

4. 业务环境和内部控制因素，即考虑可能使操作风险状况发生变化的业务经营环境和内部控制因素，同时将这些因素转换为可计量的定量指标

#### 三、操作风险管理方法

（一）内部控制

1. 通过实施 IT 技术或项目管理方案等来提高业务部门本身的运行质量和管理水平

2. 通过审计稽核、合规检查和操作风险管理等业务部门以外的管理部门的管理和内

部控制活动来降低业务的操作风险

3. 通过增强公司治理和加强内部控制以及操作风险管理部门的独立作用，建立起管理操作风险的良好环境和文化，制定合适的操作风险管理战略和政策，健全操作风险管理流程和方法

（二）保险

（三）业务外包

（四）IT 技术应用

（五）数据治理和管理

（六）业务持续计划

企业制订计划以应对遭遇对其业务持续性经营产生严重影响的灾害性事件，防止出现业务中断，保持业务经营的持续性，或者在灾害性事件对企业业务经营的连续性产生严重影响甚至导致业务中断时，在最短的时间内恢复业务的正常运作。

### 考点二：声誉风险管理（☆）

#### 一、声誉风险的识别

（一）概念

声誉风险是指由证券公司经营管理及其他行为或外部事件导致证券公司股东、员工、客户、第三方合作机构及监管机构等对证券公司的公开负面评价的风险。

（二）来源

1. 战略规划、公司治理、资产负债管理等管理活动
2. 产品或服务的设计、提供或推介等业务开展或投资活动
3. 内部控制设计、执行以及系统控制的重大缺陷
4. 股东、关联方或其他利益相关方发生声誉事件传导至证券公司
5. 第三方合作，如第三方合作机构自身的违法违规行为或服务质量问题
6. 客户投诉及其涉及证券公司的不当言论或行为
7. 司法性事件及监管调查、处罚
8. 员工的不当言论或行为被公众知晓
9. 新闻媒体的失实报道或网络不实言论
10. 他人通过仿冒证券公司名称、商标、网址、盗用研究报告等行为从事非法活动

#### 二、声誉风险的管理原则

1. 全程全员原则
2. 预防第一原则
3. 审慎管理原则
4. 快速响应原则

### 三、声誉风险的管理方法

1. 事前识别与评估

2. 应急机制

3. 媒体沟通和信息披露

4. 舆情监测分析

**【例题21】** 下列属于声誉风险管理方法的是（　　）。

A. 业务持续计划　　B. 事前识别和评估

C. 日间流动性管理　　D. 融资策略管理

**【答案】** B

**【解析】** 声誉风险管理方法：（1）事前识别与评估；（2）应急机制；（3）媒体沟通和信息披露；（4）舆情监测分析。

## 考点三：其他风险及其管理（☆）

### 一、国别风险

（一）定义

国别风险是指由于某一国家或地区经济、政治、社会变化及事件，导致该国家或地区债务人没有能力或者拒绝履行证券公司债务，或使证券公司在该国家或地区的商业存在遭受损失，或使证券公司遭受其他损失的风险。

国别风险主要包括转移风险、主权风险、传染风险、货币风险、宏观经济风险、政治风险和间接国别风险。

（二）国别风险管理体系的基本要素

1. 董事会和高级管理层的有效监控

2. 完善的国别风险管理政策和程序

3. 完善的国别风险识别、计量、监测和控制过程

4. 完善的内部控制和审计

### 二、战略风险

（一）定义

战略风险是指证券公司在追求短期商业目的和长期发展目标的过程中，因不适当的发展规划和战略决策给证券公司造成损失或不利影响的风险。

（二）风险来源

1. 证券公司内部经营管理活动，包括宏观战略、中观管理和微观执行三个层面

2. 外部政治、经济、社会、科技等环境的变化，包括行业风险、技术风险、品牌风险、竞争对手风险、客户风险、项目风险、发展停滞风险等

（三）管理方法

1. 明确董事会和高级管理层的战略风险管理职责

2. 建立清晰的战略风险管理流程，包括战略风险的识别、评估、监控和报告等

3. 采取恰当的战略风险管理方法，如制定以风险为导向的战略规划、合理运用经济资本配置工具等

**三、系统性风险**

（一）概念

系统性风险是指由于金融体系的部分或全部功能受到破坏，从而引发金融服务的供应大规模中断，并可能对实体经济造成严重负面影响的风险。

（二）管理方法

1. 加强宏观审慎监管

2. 加强系统重要性机构的监管

**【例题 22】** 下列关于战略风险的说法，正确的是（　　）。

A. 战略风险主要包括主权风险、转移风险、货币风险和政治风险等

B. 战略风险存在于授信、国际资本市场业务、设立境外机构等经营活动中

C. 战略风险是指由于金融体系的部分或全部功能受到破坏，从而引发金融服务供应大规模中断，并可能对实体经济造成严重负面影响的风险

D. 战略风险涵盖了证券公司的发展愿景、战略目标以及当前和未来的资源制约等多方面的内容

**【答案】** D

**【解析】** 战略风险涵盖了证券公司的发展愿景、战略目标以及当前和未来的资源制约等多方面的内容。

国别风险主要包括转移风险、主权风险、传染风险、货币风险、宏观经济风险、政治风险和间接国别风险。

国别风险存在于授信、国际资本市场业务、设立境外机构、代理往来和由境外服务提供商提供的外包服务等经营活动中。

系统性风险是指由于金融体系的部分或全部功能受到破坏，从而引发金融服务的供应大规模中断，并可能对实体经济造成严重负面影响的风险。

**【本节学习提示】** 考查重点：

操作风险，声誉风险及其他风险的概念。

# 第七节　我国证券公司风险管理实践

## 考点一：我国证券公司风险管理体系建立与发展（☆☆）

### 一、海外证券业风控指标

（一）以美国为代表的净资本监管模式

要求高流动资产保持在负债的一定比率之上。

（二）以欧盟为代表的资本充足率监管模式

要求具有偿付能力的资本保持在风险资产的一定比率之上。

### 二、我国相关风险控制模式

我国风险控制模式在一定程度上是欧美模式的结合。

证券公司的风险管理从无到有、从简单到全面，大致经历了三个发展阶段。

### 三、我国证券公司风险管理的三个阶段

（一）第一阶段：20 世纪 90 年代初期行业兴起到 2004 年

（分业务条线的简单风控阶段）

证券公司在监管的推动下，初步开展了分业务条线的简单风控工作，内审部门的事后监督检查是经纪业务风险控制的主要力量。

（二）第二阶段：2005—2012 年

（分业务条线简单风控向注重风险容忍度底线的风险管理体系建设过渡阶段）

1. 综合治理推动行业完善治理结构和内控体系，扩大风险管理的范围，提高合规风险和操作风险的管控能力

2. 通过风控指标、监督管理等方面的监管制度，确立了证券公司风险容忍度和主要业务的风控措施

3. 业务创新推动行业探索信用风险管理方法和工具，丰富风险管理体系

4. 压力测试作为风险评估的补充已经得到广泛应用

（三）第三阶段：2013 年至今

（全面风险管理体系建设阶段）

1. 《证券公司全面风险管理规范》引导证券公司风险管理质的飞跃

2. 行业自律组织引导行业建立针对重要风险类型的管理方法和机制

3. 监管部门和自律组织针对风险管理薄弱业务出台的风险管理制度，使行业进一步提高风险管理能力

## 考点二：我国证券公司风险管理基本情况（☆☆）

目前，我国证券公司均已建立了多层级的风险管理组织架构，并明确了董事会、监

事会、经理层、各部门、分支机构及子公司的风险管理职责分工。

证券公司指定或者设立专门部门履行风险管理职责，在首席风险官的领导下推动全面风险管理工作，监测、评估、报告公司整体风险水平，并为业务决策提供风险管理建议，协助、指导和检查各部门、分支机构及子公司的风险管理工作。

**【本节学习提示】** 考查重点：

①海外证券业风控指标。

②我国证券公司风险管理的基本情况。

## 同步真题练习

1. 下列反映风险内在特性的概念有（　　）。

Ⅰ. 不确定性　Ⅱ. 损失的可能性　Ⅲ. 波动性　Ⅳ. 确定性

A. Ⅰ、Ⅲ、Ⅳ　B. Ⅱ、Ⅲ　C. Ⅰ、Ⅱ、Ⅲ　D. Ⅰ、Ⅱ

2. 通过分散化投资组合在一定程度上可以规避的风险是（　　）。

A. 非系统性风险　B. 系统性风险　C. 纯粹风险　D. 投机风险

3. 风险转移可以分为（　　）。

Ⅰ. 保险转移　Ⅱ. 非保险转移　Ⅲ. 承保人转移　Ⅳ. 担保转移

A. Ⅰ、Ⅱ　B. Ⅰ、Ⅱ、Ⅲ　C. Ⅰ、Ⅲ、Ⅳ　D. Ⅰ、Ⅱ、Ⅲ、Ⅳ

4. 证券公司应根据公司业务规模、性质、复杂程度、风险水平及组织架构，充分考虑（　　），制订有效的流动性风险应急计划。

A. 收益来源结构　B. 风险来源结构　C. 公司战略发展　D. 压力测试结果

5. 根据我国证券公司监督实践，以（　　）为基础计算的风险控制指标是监管部门限制证券公司过度承担风险、保证金融市场稳定进行的重要指标工具。

A. 账面资本　B. 经济资本　C. 实收资本　D. 净资本

6. 根据导致市场风险因素的不同，市场风险不包括（　　）。

A. 商品风险　B. 利率风险

C. 房地产价格风险　D. 外汇风险

7. 证券公司敏感性分析中，凸性用来衡量债券价格收益率曲线的曲度，可以表示收益率变化（　　）所引起的久期的变化。

A. 0.1%　B. 1%　C. 0.01%　D. 10%

8. 下列关于敏感性分析的说法，正确的有（　　）。

Ⅰ. 敏感性是经济学分析中的弹性

Ⅱ. 敏感性在数学上就是函数的一阶导数

Ⅲ. 敏感性分析是一个动态的分析过程

Ⅳ. 敏感性分析是市场风险分析中最常用的方法之一

A. Ⅰ、Ⅳ　　B. Ⅰ、Ⅱ　　C. Ⅱ、Ⅲ　　D. Ⅰ、Ⅱ、Ⅳ

9. 传统信用风险评估的专家分析系统中，虽然有各种各样的架构设计，但其所选择的（　　）都是相似的。

A. 信用风险　　B. 交易对手　　C. 合规指标　　D. 关键要素

10. 现有研究普遍认为，（　　）在场外金融衍生品交易市场的缺失，是次贷危机的重要原因之一。

A. 信用衍生品市场对冲　　B. 抵押品

C. 中央交易对手机制　　D. 净额结算机制

11. 下列关于风险管理的说法中正确的是（　　）。

Ⅰ. 事前管理决定了风险管理是一种积极管理

Ⅱ. 现代风险管理是一种全面的风险管理，以企业的股东价值和社会价值增长为总体目标

Ⅲ. 风险管理的目标是创造价值

Ⅳ. 风险管理在于减少损失降低风险

A. Ⅰ、Ⅱ、Ⅲ　　B. Ⅰ、Ⅱ、Ⅳ　　C. Ⅱ、Ⅲ、Ⅳ　　D. Ⅰ、Ⅲ、Ⅳ

12. 下列属于压力测试原则的是（　　）。

Ⅰ. 全面性原则　　Ⅱ. 实践性原则　　Ⅲ. 审慎性原则　　Ⅳ. 弥补性原则

A. Ⅰ、Ⅱ、Ⅲ、Ⅳ　　B. Ⅰ、Ⅲ、Ⅳ　　C. Ⅱ、Ⅲ、Ⅳ　　D. Ⅰ、Ⅱ、Ⅲ

13. （　　）指在正常的市场条件和给定的置信水平下，某一投资组合在给定的持有期间可能发生的最大损失。

A. 名义值法　　B. 敏感性分析方法　　C. 波动性测量　　D. VaR 方法

14. 5Cs 系统是指（　　）。

Ⅰ. 品德和资本

Ⅱ. 还款能力

Ⅲ. 抵押

Ⅳ. 经营环境

A. Ⅰ、Ⅱ、Ⅲ　　B. Ⅰ、Ⅲ、Ⅳ　　C. Ⅱ、Ⅲ、Ⅳ　　D. Ⅰ、Ⅱ、Ⅲ、Ⅳ

15. （　　）是指在交易中需要迅速而且大规模地买进或者卖出证券，不能按照预定价位成交而多支付的成本。

A. 买卖价差法　　B. 有效价差　　C. 冲击成本　　D. 资产流动性风险

16. 以下不属于现金流量分析模型分类的是（　　）。

A. 经营活动现金流量　　B. 投资活动现金流量

C. 筹资活动现金流量　　D. 套利活动现金流量

17. 以下关于不同类别风险说法不正确的是（　　）。

A. 系统性风险是指由于金融体系的部分或全部功能受到破坏，从而引发金融服务的供应大规模中断，并可能对实体经济造成严重负面影响的风险

B. 战略风险是指证券公司在追求短期商业目的和长期发展目标的过程中，因不适当的发展规划和战略决策给证券公司造成损失或不利影响的风险

C. 声誉风险是指由证券公司经营管理及其他行为或内部事件导致证券公司股东、员工、客户、第三方合作机构及监管机构等对证券公司的公开负面评价的风险

D. 操作风险是指由不完善或有问题的内部流程、人员和系统以及外部事件所造成损失的风险

18. 证券公司声誉风险管理应遵循以下（　　）原则。

Ⅰ. 全程全员

Ⅱ. 处理第一

Ⅲ. 审慎管理

Ⅳ. 快速响应

A. Ⅰ、Ⅲ、Ⅳ　　B. Ⅰ、Ⅱ、Ⅲ、Ⅳ

C. Ⅱ、Ⅲ、Ⅳ　　D. Ⅰ、Ⅱ、Ⅲ

19. 国别风险管理方法包含（　　）。

Ⅰ. 董事会和高级管理层的有效监控

Ⅱ. 完善的国别风险管理政策和程序

Ⅲ. 完善的国别风险识别、计量、监测和控制过程

Ⅳ. 完善的内部控制和审计

A. Ⅱ、Ⅲ、Ⅳ　　B. Ⅰ、Ⅱ、Ⅲ、Ⅳ

C. Ⅱ、Ⅳ　　D. Ⅰ、Ⅲ、Ⅳ

## 答案与解析

1. **【答案】** C

**【解析】** 对风险的三种定义从不同的角度揭示了风险的某些内在特性。这些定义主要涉及不确定性、损失的可能性、波动性（对期望的偏离）等概念。

2. **【答案】** A

**【解析】** 根据马柯维茨组合投资理论，投资组合的多样化可以分散非系统性风险。

3. **【答案】** A

【解析】投资者通过购买某种金融产品或采取某些合法的手段将风险转嫁给愿意和有能力承接的主体，被称为风险转移。风险转移可分为保险转移和非保险转移。

4. 【答案】D

【解析】证券公司应根据公司业务规模、性质、复杂程度、风险水平及组织架构，充分考虑压力测试结果，制订有效的风险应急计划，确保公司可以应对紧急情况下的流动性需求。

5. 【答案】D

【解析】以净资本为基础计算的风险控制指标是监管部门限制证券公司过度承担风险、保证金融市场稳定运行的重要指标工具。

6. 【答案】C

【解析】根据导致市场风险因素的不同，市场风险一般划分为利率风险、外汇风险、股票价格风险和商品风险四种类型。

7. 【答案】B

【解析】凸性也被称为凸度或曲率，是利率敏感性随利率变动的变化情况，用来衡量债券价格收益率曲线的曲度，可以表示为收益率变化1%所引起的久期的变化。

8. 【答案】D

【解析】敏感性是一个变量对另外一个变量发生的变化的反应程度，也就是经济学分析中的弹性。某一个投资组合相对于某一风险因子的敏感性衡量，指的是该组合的价值随该风险因子变化而反应的程度。在数学上，敏感性就是函数的一阶导数。某一金融产品对某一因子的风险敏感性是该金融产品的价值函数对某一风险因子的一阶导数。敏感性分析是假设当风险因子变化达到一定程度时金融工具价值的变化。敏感性分析是市场风险分析中最常用的方法之一。

9. 【答案】D

【解析】目前传统信用风险评估被采用的专家分析系统中，虽然有各种各样的架构设计，但其所选择的关键要素都是相似的。

10. 【答案】C

【解析】现有研究普遍认为，中央交易对手机制在场外金融衍生品交易市场的缺失，是次贷危机发生的重要原因之一。

11. 【答案】A

【解析】风险管理的目标是创造价值而非降低风险。

12. 【答案】D

【解析】压力测试的原则除了Ⅰ、Ⅱ、Ⅲ外还包括前瞻性原则。

13. 【答案】D

【解析】VaR是指在正常的市场条件和给定的置信水平下，某一投资组合在给定的持有期间可能发生的最大损失。

14.【答案】D

【解析】5Cs 系统包含了：

（1）品德（Character）

（2）资本（Capital）

（3）还款能力（Capacity）

（4）抵押（Collateral）

（5）经营环境（Condition）

15.【答案】C

【解析】冲击成本是机构大户面临的流动性成本的重要表现，是指在交易中需要迅速而且大规模地买进或者卖出证券，不能按照预定价位成交而多支付的成本。

16.【答案】D

【解析】现金流量分析模型包含经营活动、投资活动以及筹资活动产生的现金流。

17.【答案】C

【解析】声誉风险是指由证券公司经营管理及其他行为或外部事件导致证券公司股东、员工、客户、第三方合作机构及监管机构等对证券公司的公开负面评价的风险，而非内部事件。

18.【答案】A

【解析】证券公司声誉风险管理原则如下：

（1）全程全员原则。

（2）预防第一原则。

（3）审慎管理原则。

（4）快速响应原则。

19.【答案】B

【解析】国别风险管理方法包括：

（1）董事会和高级管理层的有效监控。

（2）完善的国别风险管理政策和程序。

（3）完善的国别风险识别、计量、监测和控制过程。

（4）完善的内部控制和审计。

## 本章总结

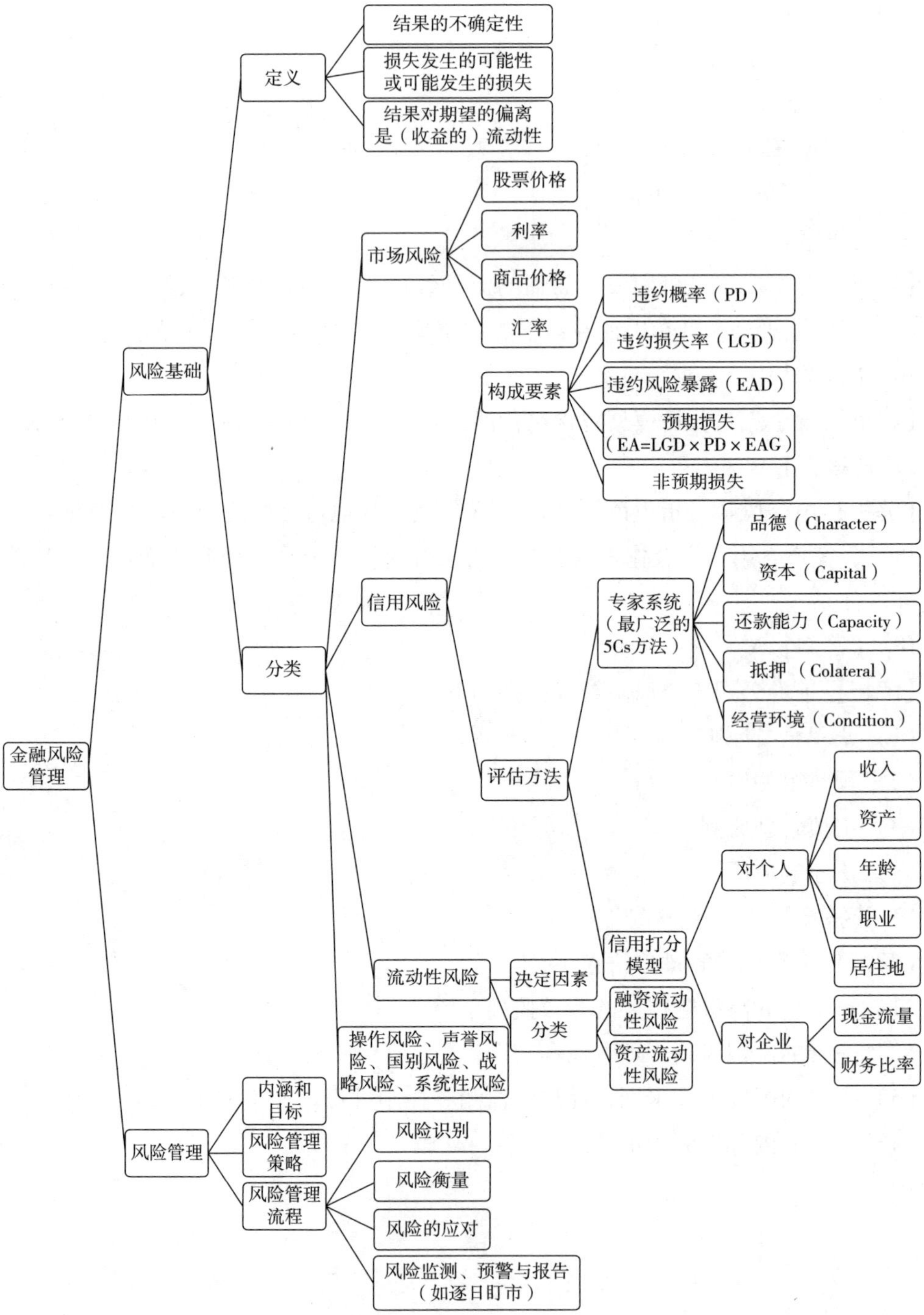
金融风险管理
风险基础
定义
结果的不确定性
损失发生的可能性或可能发生的损失
结果对期望的偏离是（收益的）流动性
分类
市场风险
股票价格
利率
商品价格
汇率
信用风险
构成要素
违约概率（PD）
违约损失率（LGD）
违约风险暴露（EAD）
预期损失（EA=LGD×PD×EAG）
非预期损失
评估方法
专家系统（最广泛的5Cs方法）
品德（Character）
资本（Capital）
还款能力（Capacity）
抵押（Colateral）
经营环境（Condition）
信用打分模型
对个人
收入
资产
年龄
职业
居住地
对企业
现金流量
财务比率
流动性风险
决定因素
分类
融资流动性风险
资产流动性风险
操作风险、声誉风险、国别风险、战略风险、系统性风险
风险管理
内涵和目标
风险管理策略
风险管理流程
风险识别
风险衡量
风险的应对
风险监测、预警与报告（如逐日盯市）